CÓDIGOS
LEGALES

Medidas en materia de Eficiencia del Servicio Público de Justicia

Ley Orgánica 1/2025, de 2 de enero

abril_2025

© Editorial Jurídica **sepín**, S. L.
 A FORUM MEDIA GROUP COMPANY
Abril 2025

C/ Mahón, 8
28290 Las Rozas (Madrid)
Tel.: 91 352 75 51
www.sepin.es
sac@sepin.es

Precio: 16,90 euros (4 % IVA no incluido)

ISBN: 978-84-1053-898-6
Depósito legal: M-8093-2025

Producción gráfica: sepín, S. L.
Impresión: Service Point, S. A.

Prólogo

Presentamos el texto de la Ley Orgánica 1/2025, de 2 de enero, de Medidas en Materia de Eficiencia del Servicio Público de Justicia, publicada en el BOE n.º 3, de 3 de enero de 2025.

La Ley se estructura en dos títulos. El **Título I** acomete la reforma organizativa de la Administración de Justicia en todos sus ámbitos mediante la creación y constitución de los tribunales de instancia y la evolución de los juzgados de paz a modernas oficinas de justicia en los municipios y, de manera complementaria, regula la conclusión de los trabajos de desarrollo e implantación de una oficina judicial adaptada a esta nueva organización judicial. Estos cambios afectan a numerosos artículos de la Ley Orgánica 6/1985, de 1 de julio, del Poder Judicial.

En el **Título II** se contiene el bloque de reformas de las leyes procesales en la línea de las modificaciones que ya introdujeron los Reales Decretos-Leyes 5/2023 y 6/2023.

El **Capítulo I** introduce en nuestro ordenamiento jurídico, junto a la jurisdicción, otros medios adecuados de solución de controversias (MASC) en vía no jurisdiccional como medida imprescindible para la consolidación del servicio de Justicia.

Es en el **Capítulo II** donde se llevan a cabo importantes reformas procesales con el fin de agilizar la tramitación de los procedimientos judiciales, empezando por la Ley de Enjuiciamiento Civil, con más de 80 modificaciones en su articulado, continuando con la Ley de Enjuiciamiento Criminal, la Ley 29/1998, de 13 de julio, reguladora de la Jurisdicción Contencioso-Administrativa, la Ley 36/2011, de 10 de octubre, reguladora de la Jurisdicción Social y la Ley Orgánica 5/2000, de 12 de enero, reguladora de la Responsabilidad Penal de los Menores.

Por último, las **Disposiciones finales**, establecen reformas en diversos textos legislativos, de gran relevancia, desde la Ley de 28 de mayo de 1862, del Notariado, el Código Civil, publicado por Real Decreto de 24 de julio de 1889, la Ley Hipotecaria, aprobada por el Decreto de 8 de febrero de 1946, la Ley 49/1960, de 21 de julio, sobre la Propiedad Horizontal, la Ley 50/1981, de 30 de diciembre, por la que se regula el Estatuto Orgánico del Ministerio Fiscal, la Ley Orgánica 5/1985, de 19 de junio, del Régimen Electoral General, la Ley 7/1985, de 2 de abril, Reguladora de las Bases del Régimen Local, la Ley 38/1988, de 28 de diciembre, de Demarcación y de Planta Judicial, la Ley 35/2006, de 28 de noviembre, del Impuesto sobre la Renta de las Personas Físicas y de modificación parcial de las leyes de los Impuestos sobre Sociedades, sobre la Renta de no Residentes y sobre el Patrimonio, la Ley 2/2007, de 15 de marzo, de sociedades profesionales, los textos refundidos de la Ley General para la Defensa de los Consumidores y Usuarios y otras leyes complementarias, aprobado por Real Decreto Legislativo 1/2007, de 16 de noviembre, y de la Ley de Sociedades de Capital, aprobado por el Real Decreto Legislativo 1/2010, de 2 de julio, la Ley 20/2011, de 21 de julio, del Registro Civil, la Ley 4/2012, de 6 de julio, de contratos de aprovechamiento por turno de bienes de uso turístico, de adquisición de productos vacaciones de larga duración, de reventa y de intercambio y normas tributarias, la Ley 5/2012, de 6 de julio, de mediación en asuntos civiles y mercantiles, la Ley 14/2013, de 27 de septiembre, de apoyo a los emprendedores y su internacionalización, la Ley 4/2014, de 1 de abril, Básica de la Cámaras Oficiales de Comercio, Industria, Servicios y Navegación, la Ley 23/2014, de 20 de noviembre, de reconocimiento mutuo de resoluciones penales en la Unión Europea, la Ley 15/2015, de 2 de julio, de la Jurisdicción Voluntaria, la Ley 23/2015, de 21 de julio, Ordenadora del Sistema de Inspección de Trabajo y Seguridad Social, el texto refundido de la Ley del Estatuto de los Trabajadores, aprobado por el Real Decreto Legislativo 2/2015, de 23 de octubre, la Ley 7/2017, de 2 de noviembre, por la que se incorpora al ordenamiento jurídico español la Directiva 2013/11/UE, el texto refundido de la Ley Concursal aprobado por el Real Decreto Legislativo 1/2020, de 5 de mayo, hasta el Real Decreto-ley 6/2023, de 19 de diciembre, por el que se aprueban medidas urgentes para la ejecución del Plan de Recuperación, Transformación y Resiliencia en materia de servicio público de justicia, función pública, régimen local y mecenazgo.

Mónica-W Martínez Cortecero
Directora de **sepín** Legislación

Nota de vigencia

La entrada en vigor de la presente disposición se establece en su disposición final trigésima octava y siguiendo las reglas que se enuncian seguidamente.

General: la presente ley entrará en vigor a los tres meses de su publicación en el Boletín oficial del Estado, es decir, el **3 de abril de 2025**.

Específicas:

— La disposición adicional primera, las disposiciones transitorias primera a octava y la disposición final sexta entrarán en vigor a los veinte días de su publicación en el «Boletín Oficial del Estado», el **23 de enero de 2025**.

— La atribución de competencias en materia de violencia sexual a los Juzgados de violencia sobre la mujer, prevista en el apartado veintiocho del artículo 1, así como las modificaciones del artículo 14 de la Ley de Enjuiciamiento Criminal, del apartado uno del artículo veinte de la Ley 50/1981, de 30 de diciembre, por la que se regula el Estatuto Orgánico del Ministerio Fiscal, y de la letra h) del artículo 2 de la Ley 1/1996, de 10 de enero, de Asistencia Jurídica Gratuita, entrarán en vigor a los nueve meses de su publicación en el «Boletín Oficial del Estado», esto es, el **3 de octubre de 2025**.

Para completar la vigencia debemos acudir a las reglas de derecho transitorio, especialmente importantes en esta Ley, que establecen las pautas para la progresiva constitución de los tribunales, así como para la implantación de las oficinas judiciales.

Se determina como regla general la irretroactividad de las reformas procesales, por lo que esta ley es de aplicación exclusiva para los procedimientos incoados a partir de la entrada en vigor de la norma, y permite, para los procedimientos judiciales en curso a la entrada en vigor, que las partes de común acuerdo puedan someterse a cualesquiera medios adecuados de solución de controversias y, además, sean de aplicación las modificaciones de las cuatro leyes de procedimiento en cuanto al dictado de sentencias orales.

Sumario

Índice Sistemático

Medidas en materia de Eficiencia del Servicio Público de Justicia

§1. Ley Orgánica 1/2025, de 2 de enero, de medidas en materia de eficiencia del Servicio Público de Justicia

(BOE n.º 3, de 3 de enero de 2025)

Corrección de errores. (BOE n.º 10, de 11 de enero de 2025).

Nota vigencia: el título I; la disposición adicional primera; las disposiciones transitorias primera a octava, y la disposición final sexta de la presente ley entrarán en vigor a los veinte días de su publicación en el «Boletín Oficial del Estado».

La atribución de competencias en materia de violencia sexual a los Juzgados de Violencia sobre la Mujer, prevista en el apartado veintiocho del artículo 1, así como las modificaciones del artículo 14 de la Ley de Enjuiciamiento Criminal, del apartado uno del artículo veinte de la 50/1981, de 30 de diciembre, por la que se regula el Estatuto Orgánico del Ministerio Fiscal, y de la letra h) del artículo 2 de la Ley 1/1996, de 10 de enero, de Asistencia Jurídica Gratuita, entrarán en vigor a los nueve meses de su publicación en el «Boletín Oficial del Estado».

PREÁMBULO

I

La Ley Orgánica 6/1985, de 1 de julio, del Poder Judicial, fue la primera norma que, con carácter general, recogía las exigencias estatutarias en materia de organización judicial tras la promulgación de la Constitución de 1978. Esta ley orgánica sustituyó a la hasta entonces vigente Ley provisional sobre organización del Poder Judicial, de 15 de septiembre de 1870, permitiendo la evolución de una organización, entonces anclada en una España decimonónica, hacia un verdadero Estado Social y Democrático de Derecho, propio de la organización política de una Nación que ya se identificaba como una sociedad democrática avanzada.

Han pasado, pues, más de treinta y cinco años desde que aquella norma viniera a revolucionar el modelo organizativo que se proyectaba sobre la organización territorial del Poder Judicial, incluyendo relevantes modificaciones, algunas derivadas de la configuración territorial del Estado en comunidades autónomas. Esta organización territorial se estructuraba, a efectos judiciales, en municipios, partidos, provincias y comunidades autónomas, permitiendo definir los ámbitos de actuación para el ejercicio de la potestad jurisdiccional. Así, salvo los órganos cuya potestad se extendía a todo el territorio nacional, la planta quedaba establecida en Juzgados de Paz, de Primera Instancia e Instrucción, de lo Contencioso-Administrativo, de lo Social, de Vigilancia Penitenciaria y de Menores, Audiencias Provinciales y Tribunales Superiores de Justicia.

En sus más de siete lustros de vigencia, la Ley Orgánica 6/1985, de 1 de julio, del Poder Judicial, ha sido objeto de numerosas reformas que, en general, no han cambiado de un modo sustancial la organización de los tribunales en lo referente a su planta y demarcación. Una de las más significativas vino de la mano de la Ley Orgánica 7/1988, de 28 de diciembre, de los Juzgados de lo Penal, y por la que se modifican diversos preceptos de las Leyes Orgánica del Poder Judicial y de Enjuiciamiento Criminal, que incluyó a esta clase de órganos entre los que componen aquella planta.

Sin embargo, estas reformas apenas han modificado la estructura de la organización de los tribunales, manteniendo la división territorial desde el municipio, como elemento básico, hasta llegar a las comunidades autónomas. Además, en esa organización siempre se ha partido de considerar a los juzgados, órganos unipersonales, el primer escalón de acceso a la Justicia para la ciudadanía, trasladando la existencia de los tribunales, como entes colegiados de organización y enjuiciamiento, al nivel provincial o superior.

Pero este modelo de organización judicial basado en el tradicional juzgado unipersonal, que ya estaba presente en el siglo XIX, respondía a las necesidades de una sociedad que, a la sazón, podía describirse como esencialmente agraria, dispersa, poco comunicada y con grandes limitaciones de movilidad que nada tiene que ver con la sociedad española de hoy.

Actualmente, la mayor complejidad de las relaciones sociales y económicas y el importante incremento de la litigiosidad plantean nuevas exigencias en la organización de la Administración de Justicia. Además, se ha producido un avance espectacular en el campo de las tecnologías de la información y comunicación, así como en las infraestructuras de transporte que permiten una mayor movilidad y la concentración de población y servicios en torno a núcleos urbanos, por lo que el modelo tradicional de juzgado unipersonal ha ido quedándose obsoleto.

La organización judicial tradicional ha provocado, con el paso del tiempo, una serie de disfunciones en el ámbito de la Administración de Justicia, como pueden ser la falta de especialización de los juzgados; la proliferación de órganos con idéntica competencia en cada partido judicial, conllevando una innecesaria dispersión de medios y esfuerzo; el favorecimiento de la justicia interina; y las desigualdades en la carga de trabajo y en el tiempo de resolución de asuntos, entre otras.

Es por ello que la racionalización del modelo y la búsqueda de la eficiencia aconsejan que el primer nivel de organización judicial opere de forma colegiada, como también ocurre en las demás instancias judiciales, en la misma línea que otros países de nuestro entorno democrático. Es importante destacar que el modelo de los Tribunales de Instancia es un sistema de organización colegiada que no altera el ejercicio de la función jurisdiccional ni las competencias de los órganos de enjuiciamiento unipersonales.

Valorando el encaje constitucional del nuevo modelo organizativo, como considera el Consejo de Estado en el dictamen emitido en relación con el Anteproyecto de Ley Orgánica de Eficiencia Organizativa del Servicio Público de Justicia, por la que se modifica la Ley Orgánica 6/1985, de 1 de julio, del Poder Judicial, para la implantación de los Tribunales de Instancia y las Oficinas de Justicia en los municipios, se concluye que las prescripciones contenidas en los artículos 117 y 122 de la Constitución Española se aplican a todos los órganos judiciales, con independencia de su carácter y configuración unipersonal o colegiada. En estos preceptos se refleja la estructura organizativa de la Administración de Justicia española en aquel momento, integrada por Juzgados y Tribunales. De este modo, el Consejo de Estado interpreta que «las proclamaciones de los artículos 117 y 122 de la Constitución Española no tienen el alcance de crear una garantía institucional de que el primer escalón de la tutela judicial deba articularse a través de órganos judiciales unipersonales e independientes, por contraposición al ejercicio colegiado de la potestad jurisdiccional en las instancias superiores.»

II

Por otro lado, el sistema de Justicia de nuestro país, que da soporte al ejercicio de la potestad jurisdiccional, padece desde hace décadas de insuficiencias estructurales, algunas de las cuales, sin justificación, han dificultado que ocupe plenamente el lugar que merece en una sociedad avanzada. No hay duda de que en algunos puntos del sistema puede haber déficit de recursos que haya que corregir, pero no parece que esta sea la causa principal de nuestros problemas crónicos, derivados más bien de la escasa eficiencia de las soluciones que sucesivamente se han ido implantando para reforzar la Administración de Justicia como servicio público.

Ello solo es así cuando la justicia se percibe por la ciudadanía como algo propio, cercano, eficaz, entendible y relativamente rápido. En palabras del constitucionalismo moderno, este servicio público precisa tanto de legitimidad social como de eficiencia. Legitimidad en el sentido de grado de confianza y credibilidad que el sistema de Justicia debe tener para nuestra ciudadanía, y eficiencia referida a la capacidad de este sistema para producir respuestas eficaces y efectivas.

Se trata, por tanto, de afianzar que el acceso a la justicia suponga la consolidación de derechos y garantías de los ciudadanos y ciudadanas; que su funcionamiento como servicio público se produzca en condiciones de eficiencia operativa; y que la transformación digital de nuestra sociedad reciba traslado correlativo en la Administración de Justicia.

Para ello, es necesario adaptar además las estructuras de la Justicia. Primero, para poder hacer frente a las dificultades en el desenvolvimiento normal de los juzgados y tribunales; después, para poder superar el enorme reto de ofrecer un servicio público eficiente y justo a la ciudadanía; y, finalmente, para incorporar los valores de solidaridad y de humanismo entre los que la Justicia es la espina dorsal y el elemento imprescindible de la paz social. En este contexto, también es responsabilidad de la ciudadanía contribuir a la sostenibilidad del servicio público de Justicia.

Si, tal como se establece constitucionalmente, la justicia emana del pueblo, la ley ha de propiciar e impulsar la participación de la ciudadanía en el sistema de Justicia. Ya se hace en el ámbito penal con la institución del jurado, y es conveniente también abrir la justicia civil, social –e inmediatamente después la contencioso-administrativa– a los ciudadanos para que se sientan protagonistas de sus propios problemas y asuman de forma responsable la solución más adecuada de los mismos, especialmente en determinados casos en los que es imprescindible buscar soluciones pactadas que garanticen, en lo posible, la paz social y la convivencia.

A dicha situación se añade la necesidad de introducir los mecanismos eficientes que resultan imprescindibles para hacer frente al número actual de asuntos judicializados, que, unido al riesgo patente de aumento de los plazos de pendencia, coloca a la Administración de Justicia en una situación muy delicada que exige adoptar medidas inmediatas y efectivas, so pena de que aquélla se vea abocada a un incremento en la duración media de los asuntos e incluso un colapso de la actividad de los Tribunales, con grave afectación a los intereses de la sociedad española cuya tutela se confía a dichos órganos jurisdiccionales.

Dichas medidas de agilización procesal se introducen básicamente en la Ley de Enjuiciamiento Criminal, aprobada por el Real Decreto de 14 de septiembre de 1882; en la Ley 29/1998, de 13 de julio, reguladora de la Jurisdicción Contencioso-administrativa; en la Ley 1/2000, de 7 de enero, de Enjuiciamiento Civil; en la Ley 36/2011, de 10 de octubre, reguladora de la jurisdicción social; y en la Ley 15/2015, de 2 de julio, de la Jurisdicción Voluntaria.

Con estas medidas, en definitiva, se consolidan y complementan las reformas introducidas por el Real Decreto-ley 5/2023, de 28 de junio, por el que se adoptan y prorrogan determinadas medidas de respuesta a las consecuencias económicas y sociales de la Guerra de Ucrania, de apoyo a la reconstrucción de la isla de La Palma y a otras situaciones de vulnerabilidad; de transposición de Directivas de la Unión Europea en materia de modificaciones estructurales de sociedades mercantiles y conciliación de la vida familiar y la vida profesional de los progenitores y los cuidadores; y de ejecución y cumplimiento del Derecho de la Unión Europea; y por el Real Decreto-ley 6/2023, de 19 de diciembre, por el que se aprueban medidas urgentes para la ejecución del Plan de Recuperación, Transformación y Resiliencia en materia de servicio público de justicia, función pública, régimen local y mecenazgo.

III

La presente ley se estructura en dos títulos. El título primero acomete la reforma organizativa de la Administración de Justicia en todos sus ámbitos, mediante la creación y constitución de los Tribunales de Instancia y la evolución de los Juzgados de Paz a modernas Oficinas de Justicia en los municipios. La ley regula, de manera complementaria, la conclusión de los trabajos de desarrollo e implantación de una Oficina judicial adaptada a esta nueva organización judicial.

Eficiencia organizativa concurre en aquella estructura que, optimizando los recursos disponibles, se muestra apta para la obtención de sus objetivos. De todas las cualidades que aportan valor a una organización eficiente, la ley se concentra en tres de ellas: la especialización, la homogeneidad y la capacidad organizativa.

La reforma profundiza en la especialización de los órganos judiciales, así como en la adecuación de los medios personales y materiales que les apoyan en el cumplimiento de los cometidos derivados de la función jurisdiccional. Esta reforma recoge también el mandato establecido en la disposición final vigésima de la Ley Orgánica 8/2021, de 4 de junio, de protección integral a la infancia y la adolescencia frente a la violencia, para abordar la atención de la infancia y adolescencia víctimas de violencia a través de la especialización de la justicia de los órganos judiciales y de sus titulares para la instrucción y enjuiciamiento de causas penales por delitos cometidos contra personas menores de edad. La realidad de la violencia contra la infancia y la adolescencia hace urgente esta adaptación de la justicia, para garantizar los derechos de los niños, niñas y adolescentes víctimas o testigos.

También desarrolla instrumentos que permiten una mayor homogeneidad de las prácticas y comportamientos de los órganos judiciales y de las oficinas judiciales, que implicará mayor previsibilidad, accesibilidad y proximidad, aportando seguridad y confianza a la ciudadanía y a los y las profesionales que se relacionan con la Administración de Justicia.

La reforma insiste en un modelo que favorece el desenvolvimiento de la capacidad organizativa del sistema de Justicia, entendida como cualidad de la organización judicial y de las Oficinas judiciales para adaptar de forma flexible su respuesta a las necesidades cambiantes de la sociedad.

Ya en la IX Legislatura se puso en marcha la modificación de la Ley Orgánica 6/1985, de 1 de julio, del Poder Judicial, para la creación de los Tribunales de Instancia, iniciativa que decayó con ocasión de la disolución de las Cámaras y la convocatoria de elecciones generales.

Posteriormente, en el año 2012, se retomó de nuevo la reforma de la organización territorial judicial que en 2014 desembocó en un Anteproyecto de Ley Orgánica del Poder Judicial en la cual se insistía en la creación de los Tribunales de Instancia. Sin embargo, esta propuesta tampoco prosperó.

La misma suerte ha corrido el Proyecto de Ley Orgánica de eficiencia organizativa del servicio público de Justicia, por la que se modifica la Ley Orgánica 6/1985, de 1 de julio, del Poder Judicial, para la implantación de los Tribunales de Instancia y las Oficinas de Justicia en los municipios, aprobado en fecha 12 de abril de 2022 y que se encontraba próximo al trámite de votación en la Comisión de Justicia del Congreso de los Diputados cuando el 29 de mayo de 2023 fueron disueltas anticipadamente las Cortes Generales y convocadas elecciones generales.

Es evidente que, a pesar de que tales proyectos no salieron adelante, no se ha perdido, a lo largo de los años, el interés en las expectativas que esta reforma ofrece.

El modelo de organización judicial basado en el tradicional juzgado unipersonal hoy está condicionando las posibilidades de lograr un servicio público de Justicia más eficiente. La respuesta a las necesidades surgidas por el incremento de la litigiosidad y la consiguiente carga de los juzgados y tribunales ha sido siempre el establecimiento de nuevos órganos judiciales y de medidas de refuerzo. Sin embargo, estos aumentos en la dotación de medios personales y materiales no han dado el fruto esperado, al menos no en proporción a las inversiones realizadas.

Ese continuo incremento de la creación de órganos judiciales, sin intervención simultánea sobre su organización, ha supuesto una multiplicación de órganos con idéntica competencia y la misma inversión en medios en cada uno de ellos, con independencia de las necesidades reales de la carga de trabajo que deben atender. Ello ha favorecido, a su vez, el nombramiento de jueces sustitutos, no pertenecientes a la carrera judicial, para poder cubrir de manera inmediata necesidades inaplazables y que no admitían la espera a los mecanismos ordinarios de provisión.

Por todo ello, la presente ley afronta la transformación de los Juzgados en Tribunales de Instancia, con el apoyo de unas Oficinas judiciales que hoy se redefinen y reestructuran en servicios comunes, que existirán en todas las Oficinas judiciales, y en otros servicios comunes que puedan constituirse.

El establecimiento de los Tribunales de Instancia simplifica el acceso a la Justicia. Existirá un único tribunal asistido por una única organización que le dará soporte, la Oficina judicial, y no existirán ya juzgados con su propia forma de funcionamiento. Esta organización judicial y los mecanismos de interrelación que la ley establece entre el Tribunal de Instancia y la Oficina judicial que le presta apoyo permitirán la corrección de las disfunciones derivadas de las diferentes formas de proceder en aspectos puramente organizativos y procedimentales. Se potencia así la accesibilidad y la confianza de los usuarios y las usuarias en el sistema de Justicia.

Por otro lado, el desarrollo de las nuevas tecnologías y su alto grado de implantación en la Administración de Justicia, tras la decidida apuesta del Ministerio de la Presidencia, Justicia y Relaciones con las Cortes, del Consejo General del Poder Judicial y de las comunidades autónomas por incorporar estos avances a la estructura judicial y a la organización de las oficinas, ofrece innumerables medios y posibilidades organizativas que no existían hace escasos años.

Los órganos judiciales disponen de herramientas informáticas muy desarrolladas que han permitido la evolución de las formas de documentación, gestión y tramitación del procedimiento, transitando del expediente en papel al expediente judicial electrónico. También se dispone de sistemas de gestión procesal que permiten la gestión y tramitación digital de los procedimientos, haciendo posible la comunicación telemática, tanto interna entre los jueces, las juezas y la Oficina judicial, como externa entre oficinas judiciales, profesionales, otras Administraciones y ciudadanía. Por último, existen otras herramientas digitales en vías de desarrollo y perfeccionamiento, como son las que harán posible una inmediación digital plena y segura que acercará la Justicia a todos. Precisamente para profundizar en la digitalización de la Administración de Justicia, adaptando la realidad judicial española del siglo XXI al marco tecnológico contemporáneo, y favoreciendo una relación digital entre la ciudadanía y los órganos jurisdiccionales, se aprobó el Real Decreto-ley 6/2023, de 19 de diciembre, por el que se aprueban medidas urgentes para la ejecución del Plan de Recuperación, Transformación y Resiliencia en materia de servicio público de justicia, función pública, régimen local y mecenazgo.

Para ofrecer una Justicia más próxima y sostenible, que aproveche los beneficios de los desarrollos operados en el ámbito de las nuevas tecnologías, se aborda también la evolución de los Juzgados de Paz.

Si bien su función, tal y como se planteó en el siglo XIX, ha quedado muy reducida, la necesidad de mantener el acceso a la Administración de Justicia y de disponer de servicios en todo el territorio sigue estando vigente, especialmente en un momento en que el riesgo de despoblación de algunas zonas rurales es elevado y se requiere aumentar los servicios de la Administración. Con esta ley se pretende dar respuesta a esta necesidad desde el contexto social actual evolucionando los instrumentos de la Administración de Justicia.

Para ello se va a crear la Oficina de Justicia en el municipio, que es una estructura administrativa que se nutre de las actuales secretarías de los Juzgados de Paz. Esta oficina, no sólo mantendrá los actuales servicios, sino que los ampliará, aumentando su catálogo de gestiones dentro de la Administración de Justicia y acercándola a todos los municipios. Así, la Justicia de paz, que ha tenido un papel fundamental como punto de contacto de la Administración de Justicia en el ámbito local durante casi dos siglos, da paso a una nueva estructura que da respuesta a la misma necesidad, pero de manera más ajustada a las actuales demandas sociales.

La regulación sobre las Oficinas de Justicia en municipios se completa, en el marco de esta Ley Orgánica, con las previsiones normativas de aquellas comunidades autónomas con competencias transferidas en materia de Justicia en cuyos estatutos de autonomía se les atribuyan competencias en materia de justicia de paz o de proximidad. Con este objetivo se ha introducido en la Ley Orgánica 6/1985, de 1 de julio, del Poder Judicial, la disposición adicional vigésima quinta que, sin perjuicio de lo dispuesto en el artículo 152.2.3°, prevé que el nombramiento de los jueces y juezas de paz se hará en los términos previstos en los respectivos estatutos de autonomía en las referidas comunidades autónomas a las que se atribuyen tales competencias en materia de justicia de paz o de proximidad.

De esta manera se completa la estructura organizativa encaminada a garantizar un servicio público de Justicia de calidad, siendo fundamental la mejora en la gestión de los recursos humanos y materiales que se aplican para ofrecer nuevos y mejores servicios a las personas que habitan en los municipios menos poblados a través de una atención más próxima y cercana.

Por ello, constituye un objetivo de esta reforma evitar que quienes se encuentran en estos municipios tengan que desplazarse a las capitales para realizar aquellas gestiones ante la Administración que actualmente tienen que llevar a cabo presencialmente, dotando a estas Oficinas de Justicia de los medios tecnológicos necesarios para la práctica de actos procesales y la intervención en los mismos a distancia.

Se cosechan aquí los beneficios de los avances tecnológicos de los últimos años, tales como el expediente judicial electrónico, la digitalización de las Oficinas judiciales, el desarrollo de las tecnologías de la comunicación y de la información, la experiencia acumulada tras el desarrollo de la prestación del servicio de forma telemática, que facilitarán el acceso de la ciudadanía a los expedientes judiciales o su participación en actuaciones procesales. Todas ellas son medidas que redundan, no sólo en la eficacia y el ahorro de costes, sino que tienen un gran impacto sobre la huella ecológica al evitar un gran número de desplazamientos a los Tribunales.

El artículo 1 modifica la Ley Orgánica 6/1985, del Poder Judicial, en dos ámbitos fundamentales; por un lado, la creación de los Tribunales de Instancia y el Tribunal Central del Instancia; y, por otro, la creación y constitución de las Oficinas de Justicia en los municipios.

Los Tribunales de Instancia y el Tribunal Central de Instancia se configuran como órganos judiciales colegiados, desde el punto de vista organizativo. Se integran así en la relación de Tribunales del artículo 26 a los que atribuye el ejercicio de la potestad jurisdiccional, quedando suprimida toda referencia a los Juzgados en el título preliminar y estableciendo la disposición adicional primera de la presente Ley que cualquier mención que se haga a estos en el resto del articulado se entenderá realizada a los Tribunales o a los jueces, las juezas, los magistrados y las magistradas que sirven en ellos.

En el artículo 74 se han suprimido las referencias al conocimiento que las Salas de lo Contencioso-Administrativo de los Tribunales Superiores de Justicia tenían atribuidas en relación con los recursos de casación para la unificación de doctrina y de casación en interés de la ley, que desaparecieron con la reforma operada por Ley Orgánica 7/2015, de 21 de julio.

El artículo 84 prevé la existencia de un Tribunal de Instancia en cada partido judicial y su estructura mínima. Así, estará integrado por una Sección Única, de Civil y de Instrucción, mientras que en los supuestos previstos en la Ley 38/1988, de 28 de diciembre, de Demarcación y de Planta Judicial, el Tribunal de Instancia se integrará por una Sección Civil y otra Sección de Instrucción.

Además, la ley prevé que los Tribunales de Instancia puedan estar integrados por Secciones de Familia, Infancia y Capacidad, de lo Mercantil, de Violencia sobre la Mujer, de Violencia contra la Infancia y la Adolescencia, de lo Penal, de Menores, de Vigilancia Penitenciaria, de lo Contencioso-Administrativo y de lo Social, regulando el ámbito territorial al que extenderán su jurisdicción cada una de las Secciones, su estructura, su composición y sus competencias.

Pero, al margen de la creación de estas Secciones especializadas, se mantiene la posibilidad de que en cualquiera de las Secciones de los Tribunales de Instancia se especialicen también algunas plazas para el conocimiento de determinadas clases de asuntos o las ejecuciones propias del orden jurisdiccional de que se trate.

Otras modificaciones que afectan a los órganos judiciales son las operadas en materia de competencias atribuidas por razón de la materia a determinados órganos unipersonales, concretamente en el ámbito civil especializado en materia de familia, infancia y capacidad y en el ámbito penal especializado en materia de violencia contra la infancia y la adolescencia.

El artículo 86 enumera las competencias atribuidas a las Secciones de Familia, Infancia y Capacidad, y a jueces civiles especializados. En atención a la diversidad de competencias asumidas por los actuales Juzgados de Familia y por jueces especializados en esta materia, se ha optado por homogeneizarlas en este precepto. En la disposición transitoria séptima se establece el régimen transitorio que operará una vez haya sido constituido el Tribunal de Instancia, garantizando así que, a partir de ese momento, todos los jueces y las juezas especializados en materia de familia y todas las Secciones de Familia, Infancia y Capacidad asuman idénticas competencias.

El artículo 89 bis y las reformas operadas en los artículos 82, 82 bis, 90, 329 y 330, todos ellos de la Ley Orgánica 6/1985, de 1 de julio, del Poder Judicial, y concordantes de la Ley 38/1988, de 28 de diciembre, de Demarcación y Planta Judicial, dan cumplimiento a la disposición final vigésima de la Ley Orgánica 8/2021, de 4 de junio, de protección integral a la infancia y la adolescencia, en relación con la especialización de los órganos judiciales para el conocimiento de los asuntos de violencia de esta clase. El propio artículo 89 bis contiene una regulación de las competencias atribuidas a estas secciones de los Tribunales de Instancia y de las Audiencias Provinciales.

En la misma línea, en el artículo 89 de la Ley Orgánica 6/1985, de 1 de julio, del Poder Judicial se atribuye a las secciones de violencia sobre la mujer el conocimiento de la instrucción de los procesos para exigir responsabilidad penal por los delitos contra la libertad sexual previstos en el título VIII del libro II del Código Penal, por los delitos de mutilación genital femenina, matrimonio forzado y acoso con connotación sexual, cuando la persona ofendida por el delito sea mujer, para dar cumplimiento a la disposición final vigésima de la Ley Orgánica 10/2022, de 6 de septiembre, de garantía integral de la libertad sexual, en relación con la especialización en violencias sexuales; también se modifica la Ley de Asistencia Jurídica Gratuita en los términos previstos por la disposición final vigésimo primera de la misma Ley Orgánica 10/2022.

La ley incluye la posibilidad de que la instrucción de un determinado proceso penal o el conocimiento en primera instancia de un procedimiento de cualquier orden jurisdiccional corresponda conjuntamente a tres jueces, juezas, magistrados o magistradas del Tribunal de Instancia.

Seguidamente, la ley modifica la rúbrica del capítulo IV del título III del libro II que queda redactada «De la Presidencia de los Tribunales de Instancia y de sus Secciones, de la Presidencia del Tribunal Central de Instancia y de sus Secciones, y de las Juntas de Jueces y Juezas», regulando en este capítulo cuestiones que afectan al aspecto organizativo interno de los Tribunales de Instancia y del Tribunal Central de Instancia.

Cada Tribunal de Instancia estará integrado por la Presidencia del Tribunal de Instancia y los jueces, las juezas, los magistrados y las magistradas que desarrollen su actividad jurisdiccional en los mismos. También existirá una Presidencia de Sección cuando en la misma existan ocho o más plazas judiciales, siempre que en el Tribunal de Instancia hubiere dos o más Secciones y el número total de plazas judiciales del Tribunal sea igual o superior a doce.

La ley regula en el artículo 166 el nombramiento del juez, la jueza, el magistrado o la magistrada que ostentará la Presidencia del Tribunal de Instancia y establece el período de ejercicio del cargo, su renovación y la posible liberación del trabajo que les corresponda realizar en el orden jurisdiccional respectivo.

También regula el nombramiento de quienes deban ostentar las Presidencias de Sección y contempla la elección del juez, jueza, magistrado o magistrada que ostente la Presidencia del Tribunal Central de Instancia y de quienes ejerzan la Presidencia de sus Secciones.

El artículo 168 detalla las funciones que corresponden a la Presidencia del Tribunal del Instancia y a la Presidencia de Sección, entre las que destacan las de coordinación y organizativas dirigidas a garantizar la buena marcha del tribunal y las de promover la unificación de prácticas y criterios.

Los artículos 169 y 170 regulan, respectivamente, la Junta de Jueces y Juezas del Tribunal de Instancia y la Junta de Jueces y Juezas de Sección y los pormenores relativos a su constitución y ámbito de actuación.

Como complemento de lo anterior, el apartado 4 del artículo 264 prevé la posibilidad de que la Junta de Jueces y Juezas de Sección del Tribunal de Instancia se reúna para el examen y valoración de criterios cuando los jueces, las juezas, los magistrados y las magistradas que la integren sostuvieren en sus resoluciones diversidad de criterios interpretativos en la aplicación de la ley en asuntos sustancialmente iguales.

Se introduce en el artículo 167, como novedad, la publicidad de las normas predeterminadas por las que se rija el reparto de asuntos entre los jueces, las juezas, los magistrados y las magistradas de los Tribunales de Instancia. Además, este artículo contempla la facultad de la Presidencia del Tribunal de Instancia de proponer el nombramiento de los jueces, las juezas, los magistrados y las magistradas a que se refiere el apartado 6 del artículo 84 cuando concurran las circunstancias que detalla.

Los artículos 210, 211 y 212 adaptan a la nueva organización judicial el régimen de las sustituciones voluntarias entre jueces, juezas, magistrados y magistradas, el régimen legal subsidiario, la prórroga de jurisdicción y la provisión de plazas.

Se modifican los artículos 229 y 234 para adaptar su redacción a la reforma operada en materia de Administración Judicial Electrónica a través de la iniciativa normativa de eficiencia digital en materia de identificación de intervinientes en actuaciones procesales mediante videoconferencia y en materia de acceso a la información obrante en procedimientos judiciales, y también, se modifica el artículo 248, para darle una redacción armonizada con la regulación prevista en la Ley 1/2000, de 7 de enero, de Enjuiciamiento Civil, respecto de la forma de las resoluciones judiciales.

Por último, se modifican los artículos 236 nonies y 595 y se introducen los artículos 610 ter y 620 bis, a fin de establecer una nueva regulación relativa a la organización interna del Consejo General del Poder Judicial como autoridad de control respecto del tratamiento de datos personales con fines jurisdiccionales.

Junto a la creación de los Tribunales de Instancia, el objeto principal de este título es la creación y constitución de las Oficinas de Justicia en los municipios. Por ello se incluye en la Ley Orgánica 6/1985, del Poder Judicial, un nuevo capítulo IV del título I del libro V, bajo la rúbrica «De las Oficinas de Justicia en los municipios», integrado por tres artículos.

El artículo 439 ter define las Oficinas de Justicia en los municipios como aquellas unidades no integradas en la Oficina judicial del partido judicial que se constituyen en el ámbito de la organización de la Administración de Justicia para la prestación de servicios a la ciudadanía de los respectivos municipios. Además, regula los aspectos relativos a su dotación y la gestión de sus instalaciones, medios instrumentales y otros medios necesarios para el desarrollo de sus funciones.

El artículo 439 quater enumera los servicios que se prestarán desde estas Oficinas de Justicia en los municipios, con una amplitud muy superior a los desarrollados en la actualidad por los Juzgados de Paz.

Así, además de asumir, como hasta el momento, la práctica de los actos de comunicación procesal que deban entenderse con quienes residan en el municipio, estas oficinas prestarán, entre otros, servicios de colaboración con el Registro Civil y con las unidades de medios adecuados de solución de controversias y de gestión de solicitudes de la ciudadanía relacionadas con la Administración de Justicia.

Por último, el artículo 439 quinquies dispone que los puestos de trabajo de estas Oficinas se cubrirán por personal de los Cuerpos de funcionarios y funcionarias al servicio de la Administración de Justicia, con la posibilidad de que también se incluya personal de otras Administraciones Públicas, en atención a los diferentes servicios que se prestarán desde las mismas y conforme se disponga en las correspondientes relaciones de puestos de trabajo.

Se introduce como novedad que, para garantizar la coordinación y cooperación entre Administraciones con competencias asumidas en materia de Justicia, éstas deberán impulsar la cooperación para garantizar la mejora continua en la Administración de Justicia fijando estándares de calidad homogéneos en todo el Estado.

A tal fin, se prevé que mediante convenios de colaboración u otros instrumentos de colaboración y cooperación interadministrativa de los contemplados en la legislación vigente, se puedan articular estructuras para la definición, ejecución y seguimiento de proyectos comunes y compartidos entre las distintas Administraciones con competencias en materia de Justicia. Con el mismo objetivo se establecerán cauces que permitan la participación de los Consejos Profesionales que desarrollan sus funciones, principalmente, en relación con la Administración de Justicia.

Como complemento de estas modificaciones que afectan a la organización de los órganos judiciales y a la planta judicial, la ley redefine la Oficina judicial, estableciendo en el artículo 436 que su actividad se desarrollará a través de los servicios comunes, que comprenderán a los servicios comunes de tramitación y, en su caso, aquellos otros servicios comunes que se determine.

Este artículo 436 contiene una regulación general de los servicios comunes, de su ámbito de actuación, de las bases de la organización interna de estos servicios comunes y de las funciones de coordinación que deben asumirse por parte de las personas que ejerzan la dirección del servicio común de tramitación y de los demás servicios comunes que puedan existir en la Oficina judicial.

Todos los servicios comunes se configuran como integrantes de una estructura instrumental al servicio de la función jurisdiccional, así todo ellos, cada uno en su ámbito de actuación, asisten a jueces y juezas en el ejercicio de las funciones que les son propias, realizando las actuaciones necesarias para el exacto y eficaz cumplimiento de cuantas resoluciones dicten.

Los servicios comunes estarán dirigidos por un letrado o una letrada de la Administración de Justicia a quien la ley atribuye la dirección técnico-procesal y coordinación de los letrados y las letradas que la integran.

A fin de flexibilizar su funcionalidad y adaptación a cada órgano judicial, los servicios comunes podrán subdividirse en áreas y equipos para facilitar el ejercicio de la función jurisdiccional.

El servicio común de tramitación se configura como un servicio común necesario de la Oficina judicial, que puede concurrir o no con otros servicios comunes. Cuando concurra con otros servicios comunes se reserva, en todo caso, a este servicio común la ordenación de procedimientos declarativos y, en este ámbito, la asistencia a jueces y juezas, pudiendo derivarse a los demás servicios comunes otras funciones, en los términos previstos en los artículos 436 y 438.

Junto a estos servicios comunes de tramitación que prestarán apoyo a los órganos judiciales, se mantiene la regulación de los servicios comunes procesales, que también se podrán subdividir en áreas, si bien en estos servicios no realizarán funciones de ordenación del procedimiento.

Se ha añadido en el artículo 438, dentro de las funciones asignadas a los servicios comunes distintos del de la tramitación, las relativas a la prestación de auxilio judicial en el marco de la cooperación jurídica internacional, de apoyo y de ordenación de procesos de ejecución.

La nueva redacción del artículo 439 permite atribuir a las «unidades administrativas» funciones para prestación de servicios de medios adecuados de solución de controversias, al tiempo que contempla la posible integración en estas, en los términos que se prevén, de los letrados de la Administración de Justicia.

Con la vocación de extender un modelo de Oficina judicial adaptada a la nueva organización judicial y a todos los tribunales, se incluye en el artículo 521 como centros de destino el servicio común de tramitación del Tribunal Supremo, los de la Audiencia Nacional y del Tribunal Central de Instancia, de cada uno de los Tribunales Superiores de Justicia y el conjunto de servicios comunes de tramitación que, sin estar comprendidas en los anteriores, radiquen en un mismo municipio.

Además, se incluye como especificación de las relaciones de puestos de trabajo de la Oficina judicial la identificación de los puestos cuya actividad sea compatible en distintas unidades de la misma, y de aquellos cuya actividad sea compatible con la de las Oficinas del Registro Civil o las Oficinas de Justicia en los municipios.

En los artículos 476, 477 y 478 se redefinen algunas de las funciones encomendadas al personal de la Administración de Justicia para acomodarlas a la prestación de servicios en las Oficinas de Justicia en los municipios.

Los artículos 464 y 466 modifican la intervención del Consejo del Secretariado en el proceso de elección de Secretarios y Secretarias de Gobierno y Secretarios y Secretarias Coordinadores o Coordinadoras, dando a aquel órgano consultivo mayor participación en estos procesos, al emitir informe previo en el primer caso y ser oído en el segundo, sobre la idoneidad de todas las candidaturas.

También se incluye en el artículo 464 una regulación más flexible de la sustitución coyuntural de quienes ocupan los cargos de Secretario y de Secretaria de Gobierno.

IV

El título II de la ley contiene un gran bloque de reformas en la línea de las modificaciones ya introducidas por el Real Decreto-ley 5/2023, de 28 de junio, y el Real Decreto-ley 6/2023, de 19 de diciembre. En primer lugar, en el capítulo I, se introducen en nuestro ordenamiento jurídico, al lado de la propia jurisdicción, otros medios adecuados de solución de controversias en vía no jurisdiccional, como medida imprescindible para la consolidación de un servicio público de Justicia sostenible.

Dejando clara la indiscutible importancia constitucional del ejercicio de la potestad jurisdiccional por los jueces y tribunales, con la introducción de estos mecanismos, ya consolidados en el derecho comparado, se cumple la máxima de la Ilustración y del proceso codificador: que antes de entrar en el templo de la Justicia, se ha de pasar por el templo de la concordia. En efecto, se trata de potenciar la negociación entre las partes, directamente o ante un tercero neutral, partiendo de la base de que estos medios reducen el conflicto social, evitan la sobrecarga de los tribunales y pueden ser igualmente adecuados para la solución de la inmensa mayoría de las controversias en materia civil y mercantil.

El servicio público de Justicia debe ser capaz de ofrecer a la ciudadanía la vía más adecuada para gestionar su problema. En unos casos será la vía exclusivamente judicial, pero en muchos otros será la vía consensual la que ofrezca la mejor opción. La elección del medio más adecuado de solución de controversias aporta calidad a la Justicia y reporta satisfacción a los ciudadanos y ciudadanas. En este contexto cobran importancia las razones de las partes para construir soluciones dialogadas en espacios compartidos.

Asimismo, se reconocen medios suficientemente contrastados a nivel internacional como el Derecho colaborativo que facilita la negociación estructurada de las partes asistidas por sus respectivas abogadas y abogados y que permite, de una forma natural y orgánica, integrar en el equipo, si se considerase oportuno, a terceras personas expertas neutrales. Los principios fundamentales del proceso colaborativo son: la buena fe, la negociación sobre intereses, la transparencia, la confidencialidad, el trabajo en equipo –entre las partes, sus abogadas y abogados y las terceras personas expertas neutrales que pudieran, en su caso, participar– y la renuncia a tribunales por parte de los y las profesionales de la abogacía que hayan intervenido en el proceso, caso de no conseguir una solución, total o parcial, de la controversia.

Con los métodos alternativos o adecuados de solución de controversias se incrementa el protagonismo de las profesiones jurídicas, especialmente por el papel negociador de la abogacía que se garantiza en todo caso, pero también de los procuradores y procuradoras de los tribunales, las personas profesionales de la mediación, los graduados y graduadas sociales, los notarios y notarias y los registradores y registradoras de la propiedad, amén de otros muchos profesionales.

Especialmente se toma en consideración que el Código Deontológico de la Abogacía Española establece como prioritaria, y característica de la actuación profesional, la función de la concordia, junto a la obligación de procurar el arreglo entre las partes. El propio Estatuto General de la Abogacía Española aprobado por Real Decreto 135/2021, de 2 de marzo, define el contenido de esta profesión como la actividad de asesoramiento, consejo y defensa de derechos e intereses públicos y privados, mediante la aplicación de la ciencia y la técnica jurídicas, en orden a dos objetivos que plasma en pie de igualdad: la concordia y la efectividad de los derechos y libertades fundamentales.

Por estas razones resulta oportuno, ante el exponencial incremento de la litigiosidad, fomentar tal modo de proceder habitual de la abogacía contemplando que dicha actividad negociadora sea debidamente remunerada, incluso en los casos en los que se intervenga por designación en el turno de oficio, y con la introducción de un catálogo de mecanismos de negociación asistida, abierto a cualquier otro método eficaz, que sea subsidiario de la actividad negociadora directa que ya se practica tradicionalmente por la abogacía.

Siendo claro, como se ha indicado, que la potestad jurisdiccional corresponde exclusivamente a los juzgados y tribunales, la Justicia no es únicamente la «administración de la justicia contenciosa». Es todo un sistema que se enmarca dentro del movimiento de lo que la filosofía del derecho denomina la justicia deliberativa, que no es monopolio de los cuerpos judiciales ni de la abogacía, sino que pertenece a toda la sociedad civil. Los colegios profesionales cumplen de esta forma una función de servicio a la ciudadanía, albergando en el seno de sus instituciones mecanismos de solución de controversias, promoviendo y facilitando el diálogo social y, a la vez, forteciendo el importante papel que desempeñan en una sociedad democrática avanzada.

Se debe recuperar la capacidad negociadora de las partes, con la introducción de mecanismos que rompan la dinámica de la confrontación y la crispación que invade en nuestros tiempos las relaciones sociales. Para ello es necesario introducir medidas eficaces que no se degraden ni transformen en meros requisitos burocráticos. Con este fin se ha de potenciar la mediación en todas sus formas e introducir otros mecanismos de acreditada experiencia en el derecho comparado. Dicho esto, no debe olvidarse que España ha desarrollado durante los últimos veinte años importantes iniciativas en favor de la mediación gracias al impulso de las comunidades autónomas que se han dotado de leyes de mediación, han constituido centros y unidades para su implementación efectiva y han desarrollado políticas de fomento.

La Ley 5/2012, de 6 de julio, de mediación en asuntos civiles y mercantiles, que incorporó al ordenamiento español la Directiva 2008/52/CE del Parlamento Europeo y del Consejo, de 21 de mayo de 2008, sobre ciertos aspectos de la mediación en asuntos civiles y mercantiles, así como el Real Decreto 980/2013, de 13 de diciembre, por el que se desarrollan determinados aspectos de dicha ley, nacieron con la vocación decidida de asentar en nuestro país la mediación como instrumento de autocomposición eficaz de controversias surgidas entre sujetos de Derecho privado en el ámbito de sus relaciones de derecho disponible.

Desde la entrada en vigor de la ley, el 27 de julio de 2012, no se ha conseguido desarrollar la potencialidad augurada desde su gestación. En este sentido son de destacar las apreciaciones del Informe de 26 de agosto de 2016 de la Comisión al Parlamento Europeo, al Consejo y al Comité Económico y Social Europeo sobre la aplicación de la Directiva 2008/52/CE del Parlamento Europeo y del Consejo, de 21 de mayo de 2008, pues constituye un documento de indudable valor por sistematizar el estudio de los cuestionarios emitidos por operadores jurídicos de todos los Estados miembros y que viene en términos generales a evidenciar determinadas dificultades en relación con el funcionamiento de los sistemas nacionales de mediación en la práctica, particularmente relacionadas con la falta de una «cultura» de la mediación en los Estados miembros.

Resulta también de especial interés el análisis efectuado por la Comisión Europea de las medidas utilizadas en otros Estados miembros para el fomento de la mediación, del que resulta cómo las legislaciones nacionales basculan entre la aplicación de mecanismos de incentivación y estímulo fiscal a las partes que recurren a la mediación, y mecanismos sancionadores para supuestos de rechazo injustificado a la misma. La Comisión concluye recomendando a los Estados miembros intensificar sus esfuerzos por fomentar y alentar el recurso a la mediación, petición que hizo suya el Parlamento Europeo en su Resolución de 12 de septiembre de 2017, sobre la aplicación de la Directiva 2008/52/CE del Parlamento Europeo y del Consejo, de 21 de mayo de 2008.

Así, el título II contiene un capítulo dedicado a la regulación de los medios adecuados de solución de controversias en vía no jurisdiccional, que comienza con unas disposiciones generales relativas a su concepto y caracterización y al ámbito de aplicación de los mismos, constituido por los asuntos civiles y mercantiles, incluidos los conflictos transfronterizos, quedando excluidas, por lo que al ámbito de aplicación de esta ley se refiere, las materias concursal y laboral, en cuya normativa reguladora ya se prevén instrumentos en los que se materializan soluciones pactadas acomodadas a la naturaleza y peculiaridades de aquellas materias; el proceso penal, en el que no rige el principio dispositivo, sin perjuicio del derecho de las víctimas a acceder a servicios de justicia restaurativa con la finalidad de obtener una adecuada reparación material y moral de los perjuicios derivados del delito cuando se cumplan los requisitos establecidos legalmente; y los asuntos de cualquier naturaleza en los que una de las partes sea una entidad perteneciente al sector público, y ello a la espera de la futura regulación de estos mismos medios adecuados de solución de controversias en el ámbito administrativo y en el orden jurisdiccional contencioso-administrativo, lo que requiere de un instrumento legislativo propio y diferenciado. En efecto, el interés general que subyace en la intervención de todas las entidades del sector público, así como el carácter público de la financiación que soporta su funcionamiento, la sumisión al estricto principio de legalidad por exigencia del artículo 103 de la Constitución y la autotutela declarativa y ejecutiva de los actos administrativos determina la imposibilidad de que los medios adecuados de solución de controversias reciban un tratamiento legislativo asimilable al que se contiene en esta ley para los asuntos civiles y mercantiles.

No obstante, no podrán ser sometidos a medios adecuados de solución de controversias, ni aún por derivación judicial, los conflictos que afecten a derechos y obligaciones que no estén a disposición de las partes en virtud de la legislación aplicable ni los que versen sobre alguna de las materias excluidas de la mediación conforme a lo dispuesto en el artículo 89 de la Ley Orgánica 6/1985, de 1 de julio, del Poder Judicial, sin perjuicio de la posible aplicación de los medios adecuados de solución de controversias a los efectos y medidas previstos en los artículos 102 y 103 del Código Civil, con la correspondiente homologación judicial del acuerdo alcanzado.

El artículo 5 especifica que no se exigirá actividad negociadora previa como requisito de procedibilidad cuando se pretenda iniciar un procedimiento para la tutela judicial civil de derechos fundamentales; la adopción de las medidas previstas en el artículo 158 del Código Civil; en los procesos sobre adopción de medidas judiciales de apoyo a las personas con discapacidad; en los procesos sobre filiación, paternidad y maternidad; cuando se pretenda la tutela sumaria de la tenencia o posesión o la resolución igualmente sumaria de demoliciones o derribos de obra en estado de ruina o que amenacen con causar daños; ni en determinados procedimientos de protección de menores. Por último, tampoco será preciso acudir a un medio adecuado de solución de controversias para la iniciación de expedientes de jurisdicción voluntaria, la solicitud de medidas cautelares o la interposición de una demanda ejecutiva, así como para presentar la solicitud de inicio de determinados procedimientos regulados por reglamentos europeos.

Se regula también la asistencia letrada a las partes cuando acudan a uno de dichos medios, incluyendo las disposiciones necesarias para garantizar el principio de igualdad de armas, los efectos de la apertura del proceso de negociación y de su posible terminación sin acuerdo, las actuaciones negociadoras desarrolladas por medios telemáticos, los honorarios de los profesionales intervinientes, el principio esencial de confidencialidad común a todos los medios adecuados de solución de controversias, junto con las normas de tratamiento y protección de datos de carácter personal de las personas físicas y la manera de acreditar el intento de negociación a los fines de cumplir con el requisito correlativo de procedibilidad en el orden jurisdiccional civil. No obstante, en el caso de actividades negociadas tipificadas en leyes sectoriales serán de aplicación los requisitos procedimentales establecidos en las mismas.

Del mismo modo, se contienen las disposiciones necesarias sobre la formalización del acuerdo entre las partes y su posible elevación a escritura pública u homologación judicial, según los casos, así como las normas pertinentes sobre la validez y eficacia del acuerdo.

Con independencia de la conciliación ante el letrado o la letrada de la Administración de Justicia prevista y regulada en los artículos 139 y sucesivos de la Ley 15/2015, de 2 de julio, de la Jurisdicción Voluntaria, las leyes de enjuiciamiento prevén la actividad conciliadora de los tribunales en diversos momentos del procedimiento, bien sea al inicio de las comparecencias y vistas, o en la audiencia previa al juicio tratándose del juicio ordinario en el orden civil. Esta actividad la puede realizar el propio juez o jueza, o el letrado o la letrada de la Administración de Justicia, según las distintas disposiciones de las leyes rituarias, y a este fin se modifica el artículo 19 de la Ley 1/2000, de 7 de enero, para regular la posible derivación de los asuntos a mediación, o a cualquier otro medio adecuado de solución de controversias, por el letrado o la letrada de la Administración de Justicia cuando se den las circunstancias allí contempladas. Los efectos del eventual acuerdo, una vez homologado, tienen la misma eficacia que la sentencia firme.

Conociendo dicha realidad, la presente ley enumera y regula entre los diferentes métodos de negociación previa a la vía jurisdiccional la conciliación privada, destacando los requisitos precisos para intervenir como conciliador y las funciones de la persona conciliadora.

También la oferta vinculante confidencial y la opinión de experto independiente, con las características, efectos y principios rectores de cada uno de estos dos medios adecuados de solución de controversias.

Al lado de estos nuevos mecanismos, se potencia la mediación como medio adecuado de solución de controversias en que dos o más partes intentan voluntariamente, a través de un procedimiento estructurado, alcanzar por sí mismas un acuerdo con la intervención de la persona mediadora, significando que la mediación continúa regulada en la Ley 5/2012, de 6 de julio, en la que se realizan las modificaciones puntuales necesarias.

Para la implantación de los medios adecuados de solución de controversias se modifica la Ley 1/1996, de 10 de enero, de asistencia jurídica gratuita, para permitir que queden cubiertos, obviamente cuando se reúnan los requisitos exigidos legalmente, los honorarios de las personas profesionales de la abogacía que hubieren asistido a las partes cuando acudir a dichos medios adecuados de solución de controversias sea presupuesto procesal para la admisión de la demanda, resulte de la derivación judicial acordada por los jueces o tribunales o sea solicitada por las partes en cualquier momento del procedimiento judicial.

Se producen también las modificaciones necesarias en la Ley 1/2000, de 7 de enero, para poder incluir en la tasación de costas la intervención de profesionales de los que se haya valido el consumidor o usuario aun cuando su intervención no resulte preceptiva y para que en la imposición y tasación de costas del pleito los tribunales puedan valorar la colaboración de las partes en la utilización de los medios adecuados de solución de controversias y el posible abuso del servicio público de Justicia, regulándose también a tal fin la posible solicitud de exoneración o moderación de las costas tras su imposición y una vez que el deber de confidencialidad ha cumplido toda la etapa necesaria hasta la firmeza de la sentencia y se puede ya acreditar la formulación de una propuesta a la parte contraria en cualquiera de los medios adecuados de solución de controversias al que hubieran acudido, que la misma no hubiera sido aceptada por la parte requerida y que la resolución judicial que haya puesto término al procedimiento sea sustancialmente coincidente con el contenido de dicha propuesta.

Surge así la noción del abuso del servicio público de Justicia, actitud incompatible de todo punto con su sostenibilidad. El abuso del servicio público de justicia se erige como excepción al principio general del principio de vencimiento objetivo en costas, e informador de los criterios para su imposición, al sancionar a aquellas partes que hubieran rehusado injustificadamente acudir a un medio adecuado de solución de controversias, cuando este fuera preceptivo. Del mismo modo, el abuso del servicio público de justicia se une a la conculcación de las reglas de la buena fe procesal como concepto acreedor de la imposición motivada de las sanciones previstas en la mencionada Ley 1/2000, de 7 de enero.

Este abuso puede ejemplificarse, por tanto, en la utilización irresponsable del derecho fundamental de acceso a los tribunales recurriendo injustificadamente a la jurisdicción cuando hubiera sido factible y evidente una solución consensuada de la controversia, como son los litigios de cláusulas abusivas ya resueltos en vía judicial con carácter firme y con idéntico supuesto de hecho y fundamento jurídico, o en los casos en que las pretensiones carezcan notoriamente de toda justificación impactando en la sostenibilidad del sistema, del cual quiere hacerse partícipe a la ciudadanía.

Así, si bien este nuevo concepto puede presentar elementos concomitantes con otros existentes como temeridad, el abuso del derecho o la mala fe procesal, los complementa, ofreciendo una dimensión de la Justicia como servicio público al exigir una valoración, por parte de los Tribunales, de la conducta de las partes previa al procedimiento, en la consecución de una solución negociada.

Todo ello sin perjuicio de que será indudablemente la jurisprudencia la que irá delimitando los contornos de este nuevo concepto, y sus aspectos diferenciales con respecto a los ya indicados, como ya lo ha hecho a lo largo de muchos años en el análisis de la temeridad o la mala fe procesal.

Igualmente, se modifica el artículo 264 de la Ley 1/2000, de 7 de enero, estableciendo que habrá de acompañarse a la demanda el documento que acredite haberse intentado la actividad negociadora previa a la vía judicial cuando la ley exija dicho intento como requisito de procedibilidad, que será en los litigios que se sustancian ante el orden jurisdiccional civil con las exclusiones antes referidas; y al mismo fin el artículo 399 en su apartado 3, sobre el contenido de la demanda, y el apartado 2 del artículo 403 sobre su inadmisión si faltare el requisito de procedibilidad.

Asimismo, se introduce un nuevo apartado 5 en el artículo 439 de la Ley 1/2000, de 7 de enero, de Enjuiciamiento Civil, en el que se establece como requisito de procedibilidad en las acciones de reclamación de devolución de las cantidades indebidamente satisfechas por el consumidor en aplicación de determinadas cláusulas suelo o de cualesquiera otras cláusulas que se consideren abusivas contenidas en contratos de préstamo o crédito garantizados con hipoteca inmobiliaria, una reclamación extrajudicial previa frente a las personas físicas o jurídicas que realicen la actividad de concesión de préstamos o créditos de manera profesional. La regulación de dicha reclamación extrajudicial previa se contiene en el nuevo artículo 439 bis.

Del mismo modo, en los litigios en materia de consumo se entenderá también cumplido el requisito de procedibilidad con la resolución de las reclamaciones presentadas por los usuarios de los servicios financieros ante el Banco de España, la Comisión Nacional del Mercado de Valores y la Dirección General de Seguros y Fondos de Pensiones en los términos establecidos por el artículo 30 de la Ley 44/2002, de 22 de noviembre, de Medidas de Reforma del Sistema Financiero, o por haber acudido a alguno de los procedimientos a que se refiere la Ley 7/2017, de 2 de noviembre, por la que se incorpora al ordenamiento jurídico español la Directiva 2013/11/UE, del Parlamento Europeo y del Consejo, de 21 de mayo de 2013, relativa a la resolución alternativa de litigios en materia de consumo, o los que pudieran haber sido establecidos en normativa sectorial en desarrollo de la misma.

Se regula expresamente la derivación intrajudicial a medios adecuados de solución de controversias en cualquier procedimiento y en cualquier momento del mismo, sea primera instancia, apelación o ejecución, con la introducción de un nuevo apartado 5 al artículo 19 de la Ley 1/2000, de 7 de enero, de Enjuiciamiento Civil, sin perjuicio de la regulación específica prevista para los casos en que la derivación se efectúe en la fase de audiencia previa en el juicio ordinario y de vista en el juicio verbal. Se modifican también los artículos 727 y 730 sobre las medidas cautelares en el caso de intento de medios adecuados de solución de controversias, arbitrajes y litigios extranjeros.

La Ley 5/2012, de 6 de julio, se modifica en distintos aspectos; entre otros, los efectos de la mediación sobre los plazos de prescripción y caducidad, su conexión con el requisito de procedibilidad establecido en la Ley 1/2000, de 7 de enero, los requisitos que han de cumplirse para ello, la armonización del requisito de confidencialidad con la regulación contenida en la presente ley para los restantes medios adecuados de solución de controversias en vía no jurisdiccional, la asistencia letrada, la sesión inicial, la sesión constitutiva y la derivación intrajudicial.

La implantación y fomento de los medios adecuados de solución de controversias exige también la modificación de la Ley 35/2006, de 28 de noviembre, del Impuesto sobre la Renta de las Personas Físicas y de modificación parcial de las leyes de los Impuestos sobre Sociedades, sobre la Renta de no Residentes y sobre el Patrimonio. De esta manera, se revisa la exención prevista en dicho impuesto para las indemnizaciones como consecuencia de responsabilidad civil por daños personales en la cuantía legal o judicialmente reconocida, con la finalidad de que pueda resultar aplicable cuando, sin fijarse su cuantía legal ni judicialmente, la indemnización sea satisfecha por la entidad aseguradora del causante de los daños físicos o psíquicos en cumplimiento de un acuerdo de mediación o de cualquier otro medio adecuado de solución de controversias legalmente previsto.

Ligada al concepto de abuso del servicio público de justicia, la Ley regula de manera detallada la imposición de intereses de demora a los empresarios en general y a las entidades financieras en particular, en los procedimientos en que se ejerciten acciones promovidas por consumidores y usuarios cuando los empresarios no contribuyen a una solución consensuada de la controversia cuando esta hubiera sido factible y evidente, como sucede en los litigios de cláusulas abusivas ya resueltos en vía judicial con carácter firme y con idéntico supuesto de hecho y fundamento jurídico, en los que se obliga al consumidor o usuario a interponer demanda, o en los casos en que las pretensiones carezcan notoriamente de toda justificación impactando en la sostenibilidad del sistema. Para ello, se establece un sistema análogo al previsto en la Ley 50/1980, de 8 de octubre, de Contrato de Seguro, respecto de la indemnización por mora del asegurador, con imposición de oficio de intereses de demora superiores al interés legal del dinero.

Igualmente, se revisa el régimen fiscal establecido para las anualidades por alimentos percibidas de los padres con el objeto de eliminar cualquier duda sobre la aplicación del mismo a las anualidades fijadas en los convenios reguladores a que se refiere el artículo 90 del Código Civil formalizados ante el letrado o la letrada de la Administración de Justicia o en escritura pública ante notario, al tiempo que se recuerda que dicho convenio puede ser el resultado de cualquier medio adecuado de solución de controversias legalmente previsto.

Por último, por razones de seguridad jurídica, se modifica la exención prevista para las indemnizaciones por despido o cese de los trabajadores y trabajadoras para eliminar cualquier duda interpretativa y confirmar expresamente a nivel legal que no derivan de un pacto, convenio o contrato, las indemnizaciones acordadas ante el servicio administrativo como paso previo al inicio de la vía judicial social.

En consonancia con las competencias que dentro del sistema de medios adecuados de solución de controversias en vía no jurisdiccional se otorgan a los Registradores y Registradoras, se modifica el artículo 103 bis de la Ley Hipotecaria para que la certificación de la conciliación registral esté dotada de eficacia ejecutiva en los términos del artículo 517 de la Ley de Enjuiciamiento Civil y se modifica este último precepto para incluir expresamente entre los títulos que llevan aparejada ejecución los acuerdos alcanzados por las partes también en cualquier otro de los medios adecuados de solución de controversias distintos de los laudos arbitrales y los acuerdos de mediación que igualmente hubieren sido elevados a escritura pública, y también para acomodar las menciones a las escrituras públicas y pólizas de contratos mercantiles a la nueva regulación de la Ley del Notariado.

V

Las reformas procesales tendentes a una mayor agilización en la tramitación de los procedimientos judiciales se recogen en el capítulo II del título II de la ley.

Comenzando por la Ley de Enjuiciamiento Criminal, se modifica solo en cuestiones puntuales que permitan ordenar los procedimientos existentes para fomentar su agilización, hasta tanto se elabore y entre en vigor una nueva Ley de Enjuiciamiento Criminal que diseñe un procedimiento penal del siglo XXI.

En primer lugar, se modifica el artículo 266 de la Ley de Enjuiciamiento Criminal para establecer limitaciones a la posibilidad de denunciar por vía telemática. No se podrán denunciar por este medio los hechos que se hayan cometido con violencia e intimidación, ni si tuvieran autor conocido, ni si existen testigos, ni si el denunciante es menor de edad, ni si el delito es flagrante, ni aquellos hechos de naturaleza violenta o sexual.

Asimismo, el artículo 655 se modifica para introducir determinadas mejoras en el régimen de la conformidad, excluyéndose limites penológicos a su ámbito de aplicación. Se establece la obligación de suministrar información por escrito del acuerdo alcanzado, lo que igualmente se traslada al artículo 785.

Se modifica también el artículo 771 para mejorar la regulación de la información de derechos y ofrecimiento de acciones a cargo de la Policía Judicial, y el artículo 776 con la finalidad de evitar reiteración de trámites y las consiguientes citaciones y desplazamientos de las personas ofendidas y perjudicadas por el delito a los solos efectos de realizarles el ofrecimiento de acciones, así como la posibilidad de efectuarlo por el medio más rápido posible, incluidos los medios del artículo 162 de la Ley 1/2000, de 7 de enero, cuando se trate de personas obligadas a su utilización o que hubieran optado por estos. Esta nueva regulación no supone, y así se establece expresamente, merma alguna en los derechos que asisten a las víctimas, puesto que el artículo 109 de la Ley de Enjuiciamiento Criminal remite a una completa información de derechos, esto es, a los que tienen reconocidos en el Estatuto de la Víctima del Delito. Por otro lado, se notificará, por el letrado o la letrada de la Administración de Justicia a la persona ofendida y perjudicada por el delito el órgano judicial y el número de procedimiento correspondiente, en aquellos casos en los que la policía judicial, previamente, les hubiera informado de los derechos que les asisten.

Se modifica también lo dispuesto en los artículos 785, 786, 787 y 802. El artículo 785 regula la audiencia preliminar a la que se citará únicamente al Ministerio Fiscal y a las partes, así como a los acusados o acusadas. Esta audiencia tendrá por finalidad no solo la admisión de pruebas, sino también una posible conformidad, así como la depuración de aquellas cuestiones que pudieran suponer la suspensión de la celebración del juicio oral y un nuevo señalamiento o la posible nulidad de pruebas por vulneración de derechos fundamentales, sin necesidad de esperar a su resolución en sentencia tras la celebración del juicio oral. Se prevé igualmente la celebración de esta audiencia preliminar aunque no asista, injustificadamente, la persona acusada debidamente citada o las demás partes, a fin de sustanciar todas aquellas cuestiones que puedan resolverse en ausencia.

El artículo 786 de la Ley de Enjuiciamiento Criminal se adecúa a la regulación de audiencia preliminar, que ya no se hará al inicio del juicio oral sino antes.

Asimismo, para facilitar la conformidad tanto en el procedimiento abreviado cuyo enjuiciamiento corresponde a la Audiencia Provincial como en el procedimiento ordinario, se suprime el límite penológico de seis años, sin necesidad de celebrar el juicio oral, por lo que se modifica lo dispuesto en los artículos 655, 688 y 787.

En el artículo 787 ter se mejora la regulación para acoger la audiencia previa de la víctima o persona perjudicada, aunque no estén personadas, a fin de ponderar correctamente los efectos y alcance de la conformidad y en todo caso cuando la gravedad o trascendencia del hecho o la intensidad o la cuantía sean especialmente significativos, así como en todos los supuestos en que víctimas o personas perjudicadas se encuentren en situación de especial vulnerabilidad. Y también sobre los aplazamientos de las responsabilidades pecuniarias y los requerimientos y liquidaciones de condena de las penas impuestas en la sentencia.

Se introduce un artículo 988 bis con la finalidad de ordenar la fase de ejecución penal. Una de las principales dificultades de esta fase procesal radica en la ausencia casi total de previsión legal al respecto. Con este precepto no se pretende una regulación completa de la ejecución penal, pero sí evitar la dispersión de trámites y resoluciones, centrándolos en un solo momento inicial, de tal forma que, desde ese primer momento, la ejecución quede encauzada a la espera del cumplimiento de las penas y demás pronunciamientos de la sentencia.

Por último, se establece la tramitación preferente de los procesos penales en los que esté involucrado como víctima una persona menor de edad. Se otorga así una mayor protección a los menores evitando la victimización secundaria derivada de la pendencia del proceso.

En el ámbito del proceso contencioso-administrativo, también se aborda la modificación de la Ley 29/1998, de 13 de julio, reguladora de la Jurisdicción Contencioso-administrativa, con el objeto, en línea con el general de la presente ley, y de las reformas ya introducidas, de introducir las medidas de agilización procesal necesarias para ofrecer a juzgados y tribunales de ese orden los instrumentos procesales óptimos para facilitar y hacer más ágil tanto la tramitación de los pleitos como su resolución, sin merma de las garantías del justiciable.

Con tal finalidad se modifica la regulación del procedimiento abreviado sin vista que introdujo la Ley 37/2011, de 10 de octubre, de medidas de agilización procesal. Los riesgos de demora que se anunciaban en su exposición de motivos, y que se pretendieron evitar con tal reforma, siguen produciéndose en la actualidad, pues no son excepcionales los casos en que, pese a renunciarse a la vista en el recurso, la misma se celebra por la sola solicitud de la parte demandada y a los únicos efectos de formular su contestación a la demanda en el acto de la vista, dilatando muchos meses la resolución del pleito atendida la gran sobrecarga que padecen las agendas de señalamientos de los Juzgados. De ahí la conveniencia de exigir que la solicitud de vista por la parte demandada quede sustentada sobre argumentos que permitan al órgano jurisdiccional apreciar la conveniencia de la celebración de ese trámite. No se trata de que el órgano jurisdiccional anticipe en el auto la decisión sobre el recibimiento del pleito a prueba, ni tampoco sobre la pertinencia de las diligencias probatorias indicadas en la solicitud, sino únicamente de que, valorando lo argumentado, pueda tomar conocimiento sobre la necesidad procesal del trámite de vista.

Ya en lo que respecta a la fase de resolución, en el ámbito del procedimiento abreviado se introduce la posibilidad de que el juez o la jueza pueda, si así lo estima procedente atendidas las concretas circunstancias del caso que se somete a su enjuiciamiento, dictar sentencia oral. Tal facultad que se ofrece al órgano jurisdiccional guarda coherencia con la esencia de este procedimiento, que, se ha de recordar, se sustenta en el principio de oralidad, y conllevará, sin duda, una agilización de la decisión en los casos en que se opte por su empleo. Pero este efecto no debe ser entendido como una merma de la calidad de la justicia que se impartirá a través de esta clase de sentencias, pues, amén de que la posibilidad de resolver oralmente un recurso no es una novedad en el ámbito del procedimiento contencioso-administrativo, encontrándose ya prevista en el procedimiento para la garantía de la unidad de mercado, la remisión expresa que se hace al texto del artículo 210 de la Ley 1/2000, de 7 de enero, cuya reforma también se acomete en esta ley, garantiza que estas sentencias orales deban expresar no solo las pretensiones de las partes, las pruebas propuestas y practicadas y, en su caso, los hechos probados, sino también las razones y fundamentos legales del fallo que haya de dictarse. Con ello, se preserva que, a través de ellas, se imparta una correcta administración de justicia y se garantiza el cumplimiento de la exigencia constitucional de motivación de las resoluciones judiciales consagrada en el artículo 120 del texto constitucional y, en última instancia, la posibilidad de control de la resolución por los tribunales superiores, en los casos en que sea susceptible de recurso.

En lo que respecta al orden jurisdiccional civil, esta ley modifica varios aspectos de la Ley 1/2000, de 7 de enero, al objeto, por un lado, de adaptar su regulación a las necesidades actuales, con la finalidad de agilizar alguno de sus trámites, reforzar las garantías de sus procesos y adaptarla tanto a las necesidades de la sociedad actual como a las de la propia Administración de Justicia.

En primer lugar, y por lo que respecta al juicio verbal, se introduce la posibilidad de que el juez o la jueza, a la vista de las peticiones en materia de prueba de las partes, pueda decidir que no haya lugar a la celebración del acto de la vista aun cuando las partes la hayan solicitado. La actual regulación obliga a que este acto se convoque cuando cualquiera de las partes lo solicite, extremo que ha determinado la celebración de multitud de vistas innecesarias para la resolución del pleito, siendo suficiente para ello la prueba documental presentada con el escrito de demanda y contestación. De esta forma, es el juez o la jueza quien, con base en la valoración que realice de las actuaciones, determine si es necesaria o no la celebración de dicho acto para dictar sentencia, evitándose así un retraso injustificado en la resolución de los pleitos.

Otra de las novedades que se articula en esta ley es la posibilidad de que, en el ámbito del juicio verbal, los jueces puedan dictar sentencias orales. Se trata de una medida que busca agilizar y facilitar la resolución de pleitos, regulándose como una herramienta que pueda ser usada por el juez o la jueza en atención a las concretas circunstancias del proceso.

Estas sentencias orales quedarán grabadas en el soporte audiovisual del acto, y se documentarán posteriormente.

Se procede también a clarificar el efecto de cosa juzgada en los juicios de desahucio por falta de pago o expiración del plazo cuando se acumula la acción de reclamación de rentas o cantidades análogas, estableciéndose que los pronunciamientos de la sentencia en relación con esas acciones acumuladas producirán dicho efecto, poniendo fin a la disparidad de criterios interpretativos en la materia.

En materia de costas procesales son varias las modificaciones que se realizan, sin perjuicio de las que ya se han expuesto al describir la regulación de los medios adecuados de solución de controversias.

Así, se suprime la condena en costas en el incidente de impugnación de la tasación de costas por excesivas salvo en los casos de abuso del servicio público de Justicia. En muchas ocasiones, los criterios del colegio profesional correspondiente no son seguidos por los Juzgados o Audiencias Provinciales. Por ello, dada la casuística a la hora de interpretar los criterios de honorarios y la complejidad de algunos asuntos, parece lógico que, tratándose de una cuestión no reglada, no se impongan costas salvo que se aprecie el abuso antes dicho. De esta forma se evitará la práctica de multitud de tasaciones de costas por los incidentes de impugnación de las costas principales.

También se introduce una nueva regulación de las costas en el incidente de acumulación de procesos eliminando el criterio de vencimiento objetivo para su imposición, dando entrada a un criterio ponderador de la buena o mala fe procesal, favoreciendo así la solicitud de eventuales acumulaciones en aras de una mejor garantía del principio de economía procesal.

En materia de ejecución, esta ley introduce determinadas modificaciones en la regulación del actual proceso. También se introduce la posibilidad de suspensión de la ejecución para acudir a mediación u otro de los medios adecuados de solución de controversias, evitando que se produzcan multitud de trámites y promoviendo el cumplimiento voluntario de lo acordado fruto del acuerdo.

En lo que respecta a la subasta judicial electrónica, la norma realiza una reforma que afecta a diferentes aspectos de esta, perfeccionando y agilizando un sistema que, desde su introducción por la Ley 19/2015, de 13 de julio, de medidas de reforma administrativa en el ámbito de la Administración de Justicia y del Registro Civil, ha venido funcionando de una forma muy positiva.

Para dar una mayor agilidad a los trámites posteriores a la subasta, necesarios para la aprobación del remate, adjudicación y entrega de los bienes, se establece que el inicio del cómputo de los plazos para pago del resto del precio y traslado para mejora de postura, cuando no cubra los porcentajes mínimos, se produzca automáticamente desde la fecha de cierre de la subasta. Esto es posible porque el Portal de Subastas del «Boletín Oficial del Estado» publica siempre el precio ofrecido por el mejor postor, lo que permite conocer el resultado a cualquiera que tenga interés en la subasta.

En todo caso, se exige que, al acordarse la subasta, el demandado quede debidamente informado, advirtiéndole de que el inicio de la subasta y su resultado no va a serle notificado personalmente, sino que será facilitado por el Portal, teniendo la posibilidad de registrarse como usuario y utilizar su sistema de alertas. También se ha recogido la obligación de realizar a la persona demandada no personada un intento de notificación personal del decreto convocando subasta, al objeto de reforzar sus garantías y derechos en el proceso, máxime teniendo en cuenta la gran trascendencia que, desde el punto de vista patrimonial, tiene el acto de subasta. Asimismo, se impone al ejecutante la obligación de informar al órgano judicial del pago de la tasa exigida para la publicación del anuncio de subasta, ya que de ese pago depende el inicio de la subasta.

Con ese mismo propósito de agilizar la adjudicación en las subastas de inmuebles, se acorta a veinte días el plazo para pagar el resto del precio ofrecido. El anterior plazo de cuarenta días ralentizaba en exceso el trámite y la devolución de depósitos a los postores que reservaron postura. A los mismos efectos, se suprime la necesidad de practicar la liquidación del crédito del ejecutante cuando el precio que ha ofrecido no sea superior al principal reclamado.

Para facilitar la competencia dentro de la subasta y la mejora del precio final, se ha establecido que, si el ejecutante tiene interés en adquirir el bien, debe incorporarse a ella como un licitador más y sometido a las mismas reglas. Esto supone que va a poder hacer pujas, aunque no intervengan otros postores, y que no va a poder mejorar el precio una vez finalizada la subasta.

En la misma línea, se prevén las consecuencias económicas que tiene para el ejecutante no pagar la diferencia entre su crédito y el precio que hubiera ofrecido para adquirir el bien subastado, y se hace de un modo análogo al regulado para los demás postores cuando son éstos los que no pagan el precio ofrecido en la subasta. Se va a descontar de su crédito la misma cantidad que hubieran tenido que depositar los demás postores, y se celebrará nueva subasta, si fuera necesaria.

Se sigue reconociendo a la persona demandada su derecho a mejorar el precio ofrecido por el mejor postor, como última posibilidad de evitar que sus bienes sean adjudicados a un tercero. Se le permite presentar a cualquier persona que mejore el precio ofrecido en la subasta cuando no supere los porcentajes mínimos necesarios para aprobar inmediatamente el remate.

Con respecto a los inmuebles, se ha efectuado una reducción del porcentaje mínimo de mejora exigido a la persona demandada, hasta ahora establecido en el 70 por 100 del valor de subasta, que queda fijado en el 60 por 100, ya que se considera más adecuado a las circunstancias actuales. Además, si el precio ofrecido en la subasta, aun siendo inferior a ese porcentaje, cubre la cantidad reclamada por todos los conceptos, la mejora podría ser por un solo céntimo. Esto obligará a los postores a elevar el importe de sus pujas, ofreciendo cantidades más ajustadas al valor real de los bienes. Debe tenerse en cuenta que, al ser publicado el precio final, aumenta la probabilidad de que el deudor pueda valerse de otras personas que se ofrezcan a mejorar el precio de la subasta. La reforma también establece la forma y requisitos con que la mejora ha de ser llevada a efecto, hasta hoy no contemplados.

Se ha considerado necesario unificar los efectos derivados de la subasta con postores y de la subasta desierta. Esto significa que los bienes no se van a adjudicar de modo distinto dependiendo de si la subasta ha tenido postores o ha resultado desierta. Otra consecuencia de la nueva regulación es que, si no hubiera habido pujas en la subasta, el ejecutante no podrá solicitar después la adjudicación de los bienes, y se procederá, a instancia del ejecutado, al alzamiento del embargo.

Un supuesto de especial trascendencia es el referido a la subasta de la vivienda habitual del deudor. Con la nueva regulación, no se va a adjudicar por debajo del 70 por 100 de su valor de subasta, salvo que se haga por la cantidad que se le deba al ejecutante por todos los conceptos, en cuyo caso no se podrá aprobar el remate de la vivienda por menos del 60 por 100 de ese valor.

En relación con el importe mínimo por el que puede aprobarse el remate o la adjudicación del bien, se mantiene en los muebles la necesidad de que cubra el 30 por 100 del valor de subasta y la posibilidad de que sea por un importe inferior siempre que se satisfaga totalmente el derecho del ejecutante. En relación con los inmuebles, se ha establecido un mínimo del 50 por 100 de su valor, con la particularidad de que, si la cantidad adeudada por todos los conceptos fuera inferior, se aprobaría siempre que cubra el 40 por 100 del valor de subasta. Si la cantidad adeudada fuera inferior a este porcentaje, la aprobación del remate o adjudicación exigiría, en todo caso, la decisión favorable del letrado o letrada de la Administración de Justicia, previa audiencia de las partes. De este modo, se evita que por deudas de escasa cuantía se tengan que adjudicar obligatoriamente inmuebles de un valor muy superior, como ha ocurrido hasta la fecha.

Se ha considerado conveniente elevar hasta el 20 por ciento del valor de subasta el depósito que ha de constituirse para participar en ella, con un mínimo de mil euros, con el fin de penalizar adecuadamente el incumplimiento del compromiso de pago del precio ofrecido. No obstante, se permite al letrado o letrada de la Administración de Justicia, atendiendo a las circunstancias concurrentes, modificar dichos importes. También se impone al postor la necesidad de indicar en el mismo momento de participar en la subasta, si lo hace en nombre propio o de una o varias personas representadas, y se sanciona la falta de acreditación de la representación con la pérdida del depósito efectuado.

En relación con la cesión de remate, el derecho se sigue reconociendo al ejecutante y acreedores posteriores por el hecho de participar en la subasta, sin que tengan que realizar manifestación expresa al respecto. Se sustituye la comparecencia de cesión de remate por un escrito firmado por cedente y cesionario, y se establece el plazo concreto en el que puede verificarse.

La reforma suprime la posibilidad de realizar la propuesta de pago aplazado por no adaptarse al sistema de subastas electrónicas, basado en pujas incondicionadas y por importes concretos, a lo que se añade la complejidad de su tramitación y el hecho, de que, en la práctica, esas propuestas en nada han beneficiado a las propias partes de la ejecución, pudiendo servir de cobertura a conductas fraudulentas y entorpecedoras de la propia subasta.

También se concreta la importante obligación que tiene el letrado o la letrada de la Administración de Justicia de devolver, en cuanto sea posible, los depósitos a los postores que han reservado su postura. El sistema de subastas con reserva de postura previsto en la ley solo puede funcionar adecuadamente si los postores participantes realizan esa reserva. Como la reserva implica la retención del depósito del postor hasta el pago del precio, toda demora en su devolución desanima a realizar nuevas reservas. Puede haber muchos postores interesados en adquirir el bien, pero que no reserven postura. Su puja no es tenida en cuenta ante la falta de pago del primer postor, pudiendo adjudicarse el bien a otro por debajo del precio que ofrecieron. Esto ha de evitarse si se pretende obtener el mejor precio en la subasta.

En esa línea, y en lo que respecta a la quiebra de la subasta, tras el impago del primer postor con reserva, se agiliza la devolución de depósitos, ya que solo va a tener efecto la reserva del siguiente postor. Tras el impago del primer postor, se podrán devolver inmediatamente los depósitos del resto de postores que ha reservado su puja. Esto es posible porque si el segundo postor tampoco pagara el precio ofrecido ya no se tendrían en cuenta las siguientes posturas y habría de procederse inmediatamente a la celebración de nueva subasta. Si se produjera ese segundo impago, ya se habría aplicado a los fines de la ejecución el importe de los depósitos de esos dos postores, que ascendería al 40 por 100 del valor de subasta, lo que constituirá una importante herramienta disuasoria para quienes quieran manipular el precio final. Con la regulación actual, este trámite puede prolongarse mientras haya sucesivos impagos y otros postores con reserva, cuyos precios serían, a su vez, mucho más bajos. Por ello, se considera mejor para los fines de la ejecución dar la posibilidad a los postores de volver a pujar por precios más altos en una nueva subasta.

En definitiva, con estas modificaciones, la subasta pasa a convertirse verdaderamente en el elemento nuclear del proceso de realización del bien objeto del apremio, dentro del cual la parte ejecutante y las demás personas interesadas deben realizar todas sus ofertas. Para ello disponen del Portal de Subastas de la Agencia Estatal Boletín Oficial del Estado, capaz de garantizar las máximas seguridad y confidencialidad, indispensables para lograr el mejor resultado posible. Con ello se está protegiendo también a otros acreedores igualmente interesados en el éxito de la subasta, entre los que se encuentran las Administraciones públicas, cuyas posibilidades de recobro de sus créditos dependen casi exclusivamente de la existencia de un posible sobrante.

Como responsable de la subasta, se reconocen plenas facultades al letrado o la letrada de la Administración de Justicia para disponer de toda la información que le permita comprobar la regularidad de la subasta. En este sentido, el Tribunal Constitucional, en su sentencia 34/2020, de 24 de febrero, crea doctrina en cuanto a las posibles vulneraciones del derecho a la tutela judicial efectiva sin indefensión que se pueden producir por el incumplimiento de las garantías de la subasta electrónica. Reconoce la centralidad que posee ese cauce de realización forzosa de bienes muebles e inmuebles en los procedimientos ejecutivos y el rigor con que han de ser observados los requisitos legales y de publicidad respecto a todos los datos y circunstancias que sean relevantes para el mejor resultado de la subasta, cuyo incumplimiento es susceptible de dejar en situación de indefensión a la parte demandada. Ahondando en esa doctrina, corresponde al letrado o la letrada de la Administración de Justicia ser el garante de ese derecho. Por eso, en el caso de que compruebe que no se han cumplido las condiciones que garantizan que la subasta se celebre con la máxima publicidad, seguridad, confidencialidad y disponibilidad, o si considera que no han sido respetados los derechos de los postores, tendría que dar cuenta al tribunal para que, en su caso, la deje sin efecto.

Por lo que respecta al orden jurisdiccional social, se acomete una reforma de la Ley 36/2011, de 10 de octubre, reguladora de la jurisdicción social en idéntico sentido y con la misma finalidad que en el resto de órdenes jurisdiccionales, a saber, dotar de mayor agilidad a la tramitación de los procedimientos, sin merma alguna de las garantías exigibles.

Con el fin de cohonestar lo dispuesto para los cuatro órdenes jurisdiccionales, se incentiva el impulso de la oralidad de las sentencias, con la finalidad de agilizar no sólo su dictado, sino también la notificación y la declaración de firmeza de éstas, salvo cuando las partes comparezcan por ellas mismas.

También se pretende dotar a la jurisdicción social de la máxima agilización posible en lo que respecta a los actos de conciliación ante el letrado o la letrada de la Administración de Justicia, impulsando su labor y posibilitando una agenda doble y compatible de trabajo, que podrá establecerse a instancia de cualquiera de las partes, si estimaran razonadamente que existe la posibilidad de llegar a un acuerdo conciliatorio, o de oficio por el letrado o la letrada de la Administración de Justicia si entendiera que, por la naturaleza y circunstancias del litigio o por la solución dada judicialmente en casos análogos, pudiera ser factible que las partes alcanzaran un acuerdo, descargando así de trabajo al órgano judicial. Se pretende que el acto de conciliación se celebre a partir de los diez días desde la admisión de la demanda y con una antelación mínima de treinta días a la celebración del acto de la vista, con el fin de poder dar una respuesta ajustada a lo que la realidad social exige.

Se amplía además el plazo de cinco a diez días de antelación a la fecha del juicio, para solicitar diligencias de preparación de la prueba a practicar en dicho acto, dando con ello margen suficiente a los juzgados para hacer las notificaciones y recibir la prueba que se haya solicitado, especialmente en el caso de que se trate de prueba documental.

Por último, en la misma línea de consolidación de los derechos y garantías de la ciudadanía en el acceso a la justicia a fin de que el funcionamiento de ésta como servicio público se produzca en condiciones de eficiencia operativa, deviene necesario ahondar en el orden social en la reforma del recurso de casación para la unificación de doctrina. Al igual que sucede en el orden civil, tampoco este recurso de casación constituye una tercera instancia con plenitud de cognición, de manera que le resulta de aplicación la misma jurisprudencia del Tribunal Constitucional –residenciando en el Tribunal Supremo la configuración de esa admisibilidad, con las excepciones del artículo 123 CE– y del Tribunal Europeo de Derechos Humanos y de la propia Sala Primera insistiendo en el especial rigor de los requisitos de admisión del recurso de casación.

Se perfila la existencia de interés casacional objetivo, entendiendo que existe si concurren circunstancias que aconsejen un nuevo pronunciamiento de la Sala, cuando la cuestión posee una trascendencia o proyección significativa, o si el debate suscitado presenta relevancia para la formación de la jurisprudencia.

Con esta reforma se unifica el alcance y finalidad del recurso de casación en todas las Salas del Tribunal Supremo, completando el tratamiento como criterio de admisión o inadmisión que ya rige en las Salas Segunda y Tercera, y que en la última reforma legal se extendió a la Sala Primera, paralelo a la denominada especial trascendencia constitucional existente en el seno de la LO 2/1979, de 3 de octubre, del Tribunal Constitucional.

La agilización de los procedimientos, la sostenibilidad de los recursos existentes y la potenciación de acuerdos a través de la labor del letrado o la letrada de la Administración de Justicia posibilitando la anticipación de la conciliación constituyen, en definitiva, los principales ejes de la reforma.

VI

La parte final se estructura en ocho disposiciones adicionales, quince disposiciones transitorias, una disposición derogatoria y treinta y ocho disposiciones finales.

Se ha optado por mantener las denominaciones de los órganos unipersonales en leyes procesales y en otras normas que puedan contenerlas, si bien la disposición adicional primera establece una cláusula general para que, una vez que los Tribunales de Instancia se hayan constituido, las menciones genéricas que todavía se hacen en la Ley Orgánica 6/1985, de 1 de julio, del Poder Judicial, a los juzgados y tribunales se entiendan referidas a estos últimos o bien a los jueces, las juezas, los magistrados y las magistradas que sirven en ellos. La misma disposición adicional primera prevé también que las menciones a los órganos unipersonales contenidas en las distintas leyes de nuestro ordenamiento jurídico se entiendan realizadas a las diferentes Secciones de los Tribunales de Instancia.

La disposición adicional segunda se refiere al coste de la intervención del tercero neutral en la utilización de los medios adecuados de solución de controversias.

La disposición adicional tercera avanza la organización de los Servicios de medios adecuados de solución de controversias que constituirán en el ámbito de sus respectivas competencias el Ministerio de Justicia y las Comunidades Autónomas.

La disposición adicional quinta regula la asistencia de los Institutos de Medicina Legal y Ciencias Forenses a las Secciones de Familia, Infancia y Capacidad y a las Secciones de Violencia contra la Infancia y la Adolescencia.

La nueva disposición adicional vigésima cuarta de la Ley Orgánica 6/1985, de 1 de julio, del Poder Judicial prevé que, una vez constituidas las Oficinas de Justicia en los municipios, las menciones contenidas en el ordenamiento jurídico a los Juzgados de Paz se entenderán realizadas a los jueces y juezas de paz cuando les atribuyan competencias jurisdiccionales o de otra naturaleza. En otro caso, se entenderán referidas a las Oficinas de Justicia en los municipios.

Por su parte, la disposición transitoria primera regula la constitución de los Tribunales de Instancia y el régimen transitorio derivado de la misma. Esta constitución se establece en varias fases que afectarán a los diversos órganos unipersonales y, dado que ésta se prolongará en el tiempo, se determina la vigencia del régimen de organización anterior a la entrada en vigor de esta ley en los juzgados unipersonales hasta el establecimiento de los Tribunales de Instancia y su transformación en las Secciones que los integran.

La disposición transitoria segunda regula la constitución del Tribunal Central de Instancia y el régimen transitorio derivado de esta constitución.

La disposición transitoria tercera prevé que los jueces Decanos y las juezas Decanas pasen a ostentar la Presidencia de los Tribunales de Instancia, así como que el juez Decano o la jueza Decana de los Juzgados Centrales pase a ejercer la Presidencia del Tribunal Central de Instancia una vez que se hayan constituido dichos Tribunales en su respectivo ámbito.

La disposición transitoria quinta regula la implantación de la Oficina judicial, determina la fecha máxima en que debe estar implantada la Oficina judicial en los Tribunales de Instancia y establece el régimen supletorio para el caso de que, llegada aquella fecha, los trabajos de desarrollo e implantación de la Oficina judicial no hubieren finalizado. Para este supuesto, se prevé la transformación de las plantillas de Juzgados en relaciones de puestos de trabajo de la Oficina judicial, integrándose en servicios comunes de tramitación que asumirán funciones de ordenación del proceso y de ejecución. Asimismo, se prevé el régimen aplicable en el caso de que ya existan relaciones de puestos de trabajo aprobadas.

La disposición transitoria sexta regula la implantación de las Oficinas de Justicia en los municipios.

La disposición transitoria octava determina el régimen transitorio relativo a los secretarios y las secretarias de la Junta Electoral de Zona y la Junta Electoral Provincial.

La disposición transitoria novena ordena que las previsiones de esta ley sean aplicables exclusivamente a los procedimientos incoados con posterioridad a su entrada en vigor, si bien permite que en los procedimientos judiciales ya en curso a dicha entrada en vigor, las partes de común acuerdo puedan someterse a cualesquiera medios adecuados de solución de controversias y además sean de aplicación las modificaciones de las cuatro leyes de procedimiento en cuanto al dictado de sentencias orales.

La disposición derogatoria deja sin efecto el Real Decreto-ley 1/2017, de 20 de enero, de medidas urgentes de protección de consumidores en materia de cláusulas suelo, cuando entre en vigor el título II de la presente ley, que regula los medios alternativos de solución de controversias y otras reformas procesales.

En las disposiciones finales se contienen modificaciones en diversos textos legislativos.

La disposición final tercera modifica en lo preciso la Ley Hipotecaria, aprobada por Decreto de 8 de febrero de 1946, para reconocer eficacia ejecutiva a la certificación expedida por el Registrador tras la celebración del acto de conciliación.

La disposición final sexta modifica la Ley Orgánica 5/1985, de 19 de junio, del Régimen Electoral General, determinando los letrados y las letradas de la Administración de Justicia que serán Secretarios o Secretarias de la Junta Electoral Provincial y de la Junta Electoral de Zona.

La disposición final octava, dividida en dieciocho apartados, afronta la reforma de la Ley 38/1988, de 28 de diciembre, de Demarcación y de Planta Judicial, para adaptarla a la nueva organización judicial, dejando sin contenido aquellos artículos que ya no resultan de aplicación por haberse agotado la situación que regulan.

En las disposiciones finales décima, decimocuarta y vigésima se contienen las modificaciones que acompañan necesariamente a la implantación del sistema de medios adecuados de solución de controversias y que se producen en la Ley 1/1996, de 10 de enero, de asistencia jurídica gratuita; en la Ley 35/2006, de 28 de noviembre, del Impuesto sobre la Renta de las Personas Físicas y de modificación parcial de las leyes de los Impuestos sobre Sociedades, sobre la Renta de no Residentes y sobre el Patrimonio; y en la Ley 5/2012, de 6 de julio, de mediación en asuntos civiles y mercantiles.

La disposición final duodécima contiene una modificación de la Ley 52/1997, de 27 de noviembre, de Asistencia Jurídica al Estado e Instituciones Públicas, para regular la actuación de la Abogacía General del Estado en la firma de acuerdos amistosos ante el Tribunal Europeo de Derechos Humanos.

En efecto, muchas de las demandas que se plantean ante el Tribunal Europeo de Derechos Humanos son sobre cuestiones en las que ya existe jurisprudencia consolidada, por lo que el Tribunal ha llamado a los Estados para que ajusten sus ordenamientos internos a la jurisprudencia europea en materia de derechos humanos, facilitando mediante acuerdos amistosos y declaraciones unilaterales el tratamiento de casos de previsible condena.

De acuerdo con el artículo 39 del Convenio Europeo de Derechos Humanos, en cualquier fase del procedimiento el Tribunal podrá ponerse a disposición de las partes interesadas para conseguir un acuerdo amistoso sobre el asunto inspirándose para ello en el respeto a los derechos humanos tal como los reconocen el Convenio y sus Protocolos. En caso de alcanzarse un acuerdo amistoso, el Tribunal archivará el asunto mediante una decisión que se limitará a una breve exposición de los hechos y de la solución adoptada. Esta decisión se transmitirá al Comité de Ministros, que supervisará la ejecución de los términos del acuerdo amistoso tal como se recojan en la decisión.

Como una de las medidas adicionales, el Tribunal Europeo de Derechos Humanos ha iniciado desde mediados de 2019 un procedimiento consistente en enviar, junto con la admisión y comunicación de las demandas, una propuesta de acuerdo amistoso entre las partes, consistente en una indemnización por parte del Estado demandado, sin reconocimiento expreso de vulneración alguna del Convenio. Esta propuesta no es vinculante ni para el Estado ni para el demandante, que pueden rechazarlos, siguiéndose el procedimiento. Aunque la posibilidad de llegar a un acuerdo amistoso ya existía desde el inicio, el Tribunal la ha potenciado enormemente desde 2019, llamándolo procedimiento «pre-contencioso» y realizando motu proprio una valoración económica del acuerdo. Si se acepta por las partes el acuerdo amistoso, la demanda queda archivada en cuanto el Estado pague la cuantía acordada, evitándose así una sentencia previsiblemente condenatoria y facilitando sustancialmente la ejecución, puesto que el Estado solo debe acreditar que ha pagado la cantidad, sin que proceda la verificación de la adopción de medidas individuales o generales.

La Ley 52/1997, de 27 de noviembre, no diferencia expresamente la disposición de la acción procesal en el ámbito de las jurisdicciones internas o internacionales, regulando exclusivamente la figura del allanamiento procesal ante los Jueces nacionales. La inexistencia en nuestro Derecho de un acuerdo similar al propuesto por el Tribunal Europeo de Derechos Humanos y la existencia de pronunciamientos judiciales internos, dictados en muchos casos por las máximas instancias, y de toda una actuación previa de las Administraciones públicas, de la Abogacía del Estado, el Ministerio Fiscal, o de los letrados o las letradas de las diferentes Administraciones públicas, exige delimitar cuidadosamente cuándo procede la adopción del acuerdo.

Es por ello que la firma de un acuerdo amistoso debe contar con una propuesta jurídica razonada por parte del Agente ante el Tribunal, justificativa de la existencia de una alta probabilidad de que, a la vista de la doctrina previa del Tribunal Europeo de Derechos Humanos, el Reino de España pueda ser condenado. Asimismo, se precisará contar en todo caso con el criterio favorable del órgano competente origen de la actuación presuntamente vulneradora del Derecho, y a este fin se modifica el artículo 7 de la Ley 52/1997, de 27 noviembre, de Asistencia Jurídica al Estado e Instituciones Públicas.

La disposición final decimocuarta revisa diversos aspectos de la Ley 35/2006, de 28 de noviembre, del Impuesto sobre la Renta de las Personas Físicas y de modificación parcial de las leyes de los Impuestos sobre Sociedades, sobre la Renta de no Residentes y sobre el Patrimonio. En primer lugar, se extiende la exención prevista en el primer párrafo de la letra d) del artículo 7 de dicha Ley a otras indemnizaciones como consecuencia de responsabilidad civil por daños físicos o psíquicos, cuya cuantía no se haya fijado legal ni judicialmente, pero cuyo abono sea consecuencia de un acuerdo de mediación o de cualquier otro medio adecuado de solución de controversias legalmente previsto.

Además, dada la ruptura del principio de igualdad que supone el establecimiento de cualquier exención en el Impuesto, con la finalidad de garantizar que la indemnización corresponda a situaciones reales, evitándose situaciones indeseadas de planificación o fraude fiscal, se exige que la indemnización sea satisfecha por la entidad aseguradora del causante del daño, que para la obtención del acuerdo haya intervenido un tercero neutral y que este último se haya elevado a escritura pública, al tiempo que se establece una cuantía máxima exenta que toma como referencia la que se fijaría con arreglo al sistema para la valoración de los daños y perjuicios causados a las personas en accidentes de circulación, incorporado como anexo en el texto refundido de la Ley sobre responsabilidad civil y seguro en la circulación de vehículos a motor, aprobado por el Real Decreto Legislativo 8/2004, de 29 de octubre.

En segundo lugar, se modifica la letra e) del artículo 7 de la Ley 35/2006, de 28 de noviembre, con la finalidad de evitar cualquier duda interpretativa e incrementar la seguridad jurídica, señalando expresamente a nivel legal que no derivan de un pacto, convenio o contrato, las indemnizaciones acordadas ante el servicio administrativo como paso previo al inicio de la vía judicial social. Debe recordarse que dicha precisión coincide con la interpretación que al respecto viene manteniendo tanto la Administración tributaria como los Tribunales de Justicia, por lo que la misma responde a una finalidad meramente aclaratoria.

Por último, se da nueva redacción a la letra k) del artículo 7 de la Ley del Impuesto con la finalidad de eliminar cualquier duda sobre la aplicación del mismo a las anualidades fijadas en los convenios reguladores a que se refiere el artículo 90 del Código Civil formalizados ante el letrado o la letrada de la Administración de Justicia o en escritura pública ante notario, al tiempo que se recuerda que dicho convenio puede ser el resultado de cualquier medio adecuado de solución de controversias legalmente previsto. La modificación de dicha letra k) exige modificar la referencia contenida a las anualidades por alimentos en los artículos 64 y 75 de la Ley del Impuesto.

La disposición final vigésima promueve la modificación de la Ley 5/2012, de 6 de julio, de mediación en asuntos civiles y mercantiles.

La disposición final vigesimocuarta modifica la Ley 15/2015, de 2 de julio, de la Jurisdicción Voluntaria, concentrando la competencia judicial territorial para la aceptación y aprobación de la herencia cuando sea llamado a ella un menor o persona con discapacidad. La medida agilizará la resolución y evitará la dicotomía normativa actualmente existente sobre competencia territorial para el conocimiento de este tipo de expedientes.

En línea con las disposiciones anteriores, la disposición final vigesimosexta introduce modificaciones en el texto refundido de la Ley del Estatuto de los Trabajadores, aprobado por Real Decreto Legislativo 2/2015, de 23 de octubre.

En la disposición final trigésima se contienen las previsiones sobre el futuro estatuto de la tercera persona neutral interviniente en dichos medios y la regulación reglamentaria de la elaboración de estadística de la utilización de los medios adecuados de solución de controversias.

Por último, las disposiciones finales trigésima sexta y trigésima séptima se refieren al título competencial y al rango normativo.

Finalmente, la disposición final trigésima octava se ocupa de la entrada en vigor de la norma.

VII

En la elaboración de esta ley se han observado los principios de necesidad, eficacia, proporcionalidad, seguridad jurídica, transparencia y eficiencia, exigidos por el artículo 129 de la Ley 39/2015, de 1 de octubre, del Procedimiento Administrativo Común de las Administraciones Públicas. En efecto, en primer lugar, se trata de una norma necesaria, ya que constituye el instrumento idóneo y el único posible para alcanzar el objetivo de conseguir una reforma de la organización judicial y de la oficina que le sirve de apoyo con el objetivo de que su funcionamiento como servicio público se produzca en condiciones de eficiencia organizativa. Además, es el instrumento apropiado para dar una respuesta ágil, eficaz y con las máximas garantías jurídicas para alcanzar el doble objetivo que conforman las reformas procesales contempladas en la presente ley.

El primero de los citados objetivos es el de dotar al Servicio Público de Justicia de medidas dirigidas a acometer de forma decidida la introducción y potenciación en nuestro ordenamiento jurídico de medios adecuados de solución de controversias alternativos a la jurisdicción (los ADR plenamente vigentes desde hace tiempo en derecho comparado).

En segundo lugar, se afronta la reforma de la legislación que permita la agilización de los procesos judiciales y la mejora de su eficacia con las máximas garantías en los cuatro órdenes jurisdiccionales, que permitirán a los juzgados y tribunales atender en tiempo razonable la tutela judicial que exige la ciudadanía.

También la transposición de la Directiva (UE) 2020/1828 del Parlamento Europeo y del Consejo, de 25 de noviembre de 2020 se inspira en el principio de necesidad y eficacia, al cumplir la obligación de transposición con fidelidad al texto de aquélla, y con la normativa ya existente sobre este ámbito, introduciendo también mejoras para lograr un procedimiento judicial ágil y efectivo para la defensa de los intereses colectivos de los consumidores y usuarios.

Por lo que respecta al principio de seguridad jurídica, se introduce un sistema coherente, de tal manera que las novedades que se implantan para conseguir una organización judicial y administrativa más eficiente permiten la consolidación de un sistema de Justicia más accesible, cercano, sostenible y ágil y tienen su reflejo en todas las normas orgánicas afectadas y en aquellas otras que las desarrollan, generando así un marco normativo integrado y claro, que permite la consolidación de un sistema de Justicia más accesible, cercano, sostenible y ágil. Asimismo, se crea un marco normativo adecuado, integrado y concreto para la protección de los consumidores y usuarios, en particular con la introducción de un procedimiento especial en la Ley de Enjuiciamiento Civil que permita contribuir la mejor protección de los intereses colectivos de los consumidores y usuarios.

En cuanto al principio de proporcionalidad, se introduce la regulación imprescindible para la consecución de los objetivos perseguidos de eficiencia organizativa y procesal del servicio público de Justicia. Igualmente, se trata de la regulación imprescindible para atender la necesidad a cubrir, dado que la nueva regulación acomete una mejora de la regulación existente que no exigía estrictamente la Directiva, pero que se ha considerado necesaria para darle máxima efectividad a sus previsiones.

Se cumple también el principio de transparencia. Esta norma ha sido sometida a los correspondientes trámites de participación pública, esto es, el de consulta pública previa y el de audiencia e información pública.

Respecto del principio de eficiencia, la iniciativa normativa no impone cargas administrativas innecesarias o accesorias y racionaliza, en su aplicación, la gestión de los recursos públicos.

TÍTULO I-Medidas en materia de eficiencia organizativa del Servicio Público de Justicia para la implantación de los Tribunales de Instancia y las Oficinas de Justicia en los municipios

Artículo 1. Modificación de la Ley Orgánica 6/1985, de 1 de julio, del Poder Judicial

La Ley Orgánica 6/1985, de 1 de julio, del Poder Judicial, queda modificada en los siguientes términos:

Uno

Se modifica el artículo 2, que queda redactado como sigue:

«Artículo 2.

1. El ejercicio de la potestad jurisdiccional, juzgando y haciendo ejecutar lo juzgado, corresponde exclusivamente a los jueces, a las juezas y a los Tribunales determinados en las leyes y en los tratados internacionales.

2. Los jueces, las juezas y los Tribunales no ejercerán más funciones que las señaladas en el apartado anterior, y las demás que expresamente les sean atribuidas por ley en garantía de cualquier derecho.»

Dos

Se modifica el apartado 1 del artículo 3, que queda redactado como sigue:

«1. La jurisdicción es única y se ejerce por los jueces, las juezas y los Tribunales previstos en esta ley orgánica, sin perjuicio de las potestades jurisdiccionales reconocidas por la Constitución a otros órganos.»

Tres

Se modifica el apartado 3 del artículo 7, que queda redactado como sigue:

«3. Los jueces y las juezas protegerán los derechos e intereses legítimos, tanto individuales como colectivos, sin que en ningún caso pueda producirse indefensión. Para la defensa de estos últimos se reconocerá la legitimación de las corporaciones, asociaciones, organizaciones sindicales y grupos que resulten afectados o que estén legalmente habilitados para su defensa y promoción.»

Cuatro

Se modifican los apartados 1 y 2 del artículo 9, que quedan redactados como sigue:

«1. Los jueces y juezas, así como los Tribunales ejercerán su jurisdicción exclusivamente en aquellos casos en que les venga atribuida por esta u otra ley.

2. Los jueces y juezas, así como los Tribunales del orden civil conocerán, además de las materias que les son propias, de todas aquellas que no estén atribuidas a otro orden jurisdiccional.

En este orden civil, corresponderá a la Jurisdicción Militar la prevención de los juicios de testamentaría y de abintestato de los miembros de las Fuerzas Armadas que, en situación de conflicto armado, fallecieren en campaña o navegación, limitándose a la práctica de la asistencia imprescindible para disponer el sepelio del difunto y la formación del inventario y aseguramiento provisorio de sus bienes, dando siempre cuenta a la Autoridad judicial civil competente.»

Cinco

Se modifican los apartados 2 y 3 del artículo 11, que quedan redactados como sigue:

«2. Los jueces y juezas, así como los Tribunales rechazarán fundamentalmente las peticiones, incidentes y excepciones que se formulen con manifiesto abuso de derecho o entrañen fraude de ley o procesal.

3. Los jueces y juezas, así como los Tribunales, de conformidad con el principio de tutela efectiva consagrado en el artículo 24 de la Constitución, deberán resolver siempre sobre las pretensiones que se les formulen, y solo podrán desestimarlas por motivos formales cuando el defecto fuese insubsanable o no se subsanare por el procedimiento establecido en las leyes.»

Seis

Se modifica la rúbrica del libro I:

«LIBRO I

De la extensión y límites de la Jurisdicción y de la Planta y Organización de los Tribunales»

Siete

Se modifica el artículo 25, que queda redactado como sigue:

«Artículo 25.

En el orden social, los jueces y juezas, así como los Tribunales españoles serán competentes:

1.º En materia de derechos y obligaciones derivados de contrato de trabajo, cuando los servicios se hayan prestado en España o el contrato se haya celebrado en territorio español; cuando el demandado tenga su domicilio en territorio español o una agencia, sucursal, delegación o cualquier otra representación en España; cuando el trabajador o la trabajadora y el empresario o la empresaria tengan nacionalidad española, cualquiera que sea el lugar de prestación de los servicios o de celebración del contrato; y, además, en el caso de contrato de embarque, si el contrato fue precedido de oferta recibida en España por trabajador español.

2.º En materia de control de legalidad de los convenios colectivos de trabajo celebrados en España y de pretensiones derivadas de conflictos colectivos de trabajo promovidos en territorio español.

3.º En materia de pretensiones de Seguridad Social frente a entidades españolas o que tengan domicilio, agencia, delegación o cualquier otra representación en España.»

Ocho

Se modifica la rúbrica del capítulo I del título II del libro I:

«CAPÍTULO I

De los Tribunales»

Nueve. Se modifica el artículo 26, que queda redactado como sigue:

«Artículo 26.

Los Tribunales a los que se atribuye el ejercicio de la potestad jurisdiccional son los siguientes:

a) Jueces y juezas de paz.

b) Tribunales de Instancia.

c) Audiencias Provinciales.

d) Tribunales Superiores de Justicia.

e) Tribunal Central de Instancia.

f) Audiencia Nacional.

g) Tribunal Supremo».

Diez

Se modifica el artículo 27, que queda redactado como sigue:

«Artículo 27.

1. Cuando las Salas de los Tribunales se dividan en Secciones y hubiere dos o más, se designarán por numeración ordinal.

2. Las plazas judiciales que integran los Tribunales de Instancia y el Tribunal Central de Instancia se designarán por numeración cardinal dentro de la misma Sección.»

Once

Se modifica el artículo 29, que queda redactado como sigue:

«Artículo 29.

1. La planta de los tribunales se establecerá por ley. Será revisada con base en la evolución de las cargas de trabajo, población y otros parámetros que se consideren relevantes, al menos, cada cinco años, previo informe del Consejo General del Poder Judicial, para adaptarla a las nuevas necesidades.

2. La revisión de la planta de los tribunales podrá ser instada por las comunidades autónomas con competencia en materia de Justicia para adaptarla a las necesidades de su ámbito territorial.»

Doce

Se modifica el artículo 36, que queda redactado como sigue:

«Artículo 36.

La creación de las Secciones de las Audiencias y Tribunales y de plazas judiciales, siempre que no suponga alteración de la demarcación judicial, corresponderá al Gobierno, oídos preceptivamente la comunidad autónoma afectada y el Consejo General del Poder Judicial.»

Trece

Se modifican los numerales 1.º, 5.º y 6.º del artículo 65, que quedan redactados como sigue:

«1.º Del enjuiciamiento, salvo que corresponda en primera instancia a la Sección de lo Penal del Tribunal Central de Instancia, de las causas por los siguientes delitos:

a) Delitos contra el titular de la Corona, su Consorte, su Sucesor o Sucesora, altos organismos de la Nación y forma de Gobierno.

b) Falsificación de moneda y fabricación de tarjetas de crédito y débito falsas y cheques de viajero falsos o cualquier otro instrumento de pago distinto del efectivo, siempre que sean cometidos por organizaciones o grupos criminales.

c) Defraudaciones y maquinaciones para alterar el precio de las cosas que produzcan o puedan producir grave repercusión en la seguridad del tráfico mercantil, en la economía nacional o perjuicio patrimonial en una generalidad de personas en el territorio de más de una Audiencia.

d) Tráfico de drogas o estupefacientes, fraudes alimentarios y de sustancias farmacéuticas o medicinales, siempre que sean cometidos por bandas o grupos organizados y produzcan efectos en lugares pertenecientes a distintas Audiencias.

e) Delitos cometidos fuera del territorio nacional, cuando conforme a las leyes o a los tratados corresponda su enjuiciamiento a los Tribunales españoles.

f) Delitos atribuidos a la Fiscalía Europea en los artículos 22 y 25 del Reglamento (UE) 2017/1939 del Consejo, de 12 de octubre de 2017, cuando aquella hubiera decidido ejercer su competencia.

g) Delitos de contrabando de material de defensa, de otros materiales y de productos y tecnología de doble uso.

En todo caso, la Sala de lo penal de la Audiencia Nacional extenderá su competencia al conocimiento de los delitos conexos con todos los anteriormente reseñados».

«5.º De los recursos establecidos en la ley contra las sentencias y otras resoluciones de la Sección de lo Penal, de la Sección de Instrucción, incluidas sus funciones como Jueces de garantías en los delitos de los que conozca la Fiscalía Europea, y de la Sección de Menores, del Tribunal Central de Instancia.

6.º De los recursos contra las resoluciones dictadas por la Sección de Vigilancia Penitenciaria del Tribunal Central de Instancia de conformidad con lo previsto en la disposición adicional quinta».

Catorce

Se modifican las letras a), c) y e) del artículo 66, que quedan redactadas como sigue:

«a) En única instancia, de los recursos contencioso-administrativos contra disposiciones y actos de los Ministros, Ministras, Secretarios y Secretarias de Estado que la ley no atribuya a la Sección de lo Contencioso-Administrativo del Tribunal Central de Instancia.»

«c) De los recursos devolutivos que la ley establezca contra las resoluciones de la Sección de lo Contencioso-Administrativo del Tribunal Central de Instancia.»

«e) De las cuestiones de competencia que se puedan plantear entre los magistrados y magistradas de la Sección de lo Contencioso-Administrativo del Tribunal Central de Instancia y de aquellos otros recursos que excepcionalmente le atribuya la ley.»

Quince

Se modifica el apartado 5 del artículo 73, quedando redactado como sigue:

«5. Le corresponde, igualmente, la decisión de las cuestiones de competencia entre Secciones de Menores de Tribunales de Instancia radicados en distintas provincias de la comunidad autónoma.»

Dieciséis

Se modifica el artículo 74, que queda redactado como sigue:

«Artículo 74.

1. Las Salas de lo Contencioso-Administrativo de los Tribunales Superiores de Justicia conocerán, en única instancia, de los recursos que se deduzcan en relación con:

a) Los actos de las Entidades locales y de las Administraciones de las comunidades autónomas, cuyo conocimiento no esté atribuido a las Secciones de lo Contencioso-Administrativo de los Tribunales de Instancia.

b) Las disposiciones generales emanadas de las comunidades autónomas y de las Entidades locales.

c) Los actos y disposiciones de los órganos de gobierno de las Asambleas legislativas de las comunidades autónomas y de las instituciones autonómicas análogas al Tribunal de Cuentas y al Defensor del Pueblo, en materia de personal, administración y gestión patrimonial.

d) Los actos y resoluciones dictados por los Tribunales Económico-Administrativos Regionales y Locales que pongan fin a la vía económico-administrativa.

e) Las resoluciones dictadas en alzada por el Tribunal Económico-Administrativo Central en materia de tributos cedidos.

f) Los actos y disposiciones de las Juntas Electorales Provinciales y de Comunidades Autónomas, así como los recursos contencioso-electorales contra acuerdos de las Juntas Electorales sobre proclamación de electos y elección y proclamación de Presidentes y Presidentas de Corporaciones locales en los términos de la legislación electoral.

g) Los convenios entre Administraciones públicas cuyas competencias se ejerzan en el ámbito territorial de la correspondiente comunidad autónoma.

h) La prohibición o la propuesta de modificación de reuniones previstas en la Ley Orgánica 9/1983, de 15 de julio, reguladora del derecho de reunión.

i) Los actos y resoluciones dictados por órganos de la Administración General del Estado cuya competencia se extienda a todo el territorio nacional y cuyo nivel orgánico sea inferior a Ministro, Ministra, Secretario o

Secretaria de Estado, en materias de personal, propiedades especiales y expropiación forzosa, a excepción de lo dispuesto en el artículo 82.2. 3.º

j) Cualesquiera otras actuaciones administrativas no atribuidas expresamente a la competencia de otros órganos de este orden jurisdiccional.

k) De la solicitud de autorización para la declaración prevista en la disposición adicional quinta de la Ley Orgánica 3/2018, de 5 de diciembre, de Protección de Datos Personales y garantía de los derechos digitales, cuando tal solicitud sea formulada por la autoridad de protección de datos de la comunidad autónoma respectiva.

2. Conocerán, en segunda instancia, de las apelaciones promovidas contra sentencias y autos dictados en las Secciones de lo Contencioso-Administrativo de los Tribunales de Instancia y de los correspondientes recursos de queja.

3. También les corresponde, con arreglo a lo establecido en esta ley, el conocimiento de los recursos de revisión contra las sentencias firmes dictadas en las Secciones de lo Contencioso-Administrativo de los Tribunales de Instancia.

4. Conocerán de las cuestiones de competencia entre las Secciones de lo Contencioso-Administrativo de los Tribunales de Instancia con sede en la comunidad autónoma.

5. Corresponde a las Salas de lo Contencioso-Administrativo de los Tribunales Superiores de Justicia autorizar, mediante auto, el requerimiento de información por parte de autoridades autonómicas de protección de datos a los operadores que presten servicios de comunicaciones electrónicas disponibles al público y de los prestadores de servicios de la sociedad de la información, cuando ello sea necesario de acuerdo con la legislación específica.»

Diecisiete

Se modifica el artículo 75, que queda redactado de la siguiente forma:

«Artículo 75.

La Sala de lo Social del Tribunal Superior de Justicia conocerá:

1.º En única instancia, de los procesos que la ley establezca sobre controversias que afecten a intereses de los trabajadores y trabajadoras y empresarios y empresarias en ámbito superior al de una Sección de lo Social del Tribunal de Instancia y no superior al de la comunidad autónoma.

2.º De los recursos que establezca la ley contra las resoluciones dictadas por las Secciones de lo Social de los Tribunales de Instancia de la comunidad autónoma, así como de los recursos de suplicación y los demás que prevé la ley contra las resoluciones de las Secciones de lo Mercantil de los Tribunales de Instancia de la comunidad autónoma en materia laboral, y las que resuelvan los incidentes concursales que versen sobre la misma materia.

3.º De las cuestiones de competencia que se susciten entre las Secciones de lo Social de los Tribunales de Instancia de la comunidad autónoma.»

Dieciocho

Se modifica el artículo 82, que queda redactado de la siguiente forma:

«Artículo 82.

1. Las Audiencias Provinciales conocerán en el orden penal:

1.º De las causas por delito, a excepción de los que la ley atribuye al conocimiento de las Secciones de lo Penal de los Tribunales de Instancia o de otros Tribunales previstos en esta ley.

2.º De los recursos que establezca la ley contra las resoluciones dictadas por las Secciones de Instrucción y de lo Penal de los Tribunales de Instancia de la provincia.

Para el conocimiento de los recursos contra resoluciones de las Secciones de Instrucción de los Tribunales de Instancia en juicios por delitos leves la Audiencia se constituirá con un solo magistrado o magistrada, mediante un turno de reparto.

3.º De los recursos que establezca la ley contra las resoluciones en materia penal dictadas por las Secciones de Violencia sobre la Mujer y por las Secciones de Violencia contra la Infancia y la Adolescencia. A fin de facilitar el conocimiento de estos recursos, y atendiendo al número de asuntos existentes, deberán especializarse una o varias de sus Secciones de conformidad con lo previsto en el artículo 80.3 de la presente ley orgánica. Esta especialización se extenderá a aquellos supuestos en que corresponda a la Audiencia Provincial el enjuiciamiento en primera instancia de asuntos instruidos por las Secciones de Violencia sobre la Mujer, por las Secciones de Violencia contra la Infancia y la Adolescencia y por las Secciones de Instrucción de los Tribunales de Instancia de la provincia, en procedimientos en los que las víctimas sean niños, niñas o adolescentes o víctimas de violencia sobre la mujer.

4.º Las Audiencias Provinciales conocerán también de los recursos contra las resoluciones de las Secciones de Menores de los Tribunales de Instancia con sede en la provincia y de las cuestiones de competencia entre los mismos.

5.º De los recursos que establezca la ley contra las resoluciones de las Secciones de Vigilancia Penitenciaria de los Tribunales de Instancia, cuando la competencia no corresponda a la Sala de lo Penal de la Audiencia Nacional.

6.º De los procedimientos de decomiso autónomo por los delitos para cuyo conocimiento sean competentes.

2. Las Audiencias Provinciales conocerán en el orden civil:

1.º De los recursos que establezca la ley contra las resoluciones dictadas en primera instancia por las Secciones Civiles de los Tribunales de Instancia de la provincia.

Para el conocimiento de los recursos contra resoluciones de las Secciones Civiles de los Tribunales de Instancia que se sigan por los trámites del juicio verbal por razón de la cuantía, la Audiencia se constituirá con un solo magistrado o magistrada, mediante un turno de reparto.

2.º De los recursos que establezca la ley contra las resoluciones dictadas en primera instancia por las Secciones de Familia, Infancia y Capacidad y en materia civil, por las Secciones de Violencia sobre la Mujer y las Secciones de Violencia contra la Infancia y la Adolescencia de los Tribunales de Instancia de la provincia. A fin de facilitar el conocimiento de estos recursos, y atendiendo al número de asuntos existentes, podrán especializarse una o varias de sus Secciones de conformidad con lo previsto en el artículo 82 bis y 80.3 de la presente ley orgánica.

3.º De los recursos que establezca la ley contra las resoluciones dictadas en primera instancia por las Secciones de lo Mercantil de los Tribunales de Instancia, salvo las que se dicten en incidentes concursales en materia laboral. Asimismo, conocerán de los recursos contra aquellas resoluciones que agoten la vía administrativa dictadas en materia de propiedad industrial por la Oficina Española de Patentes y Marcas.

3. Asimismo, la Sección o Secciones de la Audiencia Provincial de Alicante especializadas en materia mercantil conocerán, además, en segunda instancia y de forma exclusiva, de todos aquellos recursos a los que se refiere el artículo 133 del Reglamento (UE) 2017/1001 del Parlamento Europeo y del Consejo de 14 de junio de 2017 sobre la marca de la Unión Europea y el Reglamento (CE) 6/2002, del Consejo, de 12 de diciembre de 2001, sobre los dibujos y modelos comunitarios. En el ejercicio de esta competencia extenderán su jurisdicción a todo el territorio nacional, y a estos solos efectos se denominarán Tribunales de Marca de la Unión Europea.

4. Corresponde igualmente a las Audiencias Provinciales el conocimiento:

1.º De las cuestiones de competencia en materia civil y penal que se susciten entre los jueces, las juezas, los magistrados y las magistradas de un mismo o distinto Tribunal de Instancia de la provincia.

2.º De las recusaciones de sus magistrados y magistradas, cuando la competencia no esté atribuida a la Sala especial existente a estos efectos en los Tribunales Superiores de Justicia.»

Diecinueve

Se modifica el artículo 82 bis, que queda redactado como sigue:

«Artículo 82 bis.

1. El Consejo General del Poder Judicial, oída la Sala de Gobierno del Tribunal Superior de Justicia, podrá acordar que una o varias secciones de la misma Audiencia Provincial asuman el conocimiento de los recursos que se interpongan contra las resoluciones dictadas por los jueces, las juezas, los magistrados y las

magistradas de las Secciones Civiles de los Tribunales de Instancia de la provincia sobre determinadas materias.

2. El Consejo General del Poder Judicial, oída la Sala de Gobierno del Tribunal Superior de Justicia, podrá acordar que una o varias secciones de la misma Audiencia Provincial asuman el conocimiento de los recursos que se interpongan contra las resoluciones dictadas en primera instancia por los jueces, las juezas, los magistrados y las magistradas de las Secciones de Violencia sobre la Mujer, de las Secciones de Violencia contra la Infancia y la Adolescencia y de las Secciones de Familia, Infancia y Capacidad de la provincia.

3. El Consejo General del Poder Judicial, oída la Sala de Gobierno del Tribunal Superior de Justicia, podrá acordar que una o varias secciones de la misma Audiencia Provincial asuman el conocimiento de los recursos que se interpongan contra las resoluciones dictadas en primera instancia por los jueces, las juezas, los magistrados y las magistradas de las Secciones de lo Mercantil y de los recursos contra aquellas resoluciones que agoten la vía administrativa dictadas en materia de propiedad industrial por la Oficina Española de Patentes y Marcas. El acuerdo de especialización deberá adoptarse necesariamente cuando el número de plazas de magistrados y magistradas de las Secciones de lo Mercantil existentes en la provincia fuera superior a cinco y podrá tener carácter excluyente del conocimiento de otros recursos atribuidos a la competencia de las secciones de la misma Audiencia Provincial.

Si las secciones especializadas fueran más de una, el Consejo General del Poder Judicial deberá distribuir el conocimiento de los recursos entre ellas, en atención a las materias atribuidas a la competencia de las Secciones de lo Mercantil de los Tribunales de Instancia.

4. Los acuerdos a que se refiere el presente artículo serán objeto de publicación en el "Boletín Oficial del Estado" y producirán efectos desde el inicio del año siguiente a aquel en que se adopten, salvo que, por razones de urgencia, razonadamente se establezca otro momento anterior.»

Veinte

Se modifica la rúbrica del capítulo V del título IV del libro I:

«CAPÍTULO V

De los Tribunales de Instancia y del Tribunal Central de Instancia»

Veintiuno

Se modifica el artículo 84, que queda redactado como sigue:

«Artículo 84.

1. Habrá un Tribunal de Instancia en cada partido judicial, con sede en su capital, de la que tomará su nombre.

2. Los Tribunales de Instancia estarán integrados por una Sección Única, de Civil y de Instrucción. En los supuestos determinados por la Ley 38/1988, de 28 de diciembre, de Demarcación y de Planta Judicial, el Tribunal de Instancia se integrará por una Sección Civil y otra Sección de Instrucción.

Además de las anteriores, los Tribunales de Instancia podrán estar integrados por alguna o varias de las siguientes Secciones:

a) De Familia, Infancia y Capacidad.

b) De lo Mercantil.

c) De Violencia sobre la Mujer.

d) De Violencia contra la Infancia y la Adolescencia.

e) De lo Penal.

f) De Menores.

g) De Vigilancia Penitenciaria.

h) De lo Contencioso-Administrativo.

i) De lo Social.

3. Cada Tribunal de Instancia contará con una Presidencia. Las Secciones del Tribunal de Instancia contarán con una Presidencia de Sección cuando concurran las siguientes circunstancias:

a) Que en el Tribunal de Instancia hubiere dos o más Secciones.

b) Que en la Sección de que se trate existan ocho o más plazas judiciales.

c) Que el número total de plazas judiciales del Tribunal de Instancia sea igual o superior a doce.

4. El ejercicio de la función jurisdiccional corresponde a los jueces, las juezas, los magistrados y las magistradas destinados o destinadas en las diferentes Secciones que integren los Tribunales de Instancia. Su adscripción a las referidas Secciones será funcional. Conforme a criterios de racionalización del trabajo, los jueces, las juezas, los magistrados y las magistradas destinados o destinadas en una Sección del Tribunal de Instancia podrán conocer de los asuntos de nuevo ingreso de otras Secciones que lo integren, siempre que se trate de asuntos del mismo orden jurisdiccional. Esta asignación se realizará mediante acuerdo del Consejo General del Poder Judicial, a propuesta de la Presidencia del Tribunal y oída la Junta de Jueces y Juezas del orden jurisdiccional al que se refiera. Cuando la asignación se acuerde para cubrir ausencias provocadas por la concesión de comisiones de servicio o licencias de larga duración, podrá afectar a los asuntos de nuevo ingreso o a aquellos de los que esté conociendo el juez, la jueza, el magistrado o la magistrada que se encuentre en alguna de tales situaciones. Dichos acuerdos deberán publicarse en el "Boletín Oficial del Estado".

5. Se podrá establecer que algunas de las Secciones que integren los Tribunales de Instancia extiendan su jurisdicción a uno o varios partidos judiciales de la misma provincia, o de varias provincias limítrofes dentro del ámbito de un mismo Tribunal Superior de Justicia.

6. En el Tribunal de Instancia se podrá nombrar a dos de sus jueces, juezas, magistrados o magistradas, conforme a un turno anual preestablecido y público, para que, junto con aquel o aquella a quien le hubiere sido turnado el asunto inicialmente, se encarguen de la instrucción de un determinado proceso penal o conozcan en primera instancia de un procedimiento de cualquier orden jurisdiccional cuando, en atención al volumen, la especial complejidad o el número de intervinientes de un procedimiento, tal nombramiento favorezca el ejercicio de la función jurisdiccional. En estos casos, para la adopción de cuantas resoluciones se dictaren en el curso del proceso, actuará como ponente aquel o aquella a quien le hubiere sido turnado el asunto inicialmente. Estos jueces, juezas, magistrados o magistradas conocerán de dicho procedimiento hasta su completa terminación, sin perjuicio de que se les puedan seguir repartiendo otros asuntos.»

Veintidós

Se modifica el artículo 85, que queda redactado como sigue:

«Artículo 85.

Con carácter general, en los Tribunales de Instancia, las Secciones Civiles o las Civiles y de Instrucción que constituyan una Sección Única extenderán su jurisdicción a un partido judicial.

Estas Secciones conocerán, en el orden civil:

1.º En primera instancia, de los juicios que no vengan atribuidos por esta ley a otros órganos judiciales.

2.º De los actos de jurisdicción voluntaria en los términos que prevean las leyes.

3.º De los recursos que establezca la ley contra las resoluciones de los jueces y las juezas de paz del partido.

4.º De las cuestiones de competencia en materia civil entre los jueces y las juezas de paz del partido.

5.º De las solicitudes de reconocimiento y ejecución de sentencias y demás resoluciones judiciales extranjeras y de la ejecución de laudos o resoluciones arbitrales extranjeros, a no ser que, con arreglo a lo acordado en los tratados y otras normas internacionales, corresponda su conocimiento a otra Sección o Tribunal.»

Veintitrés

Se introduce un nuevo artículo 86, que queda redactado como sigue:

«Artículo 86.

1. Cuando se estime conveniente, en función de la carga de trabajo, se creará en el Tribunal de Instancia una Sección de Familia, Infancia y Capacidad, que extenderá su jurisdicción a todo el partido judicial.

2. No obstante lo dispuesto en el apartado anterior, el Gobierno podrá establecer por real decreto, a propuesta del Consejo General del Poder Judicial y, en su caso, con informe favorable de la comunidad

autónoma con competencias en materia de Justicia, Secciones de Familia, Infancia y Capacidad que extiendan su jurisdicción a dos o más partidos dentro de la misma provincia.

3. El Consejo General del Poder Judicial, previo informe de las Salas de Gobierno, podrá acordar que, en aquellos Tribunales de Instancia donde no hubiere una Sección de Familia, Infancia y Capacidad y sea conveniente por razón de la carga de trabajo existente, el conocimiento de los asuntos referidos en este artículo corresponda a uno de los jueces, juezas, magistrados o magistradas de la Sección Civil, o Civil y de Instrucción que constituya una Sección Única, determinándose en esta situación que ese juez, jueza, magistrado o magistrada conozca de todos estos asuntos dentro del partido judicial, ya sea de forma exclusiva o conociendo también de otras materias.

4. En los partidos judiciales en que exista un Tribunal de Instancia con Sección Única integrada por una sola plaza judicial, el juez o jueza que la ocupe será quien asuma el conocimiento de los asuntos de familia cuando no se hubiere creado una Sección de Familia, Infancia y Capacidad.

5. Las Secciones de Familia, Infancia y Capacidad conocerán de cuantas cuestiones se susciten en materia de familia en los términos previstos en las leyes. En todo caso, la jurisdicción de estas Secciones será exclusiva y excluyente en las siguientes materias:

a) Las relativas al matrimonio y a su régimen económico matrimonial y las que tengan por objeto la adopción o modificación de medidas de trascendencia familiar y otras acciones derivadas de la crisis matrimonial o de la unión de hecho.

b) Las que versen exclusivamente sobre guarda y custodia de hijos o hijas menores o sobre alimentos reclamados por un progenitor contra el otro en nombre de los hijos o hijas menores.

c) Las relativas a modificación de medidas adoptadas en los procesos que versen sobre las materias previstas en las letras anteriores.

d) Las que versen sobre maternidad, paternidad, filiación y adopción.

e) Las relativas a los alimentos entre parientes.

f) Las relativas a las relaciones paternofiliales.

g) Las que versen sobre adopción de medidas judiciales de apoyo a personas con discapacidad, incluyendo los internamientos no voluntarios por razón de trastorno psíquico.

h) Las relativas a la protección del menor, incluidas las que sean objeto de los procedimientos regulados en los artículos 778 bis y 778 ter y los capítulos IV bis y V del título I del libro IV de la Ley 1/2000, de 7 de enero, de Enjuiciamiento Civil.

i) La oposición a las resoluciones y actos de la Dirección General de Seguridad Jurídica y Fe Pública en materia de Registro Civil que se tramitan por el procedimiento del artículo 781 bis de la Ley 1/2000, de 7 de enero, de Enjuiciamiento Civil.

j) Los expedientes de jurisdicción voluntaria en materia de personas y familia, con excepción de los regulados en los capítulos IX y X del título I de la Ley 15/2015, de 2 de julio, de la Jurisdicción Voluntaria.

k) Las que versen sobre el reconocimiento de eficacia civil de resoluciones o decisiones eclesiásticas en materia matrimonial.

l) El reconocimiento y la ejecución de sentencias y resoluciones judiciales extranjeras civiles sobre menores, familia y medidas de apoyo.

m) Los procesos para la efectividad de los derechos reconocidos en el artículo 160 del Código Civil.

n) Cualesquiera otras materias civiles relativas a la familia o la protección de la infancia o las personas con discapacidad.»

Veinticuatro

Se suprimen los artículos 86 bis y 86 ter, 86 quater y 86 quinquies.

Veinticinco

Se da nueva redacción al artículo 87, que queda redactado como sigue:

«Artículo 87.

1. Con carácter general, en el Tribunal de Instancia con sede en la capital de cada provincia, existirá una Sección de lo Mercantil con jurisdicción en toda la provincia y sede en su capital.

2. En aquellas provincias donde, por razón de la carga de trabajo, no se constituya una Sección de lo Mercantil el conocimiento de los asuntos referidos en este artículo corresponderá a uno de los jueces o a una de las juezas de la Sección Civil, o Civil y de Instrucción que constituya una Sección Única en el Tribunal de Instancia de la capital de provincia.

3. Por excepción a lo establecido en los apartados anteriores, cuando una provincia tenga una población inferior a los 500.000 habitantes, el Gobierno por real decreto, a propuesta del Consejo General del Poder Judicial con informe favorable previo de la comunidad autónoma con competencias en materia de Justicia o a propuesta de esta comunidad oído el Consejo General del Poder Judicial, podrá extender a esa provincia la jurisdicción de la Sección de lo Mercantil de otra provincia limítrofe perteneciente a la misma comunidad autónoma.

4. Cuando un partido judicial cuente con más de 250.000 habitantes y, perteneciendo a la misma provincia, no sea limítrofe con el de su capital, el Gobierno, a propuesta del Consejo General del Poder Judicial y con informe favorable previo de la comunidad autónoma con competencias en materia de Justicia o a propuesta de la comunidad autónoma con competencias en materia de Justicia y oído el Consejo General del Poder Judicial, podrá crear una Sección de lo Mercantil en el Tribunal de Instancia de aquel partido judicial con jurisdicción en él y en aquellos otros partidos judiciales limítrofes que se considere oportuno.

5. En aquellas capitales de provincia en las que exista más de un juez, jueza, magistrado o magistrada en la Sección de lo Mercantil y menos de cinco, las solicitudes de declaración de concurso de acreedores de persona natural se repartirán a uno solo de ellos. Si el número de jueces, juezas, magistrados y magistradas de dicha Sección fuera más de cinco, esas solicitudes se repartirán a dos o más igualmente determinados, con exclusión de los demás.

6. Las Secciones de lo Mercantil conocerán de las siguientes materias:

a) De cuantas cuestiones sean de la competencia del orden jurisdiccional civil en materia de propiedad intelectual e industrial; competencia desleal y publicidad; sociedades mercantiles, sociedades cooperativas, agrupaciones de interés económico; transporte terrestre, nacional o internacional; derecho marítimo y derecho aéreo.

Por excepción a lo establecido en el párrafo anterior, las Secciones de lo Mercantil no serán competentes para conocer de las pretensiones basadas exclusivamente en el Reglamento (CE) n.º 261/2004 del Parlamento Europeo y del Consejo, de 11 de febrero de 2004, por el que se establecen normas comunes sobre compensación y asistencia a los pasajeros aéreos en caso de denegación de embarque y de cancelación o gran retraso de los vuelos, y se deroga el Reglamento (CEE) n.º 295/91; en el Reglamento (UE) 2021/782 del Parlamento Europeo y del Consejo, de 29 de abril de 2021, sobre los derechos y las obligaciones de los viajeros de ferrocarril; en el Reglamento (UE) n.º 181/2011 del Parlamento Europeo y del Consejo, de 16 de febrero de 2011, sobre los derechos de los viajeros de autobús y autocar y por el que se modifica el Reglamento (CE) n.º 2006/2004; y en el Reglamento (UE) n.º 1177/2010 del Parlamento Europeo y del Consejo, de 24 de noviembre de 2010, sobre los derechos de los pasajeros que viajan por mar y por vías navegables y por el que se modifica el Reglamento (CE) n.º 2006/2004.

b) De las acciones relativas a la aplicación de los artículos 101 y 102 del Tratado de Funcionamiento de la Unión Europea y de los artículos 1 y 2 de la Ley 15/2007, de 3 de julio, de Defensa de la Competencia, así como de las pretensiones de resarcimiento del perjuicio ocasionado por la infracción del Derecho de la competencia.

c) De los recursos directos contra las calificaciones negativas de los registradores y las registradoras mercantiles o, en su caso, contra las resoluciones expresas o presuntas de la Dirección General de Seguridad Jurídica y Fe Pública relativas a esas calificaciones.

7. Las Secciones de lo Mercantil conocerán, además, de cuantas cuestiones sean de la competencia del orden jurisdiccional civil en materia de concurso de acreedores o acreedoras, cualquiera que sea la condición civil o mercantil de la persona deudora, de los planes de reestructuración y del procedimiento especial para microempresas, en los términos establecidos por el texto refundido de la Ley Concursal, aprobado por Real Decreto Legislativo 1/2020, de 5 de mayo. En relación con la jurisdicción del juez o de la jueza del concurso:

a) En todo caso será exclusiva y excluyente en las siguientes materias:

1.ª Las acciones civiles con trascendencia patrimonial que se dirijan contra la persona concursada, con excepción de las que se ejerciten en los procesos civiles sobre capacidad, filiación, matrimonio y menores.

2.ª Las ejecuciones relativas a créditos concursales o contra la masa sobre los bienes y derechos de la persona concursada integrados o que se integren en la masa activa, cualquiera que sea el tribunal o la autoridad administrativa que la hubiera ordenado, sin más excepciones que las previstas en la legislación concursal.

3.ª La determinación del carácter necesario de un bien o derecho para la continuidad de la actividad profesional o empresarial de la persona deudora.

4.ª La declaración de la existencia de sucesión de empresa a efectos laborales y de seguridad social en los casos de transmisión de unidad o de unidades productivas y la determinación de los límites de esa declaración conforme a lo dispuesto en la legislación laboral y de seguridad social.

5.ª Las medidas cautelares que afecten o pudieran afectar a los bienes y derechos de la persona concursada integrados o que se integren en la masa activa, cualquiera que sea el tribunal o la autoridad administrativa que la hubiera acordado, excepto las que se adopten en los procesos civiles sobre provisión de medidas de apoyo y otros relativos a personas con discapacidad, filiación, matrimonio y menores.

6.ª Las demás materias establecidas en la legislación concursal.

b) Cuando el deudor o la deudora sea persona natural, la jurisdicción del juez o de la jueza del concurso será también exclusiva y excluyente en las siguientes materias:

1.ª Las que en el procedimiento concursal debe adoptar en relación con la asistencia jurídica gratuita.

2.ª La disolución y liquidación de la sociedad o comunidad conyugal de la persona concursada.

c) Cuando el deudor sea persona jurídica, la jurisdicción del juez o de la jueza del concurso será exclusiva y excluyente en las siguientes materias:

1.ª Las acciones de reclamación de deudas sociales que se ejerciten contra los socios de la sociedad concursada que sean subsidiariamente responsables del pago de esas deudas, cualquiera que sea la fecha en que se hubieran contraído, y las acciones para exigir a los socios de la sociedad concursada el desembolso de las aportaciones sociales diferidas o el cumplimiento de las prestaciones accesorias.

2.ª Las acciones de responsabilidad civil contra los administradores, administradoras, liquidadores o liquidadoras, de derecho o de hecho; contra la persona natural designada para el ejercicio permanente de las funciones propias del cargo de administrador persona jurídica; y contra las personas, cualquiera que sea su denominación, que tengan atribuidas facultades de la más alta dirección de la sociedad cuando no exista delegación permanente de facultades del consejo de administración en uno o varios consejeros delegados o en una comisión ejecutiva, por los daños y perjuicios causados, antes o después de la declaración judicial de concurso, a la persona jurídica concursada. En todo caso, quedará excluida de esta jurisdicción la revisión de las acciones de responsabilidad que ejerzan las Administraciones Públicas en el ejercicio de su autotutela.

3.ª Las acciones de responsabilidad contra los auditores y auditoras por los daños y perjuicios causados, antes o después de la declaración judicial de concurso, a la persona jurídica concursada.

d) La jurisdicción del juez o jueza del concurso es exclusiva y excluyente para conocer de las acciones sociales que tengan por objeto la modificación sustancial de las condiciones de trabajo, el traslado, el despido, la suspensión de contratos y la reducción de jornada por causas económicas, técnicas, organizativas o de producción que, conforme a la legislación laboral y a lo establecido en la legislación concursal, tengan carácter colectivo, así como de las que versen sobre la suspensión o extinción de contratos de alta dirección.

La suspensión de contratos y la reducción de jornada tendrán carácter colectivo cuando afecten al número de trabajadores establecido en la legislación laboral para la modificación sustancial de las condiciones de trabajo con este carácter.

e) La jurisdicción del juez o jueza del concurso se extiende a todas las cuestiones prejudiciales civiles, sin más excepciones que las establecidas en la legislación concursal, las administrativas y las sociales directamente relacionadas con el concurso o cuya resolución sea necesaria para la adecuada tramitación del procedimiento concursal. La decisión sobre estas cuestiones no surtirá efecto fuera del concurso de acreedores en que se produzca.

8. Las Secciones de lo Mercantil serán competentes para el reconocimiento y ejecución de sentencias y demás resoluciones judiciales extranjeras cuando éstas versen sobre cualquiera de las materias a que se refiere este artículo, salvo que, según los tratados y otras normas internacionales, el conocimiento de esa materia corresponda a otro órgano judicial.

9. Las Secciones de lo Mercantil tendrán competencia exclusiva para conocer en primera instancia, de acuerdo con la atribución de competencia objetiva, territorial y funcional establecida en la Ley 1/2000, de 7 de enero, de Enjuiciamiento Civil, de los recursos contra las resoluciones dictadas por la Sección Primera de la Comisión de Propiedad Intelectual para resolver las cuestiones litigiosas sobre el acuerdo previsto en el artículo 129 bis.3 del texto refundido de la Ley de Propiedad Intelectual, aprobado por Real Decreto Legislativo 1/1996, de 12 de abril. Dichos Juzgados podrán, en todo caso, pronunciarse sobre el fondo de la controversia, así como suspender cautelarmente la ejecución de la resolución dictada por la Sección Primera mientras se resuelve el procedimiento en sede judicial.

10. Además de la competencia para conocer con jurisdicción en toda la provincia de las materias a que se refiere este artículo, la Sección de lo Mercantil del Tribunal de Instancia de Alicante tendrá competencia exclusiva para conocer en primera instancia con jurisdicción en todo el territorio nacional de aquellas acciones que se ejerciten al amparo de lo establecido en el Reglamento (UE) 2017/1001 del Parlamento y del Consejo, de 14 de junio de 2017, sobre la marca de la Unión Europea, y del Reglamento (CE) n.º 6/2002, del Consejo, de 12 de diciembre de 2001, sobre los dibujos y modelos comunitarios.

A los solos efectos de la competencia específica a que se refiere el párrafo anterior, dicha Sección se denominará Tribunal de Marca de la Unión Europea y tendrá también competencia exclusiva para conocer de aquellas demandas civiles en las que se ejerciten acumuladas acciones relativas a marcas de la Unión y a marcas nacionales o internacionales idénticas o similares; y de aquellas en las que existiera cualquier otra conexión entre las acciones ejercitadas si al menos una de ellas estuviera basada en un registro o solicitud de marca de la Unión».

Veintiséis

Se suprimen los artículos 87 bis, 87 ter y 87 quater.

Veintisiete

Se da nueva redacción al artículo 88, que queda redactado como sigue:

«Artículo 88.

1. Con carácter general, en los Tribunales de Instancia, las Secciones de Instrucción o las Secciones Únicas extenderán su jurisdicción a un partido judicial.

Estas Secciones conocerán, en el orden penal:

a) De la instrucción de las causas por delito cuyo enjuiciamiento corresponda a las Audiencias Provinciales y a las Secciones de lo Penal de los Tribunales de Instancia, excepto de la instrucción de aquellas causas que sean competencia de las Secciones de Violencia sobre la Mujer o de la Sección de Violencia contra la Infancia y la Adolescencia.

b) Les corresponde asimismo dictar sentencia de conformidad con la acusación en los casos establecidos por la ley y en los procesos por aceptación de decreto.

c) Del conocimiento y fallo de los juicios por delito leve, salvo los que sean competencia de los jueces y juezas de paz o de las Secciones de Violencia sobre la Mujer o de la Sección de Violencia contra la Infancia y la Adolescencia.

d) De los procedimientos de habeas corpus.

e) De los recursos que establezca la ley contra las resoluciones dictadas por los jueces y las juezas de paz del partido y de las cuestiones de competencia entre estos.

f) De la adopción de la orden de protección a las víctimas de violencia sobre la mujer, infancia y adolescencia cuando esté desarrollando funciones de guardia, siempre que no pueda ser adoptada por el juez, la jueza, el magistrado o la magistrada de la Sección de Violencia sobre la Mujer o de la Sección correspondiente que asuma el conocimiento de estos asuntos.

g) De la emisión y la ejecución de los instrumentos de reconocimiento mutuo de resoluciones penales en la Unión Europea que les atribuya la ley.

h) De los procedimientos de decomiso autónomo por los delitos para cuyo conocimiento sean competentes.

2. Asimismo, las Secciones de Instrucción y las Secciones Únicas conocerán de la autorización del internamiento de extranjeros en los centros de internamiento, así como del control de la estancia de éstos en los mismos y en las salas de inadmisión de fronteras. También conocerán de las peticiones y quejas que planteen los internos en cuanto afecten a sus derechos fundamentales.

3. Los procedimientos de revisión de medidas por modificación de circunstancias podrán ser tramitados por el juez o jueza inicialmente competente.

4. Excepcionalmente, el Consejo General del Poder Judicial, con informe de la Fiscalía General del Estado, podrá acordar la agrupación de las Secciones de Instrucción y de las Secciones Únicas de varios partidos judiciales limítrofes, dentro de una misma provincia, siempre que, por razón del incremento de las actividades delictivas de organizaciones criminales vinculadas al tráfico de drogas o personas, se produzca un destacado aumento en el volumen de asuntos penales de esta naturaleza en determinadas zonas o períodos.

La modificación singular en estos casos se limitará al periodo de tiempo en que se produzca la coyuntura que la motiva y a la instrucción de los procesos penales relacionados con los tipos delictivos que justifican el establecimiento de esa agrupación.

Para acordar dicha agrupación será necesario contar con la propuesta o informe tanto de la Sala de Gobierno del Tribunal Superior de Justicia correspondiente como de las Juntas de Jueces y Juezas de las poblaciones afectadas.

El Consejo General del Poder Judicial, antes de adoptar decisión alguna sobre la propuesta de que se trate, recabará el parecer del Ministerio de Justicia y el de la Comunidad Autónoma con competencias en materia de Justicia. En todo caso, la efectividad de dicha decisión no implicará el aumento de dotaciones presupuestarias.

5. La agrupación de Secciones a que se refiere el apartado anterior estará presidida por el Presidente o la Presidenta del Tribunal de Instancia del partido judicial con mayor número de habitantes quien, junto con los Presidentes o Presidentas de Sección que la integren, o, en su defecto, con los Presidentes o Presidentas de los Tribunales de Instancia afectados, elaborará las normas para el reparto de asuntos concretos materia de la agrupación, que posteriormente se aprobarán por la Sala de Gobierno del Tribunal Superior de Justicia respectivo. Tales normas de reparto no podrán afectar a los procedimientos ya en trámite en cada una de las Secciones.

6. El reparto de asuntos entre las diferentes Secciones se realizará por el letrado o la letrada directores del Servicio Común General del Tribunal de Instancia con mayor número de habitantes de entre los que componen la agrupación. El Presidente o la Presidenta del Tribunal de Instancia de ese partido judicial con mayor número de habitantes resolverá, con carácter gubernativo, las cuestiones que se planteen y corregirá las irregularidades que puedan producirse, adoptando las medidas necesarias y promoviendo, en su caso, la exigencia de las responsabilidades que procedan.»

Veintiocho

Se da nueva redacción al artículo 89, que queda redactado como sigue:

«Artículo 89.

1. El Consejo General del Poder Judicial, previo informe de las Salas de Gobierno, podrá acordar que, en aquellos Tribunales de Instancia donde no hubiere una Sección de Violencia sobre la Mujer y sea conveniente por razón de la carga de trabajo existente, el conocimiento de los asuntos referidos en este artículo corresponda a uno de los jueces o juezas de la Sección de Instrucción, o de Civil y de Instrucción que constituya una Sección Única, determinándose en esta situación que ese juez o jueza conozca de todos estos asuntos dentro del partido judicial, ya sea de forma exclusiva o conociendo también de otras materias.

2. Cuando se estime conveniente, en función de la carga de trabajo, se creará en el Tribunal de Instancia una Sección de Violencia sobre la Mujer, que extenderá su jurisdicción a todo el partido judicial.

3. No obstante lo dispuesto en el apartado anterior, el Gobierno podrá establecer por real decreto, a propuesta del Consejo General del Poder Judicial y, en su caso, con informe de la comunidad autónoma con competencias en materia de Justicia, Secciones de Violencia sobre la Mujer que extiendan su jurisdicción a dos o más partidos dentro de la misma provincia.

4. En los partidos judiciales en que exista un Tribunal de Instancia con Sección Única integrada por una sola plaza judicial, el juez o jueza que la ocupe será quien asuma el conocimiento de los asuntos a que se refiere este artículo, cuando ninguna Sección de Violencia sobre la Mujer extienda su jurisdicción a ese partido judicial.

5. Las Secciones de Violencia sobre la Mujer conocerán, en el orden penal, de conformidad en todo caso con los procedimientos y recursos previstos en la Ley de Enjuiciamiento Criminal, de los siguientes supuestos:

a) De la instrucción de los procesos para exigir responsabilidad penal por los delitos recogidos en los Títulos del Código Penal relativos a homicidio, aborto, lesiones, lesiones al feto, delitos contra la libertad, delitos contra la integridad moral, contra la libertad e indemnidad sexual, contra la intimidad y el derecho a la propia imagen, contra el honor o cualquier otro delito cometido con violencia o intimidación, siempre que se hubiesen cometido contra quien sea o haya sido su esposa o mujer que esté o haya estado ligada al autor por análoga relación de afectividad, aun sin convivencia, así como de los cometidos sobre los descendientes, propios o de la esposa o conviviente, o sobre los menores o personas con discapacidad que con él convivan o que se hallen sujetos a la potestad, tutela, curatela, acogimiento o guarda de hecho de la esposa o conviviente, cuando también se haya producido un acto de violencia de género.

b) De la instrucción de los procesos para exigir responsabilidad penal por cualquier delito contra las relaciones familiares, cuando la víctima sea alguna de las personas señaladas en la letra anterior.

c) De la adopción de las correspondientes órdenes de protección a las víctimas, sin perjuicio de las competencias atribuidas al juez o jueza de guardia.

d) Del conocimiento y fallo de los delitos leves que les atribuya la ley cuando la víctima sea alguna de las personas señaladas como tales en la letra a).

e) Dictar sentencia de conformidad con la acusación en los casos establecidos por la ley.

f) De la emisión y la ejecución de los instrumentos de reconocimiento mutuo de resoluciones penales en la Unión Europea que les atribuya la ley.

g) De la instrucción de los procesos para exigir responsabilidad penal por el delito de quebrantamiento previsto y penado en el artículo 468 del Código Penal cuando la persona ofendida por el delito cuya condena, medida cautelar o medida de seguridad se haya quebrantado sea o haya sido su esposa, o mujer que esté o haya estado ligada al autor por una análoga relación de afectividad aun sin convivencia, así como los descendientes, propios o de la esposa o conviviente, o los menores o personas con discapacidad con medidas de apoyo que con él convivan o que se hallen sujetos a la potestad, tutela, curatela, acogimiento o guarda de hecho de la esposa o conviviente, así como cuando la persona ofendida lo sea por alguno de los delitos señalados en la letra h) de este apartado.

h) De la instrucción de los procesos para exigir responsabilidad penal por los delitos contra la libertad sexual previstos en el título VIII del libro II del Código Penal, por los delitos de mutilación genital femenina, matrimonio forzado, acoso con connotación sexual y la trata con fines de explotación sexual cuando la persona ofendida por el delito sea mujer.

6. Las Secciones de Violencia sobre la Mujer podrán conocer en el orden civil, en todo caso de conformidad con los procedimientos y recursos previstos en la Ley 1/2000, de 7 de enero, de Enjuiciamiento Civil, de los siguientes asuntos:

a) Los relativos al matrimonio y a su régimen económico matrimonial y los que tengan por objeto la adopción o modificación de medidas de trascendencia familiar y otras acciones derivadas de la crisis matrimonial o de la unión de hecho.

b) Los que versen exclusivamente sobre guarda y custodia de hijos e hijas menores o sobre alimentos reclamados por un progenitor contra el otro en nombre de los hijos e hijas menores.

c) Los relativos a modificación de medidas adoptadas en los procesos que versen sobre las materias previstas en las letras anteriores.

d) Los que versen sobre maternidad, paternidad, filiación y adopción.

e) Los relativos a las relaciones paternofiliales.

f) Los relativos a la protección del menor, incluidas en los capítulos IV bis y V del título I del libro IV de la Ley 1/2000, de 7 de enero, de Enjuiciamiento Civil.

g) Los expedientes de jurisdicción voluntaria en materia de personas y familia, con excepción de los regulados en los capítulos IX y X del título II de la Ley 15/2015, de 2 de julio, de Jurisdicción Voluntaria.

h) Los que versen sobre los procedimientos de liquidación del régimen económico matrimonial instados por los herederos de la mujer víctima de violencia de género, así como los que se insten frente a estos herederos.

i) Los que versen sobre el reconocimiento de eficacia civil de resoluciones o decisiones eclesiásticas en materia matrimonial.

j) El reconocimiento y la ejecución de sentencias y resoluciones judiciales extranjeras civiles sobre menores y familia.

k) Los procesos para la efectividad de los derechos reconocidos en el artículo 160 del Código Civil.

7. Las Secciones de Violencia sobre la Mujer tendrán de forma exclusiva y excluyente competencia en el orden civil cuando concurran simultáneamente los siguientes requisitos:

a) Que se trate de un proceso civil que tenga por objeto alguna de las materias indicadas en el apartado 6 del presente artículo.

b) Que alguna de las partes del proceso civil sea víctima de actos de violencia de género, en los términos a que hace referencia el apartado 5. a), o de actos de violencia sexual, en los términos a que hace referencia el apartado 5.h) del presente artículo.

c) Que alguna de las partes del proceso civil sea imputado como autor, inductor o cooperador necesario en la realización de actos de violencia de género o de violencia sexual.

d) Que se hayan iniciado ante la Sección de Violencia sobre la Mujer de un Tribunal de Instancia actuaciones penales por delito o delito leve a consecuencia de un acto de violencia de género o de un acto de violencia sexual, o se haya adoptado una orden de protección a una víctima de violencia de género.

8. Cuando el juez o la jueza apreciara que los actos puestos en su conocimiento, de forma notoria, no constituyen expresión de violencia de género o de violencia sexual, podrá inadmitir la pretensión, remitiéndola al órgano judicial competente.

9. En todos estos casos está vedada la utilización de los medios adecuados de solución de controversias.

10. El Consejo General del Poder Judicial deberá estudiar, en el ámbito de sus competencias, la necesidad o carencia de dependencias que impidan la confrontación de la víctima y el agresor durante el proceso, así como impulsar, en su caso, la creación de las mismas, en colaboración con el Ministerio de Justicia y las comunidades autónomas competentes. Se procurará que estas mismas dependencias sean utilizadas en los casos de agresiones sexuales y de trata de personas con fines de explotación sexual. En todo caso, estas dependencias deberán ser plenamente accesibles, condición de obligado cumplimiento de los entornos, productos y servicios con el fin de que sean comprensibles, utilizables y practicables por todas las mujeres y menores víctimas sin excepción.

11. El Consejo General del Poder Judicial encomendará al Observatorio contra la Violencia Doméstica y de Género la evaluación de los datos provenientes de las Secciones de Violencia sobre la Mujer, así como de aquellos asuntos relacionados con esta materia en órganos judiciales no específicos.

Anualmente se elaborará un informe sobre los datos relativos a violencia de género y violencia sexual, que será publicado y remitido a la Comisión de seguimiento y evaluación de los acuerdos del Pacto de Estado en materia de Violencia de Género del Congreso de los Diputados, así como a la Comisión de seguimiento y evaluación de las estrategias acordadas por el Senado dentro del Pacto de Estado contra la Violencia de Género.

La información mencionada en el párrafo anterior se incorporará a la Memoria Anual del Consejo General del Poder Judicial.

La información estadística obtenida en aplicación de este apartado deberá poder desagregarse con un indicador de discapacidad de las víctimas.

Igualmente, permitirá establecer un registro estadístico de las menores víctimas de violencia de género, que permita también la desagregación con indicador de discapacidad.»

Veintinueve

Se modifica el artículo 89 bis, que queda redactado como sigue:

«Artículo 89 bis.

1. El Consejo General del Poder Judicial, previo informe de las Salas de Gobierno, podrá acordar que, en aquellos Tribunales de Instancia donde no hubiere una Sección de Violencia contra la Infancia y la Adolescencia y sea conveniente por razón de la carga de trabajo existente, el conocimiento de los asuntos referidos en este artículo corresponda a uno de los jueces o juezas de la Sección de Instrucción, o de Civil y de Instrucción que constituya una Sección Única, determinándose en esta situación que uno solo de estos jueces o juezas conozca de todos estos asuntos dentro del partido judicial, ya sea de forma exclusiva o conociendo también de otras materias.

2. Cuando se estime conveniente, en función de la carga de trabajo, se creará en el Tribunal de Instancia una Sección de Violencia contra la Infancia y la Adolescencia, que extenderá su jurisdicción a todo el partido judicial.

3. No obstante lo anterior, excepcionalmente, el Gobierno podrá establecer por real decreto, a propuesta del Consejo General del Poder Judicial y en su caso, con informe de la comunidad autónoma con competencias en materia de Justicia, las Secciones de Violencia contra la Infancia y la Adolescencia que extiendan su jurisdicción a dos o más partidos dentro de la misma provincia.

4. En los partidos judiciales en que exista un Tribunal de Instancia con Sección Única integrada por un solo juez será éste el que asuma el conocimiento de los asuntos a que se refiere este artículo, cuando ninguna Sección de Violencia contra la Infancia y Adolescencia extienda su jurisdicción a ese partido judicial.

5. Las Secciones de Violencia contra la Infancia y la Adolescencia conocerán, en el orden penal, de conformidad en todo caso con los procedimientos y recursos previstos en la Ley de Enjuiciamiento Criminal, de la instrucción de los procesos para exigir responsabilidad penal por los delitos recogidos en los Títulos del Código Penal relativos a:

a) Homicidio, aborto, lesiones o lesiones al feto, cometidos contra niños, niñas y adolescentes.

b) Delitos contra la libertad, delito de torturas y contra la integridad moral, delitos contra la intimidad, el derecho a la propia imagen y la inviolabilidad del domicilio, delitos contra la libertad e indemnidad sexual, delitos contra el honor, delitos contra las relaciones familiares, o cualquier otro delito cometido con violencia o intimidación, cuando la víctima sea niño, niña o adolescente.

c) Delito de trata de seres humanos del artículo 177 bis del Código Penal cuando al menos una de las víctimas sea niño, niña o adolescente.

d) Delito de quebrantamiento previsto y penado en el artículo 468 del Código Penal cuando la persona ofendida por el delito cuya condena, medida cautelar o medida de seguridad se haya quebrantado sea niño, niña o adolescente.

Las Secciones de Violencia contra la Infancia y la Adolescencia serán igualmente competentes para:

a) La adopción de las medidas cautelares legalmente previstas que aseguren la protección de las víctimas menores de edad, sin perjuicio de las competencias atribuidas al juez de guardia.

b) El conocimiento y fallo de los delitos leves que les atribuya la ley cuando la víctima sea niño, niña o adolescente.

c) Dictar sentencia de conformidad con la acusación en los casos establecidos por la ley.

d) La emisión y la ejecución de los instrumentos de reconocimiento mutuo de resoluciones penales en la Unión Europea que les atribuya la ley.

6. El Consejo General del Poder Judicial deberá estudiar, en el ámbito de sus competencias, la necesidad o carencia de dependencias que impidan la confrontación de la víctima y el agresor durante el proceso, así como impulsar, en su caso, la creación de las mismas, en colaboración con el Ministerio de Justicia y las comunidades autónomas competentes. En todo caso, estas dependencias deberán ser plenamente

accesibles, condición de obligado cumplimiento de los entornos, productos y servicios con el fin de que sean comprensibles, utilizables y practicables por todas las víctimas sin excepción.

7. En caso de que los hechos objeto de instrucción por la Sección de Violencia contra la Infancia y Adolescencia también pudieran ser conocidos por la Sección de Violencia sobre la Mujer, la competencia le corresponderá en todo caso a la última.»

Treinta

Se da nueva redacción al artículo 90, que queda redactado como sigue:

«Artículo 90.

1. Con carácter general, en el Tribunal de Instancia, con sede en la capital de cada provincia y con jurisdicción en toda ella, existirá una Sección de lo Penal.

2. También podrán establecerse Secciones de lo Penal en Tribunales de Instancia que tengan su sede en poblaciones distintas de la capital de provincia, delimitándose en cada caso el ámbito territorial de su jurisdicción.

3. Las Secciones de lo Penal enjuiciarán las causas por delito que la ley determine.

A fin de facilitar el conocimiento de los asuntos instruidos por las Secciones de Violencia sobre la Mujer y las Secciones de Violencia contra la Infancia y la Adolescencia, y atendiendo al número de asuntos existentes, deberán especializarse una o varias plazas judiciales de la Sección de lo Penal, de conformidad con lo previsto en el artículo 96 de la presente ley.

4. Corresponde asimismo a las Secciones de lo Penal la ejecución de las sentencias dictadas en causas por delito grave o menos grave por las Secciones de Instrucción, Secciones de Violencia sobre la Mujer y Secciones de Violencia contra la Infancia y la Adolescencia; el reconocimiento y ejecución de las resoluciones que impongan sanciones pecuniarias transmitidas por las autoridades competentes de otros Estados miembros de la Unión Europea, cuando las mismas deban cumplirse en territorio español, y los procedimientos de decomiso autónomo por los delitos para cuyo conocimiento sean competentes.

5. Corresponde a las Secciones de lo Penal la emisión y la ejecución de los instrumentos de reconocimiento mutuo de resoluciones penales en la Unión Europea que les atribuya la ley.»

Treinta y uno

Se da nueva redacción al artículo 91, que queda redactado como sigue:

«Artículo 91.

1. Con carácter general, en el Tribunal de Instancia con sede en la capital de cada provincia, y con jurisdicción en toda ella, existirá una Sección de Menores. No obstante, cuando el volumen de trabajo lo aconseje, podrán establecerse Secciones de Menores cuya jurisdicción se extienda o bien a un partido determinado o agrupación de partidos, o bien a dos o más provincias de la misma comunidad autónoma. Tomarán su nombre de la población donde radique su sede.

2. Corresponde a las Secciones de Menores de los Tribunales de Instancia el ejercicio de las funciones que establezcan las leyes para con los menores que hubieren incurrido en conductas tipificadas por la ley como delito o delito leve y aquellas otras que, en relación con los menores de edad, les atribuyan las leyes, así como de la emisión y la ejecución de los instrumentos de reconocimiento mutuo de resoluciones penales en la Unión Europea que les atribuya la ley.»

Treinta y dos

Se da nueva redacción al artículo 92, que queda redactado como sigue:

«Artículo 92.

1. Con carácter general, en el Tribunal de Instancia con sede en la capital de cada provincia, dentro del orden jurisdiccional penal, existirá una Sección de Vigilancia Penitenciaria, que tendrá las funciones jurisdiccionales previstas en la ley en materia de ejecución de penas privativas de libertad y medidas de seguridad, emisión y ejecución de los instrumentos de reconocimiento mutuo de resoluciones penales en la Unión Europea que

les atribuya la ley, control jurisdiccional de la potestad disciplinaria de las autoridades penitenciarias, amparo de los derechos y beneficios de los internos en los establecimientos penitenciarios y demás que señale la ley.

2. Podrán establecerse Secciones de Vigilancia Penitenciaria en Tribunales de Instancia que tengan su sede en poblaciones distintas de la capital de provincia, delimitándose en cada caso el ámbito territorial de su jurisdicción. El Gobierno establecerá la sede de estas Secciones, previa audiencia de la comunidad autónoma afectada y del Consejo General del Poder Judicial.

3. El número de Tribunales de Instancia con Secciones de Vigilancia Penitenciaria, su ámbito territorial y número de magistrados y magistradas integrantes de cada una de ellas, se determinará en la Ley de Demarcación y Planta Judicial, atendiendo principalmente a los establecimientos penitenciarios existentes y a la clase de éstos.

4. Podrá establecerse que la Sección de Vigilancia Penitenciaria extienda su jurisdicción a dos o más provincias de la misma comunidad autónoma, o uno o más partidos dentro de la misma provincia.

5. El juez, jueza, magistrado o magistrada destinado o destinada en una Sección de Vigilancia Penitenciaria podrá compatibilizar las funciones propias de esta Sección con las de otras Secciones del orden jurisdiccional penal del mismo Tribunal de Instancia.»

Treinta y tres

Se da nueva redacción al artículo 93, que queda redactado como sigue:

«Artículo 93.

1. Con carácter general, en el Tribunal de Instancia con sede en la capital de cada provincia, y con jurisdicción en toda ella, existirá una Sección de lo Contencioso-Administrativo.

2. Cuando el volumen de asuntos lo requiera, se podrán establecer Secciones de lo Contencioso-Administrativo en Tribunales de Instancia que tengan su sede en poblaciones distintas de la capital de provincia, delimitándose en cada caso el ámbito territorial de su jurisdicción.

3. También podrán crearse excepcionalmente Secciones de lo Contencioso-Administrativo que extiendan su jurisdicción a más de una provincia dentro de la misma comunidad autónoma.

4. Las Secciones de lo Contencioso-Administrativo conocerán, en primera o única instancia, de los recursos contencioso-administrativos contra actos que expresamente les atribuya la ley.

5. También les corresponde autorizar, mediante auto, la entrada en los domicilios y en los restantes edificios o lugares cuyo acceso requiera el consentimiento de su titular, cuando ello proceda para la ejecución forzosa de actos de la Administración, salvo que se trate de la ejecución de medidas de protección de menores acordadas por la entidad pública competente en la materia.

6. A dichas Secciones les compete igualmente la autorización para la entrada en domicilios y otros lugares constitucionalmente protegidos, que haya sido acordada por la Administración Tributaria en el marco de una actuación o procedimiento de aplicación de los tributos aún con carácter previo a su inicio formal cuando, requiriendo dicho acceso el consentimiento de su titular, este se oponga a ello o exista riesgo de tal oposición».

Treinta y cuatro

Se da nueva redacción al artículo 94, que queda redactado como sigue:

«Artículo 94.

1. Con carácter general, en el Tribunal de Instancia con sede en la capital de cada provincia y con jurisdicción en toda ella existirá una Sección de lo Social.

2. Podrán establecerse Secciones de lo Social en Tribunales de Instancia que tengan su sede en poblaciones distintas de la capital de provincia, delimitándose en cada caso el ámbito territorial de su jurisdicción.

Asimismo, las Secciones de lo Social podrán excepcionalmente extender su jurisdicción a dos o más provincias dentro de la misma comunidad autónoma.

3. Las Secciones de lo Social conocerán, en primera o única instancia, de los procesos sobre materias propias de este orden jurisdiccional que no estén atribuidos a otros órganos del mismo».

Treinta y cinco

Se da nueva redacción al artículo 95, que queda redactado como sigue:

«Artículo 95.

En la Villa de Madrid y con jurisdicción en todo el territorio nacional existirá un Tribunal Central de Instancia, que contará con las siguientes Secciones:

a) Sección de Instrucción, que instruirá las causas cuyo enjuiciamiento corresponda a la Sala de lo Penal de la Audiencia Nacional o, en su caso, a la Sección de lo Penal del propio Tribunal Central de Instancia y tramitará los expedientes de ejecución de las órdenes europeas de detención y entrega, los procedimientos de extradición pasiva, los relativos a la emisión y la ejecución de otros instrumentos de reconocimiento mutuo de resoluciones penales en la Unión Europea que les atribuya la ley, así como las solicitudes de información entre los servicios de seguridad de los Estados miembros de la Unión Europea cuando requieran autorización judicial, en los términos previstos en la ley.

En la Sección de Instrucción, los jueces y juezas de garantías conocerán de las peticiones de la Fiscalía Europea relativas a la adopción de medidas cautelares personales, la autorización de los actos que supongan limitación de los derechos fundamentales cuya adopción esté reservada a la autoridad judicial y demás supuestos que expresamente determine la ley.

Igualmente, conocerán de las impugnaciones que establezca la ley contra los decretos de los Fiscales europeos delegados.

b) Sección de lo Penal, que conocerá, en los casos en que así lo establezcan las leyes procesales, de las causas por los delitos a que se refiere el artículo 65 y de los demás asuntos que señalen las leyes. Corresponde asimismo a la Sección de lo Penal la ejecución de las sentencias dictadas en causas por delito grave o menos grave por la Sección de Instrucción del propio Tribunal Central de Instancia, y los procedimientos de decomiso autónomo por los delitos para cuyo conocimiento sean competentes.

c) Sección de Menores, que conocerá de las causas que le atribuya la legislación reguladora de la responsabilidad penal de los menores, así como de la emisión y la ejecución de los instrumentos de reconocimiento mutuo de resoluciones penales en la Unión Europea que le atribuya la ley.

d) Sección de Vigilancia Penitenciaria, que tendrá las funciones jurisdiccionales previstas en la Ley Orgánica 1/1979, de 26 de septiembre, General Penitenciaria, descritas en el apartado 1 del artículo 92 de esta ley, la competencia para la emisión y ejecución de los instrumentos de reconocimiento mutuo de resoluciones penales en la Unión Europea que les atribuya la ley y demás funciones que señale la ley, en relación con los delitos competencia de la Audiencia Nacional. En todo caso, la competencia de esta Sección será preferente y excluyente cuando el penado cumpla también otras condenas que no hubiesen sido impuestas por la Audiencia Nacional.

e) Sección de lo Contencioso-Administrativo, que conocerá, en primera o única instancia, de los recursos contencioso-administrativos contra disposiciones y actos emanados de autoridades, organismos, órganos y entidades públicas con competencia en todo el territorio nacional, en los términos que la ley establezca.

Corresponde también a la Sección de lo Contencioso-Administrativo autorizar, mediante auto, la cesión de los datos que permitan la identificación a que se refiere el artículo 8.2 de la Ley 34/2002, de 11 de julio, de servicios de la sociedad de la información y de comercio electrónico, la ejecución material de las resoluciones adoptadas por el órgano competente para que se interrumpa la prestación de servicios de la sociedad de la información o para que se retiren contenidos que vulneran la propiedad intelectual, en aplicación de la citada Ley 34/2002, de 11 de julio, así como la limitación al acceso de los destinatarios al servicio intermediario prevista en el artículo 51.2 b) del Reglamento (UE) 2022/2065 del Parlamento Europeo y del Consejo de 19 de octubre de 2022, relativo a un mercado único de servicios digitales y por el que se modifica la Directiva 2000/31/CE. Igualmente conocerá la Sección de lo Contencioso-Administrativo del procedimiento previsto en el artículo 12 bis de la Ley Orgánica 6/2002, de 27 de junio, de Partidos Políticos.

Corresponde a la Sección de lo Contencioso-Administrativo autorizar, mediante auto, el requerimiento de información por parte de la Agencia Española de Protección de Datos y otras autoridades administrativas independientes de ámbito estatal a los operadores que presten servicios de comunicaciones electrónicas disponibles al público y de los prestadores de servicios de la sociedad de la información, cuando ello sea necesario de acuerdo con la legislación específica».

Treinta y seis

Se da nueva redacción al artículo 96, que queda redactado como sigue:

«Artículo 96.

1. El Consejo General del Poder Judicial podrá acordar, previo informe de las Salas de Gobierno y de las Administraciones con competencias en materia de Justicia, que en aquellas circunscripciones donde exista más de una plaza judicial de la misma Sección, una o varias de las personas destinadas en ellas asuman con carácter exclusivo el conocimiento de determinadas clases de asuntos o de las ejecuciones propias del orden jurisdiccional de que se trate, sin perjuicio de las labores de apoyo que puedan prestar los servicios comunes que al efecto se constituyan.

2. El Consejo General del Poder Judicial, oída la Sala de Gobierno del Tribunal Superior de Justicia y con informe favorable de las Administraciones con competencias en materia de Justicia en cada territorio, podrá acordar que en aquellas provincias en que existan más de cinco plazas judiciales en las Secciones de lo Mercantil de los Tribunales de Instancia existentes, uno o varios de los jueces, juezas, magistrados o magistradas destinados en ellos asuman con carácter exclusivo el conocimiento de determinadas clases de asuntos de entre los que sean competencia de estas Secciones.

3. El Consejo General del Poder Judicial, con informe favorable del Ministerio de Justicia y, en su caso, de la comunidad autónoma con competencias en materia de Justicia, oída la Sala de Gobierno del Tribunal Superior de Justicia, podrá acordar la especialización de una o varias plazas judiciales de Tribunales de Instancia de la misma provincia y del mismo orden jurisdiccional, estén o no en el mismo partido judicial y, si no lo estuvieran, previa delimitación del ámbito de competencia territorial, asumiendo por tiempo determinado las personas destinadas en ellas el conocimiento de determinadas materias o clases de asuntos y, en su caso, de las ejecuciones que de los mismos dimanen, sin perjuicio de las labores de apoyo que puedan prestar los servicios comunes constituidos o que al efecto se constituyan.

En estos casos, los jueces, las juezas, los magistrados y las magistradas que ocupen la plaza o plazas objeto del acuerdo de especialización asumirán la competencia para conocer de todos aquellos asuntos asignados, aun cuando su conocimiento inicial estuviese atribuido a Secciones radicadas en distinto partido judicial. No podrá adoptarse este acuerdo para atribuir a los jueces, las juezas, los magistrados y las magistradas así especializados asuntos que por disposición legal estuviesen atribuidos a otros u otras de diferente clase. Tampoco podrán ser objeto de especialización por esta vía las plazas judiciales de las Secciones de Instrucción, sin perjuicio de cualesquiera otras medidas de exención de reparto o de refuerzo que fuese necesario adoptar por necesidades del servicio.

4. Los acuerdos del Consejo General del Poder Judicial a que se refieren los apartados anteriores se publicarán en el "Boletín Oficial del Estado" y producirán efectos desde el inicio del año siguiente a aquel en que se adopte, salvo que, por razones de urgencia, razonadamente se establezca otro momento anterior.

5. Los jueces, las juezas, los magistrados y las magistradas afectados continuarán conociendo hasta su conclusión de todos los procesos que estuvieran pendientes ante los mismos.»

Treinta y siete

Se dejan sin contenido los artículos 97 y 98.

Treinta y ocho

Se modifica la rúbrica del capítulo VI del título IV del libro I, que queda redactada como sigue:

«CAPÍTULO VI

De los Jueces y las Juezas de Paz»

Treinta y nueve

Se modifica el artículo 99, que queda redactado como sigue:

«Artículo 99.

En cada municipio donde no exista Tribunal de Instancia, y con jurisdicción en el término correspondiente, habrá un juez o una jueza de paz.»

Cuarenta

Se modifica el apartado 2 del artículo 100, que queda redactado como sigue:

«2. En el orden penal, conocerán en primera instancia de los procesos por delito leve que les atribuya la ley. Podrán intervenir, igualmente, en actuaciones penales de prevención, o por delegación, y en aquellas otras que señalen las leyes.»

Cuarenta y uno

Se modifican los apartados 1 y 2 del artículo 106, quedando redactados como sigue:

«1. Las Salas de Gobierno del Tribunal Supremo y de la Audiencia Nacional ejercen sus atribuciones en dichos Tribunales. La de la Audiencia Nacional las ejerce, además, sobre el Tribunal Central de Instancia.

2. Las Salas de Gobierno de los Tribunales Superiores de Justicia ejercen sus competencias en el propio Tribunal con respecto a los órganos judiciales radicados en la respectiva comunidad autónoma. La Sala de Gobierno del Tribunal Superior de Justicia de Andalucía ejercerá estas mismas competencias en relación con los órganos judiciales radicados en las Ciudades de Ceuta y Melilla».

Cuarenta y dos

Se modifica el artículo 149, que queda redactado como sigue:

«Artículo 149.

1. Las Salas de Gobierno del Tribunal Supremo y de la Audiencia Nacional estarán constituidas por el Presidente o la Presidenta de dichos órganos, que las presidirá, por los Presidentes o las Presidentas de las Salas en ellos existentes y por un número de magistrados o magistradas igual al de éstos o éstas.

2. Las Salas de Gobierno de los Tribunales Superiores de Justicia estarán constituidas por el Presidente o la Presidenta de éstos, que las presidirá, por los Presidentes o las Presidentas de las Salas en ellos existentes, por los Presidentes o las Presidentas de las Audiencias Provinciales de la comunidad autónoma, y por un número igual de jueces, juezas, magistrados o magistradas, elegidos por todos los miembros de la Carrera Judicial destinados en ella. Uno o una, al menos, de los componentes de la Sala será de la categoría de juez o jueza, salvo que no hubiera candidatos o candidatas de dicha categoría.

Además de éstos o éstas se integrarán también, con la consideración de miembros electos a todos los efectos, las personas que ostenten la Presidencia de Tribunales de Instancia que de conformidad con lo establecido en el artículo 166.2 hayan sido liberadas totalmente del trabajo que les corresponda realizar en el orden jurisdiccional respectivo.

3. Las Salas de Gobierno de los Tribunales Superiores de Justicia, cuando el número de miembros exceda de diez, se constituirán en Pleno o en Comisión.

La Comisión estará integrada por seis miembros, tres natos y tres electos. La designación de sus componentes corresponderá al Pleno, y de producirse vacantes, la de sus sustitutos. No obstante, formará parte de la misma la persona que ostente la Presidencia del Tribunal de Instancia liberada totalmente de tareas jurisdiccionales, o una de ellas de existir varias. La Comisión se renovará anualmente en la misma proporción y la presidirá quien ejerza la Presidencia del Tribunal Superior de Justicia.

4. El Secretario o la Secretaria de Gobierno del Tribunal Supremo, de la Audiencia Nacional y de los respectivos Tribunales Superiores de Justicia ejercerá las funciones de Secretario o Secretaria de la Sala de Gobierno, sin perjuicio de todas aquellas que expresamente esta ley le atribuya».

Cuarenta y tres

Se modifica el apartado 2 del artículo 152, que queda redactado como sigue:

«2. A las Salas de Gobierno de los Tribunales Superiores de Justicia, en Pleno o en Comisión, compete, además:

1.º Aprobar las normas de reparto de asuntos entre las Salas del Tribunal y entre las Secciones de las Audiencias Provinciales del mismo orden jurisdiccional, y las de jueces, juezas, magistrados y magistradas de la misma Sección de los Tribunales de Instancia, con sede en la comunidad autónoma correspondiente.

Excepcionalmente, de forma motivada y cuando las necesidades del servicio así lo exigieren, la Sala de Gobierno podrá ordenar que se libere del reparto de asuntos, total o parcialmente, por tiempo limitado, a una Sección o a un juez o jueza determinado. En el caso de los Tribunales de Instancia, la liberación se referirá exclusivamente a jueces o juezas y magistrados o magistradas determinados.

2.º Ejercer las facultades de los números quinto al decimocuarto del apartado anterior, pero referidas también a los órganos jurisdiccionales con sede en la comunidad autónoma correspondiente a los jueces, juezas, magistrados y magistradas en ellos destinados.

3.º Expedir los nombramientos de los jueces y las juezas de paz.

4.º Tomar conocimiento de los planes anuales de sustitución elaborados por las Juntas de Jueces y Juezas, aprobarlos provisionalmente en los términos y, en su caso, con las correcciones que procedan y remitirlos al Consejo General del Poder Judicial para su aprobación definitiva. Además, velarán por su cumplimiento».

Cuarenta y cuatro

Se modifica el apartado 2 del artículo 159, que queda redactado como sigue:

«2. No obstante, a los acuerdos sobre normas de reparto entre Secciones y entre los jueces, las juezas, los magistrados y las magistradas de una misma Sección se les dará publicidad suficiente».

Cuarenta y cinco

Se modifica la rúbrica del capítulo II del título III del libro II:

«CAPÍTULO II

De los Presidentes y las Presidentas del Tribunal Supremo, de los Tribunales Superiores de Justicia y de las Audiencias»

Cuarenta y seis

Se modifica la rúbrica del capítulo III del título III del libro II:

«CAPÍTULO III

De los Presidentes y las Presidentas de las Salas y de los jueces, juezas, magistrados y magistradas»

Cuarenta y siete

Se modifica el artículo 165, que queda redactado como sigue:

«Artículo 165.

1. Los Presidentes y las Presidentas de las Salas de Justicia tendrán, en sus respectivos órganos jurisdiccionales, la dirección e inspección de todos los asuntos y adoptarán, en su ámbito competencial, las resoluciones que la buena marcha de la Administración de Justicia aconseje. Las mismas facultades tendrán los jueces, juezas, magistrados y magistradas integrados en los Tribunales de Instancia respecto de los asuntos que les correspondan por reparto, sin perjuicio de las que correspondan a la Presidencia del Tribunal.

En todo caso, los Presidentes y las Presidentas de Sala, jueces, juezas, magistrados y magistradas darán cuenta a los Presidentes o a las Presidentas de los respectivos Tribunales y Audiencias de las anomalías o faltas que observen y ejercerán las funciones disciplinarias que les reconozcan las leyes procesales sobre los profesionales que se relacionen con el tribunal.

2. Con respecto al personal al servicio de la Administración de Justicia se estará a lo previsto en su respectivo régimen disciplinario».

Cuarenta y ocho

Se modifica la rúbrica del capítulo IV del título III del libro II:

«CAPÍTULO IV

De la Presidencia de los Tribunales de Instancia y de sus Secciones, de la Presidencia del Tribunal Central de Instancia y de sus Secciones, y de las Juntas de Jueces y Juezas»

Cuarenta y nueve

Se modifica el artículo 166, que queda redactado como sigue:

«Artículo 166.

1. Quienes ostenten la Presidencia de los Tribunales de Instancia serán nombrados por el Consejo General del Poder Judicial, por un período de cuatro años conforme a la propuesta motivada de la Sala de Gobierno del Tribunal Superior de Justicia correspondiente, renovándose transcurrido este período o cuando el elegido cesare por cualquier causa.

La Sala de Gobierno propondrá el nombramiento de la persona que se determine conforme a las siguientes reglas:

Quienes integren el Tribunal de Instancia elegirán por mayoría de tres quintos a uno o una de ellos para su propuesta. De no obtenerse dicha mayoría en la primera votación, bastará la mayoría simple en la segunda, resolviéndose los empates a favor de quien ocupe el mejor puesto en el escalafón. En caso de que no hubiera candidato o candidata, se propondrá al juez, jueza, magistrado o magistrada que ocupare el mejor puesto en el escalafón.

2. Excepcionalmente, y cuando las circunstancias lo justifiquen, el Consejo General del Poder Judicial, oídas la Junta de Jueces y Juezas y la Sala de Gobierno, podrá liberar a quien ostente la Presidencia total o parcialmente del trabajo que le corresponda realizar en su orden jurisdiccional.

3. Cuando concurran las circunstancias previstas en el artículo 84.3, el nombramiento de quien deba ostentar la Presidencia de Sección se realizará por la Presidencia del Tribunal de Instancia y recaerá en la persona determinada conforme a las reglas previstas en el apartado 1 de este artículo.

4. Los magistrados y las magistradas del Tribunal Central de Instancia elegirán por mayoría de tres quintos a quien, de entre ellos y ellas, deba ejercer la Presidencia. De no obtenerse dicha mayoría en la primera votación, bastará la mayoría simple en la segunda, resolviéndose los empates a favor de quien ocupe mejor puesto en el escalafón. En caso de que no hubiese candidato o candidata, se propondrá a quien ocupare el mejor puesto en el escalafón. El cargo deberá renovarse cada cuatro años o cuando la persona elegida cesare por cualquier otra causa.

5. La misma regla descrita en el apartado 3 regirá en relación con la Presidencia de las Secciones existentes en el Tribunal Central de Instancia.»

Cincuenta

Se modifica el artículo 167, que queda redactado como sigue:

«Artículo 167.

1. En los Tribunales de Instancia los asuntos se distribuirán entre los jueces y las juezas, por razón de las plazas en que se integren conforme a normas de reparto predeterminadas y públicas. Las normas de reparto se aprobarán por la Sala de Gobierno del Tribunal Superior de Justicia, a propuesta de la Junta de Jueces y Juezas de la respectiva Sección del Tribunal de Instancia. En el caso del Tribunal Central de Instancia, las normas de reparto se aprobarán por la Sala de Gobierno de la Audiencia Nacional, a propuesta de la Junta de Jueces y Juezas de la respectiva Sección.

2. A solicitud del interesado, la Junta de Jueces y Juezas de la Sección respectiva podrá proponer que se libere, total o parcialmente, a un juez, jueza, magistrado o magistrada del reparto de asuntos, por tiempo limitado, cuando la buena administración de justicia lo haga necesario. El acuerdo se trasladará por la Presidencia del Tribunal de Instancia a la Sala de Gobierno para que ésta, si lo entiende pertinente, proceda a su aprobación y publicación. En el caso del Tribunal Central de Instancia, la propuesta de liberación deberá hacerse por la Junta de Jueces y Juezas de la respectiva Sección. Las modificaciones que se adopten en las normas de reparto no podrán afectar a los procedimientos en trámite.

3. La Sala de Gobierno podrá acordar las modificaciones precisas en las normas de reparto de jueces, juezas, magistrados y magistradas de las Secciones de lo Mercantil, de lo Penal, de Menores, de Vigilancia

Penitenciaria, de lo Contencioso-administrativo o de lo Social de los Tribunales de Instancia, para equilibrar la distribución de asuntos que por materia les corresponde a cada uno de ellos según su clase, aun cuando alguno tuviese atribuido, por disposición legal o por acuerdo del Pleno del propio Consejo General del Poder Judicial, el despacho de asuntos de su competencia a una circunscripción de ámbito inferior a la provincia.

4. La Presidencia del Tribunal de Instancia, valoradas las circunstancias concurrentes, podrá proponer el nombramiento de los jueces, las juezas, los magistrados y las magistradas a que se refiere el apartado 6 del artículo 84. El acuerdo se trasladará a la Sala de Gobierno para que ésta, si lo estima pertinente, lo remita al Consejo General del Poder Judicial para su aprobación.

5. El reparto se realizará por el letrado o la letrada de la Administración de Justicia bajo la supervisión de la Presidencia del Tribunal de Instancia y le corresponderá a ésta resolver con carácter gubernativo interno las cuestiones que se planteen y corregir las irregularidades que puedan producirse, adoptando las medidas necesarias y promoviendo, en su caso, la exigencia de las responsabilidades que procedan. En el caso del Tribunal Central de Instancia, estas funciones corresponderán a su Presidencia.»

Cincuenta y uno

Se modifica el artículo 168, que queda redactado como sigue:

«Artículo 168.

1. Quienes ejerzan las Presidencias de los Tribunales de Instancia velarán por la buena utilización de los locales judiciales y de los medios materiales en tanto se refiera o afecte a la función jurisdiccional; cuidarán de que el servicio de guardia se preste continuadamente; adoptarán las medidas urgentes en los asuntos no repartidos cuando, de no hacerlo, pudiera quebrantarse algún derecho o producirse algún perjuicio grave e irreparable; oirán las quejas que les hagan las personas interesadas en causas o pleitos, adoptando las prevenciones necesarias, y ejercerán las restantes funciones que les atribuya la ley.

2. En todo caso, corresponde a quienes ejerzan las Presidencias de los Tribunales de Instancia:

a) Coordinar el funcionamiento del Tribunal adoptando las resoluciones precisas que, desde el punto de vista organizativo y en su ámbito competencial, sean necesarias para la buena marcha del mismo.

b) Resolver en única instancia los recursos gubernativos que quepa interponer contra las decisiones de los letrados y las letradas de la Administración de Justicia en materia de reparto.

c) Poner en conocimiento de la Sala de Gobierno toda posible anomalía en el funcionamiento de los servicios comunes procesales de su territorio.

d) Resolver cuantos recursos les atribuyan las leyes procesales.

e) Promover la unificación de criterios y prácticas entre los distintos jueces, juezas, magistrados o magistradas del Tribunal de Instancia.

f) Asumir las funciones propias de la Presidencia de Sección en aquellas Secciones que cuenten con un número de jueces, juezas, magistrados o magistradas inferior a ocho.

g) Velar por la correcta ejecución de las sustituciones y de los planes anuales de sustitución en los términos previstos en esta ley, resolver con carácter gubernativo interno las cuestiones que se planteen y corregir las irregularidades que puedan producirse adoptando las medidas necesarias y promoviendo, en su caso, la exigencia de las responsabilidades que procedan.

3. Corresponderá a quienes ejerzan las Presidencias de Sección de los Tribunales de Instancia:

a) Coordinar, bajo la dirección de la Presidencia del Tribunal de Instancia, el funcionamiento de su Sección adoptando las resoluciones precisas para la buena marcha de la misma.

b) Sustituir a quien ostente la Presidencia del Tribunal de Instancia en los supuestos de vacante, ausencia, enfermedad o por otra causa justificada. Cuando existieran varias Presidencias de Sección esta sustitución corresponderá a quien ocupe mejor puesto en el escalafón.

c) Ejercer aquellas funciones que le delegue la Presidencia del Tribunal de Instancia con relación a su Sección.

d) Convocar a la Junta de Sección a la que se refiere el artículo 170.

e) Dar cuenta a la Presidencia del Tribunal de Instancia de la convocatoria de las Juntas de Sección y de los acuerdos adoptados en ellas.

4. Las funciones descritas en los apartados anteriores, en cuanto sean de aplicación, corresponderán a la Presidencia del Tribunal Central de Instancia o en su caso, a las de la Sección del Tribunal Central de Instancia que corresponda, dentro del ámbito de su respectiva competencia».

Cincuenta y dos

Se modifica el artículo 169, quedando redactado como sigue:

«Artículo 169.

1. La Presidencia del Tribunal de Instancia ostentará ante los poderes públicos la representación del Tribunal y presidirá la Junta de Jueces y Juezas del Tribunal de Instancia para tratar asuntos de interés común relativos a la actividad jurisdiccional. Esta Junta se convocará por la Presidencia del Tribunal de Instancia siempre que lo estime necesario o cuando lo solicite la cuarta parte de los jueces, juezas, magistrados y magistradas que formen parte de dicho Tribunal.

2. Las mismas funciones serán ejercidas por la Presidencia del Tribunal Central de Instancia dentro del ámbito de su competencia. La convocatoria de la Junta de Jueces y Juezas del Tribunal Central de Instancia se regirá por las normas previstas en el apartado anterior.

3. También podrán reunirse los jueces, juezas, magistrados y magistradas de una misma provincia o comunidad autónoma, presididos por el más antiguo o la más antigua en el destino, para tratar aquellos problemas que les sean comunes.

4. La Junta se considerará válidamente constituida para tomar acuerdos cuando asistan la mitad más uno de sus miembros, adoptándose los acuerdos por mayoría simple.

5. La Junta elegirá como Secretario o Secretaria a uno o una de sus miembros, que será el encargado o la encargada de redactar las actas de los acuerdos de las Juntas, así como de conservarlas y de expedir las certificaciones de las mismas.

6. Corresponde a la Junta de Jueces y Juezas del Tribunal de Instancia elaborar los planes anuales de sustitución entre jueces y juezas titulares a que se refiere el artículo 211 para su remisión a la Sala de Gobierno.

7. Las normas previstas en este artículo se aplicarán a la Junta de Jueces y Juezas del Tribunal Central de Instancia, en cuanto resulte compatible con su régimen jurídico».

Cincuenta y tres

Se modifica el artículo 170, que queda redactado como sigue:

«Artículo 170.

1. Podrán reunirse en Junta de Sección del Tribunal de Instancia los jueces, juezas, magistrados y magistradas que pertenezcan a la misma Sección de un Tribunal de Instancia.

Esta Junta, presidida por quien ejerza la Presidencia de la Sección respectiva, se reunirá para proponer las normas de reparto entre los jueces, juezas, magistrados y magistradas, unificar criterios y prácticas, y para tratar asuntos comunes o sobre los que estimaren conveniente elevar exposición a la Sala de Gobierno correspondiente o al Consejo General del Poder Judicial por conducto del Presidente del Tribunal Superior de Justicia o aquél les solicitare informe.

2. La Presidencia de Sección del Tribunal de Instancia convocará la Junta prevista en el apartado anterior siempre que lo estime necesario, o cuando lo solicite, al menos, la cuarta parte de los miembros de derecho de la misma y, en todo caso, una vez al año, sin perjuicio de lo dispuesto en el apartado 4 del artículo 264.

Cuando la Sección careciere de Presidencia, las funciones previstas en este artículo serán ejercidas por la Presidencia del Tribunal de Instancia. Ésta, además, podrá convocar en Junta a los jueces, juezas, magistrados y magistradas pertenecientes a diferentes Secciones de un mismo orden jurisdiccional en la forma y en los mismos supuestos que los previstos en los apartados anteriores.

3. Los requisitos para la válida constitución de esta Junta, su régimen de organización y funcionamiento, así como para la adopción de acuerdos, serán los mismos previstos en los apartados 4 y 5 del artículo anterior».

Cincuenta y cuatro

Se modifica el apartado 3 del artículo 172, que queda redactado como sigue:

«3. El Presidente de la Audiencia Nacional tiene las facultades de los apartados anteriores, respecto a las Salas de la misma y al Tribunal Central de Instancia».

Cincuenta y cinco

Se modifica el artículo 210, que queda redactado como sigue:

«Artículo 210.

1. Las sustituciones de jueces, juezas, magistrados y magistradas en los Tribunales de Instancia se regirán por las siguientes reglas y orden de prelación:

a) Por su orden, quienes participen voluntariamente en los planes anuales de sustitución. En todo caso, los o las solicitantes de integrar dicha relación deberán justificar, en el momento de la solicitud, el estado de la agenda de señalamientos, la pendencia de asuntos y el número y razón de las resoluciones pendientes de dictar que les corresponden.

b) De existir compatibilidad en los señalamientos, será llamado o llamada el correspondiente sustituto o sustituta ordinario o natural del sustituido o de la sustituida, según lo propuesto por la Junta de Jueces y Juezas y aprobado por la Sala de Gobierno respectiva.

c) A continuación, serán llamados por el siguiente orden: los jueces y juezas de adscripción territorial a quienes se refiere el artículo 347 bis que se encontrasen disponibles, comenzando por el más antiguo en el escalafón; los jueces y juezas en expectativa de destino que regula el artículo 308.2 por idéntica prelación; y los jueces y juezas que estén desarrollando prácticas conforme al artículo 307.2 por el orden que al efecto haya establecido la Escuela Judicial.

d) En cuarto lugar, se estará al régimen de sustituciones previsto en el artículo siguiente con respecto al resto de miembros de la carrera judicial del mismo partido judicial.

e) En todo caso y sin sujeción al orden referido en los anteriores apartados de este número, podrá prorrogarse la jurisdicción de un juez, jueza, magistrado o magistrada a distinta Sección o Tribunal de Instancia conforme a lo previsto en esta ley.

f) En último término y agotadas las anteriores posibilidades, se procederá al llamamiento de un sustituto no profesional de conformidad con lo previsto en el artículo 213 de esta ley.

2. Los planes anuales de sustitución a los que se refiere el apartado anterior consistirán en la elaboración de calendarios en los que se fijarán turnos rotatorios de sustitución y se coordinarán los señalamientos y las funciones de guardia, de forma que quede asegurada la disponibilidad de aquellos jueces, juezas, magistrados y magistradas titulares que voluntariamente participen en los mismos para cubrir de forma inmediata las ausencias que puedan producirse. La previsión de las sustituciones se hará, en todo caso, conforme a las preferencias que establece el artículo siguiente.

3. Los planes anuales de sustitución se elaborarán a propuesta de las correspondientes Juntas de Jueces y Juezas y serán remitidos a la respectiva Sala de Gobierno para su aprobación provisional, que se llevará a cabo, en su caso, previa audiencia de la Fiscalía correspondiente a fin de coordinar en lo posible los señalamientos que afecten a procedimientos en los que las leyes prevean su intervención. Verificada tal aprobación provisional, se elevarán al Consejo General del Poder Judicial para su aprobación definitiva en los términos que procedan.

4. Las Presidencias de los Tribunales de Instancia, de Audiencias Provinciales, Tribunales Superiores de Justicia y Audiencia Nacional velarán, en el ámbito de sus respectivas competencias, por la exacta ejecución del régimen de sustituciones previsto en este precepto y, especialmente, de los planes anuales de sustitución.

5. El Consejo General del Poder Judicial, de oficio o a instancia de cualquiera de los anteriores, procederá a adoptar las medidas correspondientes en caso de incumplimiento del régimen de sustituciones previsto en este precepto. También adoptará las medidas que sean precisas para corregir cualquier disfunción que pudiera acaecer en la ejecución de los planes anuales de sustitución.

6. Las mismas reglas previstas en este artículo para las sustituciones de jueces, juezas, magistrados y magistradas en los Tribunales de Instancia se extenderán también, en cuanto les fuere de aplicación, a las

sustituciones entre jueces, juezas, magistrados y magistradas del Tribunal Central de Instancia, correspondiendo a su Presidencia la vigilancia en la observancia del régimen de sustitución y planes anuales de sustitución.»

Cincuenta y seis

Se modifica el artículo 211, que queda redactado como sigue:

«Artículo 211.

A los efectos de lo previsto en los apartados 1.b) y 1.d) del artículo anterior, se observarán las siguientes reglas:

1.ª Los jueces, juezas, magistrados y magistradas integrados en Secciones del mismo orden jurisdiccional se sustituirán entre sí en la forma que acuerde la Sala de Gobierno del Tribunal Superior de Justicia, a propuesta de la Junta de Jueces y Juezas del Tribunal de Instancia.

2.ª Cuando en una población no hubiere otro juez o jueza de la misma clase la sustitución corresponderá a un juez o jueza de clase distinta.

3.ª También sustituirán los de distinto orden jurisdiccional, aun existiendo varios jueces y juezas o magistrados y magistradas pertenecientes al mismo, cuando se agotaren las posibilidades de sustitución entre ellos.

4.ª Corresponderá a los jueces y juezas o magistrados y magistradas destinados en la Sección Civil y de Instrucción que constituya una Sección Única la sustitución de los jueces y juezas o magistrados y magistradas de los demás órdenes jurisdiccionales y de la Sección de Menores, cuando no haya posibilidad de que la sustitución se efectúe entre los del mismo orden.

5.ª La sustitución de los jueces y juezas o magistrados y magistradas destinados en una Sección de lo Penal corresponderá, cuando no exista una Sección Única de Civil e Instrucción, a los de la Sección Civil. En los demás casos, los jueces y juezas o los magistrados y magistradas destinados en una Sección de miento Penal e igualmente los de la Sección Única serán sustituidos por los destinados en las Secciones de lo Mercantil, de Familia, Infancia y Capacidad, de Menores, de lo Contencioso-Administrativo y de lo Social, según el orden que establezca la Sala de Gobierno del Tribunal Superior de Justicia.

6.ª Los jueces y juezas o los magistrados y magistradas con competencia en materia de violencia sobre la mujer, así como quienes la tuvieren en materia de violencia contra la infancia y la adolescencia serán sustituidos por los destinados en la Sección de Instrucción o en la Sección Única, según el orden que establezca la Sala de Gobierno del Tribunal Superior de Justicia respectivo».

Cincuenta y siete

Se modifica el apartado 1 del artículo 212 que queda redactado como sigue:

«1. Cuando resultare aconsejable para un mejor despacho de los asuntos, atendida la escasa carga de trabajo de un juez, jueza, magistrado o magistrada del mismo orden del que deba ser sustituido o sustituida, el Presidente o la Presidenta del Tribunal Superior de Justicia prorrogará, previa audiencia, la jurisdicción de aquél o aquélla, quien desempeñará ambos cargos con derecho a la retribución correspondiente dentro de las previsiones presupuestarias en los términos que se establezcan reglamentariamente.

En todo caso, cualquier juez, jueza, magistrado o magistrada del mismo orden del que deba ser sustituido podrá interesar del Presidente o la Presidenta del Tribunal Superior de Justicia que se le prorrogue su jurisdicción a fin de desempeñar ambos cargos, con idéntico derecho a la retribución prevista en el párrafo anterior».

Cincuenta y ocho

Se modifica el apartado 1 del artículo 216 bis que queda redactado como sigue:

«1. Cuando el excepcional retraso o la acumulación de asuntos en un determinado tribunal no puedan ser corregidos mediante el reforzamiento de la plantilla de la Oficina judicial o la exención temporal de reparto prevista en el artículo 167.2, el Consejo General del Poder Judicial podrá acordar excepcionales medidas de apoyo judicial consistentes en la adscripción de jueces y magistrados titulares de otros órganos judiciales mediante el otorgamiento de comisiones de servicio».

Cincuenta y nueve

Se modifica el apartado 1 del artículo 224, que queda redactado como sigue:

«1. Instruirán los incidentes de recusación:

1.º Cuando el recusado o la recusada sea la persona que ostente la Presidencia o un magistrado o magistrada del Tribunal Supremo, de la Audiencia Nacional o de un Tribunal Superior de Justicia, un magistrado o magistrada de la Sala a la que pertenezca la persona recusada designado o designada en virtud de un turno establecido por orden de antigüedad.

2.º Cuando el recusado o la recusada sea un Presidente o una Presidenta de Audiencia Provincial, un magistrado o una magistrada de la Sala de lo Civil y Penal del Tribunal Superior de Justicia correspondiente designado en virtud de un turno establecido por orden de antigüedad.

3.º Cuando el recusado o la recusada sea un magistrado o una magistrada de una Audiencia, un magistrado o una magistrada de esa misma Audiencia designado o designada en virtud de un turno establecido por orden de antigüedad, siempre que no pertenezca a la misma Sección que la persona recusada.

4.º Cuando se recusare a todos los magistrados y magistradas de una Sala de Justicia, un magistrado o magistrada de los que integren el tribunal correspondiente designado o designada en virtud de un turno establecido por orden de antigüedad, siempre que no estuviere afectado o afectada por la recusación.

5.º Cuando el recusado o la recusada sea un juez, jueza, magistrado o magistrada destinado o destinada en un Tribunal de Instancia o en el Tribunal Central de Instancia, un juez, jueza, magistrado o magistrada del órgano colegiado que conozca de sus recursos, designado o designada en virtud de un turno establecido por orden de antigüedad.

6.º Cuando el recusado fuere un juez o jueza de paz, el juez de instancia del partido correspondiente o, si hubiere varios, el designado en virtud de un turno establecido por orden de antigüedad.

La antigüedad se regirá por el orden de escalafón en la carrera judicial».

Sesenta

Se modifican los numerales 8.º y 9.º del artículo 227 quedando redactados como sigue:

«8.º Cuando el recusado o la recusada sea un juez, jueza, magistrado o magistrada de un Tribunal de Instancia o del Tribunal Central de Instancia, la Sección de la Audiencia Provincial o Sala del Tribunal Superior de Justicia o de la Audiencia Nacional respectiva que conozca de los recursos contra sus resoluciones, y, si fueren varias, se establecerá un turno comenzando por la Sección o Sala de número más bajo.

9.º Cuando el recusado sea un juez o una jueza de paz, resolverá el mismo juez instructor del incidente de recusación.»

Sesenta y uno

Se modifica el apartado 3 del artículo 229, que queda redactado como sigue:

«3. Estas actuaciones podrán realizarse a través de videoconferencia u otro sistema similar que permita la comunicación bidireccional y simultánea de la imagen y el sonido y la interacción visual, auditiva y verbal entre dos personas o grupos de personas geográficamente distantes, asegurando en todo caso la posibilidad de contradicción de las partes y la salvaguarda del derecho de defensa, de conformidad con lo que dispongan las leyes procesales y la ley que regule el uso de las tecnologías en la Administración de Justicia. En estos casos, la identidad de las personas que intervengan a través de la videoconferencia podrá acreditarse por los medios de identificación y firma electrónica que se determinen por la ley que regule el uso de las tecnologías en la Administración de Justicia, respetándose lo establecido en las leyes procesales.»

Sesenta y dos

Se modifica el apartado 2 del artículo 234, que queda redactado como sigue:

«2. Las partes y cualquier persona que acredite un interés legítimo y directo tendrán derecho a acceder a la información existente en los procedimientos judiciales y a consultar, en la forma dispuesta en las leyes procesales y, en su caso, en la ley que regule el uso de las tecnologías en la Administración de Justicia, los escritos y documentos que consten en los autos, no declarados secretos ni reservados. También tendrán derecho a que se les expidan los testimonios y certificados en los casos y a través del cauce establecido en las leyes procesales.»

Sesenta y tres

Se modifica el artículo 236 nonies, que queda redactado como sigue:

«Artículo 236 nonies.

Las competencias que corresponden al Consejo General del Poder Judicial como autoridad de protección de datos respecto del tratamiento de los mismos con fines jurisdiccionales por los tribunales se ejercerán por la Comisión de Supervisión y Control de Protección de Datos prevista en el artículo 610 ter. En el ejercicio de sus funciones la Comisión contará con el apoyo y la asistencia de la Dirección de Supervisión y Control de Protección de Datos, de acuerdo con lo previsto en el artículo 620 bis.»

Sesenta y cuatro

Se modifica el artículo 248, que queda redactado como sigue:

«Artículo 248.

1. En todas las resoluciones judiciales habrá de indicarse el Tribunal que las dicte, con expresión de los jueces, juezas, magistrados o magistradas que lo integren y, en su caso, indicación del nombre del o de la ponente cuando el Tribunal sea colegiado.

2. La fórmula de las providencias se limitará a la determinación de lo mandado y del juez, jueza o Tribunal que las disponga, sin más fundamento ni adiciones que la fecha en que se acuerden. No obstante, podrán ser sucintamente motivadas cuando así lo disponga la ley o quien haya de dictarlas lo estime conveniente.

3. Los autos serán siempre motivados y contendrán en párrafos separados y numerados los antecedentes de hecho y los fundamentos de derecho en los que se base la subsiguiente parte dispositiva o fallo.

4. Las sentencias se formularán expresando, tras un encabezamiento, en párrafos separados y numerados, los antecedentes de hecho, hechos probados, en su caso, los fundamentos de derecho y, por último, el fallo.

5. Todas las resoluciones judiciales serán firmadas por el juez, jueza, magistrado o magistrada que las dicten. En el caso de providencias dictadas por Salas de Justicia, bastará con la firma del o de la ponente.

6. Toda resolución incluirá, además de la mención del lugar y fecha en que se adopte, si la misma es firme o si cabe algún recurso contra ella, con expresión, en este último caso, del recurso que proceda, del órgano ante el que debe interponerse y del plazo para recurrir y, cuando proceda, de la necesidad de constitución de depósito para la presentación de recursos. Al notificarse la resolución a las partes se indicará si la misma es o no firme y, en su caso, las oportunas indicaciones sobre los recursos que procedan.»

Sesenta y cinco

Se añade un nuevo apartado 4 al artículo 264, con la siguiente redacción:

«4. La Junta de Jueces y Juezas de Sección de un Tribunal de Instancia podrá reunirse para el examen y valoración de criterios cuando los jueces, las juezas, los magistrados y las magistradas que la integren sostuvieren en sus resoluciones diversidad de criterios interpretativos en la aplicación de la ley en asuntos sustancialmente iguales.

En todo caso, quedará a salvo la independencia de los jueces, juezas, magistrados y magistradas para el enjuiciamiento y resolución de los distintos procesos de que conozcan».

Sesenta y seis

Se modifica el artículo 298, que queda redactado como sigue:

«Artículo 298.

1. Las funciones jurisdiccionales en los órganos judiciales de todo orden regulados en esta ley se ejercerán únicamente por jueces, juezas, magistrados y magistradas profesionales, que forman la Carrera Judicial.

2. También ejercen funciones jurisdiccionales sin pertenecer a la Carrera Judicial, con sujeción al régimen establecido en esta ley y con inamovilidad temporal, los magistrados y las magistradas suplentes, quienes sirven plazas como jueces sustitutos y juezas sustitutas, así como los jueces de paz y sus sustitutos».

Sesenta y siete

Se modifica el artículo 321, que queda redactado como sigue:

«Artículo 321.

1. Los jueces y las juezas prestarán el juramento o promesa, cuando proceda, ante la Sala de Gobierno del Tribunal o Audiencia a que pertenezca el órgano judicial para el que hayan sido nombrados o nombradas y, asimismo, en audiencia pública.

2. La posesión será en el órgano judicial al que fueren destinados o destinadas, en audiencia pública y con asistencia del personal de aquél. Dará la posesión el juez o la jueza que estuviere ejerciendo la jurisdicción».

Sesenta y ocho

Se modifica el artículo 328, que queda redactado como sigue:

«Artículo 328.

La ley que fije la planta determinará los criterios para clasificar las plazas de los Tribunales de Instancia y establecer la categoría de quienes deban servirlas».

Sesenta y nueve

Se modifica el artículo 329, que queda redactado como sigue:

«Artículo 329.

1. Los concursos para la provisión de las plazas en las Secciones Civil, de Instrucción o Civil y de Instrucción de los Tribunales de Instancia se resolverán en favor de quienes, ostentando la categoría necesaria, tengan mejor puesto en el escalafón.

2. Los concursos para la provisión de las plazas en Secciones de lo Contencioso-Administrativo o de lo Social de los Tribunales de Instancia se resolverán en favor de quienes, ostentando la categoría de magistrado o magistrada especialista en los respectivos órdenes jurisdiccionales o habiendo pertenecido al extinguido Cuerpo de Magistrados de Trabajo, para los de lo Social, tengan mejor puesto en su escalafón. En su defecto, se cubrirán con magistrados o magistradas que hayan prestado al menos tres años de servicio, dentro de los cinco anteriores a la fecha de la convocatoria, en los órdenes contencioso-administrativo o social, respectivamente. A falta de éstos o éstas se cubrirán por el orden de antigüedad establecido en el apartado 1. Quienes obtuvieran plaza deberán participar antes de tomar posesión en su nuevo destino en las actividades específicas de formación que el Consejo General del Poder Judicial establezca reglamentariamente para los supuestos de cambio de orden jurisdiccional. En el caso de que las vacantes hubieran de cubrirse por ascenso, el Consejo General del Poder Judicial establecerá igualmente actividades específicas y obligatorias de formación que deberán realizarse antes de la toma de posesión de dichos destinos por aquellos jueces o juezas a quienes corresponda ascender.

3. Los concursos para la provisión de las plazas en las Secciones de Menores de los Tribunales de Instancia se resolverán en favor de quienes, ostentando la categoría de magistrado o magistrada y acreditando la correspondiente especialización en materia de menores en la Escuela Judicial, tengan mejor puesto en su escalafón. En su defecto, se cubrirán por magistrados o magistradas que hayan prestado al menos tres años de servicio, dentro de los cinco anteriores a la fecha de la convocatoria, en la jurisdicción de menores. A falta de éstos se cubrirán por el orden de antigüedad establecido en el apartado 1.

Quienes obtuvieran plaza, así como quienes la obtuvieran cuando las vacantes tuvieran que cubrirse por ascenso, deberán participar antes de tomar posesión de su nuevo destino en las actividades de especialización en materia de menores y en materia de violencia de género que establezca el Consejo General del Poder Judicial.

4. Los concursos para la provisión de las plazas en las Secciones de lo Mercantil de los Tribunales de Instancia se resolverán en favor de quienes, acreditando la especialización en los asuntos propios de dicha materia jurisdiccional, obtenida mediante la superación de las pruebas de especialización que reglamentariamente determine el Consejo General del Poder Judicial, tengan mejor puesto en su escalafón. En su defecto, se cubrirán con los magistrados o las magistradas que acrediten haber permanecido más años en el orden jurisdiccional civil. A falta de éstos, por el orden de antigüedad establecido en el apartado 1.

Quienes obtuvieran plaza deberán participar antes de tomar posesión en su nuevo destino en las actividades específicas de formación que el Consejo General del Poder Judicial establezca reglamentariamente.

En el caso de que las vacantes hubieran de cubrirse por ascenso, el Consejo General del Poder Judicial establecerá igualmente actividades específicas y obligatorias de formación que deberán realizarse antes de la toma de posesión de dichos destinos por aquellos jueces o juezas a quienes corresponda ascender.

5. Los concursos para la provisión de plazas del Tribunal Central de Instancia en las Secciones de Instrucción, de lo Penal, de Menores y de Vigilancia Penitenciaria se resolverán a favor de quienes hayan prestado servicios en el orden jurisdiccional penal durante ocho años dentro de los doce años inmediatamente anteriores a la fecha de la convocatoria; en defecto de este criterio, en favor de quien ostente mejor puesto en el escalafón.

Los concursos para la provisión de plazas en la Sección de lo Contencioso-Administrativo del Tribunal Central de Instancia se resolverán en favor de quienes ostenten la especialidad en dicho orden jurisdiccional; en su defecto, por quienes hayan prestado servicios en dicho orden durante ocho años dentro de los doce años inmediatamente anteriores a la fecha de la convocatoria; y en defecto de estos criterios, por quien ostente mejor puesto en el escalafón. En ese último caso quienes obtuvieren plaza deberán participar antes de tomar posesión en su nuevo destino en las actividades específicas de formación que el Consejo General del Poder Judicial establezca reglamentariamente para los supuestos de cambio de orden jurisdiccional.

6. Los miembros de la carrera judicial que, destinados en Secciones de lo Contencioso-administrativo, de lo Social, de lo Mercantil, de Violencia sobre la Mujer o Civil con competencias en materias mercantiles de los Tribunales de Instancia, adquieran condición de especialista en sus respectivos órdenes, podrán continuar en su destino.

7. Los concursos para la provisión de plazas en las Secciones de Violencia sobre la Mujer y de lo Penal especializados en Violencia sobre la Mujer de los Tribunales de Instancia se resolverán en favor de quienes, acreditando la especialización en los asuntos propios de dicha materia jurisdiccional, obtenida mediante la superación de las pruebas selectivas que reglamentariamente determine el Consejo General del Poder Judicial, tengan mejor puesto en su escalafón.

En su defecto, se cubrirán con los magistrados o las magistradas que acrediten haber permanecido más años ocupando plaza en el orden jurisdiccional penal. A falta de estos o estas, se cubrirán por el orden de antigüedad establecido en el apartado 1. Quienes obtuvieran plaza de estas dos últimas formas deberán participar antes de tomar posesión en su nuevo destino en las actividades específicas de formación que el Consejo General del Poder Judicial establezca reglamentariamente.

En el caso de que las vacantes hubieran de cubrirse por ascenso, el Consejo General del Poder Judicial establecerá igualmente actividades específicas y obligatorias de formación que deberán realizarse antes de la toma de posesión de dichos destinos por aquellos jueces o juezas a quienes corresponda ascender.

8. Los concursos para la provisión de las plazas en las Secciones de Familia, Infancia y Capacidad y de las Secciones de Violencia contra la Infancia y la Adolescencia de los Tribunales de Instancia se resolverán en favor de quienes, acreditando la correspondiente formación especializada en esta materia en la Escuela Judicial, tengan mejor puesto en su escalafón. A estos solos efectos se les asignará el puesto del escalafón que les hubiese correspondido si se añadiesen tres años de antigüedad. En su defecto, las plazas de las Secciones de Familia, Infancia y Capacidad se cubrirán por jueces o juezas que hayan prestado al menos tres años de servicio, dentro de los cinco anteriores a la fecha de la convocatoria, en órganos judiciales con competencias en materia de familia, infancia y capacidad y las plazas judiciales de las Secciones de Violencia contra la Infancia y la Adolescencia se cubrirán con jueces o juezas que hayan prestado al menos tres años de servicio, dentro de los cinco anteriores a la fecha de la convocatoria, en órganos judiciales con

competencias en materia de violencia contra la infancia y la adolescencia. A falta de éstos se cubrirán por el orden de antigüedad establecido en el apartado 1.

Quienes obtuvieran plaza, así como quienes la obtuvieran cuando las vacantes tuvieran que cubrirse por ascenso, si no han seguido y superado previamente el curso de formación especializada deberán participar antes de tomar posesión de su nuevo destino en las actividades de formación, en cada caso, en materia de familia, infancia y capacidad o bien en materia de violencia contra la infancia y la adolescencia y, en todo caso, en materia de violencia de género que establezca el Consejo General del Poder Judicial.

9. Ningún juez o jueza, magistrado o magistrada de cada una de las secciones de un Tribunal de Instancia o del Tribunal Central de Instancia podrá solicitar en concurso o en cualquier otra forma de provisión una plaza judicial perteneciente a la misma sección en la que ya estuviera destinado o destinada, con la salvedad de las previstas en el artículo 96.2».

Setenta

Se modifican las letras c), d) y e) del apartado 5 del artículo 330, y se añaden las letras f) y g), que quedan redactadas como sigue:

«c) Si hubiere una o varias secciones de las Audiencias Provinciales que conozcan en segunda instancia de los recursos interpuestos contra todo tipo de resoluciones dictadas por las Secciones de lo Mercantil de los Tribunales de Instancia, una de las plazas se reservará a magistrado o magistrada que, acreditando la especialización en los asuntos propios de dicha materia jurisdiccional, obtenida mediante la superación de las pruebas selectivas que reglamentariamente determine el Consejo General del Poder Judicial, tengan mejor puesto en su escalafón. Si la Sección se compusiera de cinco o más magistrados o magistradas, el número de plazas cubiertas por este sistema será de dos, manteniéndose idéntica proporción en los incrementos sucesivos. No obstante, si un miembro de la Sala o Sección adquiriese la condición de especialista en este orden, podrá continuar en su destino hasta que se le adjudique la primera vacante de especialista que se produzca. En los concursos para la provisión del resto de plazas tendrán preferencia aquellos magistrados o magistradas que acrediten haber permanecido más tiempo en el orden jurisdiccional civil. A falta de éstos o éstas, por los magistrados o las magistradas que acrediten haber permanecido más tiempo en órganos jurisdiccionales mixtos.

d) En la Sección o Secciones a las que en virtud del artículo 80.3 se les atribuya única y exclusivamente el conocimiento en segunda instancia de los recursos interpuestos contra todo tipo de resoluciones dictadas por las Secciones de lo Mercantil de los Tribunales de Instancia, tendrán preferencia en el concurso para la provisión de sus plazas aquellos magistrados o magistradas que, acreditando la especialización en los asuntos propios de dicha materia jurisdiccional, obtenida mediante la superación de las pruebas selectivas que reglamentariamente determine el Consejo General del Poder Judicial, tengan mejor puesto en su escalafón. En su defecto, se cubrirán con los magistrados o las magistradas que acrediten haber permanecido más tiempo en el orden jurisdiccional civil. A falta de éstos, por los magistrados o las magistradas que acrediten haber permanecido más tiempo en órganos jurisdiccionales mixtos.

e) Los concursos para la provisión de plazas de magistrados o magistradas de las Secciones de las Audiencias Provinciales especializadas en materia de violencia sobre la mujer, en virtud de lo dispuesto en los artículos 80.3, 82.1.3.º y 82 bis.2, se resolverán en favor de quienes, acreditando la especialización en los asuntos propios de dicha materia jurisdiccional, obtenida mediante la superación de las pruebas selectivas que reglamentariamente determine el Consejo General del Poder Judicial, tengan mejor puesto en su escalafón. En su defecto, por los magistrados o magistradas que acrediten haber permanecido más tiempo en el orden jurisdiccional penal. A falta de estos, por los magistrados o magistradas que acrediten haber permanecido más tiempo en órganos mixtos.

f) Los concursos para la provisión de plazas de magistrados o magistradas de las Secciones de las Audiencias Provinciales especializadas en materia de familia, infancia, y capacidad, en virtud de lo dispuesto en los artículos 80.3, 82.2.2.º y 82 bis.2, se resolverán en favor de quienes, acreditando la formación especializada en esta materia en la Escuela Judicial, tengan mejor puesto en su escalafón. A estos solos efectos se les asignará el puesto del escalafón que les hubiese correspondido si se añadiesen tres años de antigüedad.

En su defecto, por jueces o juezas que hayan prestado al menos tres años de servicio, dentro de los cinco anteriores a la fecha de la convocatoria, en órganos judiciales con competencias en materia de familia, infancia y capacidad.

En su defecto, por los magistrados o magistradas que acrediten haber permanecido más tiempo en el orden jurisdiccional civil.

A falta de estos, por los magistrados o magistradas que acrediten haber permanecido más tiempo en órganos mixtos.

g) Los concursos para la provisión de plazas de magistrados o magistradas de las Secciones de las Audiencias Provinciales especializadas en materia de violencia contra la infancia y la adolescencia, en virtud de lo dispuesto en los artículos 80.3, 82.1.3.º y 82 bis.2, se resolverán en favor de quienes, acreditando la formación especializada en esta materia en la Escuela Judicial, tengan mejor puesto en su escalafón. A estos solos efectos se les asignará el puesto del escalafón que les hubiese correspondido si se añadiesen tres años de antigüedad.

En su defecto, por jueces o juezas que hayan prestado al menos tres años de servicio, dentro de los cinco anteriores a la fecha de la convocatoria, en órganos judiciales con competencias en materia de violencia contra la infancia y la adolescencia.

En su defecto, por los magistrados o magistradas que acrediten haber permanecido más tiempo en el orden jurisdiccional penal.

A falta de estos, por los magistrados o magistradas que acrediten haber permanecido más tiempo en órganos mixtos».

Setenta y uno

Se modifica el artículo 334, que queda redactado como sigue:

«Artículo 334.

Las plazas que quedaren vacantes por falta de solicitantes se proveerán por los que sean promovidos o asciendan a la categoría necesaria, con arreglo al turno que corresponda.

Aquellas vacantes que con arreglo a lo previsto en el párrafo segundo del apartado 1 del artículo 311 no fueran cubiertas por los jueces y juezas ascendidos a la categoría de magistrado o magistrada serán ofrecidas mediante concurso ordinario de traslado a los miembros de la carrera con categoría de juez o jueza; de no ser cubiertas, se ofertarán a los jueces o juezas egresados de la Escuela Judicial, pudiendo solicitar únicamente como primer destino las plazas vacantes en los Tribunales de Instancia.»

Setenta y dos

Se modifica el apartado 1 del artículo 350, que queda redactado como sigue:

«1. El Consejo General del Poder Judicial podrá conferir comisión de servicio a los jueces y magistrados, que no podrá exceder de un año, prorrogable por otro:

a) para prestar servicios en otro juzgado o tribunal, con o sin relevación de funciones;

b) para participar en misiones de cooperación jurídica internacional, cuando no proceda la declaración de servicios especiales».

Setenta y tres

Se modifica la letra d) del artículo 351, que queda redactada como sigue:

«d) Cuando sean nombrados o adscritos como letrados al servicio del Tribunal de Justicia de la Unión Europea, del Tribunal Constitucional, del Consejo General del Poder Judicial o del Tribunal Supremo, o magistrados del Gabinete Técnico del Tribunal Supremo, o al servicio del Ministerio de Justicia, del Defensor del Pueblo u órgano equivalente de las Comunidades Autónomas.»

Setenta y cuatro

Se modifican los apartados 1 y 2 del artículo 355 bis, que quedan redactados como sigue:

«1. Los destinos cuyos titulares se encuentren en situación de servicios especiales, excedencia con reserva de plaza o en comisiones de servicio por tiempo superior a seis meses se podrán cubrir por los mecanismos ordinarios de sustitución, mediante comisiones de servicio con o sin relevación de funciones o a través de los mecanismos ordinarios de provisión, incluso con las promociones pertinentes, para el tiempo que permanezcan los titulares en la referida situación.

2. Si la vacante se cubre mediante los mecanismos ordinarios de provisión, quienes ocupen los referidos destinos quedarán, cuando se reintegre a la plaza su titular, adscritos al Tribunal colegiado en que se hubiera producido la reserva, o, si se tratase de un Tribunal de Instancia, quedarán a disposición del Presidente del Tribunal Superior de Justicia correspondiente y sin merma de las retribuciones que vinieren percibiendo. Mientras permanezcan en esta situación prestarán sus servicios en los puestos que determinen las respectivas Salas de Gobierno, devengando las indemnizaciones correspondientes por razón del servicio cuando éstos se prestaren en lugar distinto del de su residencia, que permanecerá en el de la plaza reservada que hubiere ocupado.

Mientras desempeñan la plaza reservada, una vez transcurrido un año desde que accedieran a la misma, o en cualquier momento cuando se encuentren en situación de adscripción, podrán acceder en propiedad a cualesquiera destinos por los mecanismos ordinarios de provisión y promoción. Ocuparán definitivamente la plaza reservada que sirvieren cuando vaque por cualquier causa. Cuando queden en situación de adscritos, serán destinados a la primera vacante que se produzca en el Tribunal colegiado de que se trate o en la Sección del Tribunal de Instancia del mismo orden jurisdiccional del lugar de la plaza reservada, a no ser que se trate de las plazas de Presidente o legalmente reservadas a magistrados o magistradas procedentes de pruebas selectivas, si no reunieren esta condición.»

Setenta y cinco

Se modifica el artículo 393, que queda redactado como sigue:

«Artículo 393.

No podrán los jueces, juezas, magistrados y magistradas desempeñar su cargo:

1. En los Tribunales donde ejerzan habitualmente, como abogado, abogada, procurador o procuradora, su cónyuge o un pariente dentro del segundo grado de consanguinidad o afinidad. Esta incompatibilidad no será aplicable en las poblaciones donde las Secciones Civiles y de Instrucción de los Tribunales de Instancia que constituyan Secciones Únicas cuenten con diez o más plazas judiciales o donde existan Salas con tres o más Secciones.

2. En una Audiencia Provincial o Tribunal de Instancia que comprenda dentro de su circunscripción territorial una población en la que, por poseer el mismo, su cónyuge o parientes de segundo grado de consanguinidad intereses económicos, tengan arraigo que pueda obstaculizarles el imparcial ejercicio de la función jurisdiccional. Se exceptúan las poblaciones superiores a cien mil habitantes en las que radique la sede del órgano jurisdiccional.

3. En una Audiencia o en la plaza concreta de la Sección del Tribunal de Instancia donde hayan ejercido la abogacía o el cargo de procurador o procuradora en los dos años anteriores a su nombramiento».

Setenta y seis

Se modifica el artículo 404, que queda redactado como sigue:

«Artículo 404.

Junto a las demás partidas correspondientes a retribuciones de jueces, juezas, magistrados y magistradas los Presupuestos Generales del Estado contendrán una consignación anual para la dotación de los jueces y juezas de paz, otras atenciones de personal judicial a que den lugar los preceptos de esta ley y demás exigencias de la Administración de Justicia.»

Setenta y siete

Se modifica la rúbrica del libro V, que queda redactada como sigue:

«LIBRO V

De la coordinación entre administraciones, la Oficina judicial y los letrados y letradas de la Administración de Justicia»

Setenta y ocho

Se modifica la rúbrica del título I del libro V, que queda redactada como sigue:

«TÍTULO I

Régimen de coordinación, organización y funcionamiento de la administración al servicio de jueces y juezas y tribunales»

Setenta y nueve

Se introduce un nuevo capítulo I del título I del libro V, integrado por los artículos 434 bis y 434 ter, en los términos siguientes:

«CAPÍTULO I

De la coordinación y cooperación entre Administraciones

Artículo 434 bis.

Las Administraciones con competencias en materia de Justicia impulsarán la cooperación para garantizar la mejora continua en la Administración de Justicia fijando estándares de calidad homogéneos en todo el Estado.

A tal fin, y mediante convenios u otros instrumentos de colaboración y cooperación interadministrativa de los contemplados en la legislación vigente, se podrán articular estructuras para la definición, ejecución y seguimiento de proyectos compartidos entre las distintas Administraciones.

Con el mismo objetivo se establecerán cauces que permitan la participación de los Consejos Profesionales que desarrollan sus funciones, principalmente, en relación con la Administración de Justicia.

Se establece asimismo como objetivo prioritario de la cooperación establecer los medios materiales que permitan que el conjunto del procedimiento, las comunicaciones y actos de impulso procesal puedan desarrollarse íntegramente en todas las lenguas oficiales del Estado, garantizando así el respeto de los derechos lingüísticos de los ciudadanos.

Artículo 434 ter.

1. Se crea la Comisión para la Calidad del servicio público de Justicia que se encargará de elaborar con carácter anual un informe sobre la calidad del servicio público basado en datos. Este informe, entre otras cuestiones, valorará la eficiencia, la accesibilidad universal y la satisfacción del usuario o usuaria del sistema de Justicia, proponiendo a las Administraciones competentes aquellas mejoras normativas o de funcionamiento y de acceso a la Justicia para todas las personas, en condiciones de igualdad y no discriminación, que estime pertinentes, así como fijando objetivos anuales y estándares comunes y homogéneos que contribuyan a la mejora de la calidad del servicio público de Justicia. La Comisión desarrollará su trabajo en los ámbitos autonómico y estatal. Podrá desarrollar también su trabajo en el ámbito provincial a instancia de cualquiera de los miembros de la Comisión estatal o autonómica siempre que lo considere de utilidad en razón a los temas a tratar. En este caso, estará integrada por un miembro de cada una de las instituciones presentes en la Comisión autonómica y será convocada y presidida por el Presidente de la Audiencia Provincial.

2. Este órgano, para contribuir a la cogobernanza de la Administración de Justicia se estructura en comisiones autonómicas y en la Comisión estatal para la calidad del servicio público de Justicia; pudiendo funcionar en un ámbito provincial en el supuesto previsto en el apartado anterior.

3. La Comisión estatal estará integrada por una persona que represente a cada uno de los siguientes organismos e instituciones:

– Ministerio de Justicia.

– Consejo General del Poder Judicial.

– Cada una de las Comunidades Autónomas con competencias asumidas en materia de Justicia.

– Fiscalía General del Estado.

– Secretaría General de la Administración de Justicia.

– Consejo General de la Abogacía Española.

– Consejo General de Procuradores de los Tribunales de España.

– Consejo General de Graduados Sociales.

– Secretaría General del Comité técnico estatal de la Administración judicial electrónica.

– Organizaciones sindicales más representativas del personal al servicio de la Administración de Justicia, elegida por decisión mayoritaria entre ellas.

La Comisión estará presidida por el representante del Consejo General del Poder Judicial y por el representante del Ministerio de Justicia, por periodos anuales conforme a un turno rotatorio.

Corresponderá a la Presidencia la convocatoria de las reuniones y dirigir las sesiones.

4. Las Comisiones autonómicas estarán integradas por la Presidencia del Tribunal Superior o persona en quien delegue, que la presidirá, el Consejero o Consejera de Justicia de la Comunidad Autónoma en el caso de comunidades autónomas con competencias asumidas en materia de Administración de Justicia o persona en quien delegue, en otro caso, por un representante del Ministerio de Justicia, el o la Fiscal Jefe Superior o persona en quien delegue, el Secretario o Secretaria de Gobierno, un representante de los colegios de la abogacía del territorio y un representante de las organizaciones sindicales más representativas del personal al servicio de la Administración de Justicia de la comunidad autónoma elegido por decisión mayoritaria entre ellas.

5. Las Comisiones autonómicas se reunirán al menos una vez al trimestre para analizar el funcionamiento de los órganos judiciales de su ámbito territorial y elaborarán un informe al respecto incluyendo las encuestas de satisfacción de las personas usuarias del servicio público, que se elevará a la Comisión estatal.

6. A las sesiones podrán acudir los técnicos que se consideren necesarios en función del orden del día prefijado.»

Ochenta

Se introduce un nuevo apartado 5 en el artículo 435, con la siguiente redacción:

«5. En los municipios en que no proceda la constitución de una Oficina de Justicia en el municipio por ser sede de un Tribunal de Instancia, la Oficina judicial podrá prestar los servicios administrativos relacionados con la Administración de Justicia previstos en el artículo 439 quater.»

Ochenta y uno

Se modifica la numeración de la rúbrica del capítulo I del título I del libro V, que pasa a ser el capítulo II.

Ochenta y dos

Se modifica el artículo 436, que queda redactado como sigue:

«Artículo 436.

1. La actividad de la Oficina judicial, definida por la aplicación de las leyes procesales, se realizará a través de los servicios comunes, que comprenderán a los servicios comunes de tramitación y en su caso, aquellos otros servicios comunes que se determine, donde se integran los puestos de trabajo vinculados funcionalmente por razón de sus cometidos.

2. El diseño de la Oficina judicial será flexible. Su dimensión y organización se determinarán por la Administración Pública competente, en función de la actividad que en la misma se desarrolle.

3. La Oficina judicial podrá prestar su apoyo a órganos de ámbito nacional, de comunidad autónoma, provincial o de partido judicial, extendiéndose su ámbito competencial al de los órganos a los que presta su apoyo. Su ámbito competencial también podrá ser comarcal, de tal forma que pueda servir de apoyo a más de un Tribunal de Instancia.

4. Los servicios comunes de la Oficina judicial podrán desempeñar sus funciones al servicio de órganos de una misma jurisdicción, de varias jurisdicciones o a órganos especializados, sin que, en ningún caso, el ámbito de la Oficina judicial pueda modificar el número y composición de los órganos judiciales que constituyen la planta judicial ni la circunscripción territorial de los mismos establecida por la ley.

5. Los servicios comunes podrán estructurarse en áreas, a las que se dotará de los correspondientes puestos de trabajo y, si el servicio lo requiere, en equipos.

Dentro del mismo partido judicial, podrán dotarse puestos de trabajo de los servicios comunes procesales en localidades distintas a aquella en que se encuentre la Oficina judicial. La actividad de dichos puestos podrá ser compatible con las tareas derivadas de la prestación de servicios de la Oficina de Justicia en el municipio.

6. La dirección de cada servicio común corresponderá a un letrado o una letrada de la Administración de Justicia, de quien dependerán funcionalmente el resto de los letrados y letradas de la Administración de Justicia y el personal destinado en los puestos de trabajo en que aquél se ordene y que, en todo caso, deberá ser suficiente y adecuado a sus funciones.

Cuando así venga previsto en la correspondiente relación de puestos de trabajo, la dirección de un servicio común podrá compatibilizarse con otras funciones reservadas a letrados o letradas de la Administración de Justicia de la misma Oficina judicial.

Quien dirija un servicio común coordinará a las letradas y a los letrados de la Administración de Justicia que lo integren en el ejercicio de las funciones de dirección técnico-procesal y demás previstas en la ley que éstos desempeñan en relación con el personal destinado en el servicio común. Asimismo, el director o la directora que dirija un servicio común deberá hacer cumplir, en el ámbito organizativo y funcional que le es propio, las órdenes y circulares que reciba de sus superiores jerárquicos. En el ámbito jurisdiccional, responderán del estricto cumplimiento de cuantas actuaciones o decisiones adopten jueces, juezas o tribunales en el ejercicio de sus competencias.

7. Las jefaturas de áreas y equipos corresponderán a los funcionarios y funcionarias del Cuerpo de Letrados de la Administración de Justicia y de los Cuerpos Generales, conforme se establezca en las relaciones de puestos de trabajo.

8. Los servicios comunes asistirán a jueces y juezas para el ejercicio de las funciones que les son propias, realizando las actuaciones necesarias para el exacto y eficaz cumplimiento de cuantas resoluciones se dicten. Los jueces y las juezas podrán requerir en todo momento a la Oficina judicial cuanta información consideren necesaria sobre los procedimientos cuyo conocimiento tengan atribuido».

Ochenta y tres

Se modifica el artículo 437, que queda redactado como sigue:

«Artículo 437.

1. A los efectos de esta ley orgánica se entiende por servicio común de tramitación aquella unidad de la Oficina judicial que realiza todas las funciones requeridas para la ordenación del procedimiento.

2. Para el cumplimiento de las funciones previstas en el apartado anterior el Tribunal Supremo, la Audiencia Nacional, cada Tribunal Superior de Justicia, cada Audiencia Provincial y cada Tribunal de Instancia, así como el Tribunal Central de Instancia, serán asistidos por un servicio común de tramitación de la correspondiente Oficina judicial.

3. El Ministerio de Justicia y las comunidades autónomas en sus respectivos territorios serán competentes para el diseño y organización de los servicios comunes de tramitación, en los que podrán crear áreas, cuando estas asistan a órganos de diferentes secciones u órdenes jurisdiccionales.

No obstante, cuando en un Tribunal de Instancia el número de plazas judiciales de una misma sección sea igual o superior a doce, deberá existir al menos un área para la ordenación de los procedimientos de que conozcan, que se podrá extender también a los que correspondan a otras secciones del mismo orden jurisdiccional.

4. Cuando, de conformidad con el artículo 521.3 E), así se determine en las correspondientes relaciones de puestos de trabajo, se podrán compatibilizar la actividad los puestos de dirección del servicio común de tramitación de una Audiencia Provincial y de dirección del servicio común de tramitación del Tribunal de Instancia con sede en la misma localidad.

5. Quien ocupe la dirección del servicio común de tramitación asumirá las facultades de coordinación con la Presidencia del Tribunal, así como con la dirección del resto de servicios comunes para el eficaz funcionamiento de la Oficina judicial».

Ochenta y cuatro

Se modifica el artículo 438, que queda redactados como sigue:

«Artículo 438.

Sin perjuicio de lo previsto en el artículo anterior, el Ministerio de Justicia y las comunidades autónomas en sus respectivos territorios serán competentes para el diseño, creación y organización de otros servicios comunes que realicen las funciones de registro y reparto, de apoyo, actos de comunicación, auxilio judicial nacional e internacional, de ordenación de procesos de ejecución y jurisdicción voluntaria. Las Salas de Gobierno, las Juntas de Jueces y Juezas y los Secretarios de Gobierno de los Tribunales Superiores de Justicia podrán solicitar al Ministerio y a las comunidades autónomas la creación de servicios comunes, conforme a las específicas necesidades.

Asimismo, podrán crear servicios comunes procesales que asuman otras funciones distintas a las relacionadas en este número, en cuyo caso será preciso el informe favorable del Consejo General del Poder Judicial.»

Ochenta y cinco

Se modifica la numeración de la rúbrica del capítulo II del título I del libro V, que pasa a ser el capítulo III.

Ochenta y seis

Se modifica el artículo 439, que queda redactado como sigue:

«Artículo 439.

1. A los efectos de esta ley, se entiende por unidad administrativa aquélla que, sin estar integrada en la Oficina judicial, se constituye en el ámbito de la organización de la Administración de Justicia para la prestación de servicios que se consideren necesarios o convenientes para el funcionamiento del servicio público de Justicia. Estos servicios no comprenderán la realización de funciones de carácter procesal que correspondan al personal funcionario de los Cuerpos de la Administración de Justicia.

2. El Ministerio de Justicia y las comunidades autónomas en sus respectivos ámbitos, podrán establecer estas unidades administrativas para, entre otras funciones, dar apoyo a la jefatura, ordenación y gestión de los recursos humanos sobre los que se tienen competencias en materia de Justicia, así como sobre los medios informáticos, nuevas tecnologías y demás medios materiales.

3. Las unidades administrativas también se podrán crear para la prestación de servicios de medios adecuados de solución de controversias. En este caso las unidades administrativas podrán contar con puestos de trabajo para letrados y letradas de la Administración de Justicia.

4. Los puestos de trabajo de estas unidades administrativas, cuya determinación corresponderá al Ministerio de Justicia y a las comunidades autónomas con competencias asumidas, en sus respectivos ámbitos, podrán ser cubiertos con personal de los Cuerpos de funcionarios al servicio de la Administración de Justicia de la Administración del Estado y de las comunidades autónomas que reúnan los requisitos y condiciones establecidas en la respectiva relación de puestos de trabajo.

5. Corresponde a cada Administración en su propio ámbito territorial, el diseño, la creación y organización de las unidades administrativas necesarias, la determinación de su forma de integración en la Administración pública de que se trate, su ámbito de actuación, dependencia jerárquica, establecimiento de los puestos de trabajo, así como la dotación de los créditos necesarios para su puesta en marcha y funcionamiento.

6. Estas unidades administrativas tendrán la consideración de centro de destino cuando así se establezca en su norma de creación».

Ochenta y siete

Se modifica el artículo 439 bis, que queda redactado como sigue:

«Artículo 439 bis.

1. A los efectos de esta Ley, se entiende por oficina del Registro Civil aquella unidad que, sin estar integrada en la Oficina judicial, se constituye en el ámbito de la organización de la Administración de Justicia para encargarse de la llevanza del referido servicio público según lo establecido por la Ley y el Reglamento del

Registro Civil, vinculándose funcionalmente para el desarrollo de dicho cometido al Ministerio de Justicia a través de la Dirección General de Seguridad Jurídica y Fe Pública.

Los puestos de trabajo de estas oficinas del Registro Civil, cuya determinación corresponderá al Ministerio de Justicia y a las comunidades autónomas con competencias asumidas, en sus respectivos ámbitos, serán cubiertos con personal de la Administración de Justicia, que reúna los requisitos y condiciones establecidas en la respectiva relación de puestos de trabajo.

2. El personal funcionario al servicio de la Administración de Justicia destinado en puestos de trabajo cuya actividad sea declarada compatible de conformidad con el artículo 521.3 E) realizará las tareas propias de la Oficina del Registro Civil y de la Oficina judicial de conformidad con lo previsto en los protocolos de actuación.

Las Oficinas de Justicia en los municipios prestarán la colaboración que, en materia de Registro Civil, se determine en la Ley del Registro Civil y su Reglamento de desarrollo.»

Ochenta y ocho

Se introduce un nuevo capítulo IV en el título I del libro V con la rúbrica «De las Oficinas de Justicia en los municipios», integrado por los artículos 439 ter, 439 quater y 439 quinquies, con la siguiente redacción:

«CAPÍTULO IV

De las Oficinas de Justicia en los municipios

Artículo 439 ter.

1. Las Oficinas de Justicia en los municipios son aquellas unidades que, sin estar integradas en la estructura de la Oficina judicial, se constituyen en el ámbito de la organización de la Administración de Justicia para la prestación de servicios a la ciudadanía de los respectivos municipios.

2. En cada municipio donde no tenga su sede un Tribunal de Instancia existirá una Oficina de Justicia, que prestará servicios en la localidad donde se encuentre ubicada. En ella el juez o jueza de paz dispondrá de recursos y espacios suficientes y adecuadamente señalizados.

3. Las instalaciones y medios instrumentales de estas Oficinas estarán a cargo del Ayuntamiento respectivo, salvo cuando fuere conveniente su gestión total o parcial por el Ministerio de Justicia o la comunidad autónoma con competencias asumidas en materia de Justicia. Los sistemas y equipos informáticos de las Oficinas serán facilitados por el Ministerio de Justicia o la comunidad autónoma respectiva en los casos que tengan asumidas las competencias en materia de Justicia.

4. Los Presupuestos Generales del Estado establecerán un crédito para subvencionar a los ayuntamientos por la atención de los conceptos regulados en el apartado anterior y, en su caso, del personal dependiente de este que preste servicio en estas Oficinas de Justicia. La subvención se modulará en función del número de habitantes de derecho del municipio. En las comunidades autónomas en las que se haya efectuado el traspaso de funciones de la Administración del Estado en materia de provisión de medios materiales y económicos para el funcionamiento de la Administración de Justicia, dicha subvención se dotará y librará por la correspondiente comunidad autónoma a los ayuntamientos de su respectivo territorio.

Artículo 439 quater.

1. En las Oficinas de Justicia en los municipios se prestarán los siguientes servicios:

a) La asistencia al juez o la jueza de paz del municipio en el ejercicio de las funciones que tenga atribuidas legalmente.

b) La práctica de los actos de comunicación procesal con quienes residan en el municipio o municipios para los que presten sus servicios, siempre que los mismos no se hayan podido practicar por medios electrónicos.

c) Los que, en su calidad de oficinas colaboradoras del Registro Civil, se establezcan en la ley o por vía reglamentaria.

2. Cuando el desarrollo de las herramientas informáticas y los medios materiales e instrumentales lo permitan, se prestarán también los siguientes:

a) La práctica de actuaciones procesales con residentes o personas que desarrollen su profesión o trabajo en el municipio, que deban llevarse a cabo mediante videoconferencia u otros sistemas de telepresencia incluida la intervención en actos de conciliación y derivados de expedientes de jurisdicción voluntaria.

b) La recepción de las solicitudes de reconocimiento del derecho a la asistencia jurídica gratuita y su remisión a los Colegios de la Abogacía encargados de su tramitación, así como las restantes actuaciones que puedan servir de apoyo a la gestión de estas solicitudes y su comunicación a los interesados.

c) Las solicitudes o gestión de peticiones de la ciudadanía, dirigidas a las Gerencias Territoriales del Ministerio de Justicia u órganos equivalentes en aquellas comunidades que tienen asumidas competencias en materia de Justicia.

d) La colaboración con las unidades de medios adecuados de solución de controversias existentes en su ámbito territorial, en coordinación con la Administración prestacional competente.

e) La colaboración con las Administraciones públicas competentes para que, en cuanto el desarrollo de las herramientas informáticas lo permita, se facilite a jueces, juezas, magistrados y magistradas, fiscales, letrados y letradas de la Administración de Justicia y al personal al servicio de la Administración de Justicia que no esté integrado en las relaciones de puestos de trabajo de dichas Oficinas, el desempeño ocasional de su actividad laboral en estas instalaciones, comunicando telemáticamente con sus respectivos puestos.

f) Aquellos otros servicios que figuren en convenios de colaboración entre diferentes Administraciones Públicas.

Artículo 439 quinquies.

1. Las Oficinas de Justicia de municipios de más de 7.000 habitantes y aquellas otras en las que la carga de trabajo lo justifique estarán servidas por funcionarios de los Cuerpos al servicio de la Administración de Justicia, y su determinación corresponderá al Ministerio de Justicia y a las comunidades autónomas con competencias asumidas, en sus respectivos ámbitos. En las respectivas relaciones de puestos de trabajo se podrán incluir determinados puestos a cubrir con personal de otras Administraciones Públicas, siempre que reúnan los requisitos y condiciones establecidas en aquéllas.

En todo caso, la Secretaría de estas Oficinas de Justicia será desempeñada por personal del Cuerpo de Gestión Procesal y Administrativa, conforme se determine en la correspondiente relación de puestos de trabajo.

2. El personal funcionario al servicio de la Administración de Justicia destinado en puestos de trabajo cuya actividad sea declarada compatible de conformidad con el artículo 521.3 E) realizará las tareas propias de la Oficina de Justicia en el municipio así como las de la Oficina judicial correspondiente. En el caso de estas últimas lo hará bajo la dependencia funcional del director o directora del servicio para el que desarrolle actividad compatible.

3. El Ministerio de Justicia o las comunidades autónomas con competencias en materia de Justicia, en sus respectivos ámbitos, podrán establecer agrupaciones de Oficinas de Justicia de municipios limítrofes de un mismo partido judicial para la prestación a la ciudadanía de los servicios a que se refiere el artículo anterior. En tales casos se determinará el municipio cabecera de la agrupación.

La Oficina de Justicia del municipio cabecera de agrupación deberá estar dotada con personal de la Administración de Justicia, quien prestará sus servicios en todas las Oficinas de Justicia de municipios integrados en la referida agrupación, conforme al régimen de atención que determinarán, en cada caso, el Ministerio de Justicia o las comunidades autónomas con competencias en materia de Justicia.

Para la atención en las Oficinas de Justicia de los municipios integradas en las referidas agrupaciones que no estén dotadas con personal de la Administración de Justicia, los ayuntamientos nombrarán personal funcionario, laboral o, en defecto de ambos, persona idónea para auxiliar al personal de los Cuerpos al servicio de la Administración de Justicia en la prestación de los servicios en ese municipio. Los requisitos de idoneidad que deberá reunir la persona que no tenga la condición de funcionario público vendrán establecidos en la propia norma en que se constituyan las referidas agrupaciones. En todo caso, la designación deberá recaer en personas mayores de edad que no estén incursas en causas que impidan el ejercicio de un cargo público. El auxilio que preste este personal no comprenderá aquellas actuaciones cuya ejecución esté reservada al personal de la Administración de Justicia.»

Ochenta y nueve

Se introduce el capítulo V en el título I del libro V con la rúbrica «De la oficina fiscal», que incluye el artículo 439 sexies con la siguiente redacción:

«Artículo 439 sexies.

1. La Oficina fiscal es la organización de carácter instrumental que sirve de soporte y apoyo a la actividad del Ministerio Fiscal.

2. La estructura básica de la Oficina fiscal, que podrá dividirse en áreas y equipos, será homogénea en todo el territorio del Estado y estará basada en los principios de jerarquía, división de funciones y coordinación.

3. La Oficina fiscal funcionará con criterios de agilidad, eficacia, eficiencia, racionalización del trabajo, responsabilidad por la gestión, coordinación y cooperación entre Administraciones, de manera que los ciudadanos obtengan un servicio próximo y de calidad, con respeto a los principios recogidos en la Carta de Derechos de los ciudadanos ante la Justicia.

4. Los puestos de trabajo de la Oficina fiscal solo podrán ser cubiertos por personal de los cuerpos de funcionarios al servicio de la Administración de Justicia, y se ordenarán de acuerdo con lo establecido en las relaciones de puestos de trabajo.

El personal que presta sus servicios en las oficinas fiscales, sin perjuicio de su dependencia funcional, depende orgánicamente del Ministerio de Justicia o de las Comunidades Autónomas con competencias asumidas en sus respectivos ámbitos.»

Noventa

Se modifica el apartado 2 del artículo 442, que queda redactado como sigue:

«2. Se convocará un número de plazas equivalente al cincuenta por ciento de las que se ofrezcan al turno libre para su provisión, previa autorización por parte del Ministerio para la Transformación Digital y de la Función Pública, por promoción interna mediante el sistema de concurso-oposición por los funcionarios de carrera del Cuerpo de Gestión Procesal y Administrativa que hayan prestado, al menos, dos años de servicios efectivos en el mismo. A estos efectos se computarán los servicios prestados en el Cuerpo de Oficiales de la Administración de Justicia del que, en su caso, procedan.

Las restantes vacantes, acrecentadas por las que no se cubran por promoción interna, si las hubiere, se cubrirán en turno libre mediante oposición o, en su caso, concurso-oposición, siempre con sujeción a las previsiones presupuestarias vigentes en materia de oferta de empleo público.

De no existir oferta de empleo público, el Ministerio de la Presidencia, Justicia y Relaciones con las Cortes, con carácter extraordinario y previa autorización del Ministerio para la Transformación Digital y de la Función Pública, podrá convocar un proceso de promoción interna específico cuando las circunstancias en la Administración de Justicia lo aconsejen. El número de plazas convocadas por este sistema no podrá ser superior al quince por ciento de las plazas vacantes. En este caso, las plazas que no se cubran no podrán ofertarse para que lo sean por turno libre».

Noventa y uno

Se modifican los apartados 3, 4, 5 y 6 del artículo 464, quedando redactado como sigue:

«3. Será nombrado y removido libremente por el Ministerio de Justicia, previo informe del Consejo del Secretariado sobre la idoneidad de los candidatos o candidatas solicitantes.

Dicho nombramiento se realizará a propuesta del órgano competente de las comunidades autónomas cuando éstas tuvieren competencias asumidas en materia de Administración de Justicia y con informe de la Sala de Gobierno del Tribunal respectivo. Para el de las Ciudades de Ceuta y Melilla el informe será emitido por la Sala de Gobierno del Tribunal Superior de Justicia de Andalucía.

No se podrá ocupar más de diez años el mismo puesto de Secretario o Secretaria de Gobierno.

Las comunidades autónomas con competencias para proponer el nombramiento de un Secretario o una Secretaria de Gobierno también podrán proponer su cese.

4. En caso de ausencia, enfermedad, suspensión o vacante del Secretario o Secretaria de Gobierno del Tribunal Supremo o de la Audiencia Nacional, así como de las Ciudades de Ceuta y Melilla, asumirá sus funciones el letrado o la letrada de la Administración de Justicia que designe el titular de la Secretaría General de la Administración de Justicia. En estos mismos supuestos y respecto al Secretario o Secretaria de Gobierno de los Tribunales Superiores de Justicia, asumirá sus funciones el Secretario Coordinador de la provincia en

donde tenga su sede el respectivo tribunal o, en su defecto, el letrado o la letrada de la Administración de Justicia que designe el titular de la Secretaría General de la Administración de Justicia.

5. A los letrados o letradas de la Administración de Justicia que sean nombrados Secretarios o Secretarias de Gobierno se les reservará, durante el tiempo que ocuparen dicho cargo, la plaza que vinieren ocupando con anterioridad a dicho nombramiento. Durante su mandato, dicha plaza podrá ser cubierta en régimen de comisión de servicios.

6. Las Administraciones públicas competentes, en sus respectivos territorios, dotarán a los Secretarios o Secretarias de Gobierno de los medios materiales y recursos humanos necesarios para el ejercicio de las funciones que tienen atribuidas.»

Noventa y dos

Se modifica el artículo 466, que queda redactado como sigue:

«1. En cada provincia existirá un Secretario Coordinador o una Secretaria Coordinadora, nombrado o nombrada por el Ministerio de Justicia por el procedimiento de libre designación, a propuesta del Secretario o Secretaria de Gobierno, de acuerdo con las comunidades autónomas con competencias asumidas, elegido o elegida entre miembros integrantes del Cuerpo de Letrados de la Administración de Justicia que lleven al menos diez años en el Cuerpo, y como mínimo hayan estado cinco años en puestos de segunda categoría.

Antes del nombramiento se oirá al Consejo del Secretariado sobre la idoneidad de los candidatos solicitantes.

Además, en la Comunidad Autónoma de las Illes Balears habrá un Secretario Coordinador o una Secretaria Coordinadora en las islas de Menorca e Ibiza, y en la Comunidad Autónoma de Canarias, otro u otra en las islas de Lanzarote y de La Palma.

En las comunidades autónomas uniprovinciales, las funciones del Secretario Coordinador o la Secretaria Coordinadora serán asumidas por el Secretario o Secretaria de Gobierno, salvo en aquellas que, por razón del servicio, sea aconsejable su existencia.

No se podrá ocupar más de diez años el mismo puesto de Secretario Coordinador o Secretaria Coordinadora.

2. Los requisitos y procedimiento para su nombramiento se determinarán en el Reglamento Orgánico del Cuerpo de Letrados de la Administración de Justicia, si bien en todo caso deberá contar con al menos cinco años de antigüedad en la segunda categoría.

3. En casos de ausencia, enfermedad, suspensión o vacante, será sustituido por el letrado de la Administración de Justicia que designe el Secretario de Gobierno que reúna los requisitos exigidos para su nombramiento.

4. A los letrados o letradas de la Administración de Justicia que sean nombrados Secretarios o Secretarias Coordinadores se les reservará, durante el tiempo que ocuparen dicho cargo, la plaza que vinieren ocupando con anterioridad a dicho nombramiento. Durante su mandato, dicha plaza podrá ser cubierta en régimen de comisión de servicios».

Noventa y tres

Se modifican las letras g), h) e i) del apartado 1 del artículo 476, quedando redactadas como sigue:

«g) Ocupar, de acuerdo con lo establecido en las relaciones de puestos de trabajo, las jefaturas en que se estructuran los servicios comunes procesales, en las que, sin perjuicio de realizar las funciones asignadas al puesto concreto, gestionarán la distribución de las tareas del personal, respondiendo del desarrollo de las mismas.

h) Colaborar con los órganos competentes en materia de gestión administrativa, y desempeñar funciones relativas a la gestión del personal y medios materiales, de la unidad de la Oficina judicial u Oficina de Justicia en el municipio en que se presten los servicios, siempre que dichas funciones estén contempladas expresamente en la descripción que la relación de puestos de trabajo efectúe del puesto de trabajo.

i) Desempeñar la Secretaría de las Oficinas de Justicia en los municipios, así como los restantes puestos de trabajo adscritos al Cuerpo de Gestión Procesal y Administrativa, todo ello de conformidad con lo que se determine en las correspondientes relaciones de puestos de trabajo, así como desempeñar puestos de las unidades administrativas, cuando las relaciones de puestos de trabajo de las citadas unidades así lo establezcan, siempre que se reúnan los requisitos de conocimiento y preparación exigidos para su desempeño.»

Noventa y cuatro

Se modifica la letra h) del artículo 477, que queda redactada como sigue:

«h) La realización de todas aquellas funciones que legal o reglamentariamente se establezcan y de cualesquiera otras funciones de naturaleza análoga a las anteriores que, inherentes al puesto de trabajo que se desempeñe, sean encomendadas por los superiores jerárquicos, orgánicos o funcionales, en el ejercicio de sus competencias. Entre estas funciones se encuentra el apoyo a la gestión administrativa, y de gestión del personal y medios materiales, de la unidad de la Oficina judicial u Oficina de Justicia en el municipio en que se presten los servicios, siempre que dichas funciones estén contempladas expresamente en la descripción que la relación de puestos de trabajo efectúe del puesto de trabajo.»

Noventa y cinco

Se modifica la letra i) del artículo 478, que queda redactada como sigue:

«i) La realización de todas aquellas funciones que legal o reglamentariamente se establezcan y de cualesquiera otras funciones de naturaleza análoga a todas las anteriores que, inherentes al puesto de trabajo que se desempeñe, sean encomendadas por los superiores jerárquicos, orgánicos o funcionales, en el ejercicio de sus competencias. Entre estas funciones se encuentra el auxilio a la gestión administrativa, y de gestión del personal y medios materiales, de la unidad de la Oficina judicial u Oficina de Justicia en el municipio en que se presten los servicios, siempre que dichas funciones estén contempladas expresamente en la descripción que la relación de puestos de trabajo efectúe del puesto de trabajo.»

Noventa y seis

Se modifica el apartado 2 del artículo 490, que queda redactado como sigue:

«2. Además de las plazas que se incluyan para la incorporación de nuevo personal de conformidad con lo previsto en el artículo 482, el Ministerio de Presidencia, Justicia y Relaciones con las Cortes, previa autorización por parte del Ministerio para la Transformación Digital y de la Función Pública, convocará anualmente procesos de promoción interna para la cobertura de un número de plazas equivalente al cincuenta por ciento de las que, para cada cuerpo, sean objeto de la Oferta de Empleo Público.

Con independencia de lo señalado en el párrafo anterior, el Ministerio de Presidencia, Justicia y Relaciones con las Cortes, con carácter extraordinario y previa autorización del Ministerio para la Transformación Digital y de la Función Pública, podrá convocar procesos de promoción interna específicos cuando las circunstancias en la Administración de Justicia lo aconsejen.

En ambos casos, las plazas convocadas por el turno de promoción interna que no resulten cubiertas no podrán, en ningún caso, acrecer a las convocadas por turno libre ni incorporarse a la Oferta de Empleo Público».

Noventa y siete

Se modifica el artículo 492, que queda redactado como sigue:

«1. La jubilación de los funcionarios podrá ser:

a) Voluntaria, a solicitud del funcionario.

b) Forzosa, al cumplir la edad legalmente establecida.

c) Por incapacidad permanente para el servicio.

2. Procederá la jubilación voluntaria, a solicitud del interesado, siempre que el funcionario reúna los requisitos y condiciones establecidos en el régimen de seguridad social que le sea de aplicación.

3. La jubilación forzosa se declarará de oficio al cumplir el funcionario los 65 años de edad. No obstante, los funcionarios podrán prolongar voluntariamente su permanencia en el servicio activo, como máximo hasta que cumplan 70 años de edad. La Administración Pública competente deberá de resolver de forma motivada la aceptación o denegación de la prolongación.

4. Con independencia de la edad legal de jubilación forzosa establecida en el apartado 3, la edad de la jubilación forzosa del personal funcionario incluido en el Régimen General o Especial de la Seguridad Social será, en todo caso, la que prevean las normas reguladoras de dicho régimen para el acceso a la pensión de jubilación en su modalidad contributiva sin coeficiente reductor por razón de la edad, hasta alcanzar la edad máxima de 70 años.

5. Procederá asimismo la jubilación del funcionario cuando éste padezca incapacidad permanente para el ejercicio de las funciones propias de su cuerpo. Será preceptiva la instrucción del oportuno expediente de incapacidad».

Noventa y ocho

Se modifica la letra a) del apartado 2 del artículo 499, que queda redactado como sigue:

«a) El incidente gubernativo se instruirá por el letrado o letrada de la Administración de Justicia del que funcionalmente dependa, y lo decidirá quién sea competente para dictar la resolución que ponga término al pleito o causa en la respectiva instancia».

Noventa y nueve

Se modifica el apartado 1 del artículo 503, que queda redactado como sigue:

«1. Por causas justificadas, las personas funcionarias tendrán derecho a iguales permisos y con la misma extensión que los establecidos en la normativa vigente aplicable a los funcionarios de la Administración del Estado, con excepción del permiso por asuntos particulares que tendrá una duración de nueve días».

Cien

Se modifica el apartado 1 del artículo 520, que queda redactado como sigue:

«1. Los funcionarios o funcionarias de los Cuerpos a que se refiere este libro desempeñarán los puestos de trabajo de las unidades en que se estructuren las Oficinas judiciales, las Oficinas de Justicia en los municipios, las Secretarías de Gobierno, las Oficinas de Registro Civil, las Oficinas fiscales y, en su caso, los correspondientes a las unidades administrativas a que se refiere el artículo 439; los del Gabinete Técnico del Tribunal Supremo, los de los Institutos de Medicina Legal y Ciencias Forenses, y los del Instituto de Toxicología y sus departamentos.»

Ciento uno

Se modifica el artículo 521, que queda redactado como sigue:

«Artículo 521.

1. La ordenación del personal funcionario de los Cuerpos a que se refieren los libros V y VI y su integración en las distintas unidades u oficinas se realizará a través de las relaciones de puestos de trabajo que se aprueben y que, en todo caso, serán públicas.

2. Las relaciones de puestos de trabajo contendrán la dotación de todos los puestos de trabajo de las distintas unidades u oficinas, incluidos aquellos que hayan de ser desempeñados por letrados y letradas de la Administración de Justicia, e indicarán su denominación, ubicación, los requisitos exigidos para su desempeño, el complemento general de puesto y el complemento específico.

3. Las relaciones de puestos de trabajo deberán contener necesariamente las siguientes especificaciones:

A) Centro Gestor. Centro de destino.

A efectos de la ordenación de los puestos de trabajo y de su ocupación por el personal funcionario, tendrán la consideración de centros gestores los órganos competentes del Ministerio de Justicia o el órgano competente de las comunidades autónomas para la gestión del personal, a quienes corresponderá la formulación de la relación de puestos de trabajo en sus respectivos ámbitos territoriales.

Se entenderá por centro de destino:

a) En el ámbito de la Oficina judicial:

– El servicio común de tramitación del Tribunal Supremo.

– Los servicios comunes de tramitación de la Audiencia Nacional y del Tribunal Central de Instancia.

– El servicio común de tramitación de cada Tribunal Superior de Justicia.

– El conjunto de los servicios comunes de tramitación que, sin estar comprendidos entre los anteriores, radiquen en un mismo municipio.

– Cada uno de los servicios comunes procesales que se constituyan.

b) La Oficina Central del Registro Civil.

c) Cada una de las Oficinas Generales de Registro Civil, sin perjuicio del régimen de compatibilidad de determinados puestos con la actividad de la Oficina judicial del mismo partido judicial cuando así se determine.

d) Cada una de las Oficinas de Justicia en los municipios, sin perjuicio del régimen de compatibilidad de sus puestos con la actividad de la Oficina judicial del mismo partido judicial que se determinen en las relaciones de puestos de trabajo de las Oficinas de Justicia en los municipios. En el caso de las agrupaciones de Oficinas de Justicia en los municipios el centro de destino será la agrupación.

e) En el ámbito de la Oficina fiscal, cada una de las Fiscalías o secciones territoriales.

f) En las unidades administrativas, aquellos centros que su norma de creación establezca como tales.

g) En los Institutos de Medicina Legal y Ciencias Forenses, aquellos que su norma de creación establezca como tales.

h) En el Instituto Nacional de Toxicología y Ciencias Forenses, aquellos que su norma de creación establezca como tales.

i) La Mutualidad General Judicial.

j) El Gabinete Técnico del Tribunal Supremo.

k) Cada una de las Secretarías de Gobierno.

B) Tipo de puesto.

A estos efectos los puestos se clasifican en genéricos y singularizados.

Son puestos genéricos los que no se diferencian dentro de la estructura orgánica y que implican la ejecución de tareas o funciones propias de un cuerpo, y por tanto no tienen un contenido funcional individualizado.

Son puestos singularizados los diferenciados dentro de la estructura orgánica y que implican la ejecución de tareas o funciones asignadas de forma individualizada. A estos efectos, en aquellas comunidades autónomas que posean lengua propia, el conocimiento de la misma sólo constituirá elemento determinante de la naturaleza singularizada del puesto, cuando su exigencia se derive de las funciones concretas asignadas al mismo en las relaciones de puestos de trabajo.

C) Sistema de provisión.

A efectos de las relaciones de puestos de trabajo, se concretará su forma de provisión definitiva por el procedimiento de concurso o de libre designación.

D) Cuerpo o cuerpos a los que se adscriben los puestos.

Los puestos de trabajo se adscribirán como norma general a un solo cuerpo. No obstante, pudiendo existir puestos de trabajo en los que la titulación no se considere requisito esencial y la cualificación requerida se pueda determinar por factores ajenos a la pertenencia a un cuerpo determinado, es posible la adscripción de un puesto de trabajo a dos cuerpos.

Los puestos de trabajo de las relaciones de puestos de trabajo de las Oficinas judiciales se adscribirán con carácter exclusivo a los cuerpos al servicio de la Administración de Justicia en razón de sus conocimientos especializados.

E) Actividades compatibles.

En las relaciones de puestos de trabajo de la Oficina judicial se identificarán aquellos cuya actividad sea compatible en distintas unidades de la misma. En las relaciones de puestos de trabajo de las Oficinas de Justicia en los municipios se identificarán aquellos puestos cuya actividad sea compatible con la de la Oficina judicial.

En las relaciones de puestos de trabajo de las Oficinas de Registro Civil se identificarán aquellos puestos cuya actividad sea compatible con la de la Oficina judicial.

4. Además de los requisitos anteriormente señalados, las relaciones de puestos de trabajo podrán contener:

1.º Titulación académica específica, además de la genérica correspondiente al Grupo al que se haya adscrito el puesto, cuando su necesidad se deduzca objetivamente de la índole de las funciones a desempeñar.

2.º Formación específica, cuando de la naturaleza de las funciones del puesto se deduzca su exigencia y pueda ser acreditada documentalmente.

3.º Conocimiento oral y escrito de la lengua oficial propia en aquellas comunidades autónomas que la tengan reconocida como tal.

4.º Conocimientos informáticos cuando sean necesarios para el desempeño del puesto.

5.º Aquellas otras condiciones que se consideren relevantes en el contenido del puesto o su desempeño.»

Ciento dos

Se modifica el artículo 522, que queda redactado como sigue:

«Artículo 522.

1. El Ministerio de Justicia elaborará y aprobará, previa negociación con las organizaciones sindicales más representativas, las relaciones de puestos de trabajo en que se ordenen los puestos de trabajo de las oficinas y unidades previstas en el artículo 520.1, correspondientes a su respectivo ámbito de actuación. La aprobación de las relaciones de puestos de trabajo se realizará mediante resolución de la persona titular del centro directivo que tenga atribuida esta competencia.

Asimismo, el Ministerio de Justicia, previa negociación con las organizaciones sindicales más representativas, será competente para la ordenación de los puestos de trabajo asignados al Cuerpo de Letrados de la Administración de Justicia en todo el territorio del Estado, que se determinarán con anterioridad a la aprobación definitiva de cada relación de puestos de trabajo.

2. Las comunidades autónomas con competencias asumidas, previa negociación con las organizaciones sindicales, elaborarán y aprobarán, mediante resolución de la persona titular del centro directivo que tenga atribuida esta competencia, las relaciones de puestos de trabajo en que se ordenen los puestos de trabajo de las oficinas y unidades previstas en el artículo 520.1, correspondientes a su respectivo ámbito de actuación. Antes de su aprobación, deberán comunicarlas al Ministerio de Justicia».

Ciento tres

Se modifica el artículo 523, que queda redactado como sigue:

«Artículo 523.

1. Las comunidades autónomas y el Ministerio de Justicia podrán, en sus respectivos ámbitos, modificar las relaciones de puestos de trabajo, previa negociación con las organizaciones sindicales más representativas. Aprobada dicha modificación se podrá:

1.º Redistribuir los puestos de trabajo no singularizados dentro de cada unidad u oficina.

2.º Redistribuir los puestos de trabajo de unidades o servicios suprimidos, como consecuencia de la modificación de las estructuras orgánicas.

3.º Reordenar los puestos de trabajo entre diferentes unidades u oficinas.

4.º Amortizar puestos de trabajo.

2. En todo caso, las modificaciones de las relaciones de puestos de trabajo que se produzcan deberán tener en cuenta los principios contenidos en esta Ley para la redistribución y reordenación de efectivos y, en concreto las siguientes reglas:

1.º Por las Administraciones competentes se elaborará un proyecto motivado, que será negociado con las organizaciones sindicales más representativas.

2.º Se deberá respetar la denominación, retribuciones y demás características de los puestos afectados y en ningún caso supondrán cambio de municipio para el personal.

3.º Para su efectividad, si la modificación de la relación de puestos de trabajo corresponde a una comunidad autónoma con competencias asumidas en materia de Justicia, será preceptiva la comunicación previa al Ministerio de Justicia.»

Ciento cuatro

Se modifica el apartado 2 del artículo 543, que queda redactado como sigue:

«2. Dentro de las limitaciones que las leyes dispongan, los procuradores podrán realizar los actos de comunicación a las partes del proceso, así como los actos de cooperación, auxilio y colaboración con la Administración de Justicia. Por delegación del juez, jueza o tribunal, podrán también realizar las actuaciones materiales propias del proceso de ejecución en los términos establecidos legalmente que, en todo caso, excluirán las ejecuciones hipotecarias de vivienda habitual, así como las derivadas de procesos en materia de familia, las de desahucio por impago de rentas o cantidades debidas en viviendas habituales y los lanzamientos de ocupantes de finca con posterioridad a la subasta de la misma si esta es vivienda habitual».

Ciento cinco

Se modifica el apartado 2 del artículo 595, que queda redactado como sigue:

«2. En el Consejo General del Poder Judicial existirán las siguientes Comisiones: Permanente, de Calificación, Disciplinaria, de Asuntos Económicos, de Igualdad y de Supervisión y Control de Protección de Datos».

Ciento seis

Se introduce un nuevo capítulo VIII en el título IV del libro VIII que incluye un nuevo artículo 610 ter, con la siguiente redacción:

«CAPÍTULO VIII

La Comisión de Supervisión y Control de Protección de Datos

Artículo 610 ter.

1. El Pleno del Consejo General del Poder Judicial elegirá de entre sus Vocales a los integrantes de la Comisión de Supervisión y Control de Protección de Datos por un mandato de cinco años y designará, entre ellos, a su Presidente o Presidenta.

2. La Comisión de Supervisión y Control de Protección de Datos estará integrada por tres Vocales, dos de ellos del turno judicial y uno de ellos del turno de juristas de reconocida competencia.

3. La Comisión de Supervisión y Control de Protección de Datos deberá actuar con la asistencia de todos sus componentes.

4. Corresponderá a la Comisión de Supervisión y Control de Protección de Datos el ejercicio de las funciones previstas en el artículo 236 octies en relación con los tratamientos de datos personales con fines jurisdiccionales realizados por tribunales. Sus acuerdos agotarán la vía administrativa y contra ellos cabrá interponer recurso contencioso-administrativo ante la Sala de lo Contencioso-Administrativo del Tribunal Supremo. El conocimiento de estos recursos corresponderá a la sección prevista en el artículo 638.2.

5. Los Vocales integrantes de la Comisión estarán sujetos al deber de secreto profesional, tanto durante su mandato como después del mismo, con relación a las informaciones confidenciales de las que hayan tenido conocimiento en el cumplimiento de sus funciones.»

Ciento siete

Se incluye una nueva sección 7.ª en el capítulo II del título V del libro VIII que incluye un nuevo artículo 620 bis, con la siguiente redacción:

«Sección 7.ª La Dirección de Supervisión y Control de Protección de Datos

Artículo 620 bis.

1. La Dirección de Supervisión y Control de Protección de Datos es el órgano técnico del Consejo General del Poder Judicial encargado del apoyo y la asistencia a la Comisión de Supervisión y Control de Protección de Datos en el ejercicio de sus funciones.

2. La persona titular de la Dirección de Supervisión y Control de Protección de Datos será nombrada por el Pleno del Consejo General del Poder Judicial entre juristas de reconocida competencia con al menos quince años de ejercicio profesional y con conocimientos y experiencia acreditados en materia de protección de datos.

3. La persona titular de la Dirección de Supervisión y Control de Protección de Datos, que ejercerá sus funciones únicamente sujeta a las orientaciones, indicaciones e instrucciones de la Comisión de Supervisión y Control de Protección de Datos, estará sometida al mismo régimen jurídico en materia de situaciones administrativas, incompatibilidades, duración del mandato y retribuciones que el aplicable a los letrados del Consejo General del Poder Judicial. La persona titular de esta Dirección y el resto del personal adscrito a la misma estarán sujetos al deber de secreto profesional, tanto durante su mandato como después del mismo, con relación a las informaciones confidenciales de las que hayan tenido conocimiento en el cumplimiento de sus funciones o en el ejercicio de sus atribuciones. Este deber de secreto profesional se aplicará en particular a la información que faciliten las personas físicas a la Dirección de Supervisión y Control de Protección de Datos en materia de infracciones de la normativa de protección de datos.

4. El Consejo General del Poder Judicial velará porque la Dirección de Supervisión y Control de Protección de Datos cuente, en todo caso, con todos los medios personales y materiales necesarios para el adecuado ejercicio de sus funciones.

5. Reglamentariamente se desarrollará la composición, organización y funcionamiento de la Dirección de Supervisión y Control de Protección de Datos».

Ciento ocho

Se modifica el apartado 6 de la disposición adicional quinta, que queda redactado como sigue:

«6. Cuando quien haya dictado la resolución recurrida sea la Sección de Vigilancia Penitenciaria del Tribunal Central de Instancia, tanto en materia de ejecución de penas como de régimen penitenciario y demás materias, la competencia para conocer del recurso de apelación y queja, siempre que no se haya dictado resolviendo un recurso de apelación contra resolución administrativa, corresponderá a la Sala de lo Penal de la Audiencia Nacional.»

Ciento nueve

Se modifican los apartados 4, 7 y 9 de la disposición adicional decimoquinta, que quedan redactados como sigue:

«4. Asimismo, para la interposición de recursos contra resoluciones dictadas por el juez o tribunal que no pongan fin al proceso ni impidan su continuación en cualquier instancia será precisa la consignación como depósito de 25 euros. El mismo importe deberá consignar quien interponga recurso de reposición o revisión contra las resoluciones dictadas por el letrado o letrada de la Administración de Justicia. No obstante, no será precisa la constitución de depósito para la interposición de recurso de revisión contra un decreto que resuelva un recurso de reposición. Se excluye de la consignación de depósito la formulación del recurso de reposición que la ley exija con carácter previo al recurso de queja.»

«7. No se admitirá a trámite ningún recurso cuyo depósito no esté constituido. Si el recurrente hubiera incurrido en defecto, omisión o error en la constitución del depósito, se concederá a la parte el plazo de dos días para la subsanación del defecto, con aportación en su caso de documentación acreditativa. De no efectuarlo, se dictará auto que ponga fin al trámite del recurso o que inadmita la demanda, quedando firme la resolución impugnada. En el caso de tratarse de un recurso de reposición contra una resolución del letrado o letrada de la Administración de Justicia, se dictará decreto poniendo fin al trámite del recurso contra el que cabrá interponer recurso de revisión.»

«9. Cuando el órgano jurisdiccional inadmita el recurso o la demanda, o confirme la resolución recurrida, el recurrente o demandante perderá el depósito, al que se dará el destino previsto en esta disposición. En caso de ser desestimado el recurso de reposición contra una resolución del letrado o letrada de la Administración de Justicia, el recurrente perderá el depósito cuando la resolución objeto de recurso sea firme.»

Ciento diez

Se modifica la disposición adicional decimoséptima, que queda redactada como sigue:

«Decimoséptima. Presentación de los planes anuales de sustitución y de las listas del artículo 200.

Los Presidentes y Presidentas de los órganos colegiados correspondientes, en el marco de sus respectivas competencias y, en su caso, a través de las Presidencias de los Tribunales de Instancia, velarán porque los planes anuales de sustitución y las listas a las que se refiere el artículo 200 de esta ley obren en el Consejo General del Poder Judicial al menos dos meses antes del uno de enero de cada año.

En todo caso, el Consejo General del Poder Judicial podrá adecuar los planes anuales aprobados, cuando como consecuencia de un concurso de traslado o cualquier otra circunstancia fuese necesario.»

Ciento once

Se modifica la disposición adicional decimonovena, que queda redactada como sigue:

«Decimonovena. Planes de sustitución correspondientes de partidos judiciales.

De considerarse oportuno, a iniciativa de las Presidencias de los Tribunales de Instancia, Juntas de Jueces y Juezas de los partidos afectados, Presidente o Presidenta de la Audiencia Provincial, Presidente o Presidenta del Tribunal Superior de Justicia o del propio Consejo General del Poder Judicial, se podrán aprobar planes de sustitución que incluyan varios partidos judiciales, asumiendo la Presidencia del Tribunal de Instancia del partido judicial con más habitantes las labores propias que le encomienda la presente ley».

Ciento doce

Se introduce una nueva disposición adicional vigésima tercera, con la siguiente redacción:

«Disposición vigésima tercera. Medio de transporte para traslado entre partidos judiciales.

En el caso previsto en los artículos 86.2, 89.3 y 89 bis.3 la Administración competente en materia de Justicia en función del partido judicial desde el que se haga la citación pondrá a disposición de las personas que sean citadas ante la Sección competente un medio de transporte adecuado para el traslado desde otro partido judicial distinto al de la sede de dicha Sección. En los casos previstos en los artículos 87.2, 91.1, 93.2 y 94.2, la Administración competente en materia de Justicia en función del partido judicial desde el que se haga la citación pondrá a disposición de las personas que sean citadas ante la Sección competente un medio de transporte adecuado para el traslado desde otra provincia distinta a la de la sede de dicha Sección.»

Ciento trece

Se añade una disposición adicional vigésima cuarta nueva, con la siguiente redacción:

«Disposición adicional vigésima cuarta. Menciones a los Juzgados de Paz.

Una vez constituidas las Oficinas de Justicia en los municipios, todas las referencias normativas a los Juzgados de Paz se entenderán hechas a los jueces y las juezas de paz cuando se refieran a las competencias que estos tengan en materia jurisdiccional o cualquier otra que les venga atribuida por la legislación. Las referencias hechas a los Juzgados de Paz, en todos los demás casos, se entenderán realizadas a las Oficinas de Justicia en los municipios.»

Ciento catorce

Se añade una disposición adicional vigésima quinta nueva, que tendrá la siguiente redacción:

«Disposición adicional vigésima quinta.

Sin perjuicio de lo dispuesto en el artículo 152.2.3° de esta Ley Orgánica, el nombramiento de los jueces y juezas de paz se hará conforme a lo previsto en los respectivos estatutos de autonomía en aquellas comunidades autónomas a las que se atribuya competencias en materia de justicia de paz o de proximidad.»

Ciento quince

Se modifica la disposición final primera, que queda redactada como sigue:

«Disposición final primera.

Tienen rango de ley ordinaria el capítulo IV y el capítulo V del título I del libro V y el título V del libro VIII.»

TÍTULO II-Medidas en materia de eficiencia procesal del Servicio Público de Justicia

CAPÍTULO I-Medios adecuados de solución de controversias en vía no jurisdiccional

SECCIÓN 1.ª-Disposiciones generales

Artículo 2. Concepto y caracterización de los medios adecuados de solución de controversias en vía no jurisdiccional

A los efectos de esta ley, se entiende por medio adecuado de solución de controversias cualquier tipo de actividad negociadora, reconocida en esta u otras leyes, estatales o autonómicas, a la que las partes de un conflicto acuden de buena fe con el objeto de encontrar una solución extrajudicial al mismo, ya sea por sí mismas o con la intervención de una tercera persona neutral.

Artículo 3. Ámbito de aplicación de los medios adecuados de solución de controversias

1. Las disposiciones de este título son de aplicación a los asuntos civiles y mercantiles, incluidos los conflictos transfronterizos. A estos efectos tendrán la consideración de conflictos transfronterizos los definidos en el artículo 3 de la Ley 5/2012, de 6 de julio, de mediación en asuntos civiles y mercantiles.

En defecto de sometimiento expreso o tácito a lo dispuesto en este título, su regulación será aplicable cuando, al menos, una de las partes tenga su domicilio en España y la actividad negociadora se realice en territorio español.

2. Quedan excluidos, en todo caso, de lo dispuesto en este título las materias laboral, penal y concursal, así como los asuntos de cualquier naturaleza, con independencia del orden jurisdiccional ante el que deban ventilarse, en los que una de las partes sea una entidad perteneciente al sector público.

Artículo 4. Principio de autonomía privada en el desarrollo de los medios adecuados de solución de controversias

1. Las partes son libres para convenir o transigir, a través de estos medios, sobre sus derechos e intereses, siempre que lo acordado no sea contrario a la ley, a la buena fe ni al orden público. Las partes pueden alcanzar acuerdos totales o parciales. En el caso de acuerdos parciales, las partes podrán presentar demanda para ejercitar sus pretensiones respecto a los extremos de la controversia en los que se mantenga la discrepancia.

No obstante, no podrán ser sometidos a medios adecuados de solución de controversias, ni aun por derivación judicial, los conflictos que versen sobre materias que no estén a disposición de las partes en virtud de la legislación aplicable, pero sí será posible su aplicación en relación con los efectos y medidas previstos en los artículos 102 y 103 del Código Civil, sin perjuicio de la homologación judicial del acuerdo alcanzado.

2. En ningún caso podrán aplicarse dichos medios de solución de controversias, a los conflictos de carácter civil que versen sobre alguna de las materias excluidas de la mediación, conforme a lo dispuesto en el apartado 9 del artículo 89 de la Ley Orgánica 6/1985, de 1 de julio, del Poder Judicial.

Artículo 5. Requisito de procedibilidad

1. En el orden jurisdiccional civil, con carácter general, para que sea admisible la demanda se considerará requisito de procedibilidad acudir previamente a algún medio adecuado de solución de controversias de los previstos en el artículo 2. Para entender cumplido este requisito habrá de existir una identidad entre el objeto de la negociación y el objeto del litigio, aun cuando las pretensiones que pudieran ejercitarse, en su caso, en vía judicial sobre dicho objeto pudieran variar.

Se considerará cumplido este requisito si se acude previamente a la mediación, a la conciliación o a la opinión neutral de una persona experta independiente, si se formula una oferta vinculante confidencial o si se emplea cualquier otro tipo de actividad negociadora, reconocida en esta u otras leyes, estatales o autonómicas, pero que cumpla lo previsto en las secciones 1.ª y 2 ª, de este capítulo o en una ley sectorial. Singularmente, se considerará cumplido el requisito cuando la actividad negociadora se desarrolle directamente por las partes, o entre sus abogados o abogadas bajo sus directrices y con su conformidad, así como en los supuestos en que las partes hayan recurrido a un proceso de Derecho colaborativo.

2. Se exigirá actividad negociadora previa a la vía jurisdiccional como requisito de procedibilidad en todos los procesos declarativos del libro II y en los procesos especiales del libro IV de la Ley 1/2000, de 7 de enero, de Enjuiciamiento Civil, con excepción de los que tengan por objeto las siguientes materias:

a) la tutela judicial civil de derechos fundamentales;

b) la adopción de las medidas previstas en el artículo 158 del Código Civil;

c) la adopción de medidas judiciales de apoyo a las personas con discapacidad;

d) la filiación, paternidad y maternidad;

e) la tutela sumaria de la tenencia o de la posesión de una cosa o derecho por quien haya sido despojado de ellas o perturbado en su disfrute;

f) la pretensión de que el tribunal resuelva, con carácter sumario, la demolición o derribo de obra, edificio, árbol, columna o cualquier otro objeto análogo en estado de ruina y que amenace causar daños a quien demande;

g) el ingreso de menores con problemas de conducta en centros de protección específicos, la entrada en domicilios y restantes lugares para la ejecución forzosa de medidas de protección de menores o la restitución o retorno de menores en los supuestos de sustracción internacional;

h) el juicio cambiario.

3. No será preciso acudir a un medio adecuado de solución de controversias para la interposición de una demanda ejecutiva, la solicitud de medidas cautelares previas a la demanda, la solicitud de diligencias preliminares ni para la iniciación de expedientes de jurisdicción voluntaria, con excepción de los expedientes de intervención judicial en los casos de desacuerdo conyugal y en la administración de bienes gananciales, así como de los de intervención judicial en caso de desacuerdo en el ejercicio de la patria potestad. Tampoco será preciso acudir a un medio adecuado de solución de controversias para presentar la petición de requerimiento europeo de pago conforme al Reglamento (CE) n.º 1896/2006 del Parlamento Europeo y del Consejo, de 12 de diciembre de 2006, por el que se establece un proceso monitorio europeo, o solicitar el inicio de un proceso europeo de escasa cuantía, conforme al Reglamento (CE) n.º 861/2007 del Parlamento Europeo y del Consejo, de 11 de julio de 2007, por el que se establece un proceso europeo de escasa cuantía.

4. La iniciativa de acudir a los medios adecuados de solución de controversias puede proceder de una de las partes, de ambas de común acuerdo o bien de una decisión judicial o del letrado o la letrada de la Administración de Justicia de derivación de las partes a este tipo de medios.

Para el caso de que todas las partes plantearan acudir a un medio adecuado de solución de controversias y no existiera acuerdo sobre cuál de ellos utilizar, se empleará aquel que se haya propuesto antes temporalmente.

Artículo 6. Asistencia letrada

1. Las partes podrán acudir a cualquiera de los medios adecuados de solución de controversias asistidas de abogado.

2. Únicamente será preceptiva la asistencia letrada a las partes cuando se utilice como medio adecuado de solución de controversias la formulación de una oferta vinculante, excepto cuando la cuantía del asunto controvertido no supere los dos mil euros o bien cuando una ley sectorial no exija la intervención de letrado o letrada para la realización o aceptación de la oferta.

3. En los casos en que no siendo preceptiva la asistencia letrada, cualquiera de las partes pretendiera servirse de ella, lo hará constar así en el requerimiento o en el plazo de tres días desde la fecha de recepción de la propuesta por la parte requerida. En ambos casos, deberá comunicarse tal circunstancia a la otra parte para que pueda decidir valerse también de asistencia letrada en el plazo de los tres días siguientes a la recepción de la notificación.

Artículo 7. Efectos de la apertura del proceso de negociación y de su terminación sin acuerdo

1. La solicitud de una de las partes dirigida a la otra para iniciar un procedimiento de negociación a través de un medio adecuado de solución de controversias, en la que se defina adecuadamente el objeto de la negociación, interrumpirá la prescripción o suspenderá la caducidad de acciones desde la fecha en la que conste el intento de comunicación de dicha solicitud a la otra parte en el domicilio personal o lugar de trabajo que le conste a la persona solicitante, o bien a través del medio de comunicación electrónico empleado por las partes en sus relaciones previas.

La interrupción o la suspensión se prolongará hasta la fecha de la firma del acuerdo o de la terminación del proceso de negociación sin acuerdo.

El cómputo de los plazos se reiniciará o reanudará respectivamente en el caso de que no se mantenga la primera reunión dirigida a alcanzar un acuerdo o no se obtenga respuesta por escrito en el plazo de treinta días naturales a contar desde la fecha de recepción de la solicitud de negociación por la parte a la que se dirige, o desde la fecha del intento de comunicación, si dicha recepción no se produce.

En el caso de que alguna propuesta concreta de acuerdo no tenga respuesta por la contraparte en el plazo de treinta días naturales desde la fecha de recepción, se reiniciará o reanudará respectivamente el cómputo de plazos.

2. Sin perjuicio de lo establecido en el apartado anterior, en el caso de que intervenga una tercera persona neutral, se seguirán las siguientes reglas:

a) en el caso de intervenir una persona mediadora, se estará a lo dispuesto por el artículo 4 de la Ley 5/2012, de 6 de julio, de mediación en asuntos civiles y mercantiles.

b) en el caso de intervenir una persona conciliadora, la solicitud de inicio de la conciliación interrumpirá la prescripción o suspenderá la caducidad de acciones desde la fecha en la que conste la recepción de dicha solicitud por la persona conciliadora, reiniciándose o reanudándose, respectivamente, el cómputo de los plazos en el caso de que en el plazo de quince días naturales desde la fecha de la recepción de la solicitud por la persona conciliadora no se hubiese intentado por esta la comunicación con la otra parte, así como en el caso de que en el plazo de quince días naturales desde la recepción de la propuesta por la parte a la que se dirige la solicitud de conciliación, o desde la fecha de intento de la comunicación si dicha recepción no se produce, no se mantenga la primera reunión dirigida a alcanzar un acuerdo o no se obtenga respuesta por escrito.

En caso de que se abra la conciliación, la interrupción o la suspensión se prolongará hasta la fecha de la firma del acuerdo o cuando se produzca la terminación de la conciliación.

c) en el caso de intervenir una persona experta independiente, se interrumpirá la prescripción o suspenderá la caducidad de acciones desde la fecha de la designación de mutuo acuerdo de la persona experta, reiniciándose o reanudándose respectivamente el cómputo de los plazos a partir de la fecha de aceptación del acuerdo final por todas las partes o de emisión de la certificación prevista en el artículo 18.5.

d) en el caso de intervenir un letrado o letrada de la Administración de Justicia, se estará a lo dispuesto por la Ley 15/2015, de 2 de julio, de la Jurisdicción Voluntaria, respecto a la suspensión de la caducidad y la interrupción de la prescripción, que se aplicará supletoriamente en los casos de intervención como conciliador de un notario o notaria, registrador o registradora.

3. En el caso de que la solicitud inicial de negociación no tenga respuesta o bien de que el proceso negociador finalice sin acuerdo, las partes deberán formular la demanda dentro del plazo de un año a contar, respectivamente, desde la fecha de recepción de la solicitud de negociación por la parte a la que se haya dirigido la misma o, en su caso, desde la fecha de terminación del proceso de negociación sin acuerdo, para que pueda entenderse cumplido el requisito de procedibilidad.

Si se hubieran acordado medidas cautelares durante la tramitación del proceso negociador, las partes deberán presentar la demanda ante el mismo tribunal que conoció de aquellas en los veinte días siguientes desde la terminación del proceso negociador sin acuerdo o desde la fecha en que deba entenderse finalizado el proceso de negociación sin acuerdo conforme a esta ley.

Si las medidas cautelares se hubieran acordado antes del inicio del proceso negociador, el plazo de veinte días para presentar la demanda se suspenderá y reanudará, respectivamente, en los términos previstos en el apartado 1.

4. Si se iniciara un proceso judicial con el mismo objeto que el de la previa actividad negociadora intentada sin acuerdo, los tribunales deberán tener en consideración la colaboración de las partes respecto a la solución consensuada y el eventual abuso del servicio público de Justicia al pronunciarse sobre las costas o en su tasación, y asimismo para la imposición de multas o sanciones previstas, todo ello en los términos establecidos en la Ley 1/2000, de 7 de enero, de Enjuiciamiento Civil.

Artículo 8. Actuaciones desarrolladas por medios telemáticos

1. Las partes podrán acordar que todas o alguna de las actuaciones de negociación en el marco de un medio adecuado de solución de controversias, se lleven a cabo por medios telemáticos, por videoconferencia u otro medio análogo de transmisión de la voz o la imagen, siempre que quede garantizada la identidad de los intervinientes y el respeto a las normas previstas en este título y, en su caso, a la normativa de desarrollo específicamente contemplada para la mediación.

2. Cuando el objeto de controversia sea una reclamación de cantidad que no exceda de seiscientos euros se desarrollará preferentemente por medios telemáticos, salvo que el empleo de éstos no sea posible para alguna de las partes.

Artículo 9. Confidencialidad y protección de datos

1. El proceso de negociación y la documentación utilizada en el mismo son confidenciales, salvo la información relativa a si las partes acudieron o no al intento de negociación previa y al objeto de la controversia.

La obligación de confidencialidad se extiende a las partes, a los abogados o abogadas intervinientes y, en su caso, a la tercera persona neutral que intervenga, que quedarán sujetos al deber y derecho de secreto profesional, de modo que ninguno de ellos podrá revelar la información que hubieran podido obtener derivada del proceso de negociación.

2. En particular, las partes, los abogados o abogadas y la tercera persona neutral no podrán declarar o aportar documentación derivada del proceso de negociación o relacionada con el mismo ni ser obligados a ello en un procedimiento judicial o en un arbitraje, excepto:

a) Cuando todas las partes de manera expresa y por escrito se hayan dispensado recíprocamente o al abogado o abogada o a la tercera persona neutral del deber de confidencialidad.

b) Cuando se esté tramitando la impugnación de la tasación de costas y solicitud de exoneración o moderación de las mismas según lo previsto en el artículo 245 de la Ley 1/2000, de 7 de enero, de Enjuiciamiento Civil y a esos únicos fines, sin que pueda utilizarse para otros diferentes ni en procesos posteriores.

c) Cuando, mediante resolución judicial motivada, sea solicitada por los jueces y juezas del orden jurisdiccional penal.

d) Cuando sea necesario por razones de orden público, en particular cuando así lo requiera la protección del interés superior del menor o la prevención de daños a la integridad física o psicológica de una persona.

En consecuencia, y salvo dichas excepciones, si se pretendiese por alguna de las partes la aportación como prueba en el proceso de la información confidencial, no será admitida por los tribunales por aplicación de lo dispuesto en el artículo 283.3 de la Ley 1/2000, de 7 de enero, de Enjuiciamiento Civil.

3. En caso de que se revele información o se aporte documentación en infracción de lo dispuesto en este artículo, la autoridad judicial la inadmitirá y dispondrá que no se incorpore al expediente, sin perjuicio, además, de la responsabilidad que dicha infracción genere en los términos previstos en el ordenamiento jurídico.

4. Los tratamientos de datos de carácter personal de las personas físicas se realizarán con estricta sujeción a lo dispuesto en el Reglamento (UE) 2016/679 del Parlamento Europeo y del Consejo, de 27 de abril de 2016, relativo a la protección de las personas físicas en lo que respecta al tratamiento de datos personales y a la

libre circulación de estos datos y por el que se deroga la Directiva 95/46/CE (Reglamento general de protección de datos), y en la Ley Orgánica 3/2018, de 5 de diciembre, de Protección de Datos Personales y garantía de los derechos digitales.

Artículo 10. Acreditación del intento de negociación y terminación del proceso sin acuerdo

1. A los efectos de acreditar que se ha intentado una actividad negociadora previa y cumplir el requisito de procedibilidad, dicha actividad negociadora o el intento de la misma deberá ser recogida documentalmente.

2. Si no hubiera intervenido una tercera persona neutral, la acreditación se cumplirá mediante cualquier documento firmado por ambas partes en el que se deje constancia de la identidad de las mismas y, en su caso, de las personas profesionales o expertas que hayan participado asesorándolas, la fecha, el objeto de la controversia, la fecha de la reunión o reuniones mantenidas, en su caso, y la declaración responsable de que las dos partes han intervenido de buena fe en el proceso. En su defecto, podrá acreditarse el intento de negociación mediante cualquier documento que pruebe que la otra parte ha recibido la solicitud o invitación para negociar o, en su caso, la propuesta, en qué fecha, y que ha podido acceder a su contenido íntegro.

3. En el caso de que haya intervenido una tercera persona neutral gestionando la actividad negociadora, esta deberá expedir, a petición de cualquiera de las partes, un documento en el que deberá hacer constar:

a) La identidad del tercero, su cualificación, colegio profesional, institución a la que pertenece o registro en el que esté inscrito.

b) La identidad de las partes.

c) El objeto de la controversia.

d) La fecha de la reunión o reuniones mantenidas.

e) La declaración solemne de que las dos partes han intervenido de buena fe en el proceso, para que surta efectos ante la autoridad judicial correspondiente.

En caso de que alguna de las partes no hubiese comparecido o hubiese rehusado la invitación a participar en la actividad negociadora, se consignará dicha circunstancia y, en su caso, la forma en la que se ha realizado la citación efectiva, la justificación de haber sido realizada, y la fecha de recepción de la misma.

4. Se entenderá que se ha producido la terminación del proceso sin acuerdo:

a) Si transcurrieran treinta días naturales a contar desde la fecha de recepción de la solicitud inicial de negociación por la otra parte y no se mantuviera la primera reunión o contacto dirigido a alcanzar un acuerdo o no se obtenga respuesta por escrito.

b) Si, una vez iniciada la actividad negociadora, transcurrieran treinta días desde que una de las partes haga una propuesta concreta de acuerdo a la otra, sin que se alcance acuerdo ni se obtenga respuesta por escrito. El plazo de treinta días comenzará a contar desde la fecha de recepción de la propuesta concreta de acuerdo.

c) Si transcurrieran tres meses desde la fecha de celebración de la primera reunión sin que se hubiera alcanzado un acuerdo. No obstante lo anterior, las partes tienen derecho a continuar de mutuo acuerdo con la actividad negociadora más allá de dicho plazo.

d) Si cualquiera de las partes se dirige por escrito a la otra dando por terminadas las negociaciones, quedando constancia del intento de comunicación de ser esa su voluntad.

Artículo 11. Honorarios de los profesionales que intervengan

1. Cuando las partes acudan al proceso negociador asistidas por sus abogados o abogadas habrán de abonar los respectivos honorarios, salvo que se tenga derecho al beneficio de justicia gratuita.

2. Se asegurará la existencia de mecanismos públicos para la solución de conflictos de acceso gratuito para las partes. Si las partes deciden optar por otros mecanismos en el caso de que intervenga una tercera persona neutral, sus honorarios profesionales serán objeto de acuerdo previo con las partes intervinientes. Si la parte invitada a participar en el proceso negociador no acepta la intervención de la tercera persona neutral propuesta unilateralmente por la otra parte, deberá esta abonar íntegramente, de haberlos, los honorarios devengados hasta ese momento por la tercera persona neutral.

SECCIÓN 2.ª-De los efectos de la actividad negociadora

Artículo 12. Formalización del acuerdo

1. En el documento que recoja el acuerdo se deberá hacer constar la identidad y el domicilio de las partes y, en su caso, la identidad de sus abogadas y abogados y de la tercera persona neutral que haya intervenido, el lugar y fecha en que se suscribe, las obligaciones que cada parte asume y que se ha seguido un procedimiento de negociación ajustado a las previsiones de esta ley.

2. El acuerdo deberá firmarse por las partes y, en su caso, por sus representantes, y cada una de ellas tendrá derecho a obtener una copia. Si interviene una tercera persona neutral esta entregará un ejemplar a cada una de las partes y deberá reservarse otro ejemplar para su conservación.

3. Las partes podrán compelerse recíprocamente a elevar el acuerdo alcanzado a escritura pública.

De no atender la parte requerida la solicitud de elevación del acuerdo alcanzado a escritura pública, podrá otorgarse unilateralmente por la parte solicitante, debiendo hacerse la solicitud por medio del notario autorizante del instrumento público y dejar constancia en él.

No será necesaria la presencia del tercero neutral en el acto de otorgamiento de la escritura.

4. Los gastos de otorgamiento de escrituras serán abonados según lo acordado por las partes. En defecto de acuerdo, serán pagados por la parte que solicite la elevación a escritura pública, sin perjuicio de la repercusión como costas que, en su caso, pudiera producirse en el proceso de ejecución de conformidad con lo establecido en la Ley 1/2000, de 7 de enero, de Enjuiciamiento Civil, teniendo la consideración de derechos arancelarios.

5. Para llevar a cabo la elevación a escritura pública del acuerdo, el notario verificará el cumplimiento de los requisitos exigidos en esta ley y que su contenido no es contrario a Derecho.

6. Cuando el acuerdo haya de ejecutarse en otro Estado, además de la elevación a escritura pública será necesario el cumplimiento de los requisitos que, en su caso, puedan exigir los convenios internacionales en que España sea parte y las normas de la Unión Europea.

7. Cuando así lo exija la ley o el acuerdo se hubiere alcanzado en un proceso de negociación al que se hubiera derivado por el tribunal en el seno del proceso judicial, las partes podrán solicitar del tribunal su homologación.

Artículo 13. Validez y eficacia del acuerdo

1. El acuerdo puede versar sobre una parte o sobre la totalidad de las materias sometidas a negociación. El acuerdo alcanzado será vinculante para las partes, que no podrán presentar demanda con igual objeto. Contra lo convenido en dicho acuerdo solo podrá ejercitarse la acción de nulidad por las causas que invalidan los contratos, sin perjuicio de la oposición que pueda plantearse, en su caso, en el proceso de ejecución.

2. Para que tenga valor de título ejecutivo el acuerdo habrá de ser elevado a escritura pública, o ser homologado judicialmente cuando proceda en los términos previstos en el artículo anterior, o bien constar en la certificación a que se refiere el artículo 103 bis de la Ley Hipotecaria si es consecuencia de una conciliación registral.

SECCIÓN 3.ª-De las diferentes modalidades de negociación previa a la vía jurisdiccional

Artículo 14. Medios adecuados de solución de controversias en vía no jurisdiccional con regulación especial

1. A los efectos de cumplir el requisito de procedibilidad para la iniciación de la vía jurisdiccional, y sin perjuicio de lo dispuesto en el artículo 5.1, las partes podrán acudir a cualquiera de las modalidades de negociación previa reguladas en este capítulo, a la mediación regulada en la Ley 5/2012, de 6 de julio, o a cualquier otro medio adecuado de solución de controversias previsto en otras normas. En particular, las partes podrán cumplir dicho requisito mediante la negociación directa o, en su caso, a través de sus abogados o abogadas, así como a través de un proceso de Derecho colaborativo.

2. La mediación se regirá por lo dispuesto en la Ley 5/2012, de 6 de julio, de mediación en asuntos civiles y mercantiles, y, en su caso, por la legislación autonómica que resulte de aplicación. No obstante, a efectos de lo dispuesto en esta ley, la mediación es uno de los medios adecuados de solución de controversias con el que se podrá cumplir el requisito de procedibilidad al que se refiere el artículo 5.1.

3. La conciliación ante notario se regirá por lo dispuesto en el capítulo VII del título VII de la Ley del Notariado, de 28 de mayo de 1862, sin perjuicio de lo establecido en el artículo 5.1.

4. La conciliación ante el registrador se regirá por lo dispuesto en el título IV bis de la Ley Hipotecaria, sin perjuicio de lo establecido en el artículo 5.1.

5. La conciliación ante el letrado o letrada de la Administración de Justicia se regirá por lo establecido en el título IX de la Ley 15/2015, de 2 de julio, de la Jurisdicción Voluntaria.

6. La conciliación ante el juez o la jueza de paz se regirá por lo establecido en el artículo 47 de la Ley 1/2000, de 7 de enero, de Enjuiciamiento Civil y por el título IX de la Ley 15/2015, de 2 de julio, de la Jurisdicción Voluntaria.

Artículo 15. Conciliación privada

1. Toda persona física o jurídica que se proponga ejercitar las acciones legales que le corresponden en defensa de un derecho, puede requerir a una persona con conocimientos técnicos o jurídicos relacionados con la materia de que se trate, para que gestione una actividad negociadora tendente a alcanzar un acuerdo conciliatorio con la parte a la que se pretenda demandar.

2. Para intervenir como persona conciliadora se precisa:

a) Estar inscrita como ejerciente en uno de los colegios profesionales de la abogacía, procura, graduados sociales, economistas, notariado o en el de registradores de la propiedad, así como, en su caso, en cualquier otro colegio que esté reconocido legalmente; o bien estar inscrita como persona mediadora en los registros correspondientes o pertenecer a instituciones de mediación debidamente homologadas.

b) Ser imparcial y guardar los deberes de confidencialidad y secreto profesional.

c) En el caso de que se trate de una sociedad profesional, deberá cumplir los requisitos establecidos en la Ley 2/2007, de 15 de marzo, de sociedades profesionales, y estar inscrita en el Registro de Sociedades Profesionales del colegio profesional que corresponda a su domicilio, debiendo cumplir la persona que actúe como conciliadora los requisitos exigidos en este precepto.

3. El encargo profesional al conciliador puede realizarse por las dos partes de mutuo acuerdo o solo por una de ellas. En el encargo se ha de expresar sucintamente, pero con la necesaria claridad, el contenido de la discrepancia objeto de conciliación, así como la identidad y circunstancias de la otra u otras partes. De la misma forma se procederá cuando sean las dos partes, de mutuo acuerdo, las que soliciten la intervención de la persona que hayan convenido para la realización de tal actividad. A efectos de comunicación entre el conciliador y las partes, se deberá indicar específicamente el teléfono, el correo electrónico a efectos de citaciones, así como, en su caso, el medio del que se dispone para la realización de los encuentros virtuales mediante videoconferencia.

4. La persona conciliadora debe aceptar de forma expresamente documentada la responsabilidad de la gestión leal, objetiva, neutral e imparcial del encargo recibido. Estará sujeta a las responsabilidades que procedan por el ejercicio inadecuado de su función.

Artículo 16. Funciones de la persona conciliadora

Las funciones de la persona conciliadora son, esencialmente:

a) Realizar una sesión inicial informando a las partes de las posibles causas que puedan afectar a su imparcialidad, de su profesión, formación y experiencia; así como de las características de la conciliación, su coste, la organización del procedimiento y las consecuencias jurídicas del acuerdo que se pudiera alcanzar.

b) Gestionar por sí misma, o por las personas que le auxilien y le den soporte administrativo, la recepción de la solicitud, la invitación a la otra parte, la citación para las reuniones presenciales o virtuales que se precisen.

c) Documentar un acta de inicio de la conciliación, firmada por todas las partes, delimitando el objeto de la controversia, los honorarios y si las partes van a comparecer por sí mismas o asistidas de letrado, letrada o representante legal.

d) Presidir las reuniones de las partes y dirigir todos los trámites del proceso de conciliación, bien sea personalmente o por medio de instrumentos telemáticos.

e) Dar la palabra de forma ordenada y equitativa a cada una de las partes, pudiendo realizar las sesiones conjuntas o individuales que estime pertinentes.

f) Poner de manifiesto a las partes las dimensiones extrajurídicas de la controversia y las ventajas que pueden obtenerse si se alcanza un acuerdo razonable.

g) Formular directamente a las partes posibles soluciones e invitarlas a que formulen posibles propuestas de solución que construyan un eficaz acuerdo común.

h) En el caso de que exista acuerdo total o parcial de las partes en el desarrollo del proceso de conciliación, requerir a las abogadas y los abogados de las partes, si estuviesen participando en el proceso, para que supervisen el acuerdo.

i) Elaborar un acta final en el que se recoja la propuesta sobre la que existe acuerdo total o parcial y firmar en su calidad de persona conciliadora dicho acuerdo junto con las partes y sus abogados y abogadas o representantes legales si estuviesen participando en el proceso.

j) En caso de desacuerdo, emitir una certificación acreditativa de que se ha intentado sin efecto la conciliación.

k) Si la parte requerida ha rehusado participar en el proceso conciliador, hacerlo constar en el certificado que emita.

Artículo 17. Oferta vinculante confidencial

1. Cualquier persona que, con ánimo de dar solución a una controversia, formule una oferta vinculante confidencial a la otra parte, queda obligada a cumplir la obligación que asume, una vez que la parte a la que va dirigida la acepta expresamente. Dicha aceptación tendrá carácter irrevocable.

2. La forma de remisión tanto de la oferta como de la aceptación ha de permitir dejar constancia de la identidad del oferente, de su recepción efectiva por la otra parte y de la fecha en la que se produce dicha recepción, así como de su contenido.

3. La oferta vinculante tendrá carácter confidencial en todo caso, siéndole de aplicación lo dispuesto en el artículo 9.

4. En el caso de que la oferta vinculante sea rechazada, o no sea aceptada expresamente por la otra parte en el plazo de un mes o en cualquier otro plazo mayor establecido por la parte requirente, la oferta vinculante decaerá y la parte requirente podrá ejercitar la acción que le corresponda ante el tribunal competente, entendiendo que se ha cumplido el requisito de procedibilidad. Basta en este caso acreditar la remisión de la oferta a la otra parte por manifestación expresa en el escrito de demanda o en la contestación a la misma, en su caso, a cuyo documento procesal se ha de acompañar el justificante de haberla enviado y de que la misma ha sido recibida por la parte requerida, sin que pueda hacerse mención a su contenido.

Artículo 18. Opinión de persona experta independiente

1. Las partes, con objeto de resolver una controversia, podrán designar de mutuo acuerdo a una persona experta independiente para que emita una opinión no vinculante respecto a la materia objeto de conflicto. Las partes estarán obligadas a entregar a la persona experta toda la información y pruebas de que dispongan sobre el objeto controvertido.

2. El dictamen podrá versar sobre cuestiones jurídicas o sobre cualquier otro aspecto técnico relacionado con la capacitación profesional del experto. Dicho dictamen, ya se emita antes de iniciarse un proceso judicial o durante la tramitación del mismo, tendrá carácter confidencial con los efectos previstos en el artículo 9.

3. Emitido el dictamen o la opinión no vinculante del experto, las partes dispondrán de un plazo de diez días hábiles desde su comunicación para hacer recomendaciones, observaciones o propuestas de mejora con el fin de aceptar la opinión escrita propuesta por el experto.

4. En el caso de que las conclusiones del dictamen fuesen aceptadas por todas las partes, el acuerdo se consignará en los términos previstos en el artículo 12 y tendrá los efectos previstos en el artículo 13.

5. En los casos en los que no se haya aceptado el dictamen por alguna de las partes o por ninguna de ellas, el experto designado extenderá a cada una de las partes una certificación de que se ha intentado llegar a un acuerdo por esta vía a los efectos de tener por cumplido el requisito de procedibilidad.

6. La persona experta deberá acreditar que está en posesión de los títulos oficiales que garanticen los conocimientos técnicos sobre la materia objeto de su informe. Su actuación deberá ser diligente y seguir los estándares propios de la actuación profesional que haya sido encomendada.

Al emitir su informe, todo experto deberá manifestar, bajo juramento o promesa de decir verdad, que ha actuado y, en su caso, actuará con la mayor objetividad posible, tomando en consideración tanto lo que pueda favorecer como lo que sea susceptible de causar perjuicio a cualquiera de las partes.

Artículo 19. Proceso de Derecho colaborativo

1. Las partes podrán acudir a un proceso de Derecho colaborativo, por el que, acompañadas y asesoradas cada una de ellas por una o un profesional de la abogacía ejerciente y con colegiación en un Colegio de la Abogacía, acreditado en Derecho colaborativo, y con la intervención, en su caso, de terceras personas neutrales expertas en las diferentes materias sobre las que verse la controversia o facilitadoras de la comunicación, buscaran la solución consensuada, total o parcial, a su controversia.

2. Los principios fundamentales del proceso colaborativo son: la buena fe, la negociación sobre intereses, la transparencia, la confidencialidad, el trabajo en equipo entre las partes, sus abogadas y abogados y las terceras personas expertas neutrales que pudieran, en su caso, participar, así como la renuncia a tribunales por parte de los y las profesionales de la abogacía que hayan intervenido en el proceso, caso de no conseguirse una solución, total o parcial, de la controversia.

3. Tras un proceso colaborativo, los profesionales de la abogacía que hayan intervenido en el mismo redactarán un acta final por el que se haga constar las partes, profesionales intervinientes, sesiones llevadas a cabo, así como los acuerdos adoptados y las cuestiones sobre las que no haya sido posible alcanzar un acuerdo entre las partes.

CAPÍTULO II-Modificación de leyes procesales

Artículo 20. Modificación de la Ley de Enjuiciamiento Criminal, aprobada mediante el Real Decreto de 14 de septiembre de 1882

La Ley de Enjuiciamiento Criminal, aprobada mediante el Real Decreto de 14 de septiembre de 1882, queda modificada como sigue:

Uno

Se modifica el artículo 14 que queda redactado como sigue:

«Artículo 14.

Fuera de los casos que expresa y limitadamente atribuyen la Constitución y las leyes a Jueces y Tribunales determinados, serán competentes:

1. Para el conocimiento y fallo de los juicios por delito leve, la Sección de Instrucción de los Tribunales de Instancia, salvo que corresponda a las secciones con competencia en materia de violencia sobre la mujer o de violencia contra la infancia y la adolescencia de conformidad con los números 5 y 6 de este artículo.

2. Para la instrucción de las causas, la Sección de Instrucción del Tribunal de Instancia del partido en que el delito se hubiere cometido, o las Secciones del Tribunal de Instancia con competencia en materia de violencia sobre la mujer o de violencia contra la infancia y la adolescencia, o el Juez Central de Instrucción respecto de los delitos que la Ley determine.

3. Para el conocimiento y fallo de las causas por delitos a los que la ley señale pena privativa de libertad de duración no superior a cinco años o pena de multa cualquiera que sea su cuantía, o cualesquiera otras de distinta naturaleza, bien sean únicas, conjuntas o alternativas, siempre que la duración de estas no exceda

de diez años, así como por delitos leves, sean o no incidentales, imputables a los autores de estos delitos o a otras personas, cuando la comisión del delito leve o su prueba estuviesen relacionadas con aquellos, la Sección de lo Penal del Tribunal de Instancia de la circunscripción donde el delito fue cometido, o las secciones con competencia para el enjuiciamiento en materia de violencia sobre la mujer o de violencia contra la infancia y la adolescencia, en su caso, o el Juez Central de lo Penal en el ámbito que le es propio, sin perjuicio de la competencia de la Sección de Instrucción del Tribunal de Instancia con competencia en materia de guardia del lugar de comisión del delito para dictar sentencia de conformidad, o de las secciones con competencia en la instrucción en materia de violencia sobre la mujer o de violencia contra la infancia y la adolescencia competentes, en su caso, en los términos establecidos en el artículo 801, así como de las Secciones de Instrucción de los Tribunales de Instancia competentes para dictar sentencia.

No obstante, en los delitos comprendidos en el título VIII del libro II del Código Penal, a los solos efectos de determinar la competencia para el enjuiciamiento, se tendrán en cuenta únicamente las penas de prisión o de multa, correspondiendo a la Sección de lo Penal del Tribunal de Instancia de la circunscripción donde el delito fue cometido, o a las Secciones de los Tribunales de Instancia con competencia en materia de violencia sobre la mujer o de violencia contra la infancia y la adolescencia correspondiente a la circunscripción de las Secciones de Instrucción de los Tribunales de Instancia con competencia en estos delitos, en su caso, el conocimiento y fallo de los delitos para los que la ley señale pena privativa de libertad de duración no superior a cinco años o pena de multa cualquiera que sea su cuantía.

4. Para el conocimiento y fallo de las causas en los demás casos la Audiencia Provincial de la circunscripción donde el delito se haya cometido, o la Audiencia Provincial correspondiente a la circunscripción del Juzgado de Violencia sobre la Mujer en su caso, o la Sala de lo Penal de la Audiencia Nacional.

No obstante, en los supuestos de competencia de la Audiencia Provincial, si el delito fuere de los atribuidos al Tribunal de Jurado, el conocimiento y fallo corresponderá a éste.

5. Las Secciones de los Tribunales de Instancia con competencia en materia de violencia sobre la mujer conocerán:

a) De la instrucción de los procesos para exigir responsabilidad penal por los delitos recogidos en los títulos del Código Penal relativos a homicidio, aborto, lesiones, lesiones al feto, delitos contra la libertad, delitos contra la integridad moral, contra la libertad e indemnidad sexual, contra la intimidad y el derecho a la propia imagen, contra el honor o cualquier otro delito cometido con violencia o intimidación, siempre que se hubiesen cometido contra quien sea o haya sido su esposa, o mujer que esté o haya estado ligada al autor por análoga relación de afectividad, aun sin convivencia, así como de los cometidos sobre los descendientes, propios o de la esposa o conviviente, o sobre los menores o personas con discapacidad que con él convivan o que se hallen sujetos a la potestad, tutela, curatela, acogimiento o guarda de hecho de la esposa o conviviente, cuando también se haya producido un acto de violencia de género.

b) De la instrucción de los procesos para exigir responsabilidad penal por cualquier delito contra las relaciones familiares, cuando la víctima sea alguna de las personas señaladas en la letra anterior.

c) De la adopción de las correspondientes órdenes de protección a las víctimas, sin perjuicio de las competencias atribuidas al juez o jueza de guardia.

d) Del conocimiento y fallo de los delitos leves que les atribuya la ley, cuando la víctima sea alguna de las personas señaladas como tales en la letra a).

e) Dictar sentencia de conformidad con la acusación en los casos establecidos por la ley.

f) De la emisión y la ejecución de los instrumentos de reconocimiento mutuo de resoluciones penales en la Unión Europea que les atribuya la ley.

g) De la instrucción de los procesos para exigir responsabilidad penal por el delito de quebrantamiento previsto y penado en el artículo 468 del Código Penal cuando la persona ofendida por el delito cuya condena, medida cautelar o medida de seguridad se haya quebrantado sea o haya sido su esposa, o mujer que esté o haya estado ligada al autor por una análoga relación de afectividad aun sin convivencia, así como los descendientes, propios o de la esposa o conviviente, o sobre los menores o personas con discapacidad con medidas de apoyo que con él convivan o que se hallen sujetos a la potestad, tutela, curatela, acogimiento o guarda de hecho de la esposa o conviviente, así como cuando la persona ofendida lo sea por alguno de los delitos señaladas en la letra h) de este apartado.

h) De la instrucción de los procesos para exigir responsabilidad penal por los delitos contra la libertad sexual previstos en el título VIII del libro II del Código Penal, por los delitos de mutilación genital femenina, matrimonio forzado, acoso con connotación sexual y la trata con fines de explotación sexual, cuando la persona ofendida por el delito sea mujer.

6. Las Secciones de Violencia contra la Infancia y la Adolescencia conocerán, en el orden penal, de conformidad en todo caso con los procedimientos y recursos previstos en la Ley de Enjuiciamiento Criminal, de la instrucción de los procesos para exigir responsabilidad penal por los delitos recogidos en los títulos del Código Penal relativos a:

a) Homicidio, aborto, lesiones, lesiones al feto, cometidos contra niños, niñas, adolescentes.

b) Delitos contra la libertad, delito de torturas y contra la integridad moral, delitos contra la intimidad, el derecho a la propia imagen y la inviolabilidad del domicilio, delitos contra la libertad, delitos contra el honor, delitos contra las relaciones familiares, o cualquier otro delito cometido con violencia o intimidación, cuando la víctima sea niño, niña o adolescente.

c) Delito de trata de seres humanos del artículo 177 bis del Código Penal cuando al menos una de las víctimas sea niño, niña o adolescente.

d) De la instrucción de los procesos para exigir responsabilidad penal por el delito de quebrantamiento previsto y penado en el artículo 468 del Código Penal cuando la persona ofendida por el delito cuya condena, medida cautelar o medida de seguridad se haya quebrantado sea niño, niña o adolescente.

Las Secciones de Violencia contra la Infancia y la Adolescencia serán igualmente competentes para:

a) La adopción de las medidas cautelares legalmente previstas que aseguren la protección de las víctimas menores de edad, sin perjuicio de las competencias atribuidas al juez de guardia.

b) El conocimiento y fallo de los delitos leves que les atribuya la ley cuando la víctima sea niño, niña o adolescente.

c) Dictar sentencia de conformidad con la acusación en los casos establecidos por la ley.

d) La emisión y la ejecución de los instrumentos de reconocimiento mutuo de resoluciones penales en la Unión europea que les atribuya la ley.

7. En caso de que los hechos objeto de instrucción por la Sección de Violencia contra la Infancia y Adolescencia también pudieran ser conocidos por la Sección de Violencia sobre la Mujer, la competencia le corresponderá en todo caso a la segunda».

Dos

Se modifica el artículo 266, que queda redactado como sigue:

«Artículo 266.

La denuncia que se haga por escrito deberá estar firmada por el denunciante de forma autógrafa o manuscrita, si es presencial, y si no pudiere hacerlo, por otra persona a su ruego; o si se interpone por vía telemática, con firma electrónica conforme a lo establecido en artículo 10 de la Ley 39/2015, de 1 de octubre, del Procedimiento Administrativo Común de las Administraciones Públicas y en el Reglamento (UE) n.º 910/2014 del Parlamento Europeo y del Consejo, de 23 de julio de 2014, relativo a la identificación electrónica y los servicios de confianza para las transacciones electrónicas en el mercado interior y por la que se deroga la Directiva 1999/93/CE. En el caso de las personas jurídicas, se firmará con certificado electrónico cualificado con atributo de representante o los medios previstos en la regulación de firma digital que permitan identificar la persona jurídica, así como la persona física que formula la denuncia.

No se podrán denunciar por vía telemática aquellos hechos que se hayan producido con violencia o intimidación, ni si tienen autor conocido, ni si existen testigos, ni si el denunciante es menor de edad, ni si se ha cometido delito flagrante, ni aquellos hechos de naturaleza violenta o sexual».

Tres

Se modifica el artículo 512, que queda redactado como sigue:

«Artículo 512.

Si el presunto reo no fuere habido en su domicilio y se ignorase su paradero, el juez o jueza acordará que sea buscado por requisitorias que se enviarán al Sistema de Registros Administrativos de Apoyo a la Administración de Justicia (SIRAJ) y se publicarán en el Tablón Edictal Judicial Único, dando las órdenes oportunas a las Fuerzas y Cuerpos de Seguridad del Estado y a los Cuerpos de Policía Autonómica de aquellas comunidades autónomas con competencias en materia de seguridad pública; y, en todo caso, el Sistema de Registros Administrativos de Apoyo a la Administración de Justicia compartirá la información para su publicación en el Tablón Edictal Judicial Único, garantizándose la interoperabilidad entre ambas plataformas».

Cuatro

Se modifica el artículo 655, que queda redactado como sigue:

«Artículo 655.

1. Al evacuar la representación del procesado el traslado de calificación, podrá manifestar su conformidad absoluta con aquella que más gravemente hubiere calificado, si hubiere más de una, y con la pena que se le pida; expresándose además por la asistencia letrada si esto, no obstante, conceptúa necesaria la continuación del juicio.

El letrado o la letrada facilitará por escrito a la persona a quien defiende la información sobre el acuerdo alcanzado.

Si el letrado o la letrada del procesado no conceptúa necesaria la continuación del juicio y, el tribunal, a partir de la descripción de los hechos aceptada por todas las partes, entendiere que la calificación aceptada es correcta y que la pena es procedente según dicha calificación, dictará sentencia de conformidad. Dicha conformidad podrá ser también prestada con el nuevo escrito de calificación que conjuntamente firmen las partes acusadoras y la parte acusada junto a su letrado o letrada, que no podrá referirse a hecho distinto, ni contener calificación más grave que la del escrito de acusación anterior. El tribunal oirá en todo caso al acusado acerca de si su conformidad ha sido prestada libremente y con conocimiento de sus consecuencias. En caso de que el tribunal considerare incorrecta la calificación formulada o entendiere que la pena solicitada no procede legalmente, requerirá a la parte que presentó el escrito de acusación más grave para que manifieste si se ratifica o no en él. Sólo cuando la parte requerida modificare su escrito de acusación en términos tales que la calificación sea correcta y la pena solicitada sea procedente y el acusado preste de nuevo su conformidad, podrá el juez, jueza o tribunal dictar sentencia de conformidad. En otro caso, ordenará la celebración del juicio. También continuará el juicio si fuesen varios los procesados y no todos manifestaren igual conformidad.

2. El Ministerio Fiscal oirá previamente a la víctima o perjudicado, aunque no estén personados en la causa, siempre que hubiera sido posible y se estime necesario para ponderar correctamente los efectos y el alcance de tal conformidad, y en todo caso cuando la gravedad o trascendencia del hecho o la intensidad o la cuantía sean especialmente significativos, así como en todos los supuestos en que víctimas o perjudicados se encuentren en situación de especial vulnerabilidad.

3. Una vez que la defensa del acusado manifieste su conformidad, el presidente o presidenta del tribunal informará a la persona acusada de sus consecuencias y a continuación la requerirá a fin de que manifieste si presta su conformidad. Cuando el tribunal albergue dudas sobre si la persona acusada ha prestado libremente su conformidad, acordará la celebración del juicio.

4. Cuando el procesado o procesados disintiesen únicamente respecto de la responsabilidad civil, se limitará el juicio a la prueba y discusión de los puntos relativos a dicha responsabilidad.

5. No vinculan al tribunal las conformidades sobre la adopción de medidas protectoras en los casos de limitación de la responsabilidad penal. Previa ratificación del procesado, dictará sin más trámites la sentencia que proceda según la calificación mutuamente aceptada, sin que pueda imponer pena mayor que la solicitada.

6. La sentencia de conformidad se dictará oralmente y documentará en el acta con expresión del fallo y una sucinta motivación, sin perjuicio de su ulterior redacción. Si el fiscal y las partes, conocido el fallo, expresaran su decisión de no recurrir, el juez, en el mismo acto, declarará oralmente la firmeza de la sentencia y se pronunciará, previa audiencia de las partes, sobre la suspensión de la pena impuesta o su sustitución, cuando proceda. También resolverá el tribunal sobre los aplazamientos de las responsabilidades pecuniarias y se realizarán, en cuanto fuera posible, los requerimientos y liquidaciones de condena de las penas impuestas en la sentencia.

7. Únicamente serán recurribles las sentencias de conformidad cuando no hayan respetado los requisitos o términos de la conformidad, sin que la persona acusada pueda impugnar por razones de fondo su conformidad libremente prestada.

8. Cuando el acusado sea una persona jurídica, la conformidad deberá prestarla su representante especialmente designado, siempre que cuente con poder especial. Dicha conformidad, que se sujetará a los requisitos enunciados en los apartados anteriores, podrá realizarse con independencia de la posición que adopten las demás personas acusadas y su contenido no vinculará en el juicio que se celebre en relación con éstos.

Si ésta no fuese la procedente según dicha calificación, sino otra mayor, acordará el Tribunal la continuación del juicio.

También continuará el juicio si fuesen varios los procesados y no todos manifestaren igual conformidad.

Cuando el procesado o procesados disintiesen únicamente respecto de la responsabilidad civil, se limitará el juicio a la prueba y discusión de los puntos relativos a dicha responsabilidad.»

Cinco

Se modifica el artículo 688, que queda redactado como sigue:

«Artículo 688.

En el día señalado para dar principio a las sesiones, el letrado o la letrada de la Administración de Justicia velará por que se encuentren en el local del Tribunal las piezas de convicción que se hubieren recogido, y el Presidente, en el momento oportuno, declarará abierta la sesión.

Preguntará el Presidente a cada uno de los acusados si se confiesa reo del delito que se le haya imputado en el escrito de calificación y responsable civilmente a la restitución de la cosa o al pago de la cantidad fijada en dicho escrito por razón de daños y perjuicios.»

Seis

Se modifica el artículo 701, que queda redactado como sigue:

«Artículo 701.

Cuando el juicio deba continuar, por falta de conformidad de los acusados con la acusación, se procederá del modo siguiente: Se dará cuenta del hecho que haya motivado la formación del sumario y del día en que éste se comenzó a instruir, expresando además si el procesado está en prisión o en libertad provisional, con o sin fianza. Se dará lectura a los escritos de calificación y a las listas de peritos y testigos que se hubiesen presentado oportunamente, haciendo relación de las pruebas propuestas y admitidas. Acto continuo se pasará a la práctica de las diligencias de prueba y al examen de los testigos, empezando por el que hubiere ofrecido el Ministerio Fiscal, continuando con la propuesta por los demás actores, y por último con la de los procesados.

Las pruebas de cada parte se practicarán según el orden con que hayan sido propuestas en el escrito correspondiente. Los testigos serán examinados también por el orden con que figuren sus nombres en las listas. No obstante lo anterior, si a propuesta de su defensa el acusado solicitara declarar en último lugar, el Presidente así lo acordará expresamente. Sin perjuicio de lo previsto en el párrafo anterior, el Presidente, podrá alterar el orden a instancia de parte y aun de oficio cuando así lo considere conveniente para el mayor esclarecimiento de los hechos o para el más seguro descubrimiento de la verdad, sin revocar el derecho del acusado a testificar en último lugar».

Siete

Se introduce un párrafo segundo en la diligencia 1.ª del artículo 771, con la siguiente redacción, pasando el actual párrafo segundo a ser tercero:

«Informará asimismo a la persona ofendida o perjudicada de que puede optar por relacionarse con la Administración de Justicia por los medios del artículo 162 de la Ley 1/2000, de 7 de enero, de Enjuiciamiento Civil, recabando y consignando sucintamente su respuesta.»

Ocho

Se modifican los apartados 1 y 2 del artículo 776, que quedan redactados como sigue:

«1. El letrado o la letrada de la Administración de Justicia informarán al ofendido y al perjudicado de sus derechos, en los términos previstos en los artículos 109 y 110, cuando previamente no lo hubiera hecho la Policía Judicial. En particular, se instruirá de las medidas de asistencia a las víctimas que prevé la legislación vigente y de los derechos mencionados en la regla 1.ª del artículo 771.

Cuando la Policía Judicial hubiera efectuado esta información, el letrado o la letrada de la Administración de Justicia notificarán al ofendido o al perjudicado el número del procedimiento a que hubiera dado lugar y el juzgado que lo tramita y las posibles vías de contacto con el mismo, sin que sea precisa su comparecencia en el Juzgado de Instrucción para realizar un nuevo ofrecimiento de acciones, sin perjuicio del derecho de la víctima a la información actualizada del estado en el que se encuentra el proceso, en los términos previstos en la Ley 4/2015, de 27 de abril, del Estatuto de la víctima del delito.

2. La imposibilidad de practicar esta información por la Policía Judicial o por el letrado o la letrada de la Administración de Justicia en comparecencia no impedirá la continuación del procedimiento, sin perjuicio de que se proceda a realizarla por el medio más rápido posible, incluidos los medios del artículo 162 de la Ley 1/2000, de 7 de enero, de Enjuiciamiento Civil, cuando se trate de personas obligadas a su utilización o que hubieran optado por estos».

Nueve

Se modifica la rúbrica del capítulo V del título II del libro IV, que queda redactada como sigue:

«De la audiencia preliminar, del juicio oral y de la sentencia.»

Diez

Se modifica el artículo 785, que queda redactado como sigue:

«Artículo 785.

1. En cuanto las actuaciones se encontraren a disposición del órgano competente para el enjuiciamiento, el juez, jueza o tribunal convocará al fiscal y a las partes a una audiencia preliminar en la que podrán exponer lo que estimen oportuno acerca de la posibilidad de conformidad del acusado o acusados, la competencia del órgano judicial, la vulneración de algún derecho fundamental, la existencia de artículos de previo pronunciamiento, causas de la suspensión de juicio oral, nulidad de actuaciones, así como sobre el contenido, finalidad o nulidad de las pruebas propuestas.

Podrán igualmente proponer la incorporación de informes, certificaciones y otros documentos. También podrán proponer la práctica de pruebas de las que las partes no hubieran tenido conocimiento en el momento de formular sus escritos de acusación o defensa.

2. La celebración de la audiencia preliminar requiere la asistencia del acusado y del abogado defensor.

La celebración de la audiencia preliminar no se suspenderá por la inasistencia injustificada de la persona acusada que haya sido debidamente citada ni tampoco por la incomparecencia injustificada de las demás partes citadas en forma, celebrándose a los efectos de sustanciar las cuestiones que puedan resolverse en ausencia. En la citación se informará al acusado y a las partes que su injustificada incomparecencia no suspenderá la audiencia preliminar.

3. El juez, jueza o tribunal examinará las pruebas propuestas y resolverá admitiendo las que considere pertinentes y rechazando las demás, prevendrá lo necesario para la práctica de la prueba anticipada y resolverá sobre el resto de cuestiones planteadas de forma oral, salvo que, por la complejidad de las

cuestiones planteadas, hubiera de serlo por escrito, en cuyo caso el auto habrá de ser dictado en el plazo de diez días.

Contra la resolución adoptada no cabrá recurso alguno, sin perjuicio de la pertinente protesta y de que la cuestión pueda ser reproducida, en su caso, en el recurso frente a la sentencia, salvo que dicha resolución ponga fin al procedimiento, en cuyo caso será susceptible de recurso de apelación, en el plazo y con las formalidades prevenidas en los artículos 790 y siguientes.

4. En la misma comparecencia, las partes podrán pedir al juez, jueza o tribunal que proceda a dictar sentencia de conformidad con el escrito de acusación que contenga pena de mayor gravedad, o con el que se presentara en ese acto, que no podrá referirse a hecho distinto ni contener calificación más grave que la del escrito de acusación anterior. El juez, jueza o tribunal dictará sentencia de conformidad con la pena manifestada por la defensa y el acusado, si concurren los requisitos establecidos en los apartados siguientes.

El Ministerio Fiscal oirá previamente a la víctima o perjudicado, aunque no estén personados en la causa, siempre que hubiera sido posible y se estime necesario para ponderar correctamente los efectos y el alcance de tal conformidad, y en todo caso cuando la gravedad o trascendencia del hecho o la intensidad o la cuantía sean especialmente significativos, así como en todos los supuestos en que víctimas o perjudicados se encuentren en situación de especial vulnerabilidad.

5. Si, a partir de la descripción de los hechos aceptada por todas las partes, el juez, jueza o tribunal entendiere que la calificación aceptada es correcta y que la pena es procedente según dicha calificación, dictará sentencia de conformidad. El juez, jueza o tribunal habrá oído en todo caso al acusado acerca de si su conformidad ha sido prestada libremente y con conocimiento de sus consecuencias.

6. En caso de que el juez, jueza o tribunal considerare incorrecta la calificación formulada o entendiere que la pena solicitada no procede legalmente, requerirá a la parte que presentó el escrito de acusación más grave para que manifieste si se ratifica o no en él. Sólo cuando la parte requerida modificare su escrito de acusación en términos tales que la calificación sea correcta y la pena solicitada sea procedente y el acusado preste de nuevo su conformidad, podrá el juez, jueza o tribunal dictar sentencia de conformidad. En otro caso, ordenará la celebración del juicio.

7. Una vez que la defensa del acusado manifieste su conformidad, el juez, jueza, presidente o presidenta del tribunal informará a la persona acusada de sus consecuencias y a continuación le requerirá a fin de que manifieste si presta su conformidad. Cuando el juez, jueza o tribunal albergue dudas sobre si la persona acusada ha prestado libremente su conformidad, acordará la celebración del juicio.

También podrá acordar la continuación del juicio cuando, no obstante la conformidad de la persona acusada, su defensor o defensora lo considere necesario y el juez, jueza o tribunal estime fundada su petición.

El letrado o la letrada facilitará por escrito a la persona a quien defiende la información sobre el acuerdo alcanzado.

8. No vinculan al juez, jueza o tribunal las conformidades sobre la adopción de medidas protectoras en los casos de limitación de la responsabilidad penal.

9. La sentencia de conformidad se dictará oralmente y documentará conforme a lo previsto en el apartado 2 del artículo 789, sin perjuicio de su ulterior redacción. Si el fiscal y las partes, conocido el fallo, expresaran su decisión de no recurrir, el juez, en el mismo acto, declarará oralmente la firmeza de la sentencia, y se pronunciará, previa audiencia de las partes, sobre la suspensión de la pena impuesta o su sustitución, cuando proceda. También resolverá el juez, jueza o tribunal sobre los aplazamientos de las responsabilidades pecuniarias y se realizarán, en cuanto fuera posible, los requerimientos y liquidaciones de condena de las penas impuestas en la sentencia.

10. Únicamente serán recurribles las sentencias de conformidad cuando no hayan respetado los requisitos o términos de la conformidad, sin que la persona acusada pueda impugnar por razones de fondo su conformidad libremente prestada.

11. Cuando el acusado sea una persona jurídica, la conformidad deberá prestarla su representante especialmente designado, siempre que cuente con poder especial. Dicha conformidad, que se sujetará a los requisitos enunciados en los apartados anteriores, podrá realizarse con independencia de la posición que

adopten las demás personas acusadas, y su contenido no vinculará en el juicio que se celebre en relación con estas.

12. La comparecencia se registrará en el modo previsto en el artículo 743».

Once

Se modifica el artículo 786, que queda redactado como sigue:

«Artículo 786.

1. Si no hubiera conformidad de las partes, una vez que el juez, la jueza o el tribunal hubiera resuelto de forma oral conforme al apartado 3 del artículo anterior, siempre que el señalamiento pueda hacerse en el mismo acto, se establecerá el día y la hora en que deban comenzar las sesiones del juicio oral, con sujeción a lo dispuesto en el artículo 182 de la Ley 1/2000, de 7 de enero, de Enjuiciamiento Civil. Las partes, sus letrados o letradas y el Ministerio Fiscal deberán manifestar la coincidencia con otros señalamientos u otros motivos que pudieran impedir la celebración de juicio en la fecha señalada.

En los demás casos se fijará el día y hora por el letrado o la letrada de la Administración de Justicia conforme a los criterios generales y las concretas y específicas instrucciones a que se refiere dicho precepto de la Ley 1/2000, de 7 de enero.

En el caso de que el juez, la jueza o el tribunal no hubiera resuelto oralmente, el señalamiento deberá ser efectuado por el letrado o la letrada de la Administración de Justicia inmediatamente después de que sea dictado el auto a que se refiere el apartado 3 del artículo anterior.

2. Los criterios generales y las concretas y específicas instrucciones que fijen los Presidentes o Presidentas de Sala o Sección, y los jueces y juezas de lo Penal, con arreglo a los cuales se realizará el señalamiento, tendrán asimismo en cuenta:

1.º La prisión del acusado.

2.º El aseguramiento de su presencia a disposición judicial.

3.º Las demás medidas cautelares personales adoptadas.

4.º La prioridad de otras causas.

5.º La complejidad de la prueba propuesta o cualquier circunstancia modificativa, según hayan podido determinar una vez estudiado el asunto o pleito de que se trate.

3. Cuando la víctima lo haya solicitado, aunque no sea parte en el proceso ni deba intervenir, el letrado o letrada de la Administración de Justicia deberá informarle, por escrito y sin retrasos innecesarios, de la fecha, hora y lugar del juicio, así como del contenido de la acusación dirigida contra la persona infractora».

Doce

Se modifica el artículo 787, que queda redactado como sigue:

«Artículo 787.

1. La celebración del juicio oral requiere preceptivamente la asistencia de la persona acusada y del abogado o abogada defensor. No obstante, si hubiere varias personas acusadas y alguna de ellas deja de comparecer sin motivo legítimo, apreciado por el juez, la jueza o el tribunal, podrá este acordar, oídas las partes, la continuación del juicio para los restantes.

La ausencia injustificada de la persona acusada que hubiera sido citada personalmente, o en el domicilio o en la persona a que se refiere el artículo 775, no será causa de suspensión del juicio oral si el juez, la jueza o el tribunal, a solicitud del Ministerio Fiscal o de la parte acusadora, y oída la defensa, estima que existen elementos suficientes para el enjuiciamiento, cuando concurran los siguientes requisitos:

a) Que la pena más grave solicitada no exceda de dos años de privación de libertad, que no exceda de seis años si se trata de pena de distinta naturaleza o que se trate de pena de multa cualquiera que sea su cuantía o duración.

b) Que, en todo caso, tratándose de penas privativas de libertad, la suma total de las penas solicitadas no exceda de cinco años.

La ausencia injustificada del tercero responsable civil citado en debida forma no será por sí misma causa de suspensión del juicio.

Las acusaciones particular o popular podrán ser representadas en el acto de juicio por procurador de los tribunales, salvo en el caso de que proceda practicar la declaración de los mismos.

2. El juicio oral comenzará con la lectura de los escritos de acusación y de defensa.

3. Al inicio de las sesiones del juicio, únicamente podrá solicitarse la incorporación de informes, certificaciones y otros documentos. También podrá proponerse la práctica de pruebas de las que las partes no hubieran tenido conocimiento al momento de celebrar la comparecencia prevista en el artículo 785».

Trece

Se renumera el artículo 786 bis, que pasa a ser artículo 787 bis sin alterar su contenido.

Catorce

Se introduce un nuevo artículo 787 ter con la siguiente redacción:

«Artículo 787 ter.

1. Antes de iniciarse la práctica de la prueba, la defensa, con la conformidad del acusado presente, podrá pedir al juez, jueza o tribunal que proceda a dictar sentencia de conformidad con el escrito de acusación que contenga pena de mayor gravedad, o con el que se presentara en ese acto, que no podrá referirse a hecho distinto, ni contener calificación más grave que la del escrito de acusación anterior. El juez, la jueza o el tribunal dictará sentencia de conformidad con la manifestada por la defensa y el acusado, si concurren los requisitos establecidos en los apartados siguientes.

El Ministerio Fiscal oirá previamente a la víctima o perjudicado, aunque no estén personados en la causa, siempre que hubiera sido posible y se estime necesario para ponderar correctamente los efectos y el alcance de tal conformidad, y en todo caso cuando la gravedad o trascendencia del hecho o la cuantía sean especialmente significativos, así como en todos los supuestos en que víctimas o perjudicados se encuentren en situación de especial vulnerabilidad.

2. Si a partir de la descripción de los hechos aceptada por todas las partes, el juez, la jueza o el tribunal entendiere que la calificación aceptada es correcta y que la pena es procedente según dicha calificación, dictará sentencia de conformidad. El juez, la jueza o el tribunal habrá oído en todo caso al acusado acerca de si su conformidad ha sido prestada libremente y con conocimiento de sus consecuencias.

3. En caso de que el juez, la jueza o el tribunal considerare incorrecta la calificación formulada o entendiere que la pena solicitada no procede legalmente, requerirá a la parte que presentó el escrito de acusación más grave para que manifieste si se ratifica o no en él. Sólo cuando la parte requerida modificare su escrito de acusación en términos tales que la calificación sea correcta y la pena solicitada sea procedente, y el acusado preste de nuevo su conformidad, podrá el juez, la jueza o el tribunal dictar sentencia de conformidad. En otro caso, ordenará la continuación del juicio.

4. Una vez que la defensa manifieste su conformidad, el juez, la jueza o el tribunal informará al acusado de sus consecuencias y a continuación le requerirá a fin de que manifieste si presta su conformidad. Cuando el juez, la jueza o el tribunal albergue dudas sobre si el acusado ha prestado libremente su conformidad, acordará la continuación del juicio.

También podrá acordar la continuación del juicio cuando, no obstante la conformidad de la persona acusada, su defensor o defensora lo considere necesario y el juez, la jueza o el tribunal estime fundada su petición.

El letrado o la letrada facilitará por escrito a la persona a quien defiende la información sobre el acuerdo alcanzado.

5. No vinculan al juez, jueza o tribunal las conformidades sobre la adopción de medidas protectoras en los casos de limitación de la responsabilidad penal.

6. La sentencia de conformidad se dictará oralmente y documentará conforme a lo previsto en el apartado 2 del artículo 789, sin perjuicio de su ulterior redacción. Si el o la fiscal y las partes, conocido el fallo, expresaran su decisión de no recurrir, el juez, en el mismo acto, declarará oralmente la firmeza de la sentencia y se pronunciará, previa audiencia de las partes, sobre la suspensión o la sustitución de la pena impuesta, cuando

proceda. También resolverá el juez, la jueza o el tribunal sobre los aplazamientos de las responsabilidades pecuniarias y se realizarán, en cuanto fuera posible, los requerimientos y liquidaciones de condena de las penas impuestas en la sentencia.

7. Únicamente serán recurribles las sentencias de conformidad cuando no hayan respetado los requisitos o términos de la conformidad, sin que la persona acusada pueda impugnar por razones de fondo su conformidad libremente prestada.

8. Cuando la persona acusada sea una persona jurídica, la conformidad deberá prestarla su representante especialmente designado, siempre que cuente con poder especial. Dicha conformidad, que se sujetará a los requisitos enunciados en los apartados anteriores, podrá realizarse con independencia de la posición que adopten las demás personas acusadas, y su contenido no vinculará en el juicio que se celebre en relación con estas».

Quince

Se añaden dos nuevas letras i) y j) a la circunstancia 2.ª del apartado1 del artículo 795, que quedan redactadas como sigue:

«i) Delitos de allanamiento de morada del artículo 202 del Código Penal.

j) Delitos de usurpación del artículo 245 del Código Penal».

Dieciséis

Se modifica el artículo 802, que queda redactado como sigue:

«Artículo 802.

1. El juicio oral se desarrollará en los términos previstos para el enjuiciamiento del procedimiento abreviado, salvo en lo que se refiere a la audiencia preliminar previa del artículo 785.

2. En el caso de que, por motivo justo valorado por el juez o la jueza, no pueda celebrarse el juicio oral en el día señalado, o de que no pueda concluirse en un solo acto, señalará fecha para su celebración o continuación el día más inmediato posible y, en todo caso, dentro de los quince siguientes, teniendo en cuenta las necesidades de la agenda programada de señalamientos y las demás circunstancias contenidas en el artículo 182 de la Ley 1/2000, de 7 de enero, de Enjuiciamiento Civil, y en el artículo 786 de la presente ley, lo que se hará saber a las personas interesadas.

3. La sentencia se dictará dentro de los tres días siguientes a la terminación de la vista, en los términos previstos por el artículo 789.»

Diecisiete

Se introduce un nuevo artículo 988 bis, con la siguiente redacción:

«Artículo 988 bis.

1. El juez o tribunal dará traslado del auto de incoación de la ejecutoria a la representación de cada uno de los condenados para que, en el plazo de diez días, se pronuncien en un mismo escrito sobre las siguientes circunstancias:

a) Cuando hubieran sido impuestas penas privativas de libertad susceptibles de ser suspendidas conforme al Código Penal y la sentencia no se hubiera pronunciado acerca de su suspensión, sobre la modalidad o modalidades de suspensión de la ejecución de las penas privativas de libertad que solicite.

b) Para el caso de haber sido impuestas responsabilidades pecuniarias, sobre la forma de cumplimiento y, en particular, si solicita su aplazamiento y en qué términos, así como el plazo máximo para su cumplimiento.

c) Cualquier otra solicitud relativa a la ejecución de los pronunciamientos de la sentencia, incluida la sustitución de la pena en los casos en que proceda.

2. Presentado el escrito, al que deberán acompañarse los informes o la documentación en que se funden las peticiones, el juez o tribunal realizará, en su caso, las comprobaciones necesarias sobre la concurrencia de los requisitos de la suspensión y del resto de peticiones realizadas, tras lo cual dará traslado de la solicitud y de lo practicado al Ministerio Fiscal, a las partes acusadoras personadas y víctimas, directamente afectadas

por la decisión, para que, en el plazo de diez días, formulen alegaciones. Transcurrido el plazo, en el término de cinco días el juez, la jueza o el tribunal resolverán mediante auto sobre todas las peticiones.

3. La tramitación descrita en los apartados anteriores podrá ser sustituida, a criterio del juez, la jueza o el tribunal, por una vista que habrá de celebrarse en el plazo de diez días y a la que deberá citarse al acusado y su defensa, al Ministerio Fiscal, a las partes acusadoras y víctimas, directamente afectadas por la decisión.

Celebrada la vista, el juez, la jueza o el tribunal resolverá en el acto o, de no ser posible, en los tres días siguientes, sobre todas las cuestiones planteadas.

4. El letrado o la letrada de la Administración de Justicia citará al condenado a una comparecencia en la que le requerirá de cumplimiento de las penas, decomiso y responsabilidades civiles que le hubieran sido impuestas y le informará de las responsabilidades en que pueda incurrir en el supuesto de incumplimiento.

Asimismo, practicará las liquidaciones de condena, que comprenderán, en todo caso, los siguientes particulares:

a) la fecha de inicio del cumplimiento,

b) el tiempo abonable por haber estado privado de libertad provisionalmente en la causa o por la aplicación de cualquier otra medida cautelar,

c) el tiempo de duración de la condena, y

d) el tiempo de cumplimiento.

A tales efectos, el cómputo se hará por años, meses y días, de acuerdo con las siguientes reglas: los meses completos serán de treinta días y los años completos serán de trescientos sesenta y cinco días.

De dichas liquidaciones, que se notificarán personalmente al condenado, se dará traslado al Ministerio Fiscal y a las partes, que podrán impugnarlas en el plazo de dos días. Transcurrido el plazo sin impugnación, el letrado o la letrada de la Administración de Justicia la aprobará mediante decreto.

Si fueran impugnadas por alguna de las partes, se dará traslado al resto para alegaciones por de dos días. Transcurrido el mismo, hubieren o no presentado escrito las demás partes, el juez, la jueza o el tribunal resolverá mediante auto, que será dictado en el plazo de dos días. Una vez firme éste, si corrigiere la liquidación de condena será notificado personalmente al condenado».

Dieciocho

Se modifica el artículo 989, que queda redactado como sigue:

«Artículo 989.

1. Los pronunciamientos sobre responsabilidad civil serán susceptibles de ejecución provisional con arreglo a lo dispuesto en la Ley 1/2000, de 7 de enero, de Enjuiciamiento Civil.

2. En todo lo que no estuviera regulado en el Código Penal o en otra norma penal, sustantiva o procesal, para la ejecución de la responsabilidad civil derivada del delito se aplicarán las disposiciones sobre ejecución de la Ley 1/2000, de 7 de enero. El letrado de la Administración de Justicia podrá encomendar a la Agencia Estatal de Administración Tributaria o, en su caso, a los organismos tributarios de las Haciendas forales, las actuaciones de investigación patrimonial necesarias para poner de manifiesto las rentas y el patrimonio presente y los que vaya adquiriendo el condenado hasta tanto no se haya satisfecho la responsabilidad civil determinada en sentencia.

Cuando dichas entidades alegaren razones legales o de respeto a los derechos fundamentales para no realizar la entrega o atender a la colaboración que les hubiese sido requerida por el letrado de la Administración de Justicia, éste dará cuenta al juez o tribunal para resolver lo que proceda».

Diecinueve

Se introduce una nueva disposición adicional octava, que tendrá la siguiente redacción:

«Disposición adicional octava. Procesos con víctimas menores de edad.

Los procesos penales en los que esté involucrado como víctima una persona menor de edad, serán de tramitación preferente».

Veinte

Se introduce una nueva disposición adicional novena, que tendrá la siguiente redacción:

«Disposición adicional novena. Justicia restaurativa.

1. La justicia restaurativa se sujetará a los principios de voluntariedad, gratuidad, oficialidad y confidencialidad.

2. Las partes que se sometan a un procedimiento de justicia restaurativa, antes de prestar su consentimiento, serán informadas de sus derechos, de la naturaleza de este y de las consecuencias posibles de la decisión de someterse al mismo.

3. La justicia restaurativa es voluntaria. Ninguna parte podrá ser obligada a someterse a un procedimiento de justicia restaurativa, pudiendo, en cualquier momento, revocar el consentimiento y apartarse del mismo. La negativa de las partes a someterse a un procedimiento de justicia restaurativa, o el abandono del ya iniciado, no implicará consecuencia alguna en el proceso penal.

4. Se garantizará la confidencialidad de la información que se obtenga del procedimiento de justicia restaurativa. Las informaciones vertidas en el marco del procedimiento restaurativo no podrán utilizarse posteriormente, salvo que expresamente lo acuerden las partes afectadas. El juez o el Tribunal no tendrán conocimiento del desarrollo del procedimiento de justicia restaurativa hasta que este haya finalizado, en su caso, mediante la remisión del acta de reparación.

5. El juez o el Tribunal, valorando las circunstancias del hecho, de la persona investigada, acusada o condenada y de la víctima, podrá, de oficio o a instancia de parte, remitir a las partes a un procedimiento restaurativo, salvo en los casos excluidos por ley. El inicio del procedimiento restaurativo en fase de instrucción no eximirá de la práctica de las diligencias indispensables para la comprobación de delito. El sometimiento a justicia restaurativa en el proceso por delitos leves interrumpirá el plazo de prescripción de la correspondiente infracción penal.

6. La resolución que acuerde la remisión a los servicios de justicia restaurativa fijará un plazo máximo para su desarrollo, que no podrá exceder de tres meses prorrogables por un plazo igual. Acordada la remisión, el órgano judicial facilitará el acceso al contenido del procedimiento por parte del equipo de justicia restaurativa.

7. De no consentir las partes en someterse a un procedimiento restaurativo, los servicios restaurativos pondrán inmediatamente esta circunstancia en conocimiento del órgano judicial, que continuará la tramitación del procedimiento penal.

8. Concluido el procedimiento restaurativo, los servicios emitirán un informe sobre el resultado positivo o negativo de la actividad realizada, acompañando, en caso positivo, el acta de reparación con los acuerdos a los que las partes hayan llegado, que estará firmado por las partes personalmente y por sus letrados, si los hubiera. El informe, del que se entregará copia a las partes del procedimiento restaurativo, no debe revelar el contenido de las comunicaciones mantenidas entre las partes ni expresar opinión, valoración o juicio sobre el comportamiento de las mismas durante el desarrollo del procedimiento de justicia restaurativa.

9. En caso de existir acuerdo, el órgano judicial, previa audiencia del Ministerio Fiscal, de las partes personadas y de la víctima del delito, por término de tres días, valorando los acuerdos a los que las partes hayan llegado, las circunstancias concurrentes y el estado del procedimiento, podrá:

a) Si se tratase de un delito leve, decretar el archivo, a la vista del cumplimiento de los acuerdos alcanzados, de conformidad con lo establecido en el artículo 963 de la Ley de Enjuiciamiento Criminal.

b) Si la causa se siguiera por un delito privado o un delito en el que el perdón extingue la responsabilidad criminal, acordar el sobreseimiento del procedimiento y su archivo, dejando sin efecto las medidas cautelares que se hubieren acordado en su caso.

c) Si la causa estuviera en el órgano de instrucción, acordará la conclusión de la misma y la remisión de la causa al órgano competente para la celebración del juicio de conformidad en los términos de los artículos 655 y 787 ter de la Ley de Enjuiciamiento Criminal.

d) Si la causa estuviese en el órgano de enjuiciamiento, se seguirá por los trámites del juicio de conformidad. La sentencia de conformidad incluirá los acuerdos alcanzados por las partes.

e) Resolver sobre la suspensión de la ejecución de la pena privativa de libertad, valorando el resultado del procedimiento restaurativo para el establecimiento de las condiciones, medidas u obligaciones de la suspensión; o, en su caso, sobre el contenido de los trabajos en beneficio de la comunidad».

Artículo 21. Modificación de la Ley 29/1998, de 13 de julio, reguladora de la Jurisdicción Contencioso-administrativa

La Ley 29/1998, de 13 de julio, reguladora de la Jurisdicción Contencioso-administrativa, queda modificada como sigue:

Uno

Se modifica la letra a) del apartado 1 del artículo 11, que queda redactado como sigue:

«a) De los recursos que se deduzcan en relación con las disposiciones generales y los actos de los Ministros, aun cuando se adopten previo informe o acuerdo del Consejo de Ministros o de las Comisiones Delegadas del Gobierno, y de los Secretarios de Estado, en general y en materia de personal cuando se refieran al nacimiento o extinción de la relación de servicio de funcionarios de carrera. Asimismo, conocerá de los recursos contra los actos de cualesquiera órganos centrales del Ministerio de Defensa referidos a ascensos, orden y antigüedad en el escalafón y destinos».

Dos

Se modifica el apartado 1 del artículo 19, para introducir una nueva letra k), con la siguiente redacción:

«k) Los sindicatos estarán también legitimados para actuar, en nombre interés del personal funcionario y estatutario afiliado a ellos que así lo autorice, en defensa de sus derechos individuales, recayendo sobre dichos afiliados los efectos de aquella actuación.»

Tres

Se modifica el apartado 2 del artículo 45, para introducir una letra e), con la siguiente redacción:

«e) En los casos en que el recurso se haya interpuesto por un sindicato que actúe en nombre e interés del personal funcionario y estatutario conforme dispone la letra k) del artículo 19.1, el documento o documentos que acrediten la afiliación de dicho personal y la existencia de comunicación por el sindicato al afiliado de la voluntad de iniciar el proceso, así como la autorización expresa del afiliado al sindicato para dicha iniciación.»

Cuatro

Se modifica el apartado 8 del artículo 74, que queda redactado como sigue:

«8. Desistido un recurso de apelación o de casación, el letrado o la letrada de la Administración de Justicia sin más trámites declarará terminado el procedimiento por decreto, ordenando el archivo de los autos y la devolución de las actuaciones recibidas al órgano jurisdiccional de procedencia».

Cinco

Se modifican los apartados 3, 4, 18, 20 y 22 del artículo 78, que quedan redactados como sigue:

«3. Presentada la demanda, el letrado o la letrada de la Administración de Justicia, apreciada la jurisdicción y competencia objetiva del Tribunal, admitirá la demanda. En otro caso, dará cuenta a éste para que resuelva lo que proceda.

Admitida la demanda, el letrado o la letrada de la Administración de Justicia acordará su traslado a la persona demandada, citando a las partes para la celebración de vista, con indicación de día y hora, y requerirá a la Administración demandada que remita el expediente administrativo en soporte electrónico, con al menos quince días de antelación del término señalado para la vista. Si en la demanda se solicitasen diligencias de preparación de la prueba a practicar en juicio, el letrado o la letrada de la Administración de Justicia acordará lo que corresponda para posibilitar su práctica, sin perjuicio de lo que el juez o tribunal decida sobre su admisión o inadmisión en el acto del juicio. En el señalamiento de las vistas atenderá a los criterios establecidos en el artículo 182 de la Ley 1/2000, de 7 de enero, de Enjuiciamiento Civil.

No obstante, si el actor pide por otrosí en su demanda que el recurso se falle sin necesidad de recibimiento a prueba ni tampoco de vista, el letrado o la letrada de la Administración de Justicia dará traslado de la misma a las partes demandadas para que la contesten en el plazo de veinte días, con el apercibimiento a que se refiere el apartado 1 del artículo 54. Una vez contestada la demanda, el letrado o la letrada de la Administración de Justicia procederán de acuerdo con lo dispuesto en el artículo 57, declarando concluso el pleito, salvo que el juez o la jueza hagan uso de la facultad que le atribuye el artículo 61.

Dentro de los diez primeros días del plazo para contestar la demanda, las partes demandadas podrán solicitar que se celebre la vista, argumentando a tal fin en qué hechos existe disconformidad y qué medios de prueba, distintos de los ya obrantes en actuaciones, habrían de ser practicados para despejar esa disconformidad. El juez o la jueza decidirá sobre dicha solicitud mediante auto.

El auto que acuerde la celebración de vista no será recurrible y, tras su notificación, el letrado o la letrada de la Administración de Justicia citarán a las partes al acto conforme a lo previsto en el párrafo segundo de este apartado.

El auto que rechace la celebración de vista dispondrá, además, que se conteste la demanda en el plazo que reste y contra el mismo podrá interponerse recurso de reposición. Presentada la contestación se abrirá un trámite de conclusiones, por plazo de cinco días sucesivos, si la parte actora lo hubiese solicitado en su demanda.

4. Recibido el expediente administrativo, el letrado o la letrada de la Administración de Justicia lo entregarán al actor y a las personas interesadas que se hubieren personado para que puedan hacer alegaciones en el acto de la vista».

«18. Si el juez o la jueza estimase que alguna prueba relevante no puede practicarse en la vista, sin mala fe por parte de quien tuviera la carga de aportarla, la suspenderá, señalando el letrado o la letrada de la Administración de Justicia competente, en el acto y sin necesidad de nueva notificación, el lugar, día y hora en que deba reanudarse. Si no hubiera asistido a la vista, el letrado o la letrada de la Administración de Justicia efectuarán nuevo señalamiento en el día hábil siguiente a aquel en que se hubiera acordado la suspensión».

«20. El juez o la jueza dictarán sentencia en el plazo de diez días desde la celebración de la vista. No obstante, la sentencia se podrá dictar oralmente al concluir dicho acto con los requisitos de forma y consecuencias previstas en los apartados 3 y 4 del artículo 210 de la Ley 1/2000, de 7 de enero, de Enjuiciamiento Civil, y pronunciando su fallo de acuerdo con lo dispuesto en los artículos 68 a 71 de la presente ley».

«22. Si los mecanismos de garantía previstos en el apartado anterior no se pudiesen utilizar deberán consignarse en el acta los siguientes extremos: número y clase de procedimiento; lugar y fecha de celebración; tiempo de duración, asistentes al acto; alegaciones de las partes; resoluciones que adopte el juez, la jueza o el tribunal; así como las circunstancias e incidencias que no pudieran constar en aquel soporte. A esta acta se incorporarán los soportes de la grabación de las sesiones.

Cuando no se pudiesen utilizar los medios de registro por cualquier causa, el letrado o letrada de la Administración de Justicia extenderá acta de cada sesión, en la que se hará constar:

a) Lugar, fecha, juez o jueza que preside el acto, partes comparecientes, representantes, en su caso, y defensores que las asisten.

b) Breve resumen de las alegaciones de las partes, medios de prueba propuestos por ellas, declaración expresa de su pertinencia o impertinencia, razones de la denegación y protesta, en su caso.

c) En cuanto a las pruebas admitidas y practicadas:

1.º Resumen suficiente de las de interrogatorio de parte y testifical.

2.º Relación circunstanciada de los documentos presentados, o datos suficientes que permitan identificarlos, en el caso de que su excesivo número haga desaconsejable la citada relación.

3.º Relación de las incidencias planteadas en el juicio respecto a la prueba documental.

4.º Resumen suficiente de los informes periciales, así como también de la resolución del juez o la jueza en torno a las propuestas de recusación de los peritos.

5.º Resumen de las declaraciones realizadas en la vista.

d) Conclusiones y peticiones concretas formuladas por las partes; en caso de que fueran de condena a cantidad, ésta deberá recogerse en el acta.

e) Declaración hecha por el juez o la jueza de conclusión de los autos, mandando traerlos a la vista para sentencia.

Las actas previstas en este apartado se extenderán por procedimientos informáticos, sin que puedan ser manuscritas más que en las ocasiones en que la sala en que se esté celebrando la actuación careciera de medios informáticos. En estos casos, al terminar la sesión el letrado o letrada de la Administración de Justicia leerá el acta, haciendo en ella las rectificaciones que las partes reclamen, si las estima procedentes. Esta acta se firmará por el letrado o letrada de la Administración de Justicia tras el juez, la jueza o el presidente o la presidenta, las partes, sus representantes o defensores y los peritos, en su caso.»

Artículo 22. Modificación de la Ley 1/2000, de 7 de enero, de Enjuiciamiento Civil

La Ley 1/2000, de 7 de enero, de Enjuiciamiento Civil, queda modificada como sigue:

Uno

Se modifican los apartados 1 y 3 y se añade un apartado 5 en el artículo 19, en los siguientes términos:

«1. Los litigantes están facultados para disponer del objeto del juicio y podrán renunciar, desistir del juicio, allanarse, someterse a mediación, a cualquier otro medio adecuado de solución de controversias o a arbitraje, y transigir sobre lo que sea objeto del mismo, excepto cuando la ley lo prohíba o establezca limitaciones por razones de interés general o en beneficio de tercero.

Estos actos de disposición de los litigantes no podrán realizarse una vez señalado día para la deliberación, votación y fallo del recurso de casación».

«3. Los actos a los que se refieren los apartados anteriores podrán realizarse, según su naturaleza, en cualquier momento de la primera instancia o de los recursos o de la ejecución de sentencia, sin perjuicio de la regla especial para el recurso de casación contenida en el segundo párrafo del apartado 1».

«5. En cualquier momento del procedimiento, el letrado o letrada de la Administración de Justicia o el juez, jueza o tribunal podrá plantear a las partes la posibilidad de derivar el litigio a mediación o a otro medio adecuado de solución de controversias, siempre que considere, mediante resolución motivada que podrá ser oral, que concurren circunstancias que posibilitan una solución del conflicto en dicho ámbito y, singularmente, en los casos en que no haya sido posible llevar a cabo la actividad negociadora previa. La derivación requerirá la conformidad de las partes, que podrán pedir conjuntamente la suspensión del procedimiento.

En los procedimientos en que intervengan personas mayores, definidas en el artículo 7 bis, se valorará específicamente esta circunstancia para promover la solución de los mismos a través de medios adecuados de solución de controversias, con especial consideración a la salvaguarda del principio de igualdad entre las partes».

Dos

Se modifica el apartado 2 del artículo 22, que queda redactado como sigue:

«2. Si alguna de las partes sostuviere la subsistencia de interés legítimo, negando motivadamente que se haya dado satisfacción extraprocesal a sus pretensiones o con otros argumentos, el Letrado de la Administración de Justicia convocará a las partes, en el plazo de diez días, a una comparecencia ante el Tribunal que versará sobre ese único objeto. Terminada la comparecencia, el tribunal decidirá mediante auto, dentro de los diez días siguientes, si procede, o no, continuar el juicio, imponiéndose las costas de estas actuaciones a quien viere rechazada su pretensión.

En el caso de que el interés legítimo que se alegara se circunscribiera a la satisfacción de las costas causadas, el letrado de la Administración de Justicia dará cuenta al tribunal, que acordará mediante auto, previa audiencia de la otra parte, la terminación del proceso, pudiendo condenar al pago de las costas conforme a los criterios establecidos en el artículo 395 de esta Ley.

Contra este auto cabrá interponer recurso de apelación».

Tres

Se modifican los apartados 4 y 5 del artículo 23, que quedan redactados como sigue:

«4. En los supuestos establecidos por la ley, corresponde a los y las profesionales de la procura la práctica de los actos procesales de comunicación y la realización de tareas de auxilio y cooperación con los tribunales, así como las actividades materiales del proceso de ejecución que les hayan sido expresamente delegadas por el juez, jueza o tribunal, previa la petición y el consentimiento informado de la persona representada.

5. Para la realización de los actos de comunicación y las actividades materiales propias de la ejecución que les hayan sido expresamente delegadas por el juez, jueza o tribunal, con los límites y en los supuestos establecidos, ostentarán capacidad de certificación y dispondrán de las credenciales necesarias.

En el ejercicio de las funciones contempladas en este apartado, y sin perjuicio de la posibilidad de sustitución por otro procurador conforme a lo previsto en la Ley Orgánica, 6/1985, de 1 de julio, del Poder Judicial, actuarán de forma personal e indelegable y su actuación será impugnable ante el letrado de la Administración de Justicia conforme a la tramitación prevista en los artículos 452 y 453. Contra el decreto resolutivo de esta impugnación se podrá interponer recurso de revisión».

Cuatro

Se modifica el apartado 2 del artículo 26, que queda redactado como sigue:

«2. Aceptado el poder, el procurador quedará obligado:

1.º A seguir el asunto mientras no cese en su representación por alguna de las causas expresadas en el artículo 30. Le corresponde la obligación de colaborar con los órganos jurisdiccionales para la subsanación de los defectos procesales, así como la realización de todas aquellas actuaciones que resulten necesarias para el impulso y la buena marcha del proceso.

2.º A transmitir al abogado elegido por su cliente o por él mismo, cuando a esto se extienda el poder, todos los documentos, antecedentes o instrucciones que se le remitan o pueda adquirir, haciendo cuanto conduzca a la defensa de los intereses de su poderdante, bajo la responsabilidad que las leyes imponen al mandatario.

Cuando no tuviese instrucciones o fueren insuficientes las remitidas por el poderdante, hará lo que requiera la naturaleza o índole del asunto.

3.º A tener al poderdante y al abogado siempre al corriente del curso del asunto que se le hubiere confiado, pasando al segundo copias de todas las resoluciones que se le notifiquen y de los escritos y documentos que le sean trasladados por el tribunal o por los procuradores de las demás partes.

4.º A trasladar los escritos de su poderdante y de su letrado a los procuradores de las restantes partes en la forma prevista en el artículo 276.

5.º A recoger del abogado que cese en la dirección de un asunto las copias de los escritos y documentos y demás antecedentes que se refieran a dicho asunto, para entregarlos al que se encargue de continuarlo o al poderdante.

6.º A comunicar de manera inmediata al tribunal la imposibilidad de cumplir alguna actuación que tenga encomendada.

7.º A pagar todos los gastos que se causaren a su instancia, excepto los honorarios de los abogados y los correspondientes a los peritos, las tasas por el ejercicio de la potestad jurisdiccional y los depósitos necesarios para la presentación de recursos, salvo que el poderdante le haya entregado los fondos necesarios para su abono.

8.º A la realización de los actos de comunicación y otros actos de cooperación con la Administración de Justicia que su representado le solicite, o en interés de éste cuando así se acuerde en el transcurso del procedimiento judicial por el letrado o letrada de la Administración de Justicia, de conformidad con lo previsto en las leyes procesales.

9.º A acudir a los juzgados y tribunales ante los que ejerza la profesión, a las salas de notificaciones y servicios comunes, durante el período hábil de actuaciones.

10.º A la realización de las actuaciones de ejecución previstas en la presente ley, cuando la persona a que representa así lo solicite y le hayan sido expresamente delegadas por el juez, jueza o tribunal, con los límites y en los supuestos establecidos legalmente».

Cinco

Se suprime el apartado 3 y se añade un párrafo tercero al apartado 1 del artículo 25, con la siguiente redacción:

«1. El poder general para pleitos facultará al procurador para realizar válidamente, en nombre de su poderdante, todos los actos procesales comprendidos, de ordinario, en la tramitación de aquellos.

El poderdante podrá, no obstante, excluir del poder general asuntos y actuaciones para las que la ley no exija apoderamiento especial. La exclusión habrá de ser consignada expresa e inequívocamente.

Los procuradores que ostenten la representación procesal de un litigante beneficiario del derecho de asistencia jurídica gratuita podrán realizar válidamente, en nombre de su representado, todos los actos procesales comprendidos, de ordinario, en la tramitación de aquellos.

2. Será necesario poder especial:

1.º Para la renuncia, la transacción, el desistimiento, el allanamiento, el sometimiento a arbitraje y las manifestaciones que puedan comportar sobreseimiento del proceso por satisfacción extraprocesal o carencia sobrevenida de objeto.

2.º Para ejercitar las facultades que el poderdante hubiera excluido del poder general, conforme a lo dispuesto en el apartado anterior.

3.º En todos los demás casos en que así lo exijan las leyes».

Seis

Se modifica el apartado 2 del artículo 31, que queda redactado como sigue:

«2. Exceptuándose solamente:

1.º Los juicios verbales cuya determinación se haya efectuado por razón de la cuantía y ésta no exceda de 2.000 euros, y la petición inicial de los procedimientos monitorios conforme a lo previsto en esta Ley.

2.º Los escritos que tengan por objeto personarse en juicio, solicitar medidas urgentes con anterioridad al juicio o pedir la suspensión urgente de vistas o actuaciones. Cuando la suspensión de vistas o actuaciones que se pretenda se funde en causas que se refieran especialmente al abogado también deberá éste firmar el escrito, si fuera posible.

3.º Los escritos que tengan por objeto acreditar ante la Oficina judicial o Tribunal el cumplimiento de las actividades materiales del proceso de ejecución que les hayan sido expresamente delegadas a los procuradores por el juez, jueza o Tribunal en los términos previstos por la ley, sin perjuicio de la obligación de informar de su presentación a la dirección letrada del procedimiento».

Siete

Se modifica el apartado 5 del artículo 32, que queda redactado como sigue:

«5. Cuando la intervención de abogado y procurador no sea preceptiva, de la eventual condena en costas de la parte contraria a la que se hubiese servido de dichos profesionales se excluirán los derechos y honorarios devengados por los mismos, salvo que el Tribunal aprecie temeridad o abuso del servicio público de Justicia en la conducta del condenado en costas o que el domicilio de la parte representada y defendida esté en partido judicial distinto a aquel en que se ha tramitado el juicio, operando en este último caso las limitaciones a que se refiere el apartado 3 del artículo 394 de esta ley. También se excluirán, en todo caso, los derechos devengados por el procurador como consecuencia de aquellas actuaciones de carácter meramente facultativo que hubieran podido ser practicadas por las Oficinas judiciales.

En el caso en el que, pese a no ser preceptiva la intervención de abogado o abogada ni de procurador o procuradora, el consumidor opte por valerse de estos profesionales para interponer demanda tras haber formulado una reclamación extrajudicial previa, en la tasación de costas se incluirá la cuenta del procurador y la minuta del abogado, en este último caso sin el límite establecido en el artículo 394.3».

Ocho

Se modifica el artículo 47 que queda redactado como sigue:

«Artículo 47. Competencia de los jueces y juezas de paz.

1. A los jueces y juezas de paz corresponde el conocimiento, en primera instancia, de los asuntos civiles de cuantía no superior a 150 euros que no estén comprendidos en ninguno de los casos a que, por razón de la materia, se refiere el apartado 1 del artículo 250.

2. También les corresponde el conocimiento de los expedientes de conciliación civil de cuantía inferior a 10.000 euros, en los términos previstos por el título IX de la Ley 15/2015, de 2 de julio, de la Jurisdicción Voluntaria.

3. Asimismo serán competentes para conocer de los actos de conciliación a los que se refiere el artículo 804 de la Ley de Enjuiciamiento Criminal siempre que el hecho hubiera sucedido en el municipio donde desempeñen sus funciones y la persona requerida tenga su domicilio en ese mismo municipio».

Nueve

Se modifica el apartado 1 del artículo 49 bis, que queda redactado como sigue:

«1. Cuando un juzgado, que esté conociendo en primera instancia de un procedimiento civil, tuviese noticia de la comisión de un acto de violencia de los definidos en el artículo 1 de la Ley Orgánica 1/2004, de 28 de diciembre, de Medidas de Protección Integral contra la Violencia de Género, que haya dado lugar a la iniciación de un proceso penal o a una orden de protección, tras verificar la concurrencia de los requisitos previstos en el apartado 7 del artículo 89 de la Ley Orgánica 6/1985, de 1 de julio, del Poder Judicial, deberá inhibirse, remitiendo los autos en el estado en que se hallen al juez de violencia sobre la mujer que resulte competente, salvo que se haya iniciado materialmente la vista o comparecencia del procedimiento civil contencioso o de jurisdicción voluntaria».

Diez

Se modifica el apartado 1 del artículo 155, que queda redactado como sigue:

«1. Cuando la parte no representada por procurador o procuradora venga obligada legal o contractualmente a relacionarse electrónicamente con la Administración de Justicia, el acto de comunicación se realizará por medios electrónicos de conformidad con el artículo 162.

No obstante, si el acto de comunicación tuviese por objeto el primer emplazamiento o citación, o la realización o intervención personal de las partes en determinadas actuaciones procesales, y transcurrieran tres días sin que el destinatario acceda a su contenido, se procederá a la comunicación domiciliaria mediante entrega al destinatario en los términos del artículo 161. Si esta segunda comunicación resultara infructuosa, se procederá a su publicación en el Tablón Edictal Judicial Único conforme a lo dispuesto en el artículo 164».

Once

Se modifica el apartado 1 del artículo 156, que queda redactado como sigue:

«1. En los casos en que el demandante manifestare que le es imposible designar un domicilio o residencia del demandado, y la averiguación del mismo fuere necesaria, se utilizarán por el letrado o la letrada de la Administración de Justicia los medios oportunos para averiguar esas circunstancias, pudiendo dirigirse, en su caso, a los Registros, organismos, Colegios profesionales, entidades y empresas a que se refiere el apartado 3 del artículo 155.

Al recibir estas comunicaciones, los Registros y organismos públicos procederán conforme a las disposiciones que regulen su actividad».

Doce

Se modifica el artículo 163, que queda redactado como sigue:

«Artículo 163.

En las poblaciones donde esté establecido, el Servicio Común Procesal de Actos de Comunicación practicará los actos de comunicación que hayan de realizarse por la Oficina judicial, salvo cuando corresponda realizarlos al procurador en los supuestos y con los límites previstos por la ley».

Trece

Se modifica la rúbrica del artículo 208, quedando con la siguiente redacción:

«Artículo 208. Forma de las resoluciones escritas».

Catorce

Se modifica el artículo 209, que queda redactado como sigue:

«Artículo 209. Reglas especiales sobre forma y contenido de las sentencias escritas.

Las sentencias dictadas por escrito habrán de cumplir lo dispuesto en el artículo anterior y se sujetarán, además, a las siguientes reglas:

1.ª En el encabezamiento deberán expresarse los nombres de las partes y, cuando sea necesario, la legitimación y representación en virtud de las cuales actúen, así como los nombres de los abogados, las abogadas, los procuradores y las procuradoras y el objeto del juicio.

2.ª En los antecedentes de hecho se consignarán, con la claridad y la concisión posibles y en párrafos separados y numerados, las pretensiones de las partes o interesados, los hechos en que las funden, que hubieren sido alegados oportunamente y tengan relación con las cuestiones que hayan de resolverse, las pruebas que se hubiesen propuesto y practicado y los hechos probados, en su caso.

3.ª En los fundamentos de derecho se expresarán, en párrafos separados y numerados, los puntos de hecho y de derecho fijados por las partes y los que ofrezcan las cuestiones controvertidas, dando las razones y fundamentos legales del fallo que haya de dictarse, con expresión concreta de las normas jurídicas aplicables al caso.

4.ª El fallo, que se acomodará a lo previsto en los artículos 216 y siguientes, contendrá, numerados, los pronunciamientos correspondientes a las pretensiones de las partes, aunque la estimación o desestimación de todas o algunas de dichas pretensiones pudiera deducirse de los fundamentos jurídicos, así como el pronunciamiento sobre las costas. También determinará, en su caso, la cantidad objeto de la condena, sin que pueda reservarse su determinación para la ejecución de la sentencia, sin perjuicio de lo dispuesto en el artículo 219 de esta ley».

Quince

Se modifica el artículo 210, que queda redactado como sigue:

«Artículo 210. Resoluciones orales.

1. Salvo que la ley permita diferir el pronunciamiento, las resoluciones distintas de sentencia que deban dictarse en la celebración de una vista, audiencia o comparecencia ante el Tribunal o el letrado o letrada de la Administración de Justicia se pronunciarán oralmente en el mismo acto, documentándose este con expresión del fallo y motivación sucinta de aquellas resoluciones. Asimismo, se expresará si la resolución es o no firme, indicando, en este caso, los recursos que procedan, órgano ante el cual deben interponerse y plazo para ello.

2. Pronunciada oralmente una resolución, si todas las personas que fueren parte en el proceso estuvieren presentes en el acto, por sí o debidamente representadas, y expresaren su decisión de no recurrir, se declarará, en el mismo acto, la firmeza de la resolución.

Fuera de este caso, el plazo para recurrir comenzará a contar desde la notificación de la resolución debidamente redactada.

3. Salvo en los procedimientos en los que no intervenga abogado de conformidad con lo dispuesto en el artículo 31.2, podrán dictarse sentencias oralmente en el ámbito del juicio verbal, haciéndose expresión de las pretensiones de las partes, las pruebas propuestas y practicadas y, en su caso, de los hechos probados a resultas de las mismas, haciendo constar las razones y fundamentos legales del fallo que haya de dictarse,

con expresión concreta de las normas jurídicas aplicables al caso. El fallo se ajustará a las previsiones de la regla 4.ª del artículo 209.

La sentencia se dictará al concluir el mismo acto de la vista en presencia de las partes, sin perjuicio de su ulterior redacción por el juez, la jueza o el magistrado o la magistrada. Se expresará si la sentencia es o no firme, indicando, en este caso, los recursos que procedan, órgano ante el cual deben interponerse y plazo para ello.

4. Pronunciada oralmente una sentencia, si todas las personas que fueren parte en el proceso estuvieren presentes en el acto, por sí o debidamente representadas, y expresaren su decisión de no recurrir, se declarará, en el mismo acto, la firmeza de la resolución. Fuera de este caso, el plazo para recurrir comenzará a contar desde la notificación de la sentencia debidamente redactada. Las partes tendrán un plazo de cinco días desde la celebración de la vista para presentar un escrito manifestando su interés en recurrirla, con expresión de los pronunciamientos objeto del mismo. El plazo para interponer el recurso de apelación comenzará a contar desde el día siguiente al que se notificase a la parte la sentencia por escrito con expresión del fallo y con motivación sucinta».

Dieciséis

Se modifica el apartado 3 del artículo 244, que queda redactado como sigue:

«3. Transcurrido el plazo establecido en el apartado 1 sin haber sido impugnada la tasación de costas practicada o sin haberse solicitado la exoneración o reducción de acuerdo con lo previsto en el artículo siguiente, el letrado o la letrada de la Administración de Justicia la aprobará mediante decreto. Contra esta resolución cabe recurso directo de revisión, y contra el auto resolviendo el recurso de revisión no cabe recurso alguno».

Diecisiete

Se modifica el artículo 245, que queda redactado como sigue:

«Artículo 245. Impugnación de la tasación de costas y solicitud de exoneración o moderación de las mismas.

1. La tasación de costas podrá ser impugnada dentro del plazo a que se refiere el apartado 1 del artículo anterior.

2. La impugnación podrá basarse en que se han incluido en la tasación, partidas, derechos o gastos indebidos. Pero, en cuanto a los honorarios de los abogados, las abogadas, peritos o profesionales no sujetos a arancel, también podrá impugnarse la tasación alegando que el importe de dichos honorarios es excesivo.

3. La parte favorecida por la condena en costas podrá impugnar la tasación por no haberse incluido en aquélla gastos debidamente justificados y reclamados.

También podrá fundar su reclamación en no haberse incluido la totalidad de la minuta de honorarios de su abogado, abogada, o de perito, profesional o personal funcionario no sujeto a arancel que hubiese actuado en el proceso a su instancia, o en no haber sido incluidos correctamente los derechos de su procurador.

4. En el escrito de impugnación habrán de mencionarse las cuentas o minutas y las partidas concretas a que se refiera la discrepancia y las razones de ésta. De no efectuarse dicha mención, el letrado o la letrada de la Administración de Justicia, mediante decreto, inadmitirá la impugnación a trámite. Frente a dicho decreto cabrá interponer recurso de revisión.

5. Sin perjuicio de lo dispuesto en los apartados anteriores y en el mismo plazo, la parte condenada al pago de las costas podrá solicitar la exoneración de su pago o la moderación de su cuantía cuando hubiera formulado una propuesta a la parte contraria en cualquiera de los medios adecuados de solución de controversias al que hubieran acudido, la misma no hubiera sido aceptada por la parte requerida y la resolución judicial que ponga término al procedimiento sea sustancialmente coincidente con el contenido de dicha propuesta.

Las mismas consecuencias tendrá el rechazo injustificado de la propuesta que hubiese formulado el tercero neutral, cuando la sentencia recaída en el proceso sea sustancialmente coincidente con la citada propuesta.

A la solicitud de exoneración o modificación deberá acompañar la documentación íntegra referida a la propuesta formulada, que en este momento procesal y a estos efectos, estará dispensada de confidencialidad. De no acompañarse dicha documentación, el Letrado de la Administración de Justicia, mediante decreto, inadmitirá a trámite la solicitud. Frente a este decreto cabrá interponer recurso de revisión».

Dieciocho

Se añade un nuevo artículo 245 bis, con el siguiente contenido:

«Artículo 245 bis. Tramitación y decisión de la solicitud de exoneración o reducción.

1. Si tras la tasación la parte condenada al pago de las costas hubiera solicitado su exoneración o la moderación de su cuantía de acuerdo con lo dispuesto en el artículo 245.5, el letrado o la letrada de la Administración de Justicia dará traslado a la otra parte por tres días para que se pronuncie sobre dicha solicitud.

2. En el caso de que la parte favorecida por la condena en costas aceptase la exoneración o la reducción solicitada de contrario, se procederá por el letrado o la letrada de la Administración de Justicia a dictar decreto fijando, en su caso, la cantidad debida en los términos de la solicitud. Se entenderá que presta su conformidad a la solicitud si deja pasar el plazo sin evacuar el traslado.

Contra este decreto cabrá interponer recurso de revisión.

3. En el caso de que la parte favorecida por la condena en costas no aceptase la exoneración o la reducción solicitada de contrario, se resolverá por el tribunal si son o no procedentes en la cuantía tasada, mediante auto sin condena en costas. Si se considerara procedente una reducción, el auto deberá indicar el porcentaje concreto y las partidas objeto de la misma.

Contra este auto cabrá interponer recurso de reposición.

4. Una vez firme la resolución que hubiera denegado la exoneración o la reducción, así como la que hubiera reducido la cuantía de las costas, se procederá, en su caso, a tramitar la impugnación de la tasación de costas por excesivas o indebidas de acuerdo con lo previsto en el artículo siguiente.»

Diecinueve

Se modifican los apartados 1, 3 y 4 del artículo 246, que quedan redactados como sigue:

«Artículo 246. Tramitación y decisión de la impugnación.

1. Si la tasación se impugnara por considerar excesivos los honorarios de los abogados o las abogadas, se oirá en el plazo de cinco días al abogado o abogada de que se trate y, si no aceptara la reducción de honorarios que se le reclame, se pasará testimonio de los autos, o de la parte de ellos que resulte necesaria, al Colegio de Abogados para que emita informe. No será necesario en el ámbito del artículo 438 bis cuando ya se haya emitido informe previamente, salvo que resulte justificado por la concurrencia de circunstancias diversas de las tenidas en cuenta por el Colegio de abogados para la elaboración del informe previo».

«3. El letrado o letrada de la Administración de Justicia, a la vista de lo actuado y de los dictámenes emitidos, dictará decreto manteniendo la tasación realizada o, en su caso, introducirá las modificaciones que estime oportunas.

4. Cuando sea impugnada la tasación por haberse incluido en ella partidas de derechos u honorarios indebidas, o por no haberse incluido en aquélla gastos debidamente justificados y reclamados, el letrado o letrada de la Administración de Justicia dará traslado a la otra parte por tres días para que se pronuncie sobre la inclusión o exclusión de las partidas reclamadas.

El letrado o letrada de la Administración de Justicia resolverá en los tres días siguientes mediante decreto. Frente a esta resolución podrá ser interpuesto recurso directo de revisión y contra el auto resolviendo el recurso de revisión no cabe recurso alguno.

Si la impugnación referida en el apartado 1 o en este apartado fuere totalmente desestimada, se impondrán las costas del incidente a la parte impugnante si hubiera obrado con abuso del servicio público de Justicia, o al profesional que impugnó la tasación para que se incluyeran gastos que consideraba debidamente justificados o reclamados. Si fuere total o parcialmente estimada, se impondrán, también en el caso de que hubiera obrado con abuso del servicio público de Justicia, al perito o la parte a la que defienda el abogado o abogada cuyos honorarios se hubieran considerado excesivos o indebidos.

Contra dichos decretos cabe recurso de revisión.

Contra el auto resolviendo el recurso de revisión no cabe recurso alguno.»

Veinte

Se modifican los apartados 3 y 4 del artículo 247, que quedan redactados como sigue:

«3. Si los tribunales estimaren que alguna de las partes ha actuado conculcando las reglas de la buena fe procesal o con abuso del servicio público de Justicia, podrán imponerle, en pieza separada, mediante acuerdo motivado y respetando el principio de proporcionalidad, una multa que podrá oscilar de ciento ochenta a seis mil euros, sin que en ningún caso pueda superar la tercera parte de la cuantía del litigio.

Para determinar la cuantía de la multa el tribunal deberá tener en cuenta las circunstancias del hecho de que se trate, los perjuicios que, al procedimiento, a la otra parte o a la Administración de Justicia se hubieren podido causar, la capacidad económica del infractor, así como la reiteración en la conducta.

En todo caso, por el letrado o letrada de la Administración de Justicia se hará constar el hecho que motive la actuación correctora, las alegaciones del implicado y el acuerdo que se adopte por el tribunal.

4. Si los tribunales entendieren que la actuación contraria a las reglas de la buena fe o con abuso del servicio público de Justicia podría ser imputable a alguno de los profesionales intervinientes en el proceso, sin perjuicio de lo dispuesto en el apartado anterior, darán traslado de tal circunstancia a los colegios profesionales respectivos por si pudiera proceder la imposición de algún tipo de sanción disciplinaria. En los casos en los que tal actuación se produzca en el ámbito de un proceso en el que la parte litigase con el beneficio de justicia gratuita, tal comunicación se remitirá también a la Comisión de Asistencia Jurídica Gratuita correspondiente.»

Veintiuno

Se modifica el apartado 3 del artículo 255, que queda redactado como sigue:

«3. En el juicio verbal, el demandado impugnará la cuantía o la clase de juicio por razón de la cuantía en la contestación a la demanda, y el tribunal resolverá la cuestión en el trámite del artículo 438.10.»

Veintidós

Se introduce un nuevo numeral 4.º al artículo 264, con la siguiente redacción:

«4.º El documento que acredite haberse intentado la actividad negociadora previa a la vía judicial cuando la ley exija dicho intento como requisito de procedibilidad, o declaración responsable de la parte de la imposibilidad de llevar a cabo la actividad negociadora previa a la vía judicial por desconocer el domicilio de la parte demandada o el medio por el que puede ser requerido».

Veintitrés

Se modifica el apartado 4 del artículo 273, en los siguientes términos:

«4. Los escritos y documentos presentados por vía telemática o electrónica indicarán el tipo y número de expediente y año al que se refieren e irán debidamente referenciados mediante un índice electrónico que permita su debida localización y consulta. El escrito principal deberá incorporar firma electrónica basada en un certificado cualificado y se adaptará a lo establecido en la normativa reguladora del uso de las tecnologías en la Administración de Justicia».

Veinticuatro

Se modifica el párrafo segundo del apartado 1 y se añade un nuevo apartado 3 en el artículo 287, en los siguientes términos:

«Sobre esta cuestión, que también podrá ser suscitada de oficio por el tribunal, se resolverá en el acto del juicio. A tal efecto, se oirá a las partes y, en su caso, se practicarán las pruebas pertinentes y útiles que se propongan en el acto sobre el concreto extremo de la referida ilicitud».

«3. En el caso de que la cuestión indicada en el apartado 1 se suscitase en el ámbito del juicio verbal, se resolverá conforme a lo dispuesto en el artículo 438.10».

Veinticinco

Se modifica el apartado 1 del artículo 340, que queda redactado como sigue:

«1. Los peritos deberán poseer el título oficial que corresponda a la materia objeto del dictamen y a la naturaleza de este y ser acreditados expertos en la materia. Si se tratare de materias que no estén comprendidas en títulos profesionales oficiales, habrán de ser nombrados entre personas entendidas en aquellas materias».

Veintiséis

Se modifica el apartado 3 del artículo 342, que queda redactado como sigue:

«3. El perito designado podrá solicitar, en los tres días siguientes a su nombramiento y con presentación de un presupuesto de lo que sería su futura factura, la provisión de fondos que considere necesaria, que será a cuenta de la liquidación final. El letrado o letrada de la Administración de Justicia, mediante decreto, decidirá sobre la provisión solicitada y ordenará a la parte o partes que hubiesen propuesto la prueba pericial y no tuviesen derecho a la asistencia jurídica gratuita, que procedan a abonar la cantidad fijada en la Cuenta de Depósitos y Consignaciones del tribunal, en el plazo de cinco días.

Transcurrido dicho plazo, si no se hubiere depositado la cantidad establecida, el perito quedará eximido de emitir el dictamen, sin que pueda procederse a una nueva designación.

Cuando el perito designado lo hubiese sido de común acuerdo, y uno de los litigantes no realizare la parte de la consignación que le correspondiere, ofrecerá al otro litigante la posibilidad de completar la cantidad que faltare, indicando en tal caso los puntos sobre los que deba pronunciarse el dictamen, o de recuperar la cantidad depositada, en cuyo caso se aplicará lo dispuesto en el párrafo anterior.

Terminada la práctica de la prueba pericial el perito presentará su factura o minuta de honorarios, a la que se dará la tramitación prevista en cuanto a las impugnaciones de tasaciones de costas por honorarios excesivos que proceda, y firme que sea la resolución que recaiga se procederá a su pago».

Veintisiete

Se modifica el artículo 394, que queda redactado como sigue:

«Artículo 394. Condena en las costas de la primera instancia.

1. En los procesos declarativos, las costas de la primera instancia se impondrán a la parte que haya visto rechazadas todas sus pretensiones, salvo que el tribunal aprecie, y así lo razone, que el caso presentaba serias dudas de hecho o de derecho.

Para apreciar, a efectos de condena en costas, que el caso era jurídicamente dudoso se tendrá en cuenta la jurisprudencia recaída en casos similares.

No obstante, cuando la participación en un medio de solución de conflictos sea legalmente preceptiva, o se hubiere acordado, previa conformidad de las partes, por el juez, la jueza o el tribunal o el letrado o la letrada de la Administración de Justicia durante el curso del proceso, no habrá pronunciamiento de costas a favor de aquella parte que hubiere rehusado expresamente o por actos concluyentes, y sin justa causa, participar en un medio adecuado de solución de controversias al que hubiese sido efectivamente convocado.

2. Si fuere parcial la estimación o desestimación de las pretensiones, cada parte abonará las costas causadas a su instancia y las comunes por mitad, a no ser que hubiere méritos para imponerlas a una de ellas por haber litigado con temeridad.

No obstante, si alguna de las partes no hubiere acudido, sin causa que lo justifique, a un medio adecuado de solución de controversias, cuando fuera legalmente preceptivo o así lo hubiera acordado el juez, la jueza o el tribunal o el letrado de la Administración de Justicia durante el proceso, se le podrá condenar al pago de las costas, en decisión debidamente motivada, aun cuando la estimación de la demanda sea parcial.

3. Cuando, en aplicación de lo dispuesto en el apartado 1, se impusieren las costas al litigante vencido, éste sólo estará obligado a pagar, de la parte que corresponda a los abogados y demás profesionales que no estén sujetos a tarifa o arancel, una cantidad total que no exceda de la tercera parte de la cuantía del proceso, por cada uno de los litigantes que hubieren obtenido tal pronunciamiento; a estos solos efectos, las pretensiones

inestimables se valorarán en 24.000 euros, salvo que, en razón de la complejidad del asunto, el tribunal disponga otra cosa.

No se aplicará lo dispuesto en el párrafo anterior cuando el tribunal declare la temeridad del litigante condenado en costas.

Cuando el condenado en costas sea titular del derecho de asistencia jurídica gratuita, éste únicamente estará obligado a pagar las costas causadas en defensa de la parte contraria en los casos expresamente señalados en la Ley 1/1996, de 10 de enero, de Asistencia Jurídica Gratuita. Cuando la parte beneficiada en costas sea titular del derecho de asistencia jurídica gratuita, las mismas deberán ser abonadas a las personas profesionales que se hayan designado para su representación y dirección jurídica, que estarán obligadas a devolver las cantidades eventualmente percibidas con cargo a fondos públicos por su intervención en el proceso. A tales efectos, se comunicará por la Oficina judicial a los colegios profesionales correspondientes dicha circunstancia.

4. Si la parte requerida para iniciar una actividad negociadora previa tendente a evitar el proceso judicial hubiese rehusado intervenir en la misma, la parte requirente quedará exenta de la condena en costas, salvo que se aprecie un abuso del servicio público de Justicia.

5. En ningún caso se impondrán las costas al Ministerio Fiscal en los procesos en que intervenga como parte.»

Veintiocho

Se modifica el apartado 1 y se introduce un nuevo apartado 3 en el artículo 395, en los siguientes términos:

«1. Si el demandado se allanare a la demanda antes de contestarla, no procederá la imposición de costas salvo que el tribunal, razonándolo debidamente, aprecie mala fe en su conducta o abuso del servicio público de Justicia.

Se entenderá que existe mala fe a estos efectos cuando, antes de presentada la demanda, se hubiese requerido al demandado para el cumplimiento de la obligación de forma fehaciente y justificada, o cuando hubiese rechazado el acuerdo ofrecido o la participación en un medio adecuado de solución de controversias».

«3. Si la parte demandada no hubiere acudido, sin causa que lo justifique, a un medio adecuado de solución de controversias, cuando fuera legalmente preceptivo o así lo hubiera acordado el juez, la jueza o el tribunal o el letrado o la letrada de la Administración de Justicia durante el proceso y luego se allanare a la demanda, se le condenará en costas, salvo que el tribunal, en decisión debidamente motivada, aprecie circunstancias excepcionales para no imponérselas».

Veintinueve

Se modifican los apartados 1 y 3 del artículo 399, que quedan redactados como sigue:

«1. El juicio principiará por demanda, en la que, consignados de conformidad con lo que se establece en el artículo 155 los datos y circunstancias de identificación del actor y del demandado y el domicilio o residencia en que pueden ser emplazados, se expondrán numerados y separados los hechos y los fundamentos de derecho, y se fijará con claridad y precisión lo que se pida.

Asimismo, el demandante consignará un número de teléfono, dispositivo electrónico, servicio de mensajería simple o una dirección de correo electrónico, de disponer de ellos, a los meros efectos de contacto por el tribunal.

En el supuesto de que se trate de personas obligadas a relacionarse electrónicamente con la Administración de Justicia, o que elijan hacerlo pese a no venir obligadas a ello, se consignarán necesariamente un número de teléfono y una dirección de correo electrónico.

Además, se indicarán cualquiera de los medios previstos en el apartado 1 del artículo 162, a través de los cuales se podrán realizar notificaciones, requerimientos o emplazamientos personales, incluidos, en su caso, los actos de comunicación correspondientes al procedimiento de ejecución.

Los actos de comunicación a través de dichos medios deberán realizarse en la forma y con las garantías previstas en el artículo 162 para su debida constancia.»

«3. Los hechos se narrarán de forma ordenada y clara con objeto de facilitar su admisión o negación por el demandado al contestar. Con igual orden y claridad se expresarán los documentos, medios e instrumentos que se aporten en relación con los hechos que fundamenten las pretensiones y, finalmente, se formularán valoraciones o razonamientos sobre éstos, si parecen convenientes para el derecho del litigante.

Así mismo, se hará constar en la demanda la descripción del proceso de negociación previo llevado a cabo o la imposibilidad del mismo, conforme a lo establecido en el ordinal 4.º del artículo 264, y se manifestarán, en su caso, los documentos que justifiquen que se ha acudido a un medio adecuado de solución de controversias, salvo en los supuestos exceptuados en la Ley de este requisito de procedibilidad.»

Treinta

Se modifica el apartado 2 del artículo 403, que queda redactado como sigue:

«2. No se admitirán las demandas cuando no se acompañen a ella los documentos que la ley expresamente exija para la admisión de aquellas, cuando no se hagan constar las circunstancias a las que se refiere el segundo párrafo del apartado 3 del artículo 399 en los casos en que se haya acudido a un medio adecuado de solución de controversias por exigirlo la ley como requisito de procedibilidad o cuando no se hayan efectuado los requerimientos, reclamaciones o consignaciones que se exijan en casos especiales.»

Treinta y uno

Se modifica el apartado 1 del artículo 414, que queda redactado como sigue:

«1. Una vez contestada la demanda y, en su caso, la reconvención, o transcurridos los plazos correspondientes, el letrado o letrada de la Administración de Justicia, dentro del tercer día, convocará a las partes a una audiencia, que habrá de celebrarse en el plazo de veinte días desde la convocatoria.

La audiencia tendrá por objeto intentar que las partes puedan alcanzar un acuerdo o transacción que ponga fin al proceso, examinar las cuestiones procesales que pudieran obstar a la prosecución de éste y a su terminación mediante sentencia sobre su objeto, fijar con precisión dicho objeto y los extremos, de hecho o de derecho, sobre los que exista controversia entre las partes y, en su caso, proponer y admitir la prueba».

Treinta y dos

Se modifica el artículo 415, que queda redactado como sigue:

«Artículo 415. Intento de solución extrajudicial de la controversia. Sobreseimiento por desistimiento bilateral. Homologación y eficacia del acuerdo.

1. Comparecidas las partes, el tribunal declarará abierto el acto y comprobará si subsiste el litigio entre ellas.

Si manifestasen haber llegado a un acuerdo o se mostrasen dispuestas a concluirlo de inmediato, podrán desistir del proceso o solicitar del tribunal que homologue lo acordado.

Las partes de común acuerdo podrán también solicitar la suspensión del proceso de conformidad con lo previsto en el artículo 19.4, para someterse a un medio adecuado de solución de controversias.

En este caso, el tribunal examinará previamente la concurrencia de los requisitos de capacidad jurídica y poder de disposición de las partes o de sus representantes debidamente acreditados, que asistan al acto.

2. El acuerdo homologado judicialmente surtirá los efectos atribuidos por la ley a la transacción judicial y podrá llevarse a efecto por los trámites previstos para la ejecución de sentencias y convenios judicialmente aprobados. Dicho acuerdo podrá impugnarse por las causas y en la forma que se prevén para la transacción judicial.

3. Si las partes no hubiesen llegado a un acuerdo o no se mostrasen dispuestas a concluirlo de inmediato, la audiencia continuará según lo previsto en los artículos siguientes. Cuando se hubiera suspendido el proceso para acudir a un medio adecuado de solución de controversias, terminada dicha actividad, cualquiera de las partes podrá solicitar que se alce la suspensión y se señale fecha para la continuación de la audiencia.»

Treinta y tres

Se modifica el apartado 2 del artículo 429, que queda redactado como sigue:

«2. Una vez admitidas las pruebas pertinentes y útiles, se procederá a señalar la fecha del juicio, que deberá celebrarse en el plazo de un mes desde la conclusión de la audiencia. Siempre que el señalamiento pueda hacerse en el mismo acto, se hará por el juez o jueza, teniendo en cuenta las necesidades de la agenda programada de señalamientos y las demás circunstancias contenidas en el artículo 182.4. En los restantes casos se fijará la fecha por el letrado o letrada de la Administración de Justicia, conforme a lo prevenido en el artículo 182.

Si se hiciera uso de la facultad prevista en el artículo 19.5 y todas las partes manifestaran su conformidad con la derivación, se acordará mediante providencia que podrá dictarse oralmente.

La actividad de negociación deberá desarrollarse durante el tiempo que media entre la finalización de la audiencia previa y la fecha señalada para el juicio. No obstante, si quince días antes de llegar dicho término todas las partes manifestaran la conveniencia de prorrogar dicho plazo por una sola vez y por un tiempo determinado que deberán especificar, el letrado o letrada de Administración de Justicia fijará nueva fecha para la celebración del juicio.

En el caso de haberse alcanzado un acuerdo entre las partes, éstas deberán comunicarlo al tribunal para que decrete el archivo del procedimiento, sin perjuicio de solicitar previamente su homologación judicial.

Si el procedimiento seguido para alcanzar el acuerdo fuere una conciliación ante notario o registrador, se acreditará mediante la escritura o certificación registral, sin que sea precisa la homologación judicial.»

Treinta y cuatro

Se modifica el apartado 8 y se añaden los apartados 9 y 10 al artículo 438, que quedan redactados como sigue:

«8. Contestada la demanda y, en su caso, la reconvención o el crédito compensable, o transcurridos los plazos correspondientes, el letrado o la letrada de la Administración de Justicia dictará diligencia de ordenación acordando dar traslado del escrito de contestación a la parte demandante y concediendo a ambas partes el plazo común de cinco días a fin de que propongan la prueba que quieran practicar, debiendo, igualmente, indicar las personas que, por no poder presentar ellas mismas, han de ser citadas por el letrado o la letrada de la Administración de Justicia a la vista para que declaren en calidad de parte, testigos o peritos, a cuyo fin facilitarán todos los datos y circunstancias precisos para llevar a cabo la citación. En el mismo plazo de cinco días podrán las partes pedir respuestas escritas a cargo de personas jurídicas o entidades públicas, por los trámites establecidos en el artículo 381. En el supuesto que alguna de las partes hubiera anunciado la presentación de una prueba pericial conforme al artículo 337.1, dicho plazo de cinco días empezará a contar desde que se tenga por aportado el referido dictamen o haya transcurrido el plazo para su presentación.

Dentro del mismo plazo de cinco días la parte actora podrá realizar las alegaciones que tenga por conveniente con respecto a las excepciones procesales planteadas por el demandado en su escrito de contestación que puedan impedir la válida prosecución y término del proceso mediante sentencia sobre el fondo.

9. En los tres días siguientes al traslado del escrito de proposición de prueba, las partes podrán, en su caso, presentar las impugnaciones a las que se refieren los artículos 280, 283, 287 y 427.

10. Transcurrido el plazo señalado en el apartado anterior, el tribunal resolverá por auto sobre la impugnación de la cuantía del pleito de haberse producido, sobre las excepciones procesales planteadas, sobre la admisión de la prueba propuesta y sobre la pertinencia de la celebración de vista, acordando, en caso de no considerarla necesaria, que queden los autos conclusos para dictar sentencia.

Contra este auto cabrá interponer recurso de reposición, que tendrá efecto suspensivo.

Cuando la única prueba que resulte admitida sea la de documentos, y éstos ya se hubieran aportado al proceso sin resultar impugnados, o cuando se hayan presentado informes periciales y el tribunal no haya considerado pertinente o útil la presencia de los peritos en el juicio, se procederá a dictar sentencia, sin previa celebración de la vista.»

Treinta y cinco

Se añade un nuevo apartado 5 al artículo 439, de forma que el actual apartado 5 pasa a ser el 8, con la siguiente redacción:

«5. No se admitirán las demandas que tengan por objeto las acciones de reclamación de devolución de las cantidades indebidamente satisfechas por el consumidor en aplicación de determinadas cláusulas suelo o de cualesquiera otras cláusulas que se consideren abusivas contenidas en contratos de préstamo o crédito garantizados con hipoteca inmobiliaria cuando no se acompañe a la demanda documento que justifique haber practicado el consumidor una reclamación previa extrajudicial a la persona física o jurídica que realice la actividad de concesión de préstamos o créditos de manera profesional, con el fin de que reconozca expresamente el carácter abusivo de dichas cláusulas, con la consiguiente devolución de las cantidades indebidamente satisfechas por el consumidor.»

«8. Tampoco se admitirán las demandas de juicio verbal cuando no se cumplan los requisitos de admisibilidad, que, para casos especiales, puedan establecer las leyes.»

Treinta y seis

Se introduce un nuevo artículo 439 bis con el siguiente contenido:

«Artículo 439 bis. Reclamación previa relativa a la actividad de concesión de préstamos o créditos de manera oficial.

A los fines previstos en el apartado 5 del artículo 439, el consumidor remitirá la reclamación previa a la persona física o jurídica que realice la actividad de concesión de préstamos o créditos de manera profesional, que deberá admitir o denegar la reclamación. Recibida la reclamación, la persona o entidad destinataria efectuará un cálculo de la cantidad a devolver de manera desglosada, incluyendo necesariamente las cantidades que correspondan en concepto de intereses. En su caso, admitirá o rechazará la nulidad de las cláusulas que el consumidor señale como abusivas.

En el caso en que considere que la devolución no es procedente o, en su caso, rechace la abusividad de las cláusulas, comunicará razonadamente los motivos en los que funda su decisión, sin que pueda alegar otros diferentes en el proceso judicial que se siga. El consumidor deberá manifestar, en su caso, si está de acuerdo con el cálculo y la postura del concedente del préstamo o crédito respecto a la abusividad de las cláusulas interesadas. Si lo estuviera, la persona o entidad que hubiere concedido el préstamo o crédito acordará con el consumidor la devolución del efectivo y, en su caso, reconocerá la nulidad de las cláusulas.

El plazo máximo para que el consumidor y la persona o entidad a la que se reclamó lleguen a un acuerdo será de un mes a contar desde la presentación de la reclamación. En todo caso, se entenderá que el procedimiento extrajudicial ha concluido sin acuerdo:

a) Si la persona o entidad a quien se ha dirigido la reclamación rechaza expresamente la solicitud del consumidor.

b) Si finaliza el plazo de un mes desde la recepción de la comunicación, sin comunicación alguna por su parte.

c) Si el consumidor no está de acuerdo con el cálculo de la cantidad a devolver efectuado por la persona o entidad concedente del préstamo o crédito, si rechaza la cantidad ofrecida, o si no muestra su conformidad con la posición de dicha persona o entidad sobre la nulidad de las cláusulas interesadas.

Si transcurrido el plazo de un mes a partir del momento en que conste fehacientemente la aceptación de la oferta por el consumidor no se ha puesto a su disposición de modo efectivo la cantidad ofrecida, ésta devengará los intereses legales del dinero incrementados en ocho puntos desde que conste fehacientemente que ha sido aceptada la oferta por el perjudicado.

Si transcurriera dicho plazo de un mes sin hacerse efectiva la cantidad ofrecida, quedará expedita la vía judicial para el consumidor, sin perjuicio de que continúe el devengo de los intereses referidos.

Las partes no podrán ejercitar entre sí ninguna acción judicial o extrajudicial en relación con el objeto de la reclamación previa durante el tiempo en que esta se sustancie. La posición mantenida por las partes durante esta negociación previa podrá ser valorada en el seno del proceso ulterior, caso de haberlo, a los efectos previstos en el artículo 394 y, en su caso, en los artículos 245 y 247. Este procedimiento de reclamación extrajudicial tendrá carácter gratuito.

La formalización de la escritura pública y la inscripción registral que, en su caso, pudiera derivarse del acuerdo entre el concedente del préstamo o crédito y el consumidor devengará exclusivamente los derechos arancelarios notariales y registrales correspondientes, de manera respectiva, a un documento sin cuantía y a una inscripción mínima, cualquiera que sea la base».

Treinta y siete

Se modifica el artículo 440, que queda redactado como sigue:

«Artículo 440. Citación para la vista.

Contestada la demanda y, en su caso, la reconvención o el crédito compensable, o transcurridos los plazos correspondientes, el letrado o letrada de la Administración de Justicia, cuando haya de celebrarse vista de acuerdo con lo expresado en el artículo 438, citará a las partes a tal fin dentro de los cinco días siguientes. La vista habrá de tener lugar dentro del plazo máximo de un mes.

En la citación se fijará el día y hora en el que haya de celebrarse la vista, y se informará a las partes de la posibilidad de recurrir a una negociación para intentar solucionar el conflicto, incluido el recurso a una mediación, en cuyo caso aquéllas indicarán en la vista o antes de ella su decisión al respecto y las razones de la misma.

En la citación se hará constar que la vista no se suspenderá por inasistencia del demandado y se advertirá a los litigantes que, si no asistieren y se hubiere admitido su interrogatorio, podrán considerarse admitidos los hechos del interrogatorio conforme a lo dispuesto en el artículo 304. Asimismo, se prevendrá a la parte demandante y demandada de lo dispuesto en el artículo 442, para el caso de que no comparecieren a la vista.»

Treinta y ocho

Se modifica el artículo 443, que queda redactado como sigue:

«Artículo 443. Desarrollo de la vista.

1. Comparecidas las partes, presencialmente o por videoconferencia en los casos que así se haya acordado, el tribunal declarará abierto el acto y comprobará si subsiste el litigio entre ellas. Si manifestasen haber llegado a un acuerdo o se mostrasen dispuestas a concluirlo de inmediato, podrán desistir del proceso o solicitar del tribunal que homologue lo acordado. El acuerdo homologado judicialmente surtirá los efectos atribuidos por la ley a la transacción judicial y podrá llevarse a efecto por los trámites previstos para la ejecución de sentencias y convenios judicialmente aprobados. Dicho acuerdo podrá impugnarse por las causas y en la forma que se prevén para la transacción judicial. Las partes de común acuerdo podrán también solicitar la suspensión del proceso de conformidad con lo previsto en el apartado 4 del artículo 19, para someterse a mediación u otro medio adecuado de solución de controversias. En este caso, el tribunal examinará previamente la concurrencia de los requisitos de capacidad jurídica y poder de disposición de las partes o de sus representantes debidamente acreditados, que asistan al acto. Cuando se hubiera suspendido el proceso para acudir a mediación u otro medio adecuado de solución de controversias, terminada la actividad de negociación sin acuerdo, cualquiera de las partes podrá solicitar que se alce la suspensión y se señale fecha para la continuación de la vista. Por el contrario, en el caso de haberse alcanzado acuerdo entre las partes, éstas deberán comunicarlo al tribunal para que decrete el archivo del procedimiento, sin perjuicio de solicitar previamente su homologación judicial.

2. En atención al objeto del proceso el tribunal, antes de la práctica de la prueba, podrá plantear a las partes la posibilidad de derivación del litigio a un medio adecuado de solución de controversias, siempre que considere y fundadamente que es posible un acuerdo entre las partes de conformidad con lo dispuesto en el apartado 5 del artículo 19. Si todas las partes manifestaran su conformidad con la derivación, se acordará previa suspensión del procedimiento mediante providencia que podrá dictarse oralmente.

La actividad de negociación deberá desarrollarse en el plazo máximo que fije el tribunal atendiendo a la complejidad del procedimiento y demás circunstancias concurrentes. No obstante, si quince días antes de cumplirse el plazo fijado judicialmente todas las partes manifestaran la conveniencia de prorrogar dicho plazo por una sola vez y por un tiempo determinado que deberán especificar de común acuerdo, el tribunal podrá acceder a ello si observa avances en la negociación que permiten prever una solución extrajudicial de la controversia en el nuevo plazo solicitado. Las partes deberán comunicar al tribunal si han alcanzado o no un acuerdo dentro del plazo fijado. Si han llegado a un acuerdo total el tribunal decretará el archivo del procedimiento, sin perjuicio de que las partes deban solicitar previamente su homologación judicial. En caso de desacuerdo o en caso de acuerdo parcial, y sin perjuicio de la homologación judicial del mismo, se acordará el levantamiento de la suspensión y la continuación de la vista para la práctica de las pruebas en el día que se señale al efecto. La asignación de fecha para la continuación de la vista se hará con carácter preferente.

3. Si las partes no hubiesen llegado a un acuerdo o no se mostrasen dispuestas a concluirlo de inmediato, el tribunal dará la palabra a las partes para realizar aclaraciones y fijar los hechos sobre los que exista contradicción.

4. Si no hubiere conformidad sobre todos ellos, se practicarán seguidamente las pruebas que resultaron en su momento admitidas. La proposición de prueba de las partes podrá completarse con arreglo a lo dispuesto en el apartado 1 del artículo 429.»

Treinta y nueve

Se modifica el artículo 444, que queda redactado como sigue:

«Artículo 444. Causas tasadas de oposición.

1. Cuando en el juicio verbal se pretenda la recuperación de finca, rústica o urbana, dada en arrendamiento, por impago de la renta o cantidad asimilada sólo se permitirá al demandado alegar y probar el pago o las circunstancias relativas a la procedencia de la enervación.

1.bis Tratándose de un caso de recuperación de la posesión de una vivienda a que se refiere el párrafo segundo del numeral 4.º del apartado 1 del artículo 250, la oposición del demandado podrá fundarse exclusivamente en la existencia de título suficiente frente al actor para poseer la vivienda o en la falta de título por parte del actor.

2. En los casos del numeral 7.º del apartado 1 del artículo 250, la oposición del demandado únicamente podrá fundarse en alguna de las causas siguientes:

1.º Falsedad de la certificación del Registro u omisión en ella de derechos o condiciones inscritas, que desvirtúen la acción ejercitada.

2.º Poseer el demandado la finca o disfrutar el derecho discutido por contrato u otra cualquier relación jurídica directa con el último titular o con titulares anteriores o en virtud de prescripción, siempre que ésta deba perjudicar al titular inscrito.

3.º Que la finca o el derecho se encuentren inscritos a favor del demandado y así lo justifique presentando certificación del Registro de la Propiedad acreditativa de la vigencia de la inscripción.

4.º No ser la finca inscrita la que efectivamente posea el demandado.

3. En los casos de los numerales 10.º y 11.º del apartado 1 del artículo 250, la oposición del demandado sólo podrá fundarse en alguna de las causas siguientes:

1.ª Falta de jurisdicción o de competencia del tribunal.

2.ª Pago acreditado documentalmente.

3.ª Inexistencia o falta de validez de su consentimiento, incluida la falsedad de la firma.

4.ª Falsedad del documento en que aparezca formalizado el contrato.»

Cuarenta

Se modifica el artículo 445, que queda redactado como sigue:

«Artículo 445. Prueba, diligencias finales y presunciones en los juicios verbales.

En materia de prueba, de diligencias finales y de presunciones, será de aplicación a los juicios verbales lo establecido en los capítulos V y VI del título I del presente libro, así como los artículos 435 y 436 de este texto legal».

Cuarenta y uno

Se modifica el apartado 1 y se introduce un nuevo segundo párrafo en el apartado 2 del artículo 447, en los siguientes términos:

«1. Practicadas las pruebas, incluidas las diligencias finales a las que serán de aplicación lo dispuesto en el artículo 435, el tribunal podrá conceder a las partes un turno de palabra para formular oralmente conclusiones. A continuación, se dará por terminada la vista y el tribunal, salvo en los casos en que pronuncie sentencia oralmente según lo establecido en el artículo 210.3, dictará sentencia dentro de los diez días siguientes. Se exceptúan los juicios verbales en que se pida el desahucio de finca urbana, en que la sentencia se dictará en los cinco días siguientes, convocándose en el acto de la vista a las partes a la sede del tribunal para recibir la notificación sino estuvieran representadas por procurador o no debiera realizarse por medios telemáticos, que tendrá lugar el día más próximo posible dentro de los cinco siguientes al de la sentencia.

Sin perjuicio de lo anterior, en las sentencias de condena por allanamiento a que se refieren el apartado 3 del artículo 437 y el apartado 5 del artículo 438, en previsión de que no se verifique por el arrendatario el desalojo voluntario en el plazo señalado, se fijará con carácter subsidiario día y hora en que tendrá lugar, en su caso, el lanzamiento directo del demandado, que se llevará a término sin necesidad de ulteriores trámites en un plazo no superior a 15 días desde la finalización de dicho periodo voluntario. Del mismo modo, en las sentencias de condena por incomparecencia del demandado, se procederá al lanzamiento en la fecha fijada sin más trámite.»

«En relación con las demandas en las que se acumulen a la pretensión de desahucio o recuperación de finca dada en arrendamiento, por impago de renta o alquiler o por expiración legal o contractual del plazo, las acciones de reclamación de rentas o cantidades análogas vencidas y no pagadas, así como las acciones ejercitadas contra el fiador o avalista solidario, los pronunciamientos de la sentencia en relación con esas acciones acumuladas a la de desahucio producirán efectos de cosa juzgada.»

Cuarenta y dos

Se modifican los numerales 2.º, 4.º, 5.º y 7.º del apartado 2 del artículo 517, que quedan redactados como sigue:

«2.º Los laudos o resoluciones arbitrales y los acuerdos de mediación, debiendo estos últimos haber sido elevados a escritura pública de acuerdo con la Ley de mediación en asuntos civiles y mercantiles, así como los acuerdos alcanzados por las partes en cualquier otro de los medios adecuados de solución de controversias que igualmente hubieren sido elevados a escritura pública».

«4.º La copia de la escritura pública matriz que el interesado solicite que se expida con tal carácter.

5.º El testimonio expedido por el notario del original de la póliza debidamente conservada en su Libro-Registro o la copia autorizada de la misma, acompañada de la certificación a que se refiere el artículo 572.2 de esta ley».

«7.º Los certificados no caducados expedidos por las entidades encargadas de los registros contables respecto de los valores representados mediante anotaciones en cuenta a los que se refiere la Ley del Mercado de Valores, siempre que se acompañe copia de la escritura pública de representación de los valores o, en su caso, de la emisión, cuando tal escritura sea necesaria, conforme a la legislación vigente.

Instada y despachada la ejecución, no caducarán los certificados a que se refiere el párrafo anterior».

Cuarenta y tres

Se modifica el numeral 1.ª del apartado 1 del artículo 525, que queda redactado como sigue:

«1.ª Las sentencias dictadas en los procesos sobre paternidad, maternidad, filiación, nulidad de matrimonio, separación y divorcio, capacidad y estado civil, así como sobre las medidas relativas a la restitución o retorno de menores en los supuestos de sustracción internacional y derechos honoríficos, salvo los pronunciamientos que regulen las obligaciones y relaciones patrimoniales relacionadas con lo que sea objeto principal del proceso».

Cuarenta y cuatro

Se modifica el artículo 539, que queda redactado como sigue:

«Artículo 539. Representación y defensa. Costas y gastos de la ejecución.

1. El ejecutante y el ejecutado deberán estar dirigidos por letrado y representados por procurador, salvo que se trate de la ejecución de resoluciones dictadas en procesos en que no sea preceptiva la intervención de dichos profesionales.

En los supuestos establecidos por la ley, previa solicitud de la parte ejecutante, y a su costa, el juez, jueza o Tribunal podrá acordar que determinadas actuaciones materiales propias del proceso de ejecución sean efectuadas por el profesional de la procura que le represente.

En el ejercicio de las funciones contempladas en este apartado, y sin perjuicio de la posibilidad de sustitución prevista en la Ley Orgánica del Poder Judicial, el o la profesional de la procura de la parte actuará de forma personal e indelegable y su actuación será impugnable ante el letrado o letrada de la Administración de Justicia conforme a la tramitación prevista en los artículos 452 y 453. Contra el decreto resolutivo de esta impugnación se podrá interponer recurso de revisión.

Para la ejecución derivada de procesos monitorios en que no haya habido oposición, se requerirá la intervención de abogado y procurador siempre que la cantidad por la que se despache ejecución sea superior a 2.000 euros.

Para la ejecución derivada de un acuerdo de mediación o un laudo arbitral se requerirá la intervención de abogado y procurador siempre que la cantidad por la que se despache ejecución sea superior a 2.000 euros.

2. En las actuaciones del proceso de ejecución para las que esta ley prevea expresamente pronunciamiento sobre costas, las partes deberán satisfacer los gastos y costas que les correspondan conforme a lo previsto en el artículo 241 de esta ley, sin perjuicio de los reembolsos que procedan tras la decisión del tribunal o, en su caso, del letrado o la letrada de la Administración de Justicia sobre las costas.

Las costas del proceso de ejecución no comprendidas en el párrafo anterior serán a cargo del ejecutado sin necesidad de expresa imposición, pero, hasta su liquidación, el ejecutante deberá satisfacer los gastos y costas que se vayan produciendo, salvo los que correspondan a actuaciones que se realicen a instancia del ejecutado o de otros sujetos, que deberán ser pagados por quien haya solicitado la actuación de que se trate».

Cuarenta y cinco

Se modifica el apartado 1 del artículo 550, que queda redactado como sigue:

«1. A la demanda ejecutiva se acompañarán:

1.º El título ejecutivo, salvo que la ejecución se funde en sentencia, decreto, acuerdo o transacción que conste en los autos. Cuando el título sea un laudo, se acompañarán, además, el convenio arbitral y los documentos acreditativos de la notificación de aquél a las partes. Cuando el título sea un acuerdo de mediación o de un medio adecuado de solución de controversias en vía extrajudicial elevado a escritura pública, se acompañará, además, copia de las actas de la sesión constitutiva y final del procedimiento.

2.º La certificación del registro electrónico de apoderamientos judiciales o referencia al número asignado por dicho registro, siempre que no conste ya en las actuaciones, cuando se pidiere la ejecución de sentencias, transacciones o acuerdos aprobados judicialmente.

3.º Los documentos que acrediten los precios o cotizaciones aplicados para el cómputo en dinero de deudas no dinerarias, cuando no se trate de datos oficiales o de público conocimiento.

4.º Los demás documentos que la ley exija para el despacho de la ejecución.»

Cuarenta y seis

Se introduce un nuevo ordinal 6.º en el apartado 2 del artículo 551, con la siguiente redacción:

«6.º En su caso, las actuaciones materiales propias del proceso de ejecución que se delegan en el profesional de la procura de la parte ejecutante, a petición de la misma y a su costa, en los términos establecidos legalmente.»

Cuarenta y siete

Se modifica el apartado 1 del artículo 565, que queda redactado como sigue:

«1. Sólo se suspenderá la ejecución en los casos en que la Ley lo ordene de modo expreso, o así lo acuerden todas las partes personadas en la ejecución.

En cualquier momento del proceso de ejecución, las partes podrán someterse a mediación o a cualquier otro de los medios adecuados de solución de controversias, en cuyo caso se suspenderá el curso de la ejecución.

En caso de que la mediación o el medio adecuado de solución de controversias de que se trate finalizara sin acuerdo de las partes, la suspensión se alzará a petición de cualquiera de ellas. Si las partes llegaran a un acuerdo extrajudicial por dichos medios, y este se cumpliera o determinara la innecesaria continuación del proceso de ejecución, la parte ejecutante lo pondrá en conocimiento del órgano judicial, que procederá a su archivo. Las partes podrán pedir, en todo caso, la homologación judicial del acuerdo alcanzado, que determinará igualmente el archivo del procedimiento».

Cuarenta y ocho

Se modifica el artículo 608, que queda redactado como sigue:

«Artículo 608. Ejecución por condena a prestación alimenticia.

Lo dispuesto en el artículo anterior no será de aplicación cuando se proceda por ejecución de sentencia que condene al pago de alimentos, en todos los casos en que la obligación de satisfacerlos nazca directamente de la Ley, incluyendo los pronunciamientos de las sentencias dictadas en procesos de nulidad, separación o divorcio sobre alimentos debidos al cónyuge o a los hijos o de los decretos o escrituras públicas que formalicen el convenio regulador que los establezcan. Tampoco será de aplicación lo dispuesto en el artículo anterior cuando se proceda por ejecución de sentencia, decreto o escritura pública que establezca el pago de pensión compensatoria siempre que la parte ejecutante así lo solicite y acredite una necesidad económica que lo justifique, previa ponderación de la situación económica del ejecutante y ejecutado. En estos casos, así como en los de las medidas cautelares correspondientes, el tribunal fijará la cantidad que puede ser embargada».

Cuarenta y nueve

Se introduce un nuevo párrafo segundo en el apartado 1 del artículo 622, con la siguiente redacción:

«El letrado o letrada de la Administración de Justicia podrá acordar que esta orden sea diligenciada por la persona profesional de la procura de la parte ejecutante a petición de la misma y a su costa».

Cincuenta

Se añade un nuevo apartado 4 al artículo 623, con la siguiente redacción:

«4. Todas las comunicaciones previstas en este artículo podrán hacerse por la persona profesional de la procura que represente a la parte ejecutante, previa solicitud de la misma y a su costa, una vez autorizada por el letrado o letrada de la Administración de Justicia.»

Cincuenta y uno

Se modifica el apartado 1 del artículo 629, que queda redactado como sigue:

«1. Cuando el embargo recaiga sobre bienes inmuebles u otros bienes o derechos susceptibles de inscripción registral, el letrado de la Administración de Justicia encargado de la ejecución, a instancia del ejecutante, librará mandamiento para que se haga anotación preventiva de embargo en el Registro de la Propiedad o anotación de equivalente eficacia en el Registro que corresponda. El mismo día de su expedición el letrado de la Administración de Justicia remitirá al Registro de la Propiedad o al Registro que corresponda el mandamiento en cualquiera de las formas previstas en el artículo 162. El Registrador extenderá el correspondiente asiento de presentación, quedando en suspenso la práctica de la anotación hasta que se presente el documento original en la forma prevista por la legislación hipotecaria.

El letrado o letrada de la Administración de Justicia podrá autorizar a la persona profesional de la procura que represente a la parte ejecutante, y a su costa, a que diligencie el mandamiento que le expida, a fin de que se lleve a cabo la anotación de embargo. En este caso, la persona titular del Registro de la Propiedad comunicará la práctica de la anotación o los defectos que impidan la realización de este asiento directamente a la persona profesional de la procura de la parte ejecutante, quien deberá ponerlo en conocimiento del órgano judicial en el plazo de dos días hábiles.»

Cincuenta y dos

Se modifica el artículo 636, que queda redactado como sigue:

«Artículo 636. Realización de bienes o derechos no comprendidos en los artículos anteriores.

1. Los bienes o derechos no comprendidos en los artículos anteriores se realizarán en la forma convenida entre las partes e interesados y aprobada por el letrado o letrada de la Administración de Justicia encargado de la ejecución, con arreglo a lo previsto en esta ley.

2. A falta de convenio de realización, la enajenación de los bienes embargados se llevará a cabo mediante subasta judicial.

3. Sin perjuicio de lo dispuesto en los apartados anteriores, una vez embargados los bienes por el letrado o letrada de la Administración de Justicia, se practicarán las actuaciones precisas para la subasta judicial de los mismos, que se producirá en el plazo señalado si antes no se solicita y se ordena, con arreglo a lo previsto en esta ley, que la realización forzosa se lleve a cabo de manera diferente».

Cincuenta y tres

Se modifica el artículo 640, que queda redactado como sigue:

«Artículo 640. Convenio de realización aprobado por el letrado o la letrada de la Administración de Justicia.

1. El ejecutante, el ejecutado y quien acredite interés directo en la ejecución podrán convenir el modo de realización más eficaz de los bienes hipotecados, pignorados o embargados, frente a los que se dirige la ejecución, incluida la realización por persona o entidad especializada.

2. Si se llegare a un acuerdo entre ejecutante y ejecutado, que no pueda causar perjuicio para tercero cuyos derechos proteja esta ley, lo aprobará el letrado de la Administración de Justicia mediante decreto y suspenderá la ejecución respecto del bien o bienes objeto del acuerdo. También aprobará el acuerdo, con el mismo efecto suspensivo, si incluyere la conformidad expresa de los sujetos, distintos de ejecutante y ejecutado, a quienes afectare. En el supuesto de que la realización sea mediante subasta extrajudicial, por persona o entidad especializada, el letrado o la letrada de la Administración de Justicia aprobará la transmisión tras verificar el cumplimiento de la normativa de ordenación del comercio minorista, reguladora de la venta en pública subasta. Cuando el convenio se refiera a bienes susceptibles de inscripción registral será necesaria, para su aprobación, la conformidad expresa de los acreedores y terceros poseedores que hubieran inscrito o anotado sus derechos en el Registro correspondiente con posterioridad al gravamen que se ejecuta.

3. Cuando se acreditare el cumplimiento del acuerdo, el letrado de la Administración de Justicia sobreseerá la ejecución respecto del bien o bienes a que se refiriese. Si el acuerdo no se cumpliere dentro del plazo pactado o, por cualquier causa, no se lograse la satisfacción del ejecutante en los términos convenidos, podrá éste pedir que se alce la suspensión de la ejecución y se proceda a la subasta, en la forma prevista en esta ley.

4. Las disposiciones de esta ley sobre subsistencia y cancelación de cargas serán aplicables también cuando se transmita la titularidad de inmuebles hipotecados o embargados.

Las enajenaciones que se produzcan deberán ser aprobadas por el letrado de la Administración de Justicia encargado de la ejecución, mediante decreto, previa comprobación de que la transmisión del bien se produjo con conocimiento, por parte del adquirente, de la situación registral que resulte de la certificación de cargas, y con el consentimiento expreso de los acreedores y terceros poseedores que hubieran inscrito o anotado sus derechos en el Registro correspondiente con posterioridad al gravamen que se ejecuta.

Aprobada la transmisión, se estará a lo dispuesto para la subasta de inmuebles en lo que se refiere a la distribución de las sumas recaudadas, inscripción del derecho del adquirente y mandamiento de cancelación de cargas.

Será mandamiento bastante para el Registro de la Propiedad el testimonio del decreto por el que se apruebe la transmisión del bien».

Cincuenta y cuatro

Se suprime la sección 4.ª del capítulo IV del título IV del libro III, quedando los artículos 641 y 642 sin contenido.

Cincuenta y cinco

Se modifica el artículo 644, que queda redactado como sigue:

«Artículo 644. Convocatoria de la subasta.

Una vez fijado el justiprecio de los bienes muebles embargados, el letrado o letrada de la Administración de Justicia, mediante decreto, acordará la convocatoria de la subasta. En este decreto se informará al ejecutado de que el plazo para pagar el resto del precio ofrecido y el traslado previsto por los artículos 650 y 670 para que el ejecutado pueda presentar a otra persona que mejore el precio resultante de la subasta, comenzará a contar desde la fecha de su cierre, sin necesidad de notificación personal. También se le informará de que, en el plazo de diez días desde la notificación del decreto, puede comunicar al tribunal su deseo de facilitar el mejor desarrollo de la subasta, pudiendo consentir la inspección del bien por los interesados. A tal efecto deberá facilitar, dentro de ese plazo, sus datos de contacto, así como fotografías y cuanta información disponga respecto al estado actual del bien y su situación posesoria. Si así lo hiciera, y se tratara de la subasta de un inmueble, podrá beneficiarse de una reducción de la deuda que puede alcanzar hasta un 2 por ciento del importe por el que se adjudicara, conforme prevé el artículo 669.3.

También se hará constar que el portal de subastas del "Boletín Oficial del Estado" permite a los usuarios registrados suscribirse a alertas por correo electrónico para conocer el momento de inicio de la subasta.

La notificación de este decreto al ejecutado no personado deberá practicarse en la forma prevista en el artículo 155.

La subasta se llevará a cabo, en todo caso, de forma electrónica en el Portal de Subastas, bajo la responsabilidad del letrado o letrada de la Administración de Justicia.»

Cincuenta y seis

Se modifica el apartado 1 del artículo 645, que queda redactado como sigue:

«1. Una vez firme la resolución prevista en el artículo anterior, la convocatoria de la subasta se anunciará en el "Boletín Oficial del Estado". El letrado o letrada de la Administración de Justicia ante el o la que se siga el procedimiento de ejecución ordenará la publicación del anuncio de la convocatoria de la subasta remitiéndose el mismo, con el contenido a que se refiere el artículo siguiente y de forma telemática, al "Boletín Oficial del Estado".

El letrado de la Administración de Justicia autorizará al procurador del ejecutante, a petición de esta parte, a llevar a efecto el anuncio de la subasta en la forma indicada en el párrafo anterior.

Además, a instancia del ejecutante o del ejecutado y si el Letrado o letrada de la Administración de Justicia responsable de la ejecución lo juzga conveniente, se dará a la subasta la publicidad que resulte razonable, utilizando los medios públicos y privados que sean más adecuados a la naturaleza y valor de los bienes que se pretende realizar».

Cincuenta y siete

Se modifica el apartado 2 del artículo 646, que queda redactado como sigue:

«2. En el Portal de Subastas se incorporará, de manera separada para cada una de ellas, el edicto, que incluirá las condiciones generales y particulares de la subasta y de los bienes a subastar, así como todos los documentos que contengan datos y circunstancias que sean relevantes para la misma, y necesariamente el informe de avalúo o valoración del bien o bienes objeto de la subasta que sirve de tipo para la misma. Estos datos deberán remitirse al Portal de Subastas de forma que puedan ser tratados electrónicamente por este para facilitar y ordenar la información.

En el edicto y en el Portal de Subastas se hará constar que se entenderá que todo licitador acepta como bastante la titulación existente o asume su inexistencia, así como las consecuencias de que sus pujas no superen los porcentajes del tipo de la subasta establecidos en los artículos 650 y 670. También se informará de que el plazo para pagar el resto del precio ofrecido y el traslado previsto por esos artículos para que el ejecutado pueda presentar a otra persona que mejore el precio resultante de la subasta, comenzará a contar desde la fecha de su cierre, sin necesidad de notificación personal.»

Cincuenta y ocho

Se modifica el artículo 647, que queda redactado como sigue:

«Artículo 647. Requisitos para pujar. Ejecutante licitador.

1. Para tomar parte en la subasta los licitadores deberán cumplir los siguientes requisitos:

1.º Identificarse de forma suficiente, indicando si actúan en nombre propio o de terceros, total o parcialmente. Si actúan en representación de varios, informarán sobre el porcentaje de adjudicación que corresponda a cada uno.

Una vez concluida la subasta, quien resultara ser el mejor postor deberá acreditar su representación ante la Oficina judicial que haya intervenido como autoridad gestora de la subasta, salvo que ya constara previamente. Si no lo hiciera en el plazo de tres días y no se ratificara en ella el propio representado, el letrado o letrada de la Administración de Justicia acordará la pérdida de su depósito que se aplicará a los fines de la ejecución, y solicitará al Portal de Subastas que comunique la identidad del siguiente postor con reserva de postura. También ordenará la devolución de los depósitos de los demás postores, quedando sin efecto sus reservas de postura.

La falta de acreditación de la representación no interrumpirá los plazos establecidos para el pago del resto del precio o de traslado al deudor para mejora de postura.

2.º Declarar que conocen las condiciones generales y particulares de la subasta.

3.º Estar en posesión de la correspondiente acreditación, para lo que será necesario haber consignado el 10 por ciento, del valor de los bienes o un mínimo de mil euros si el importe que resultara de la aplicación de ese porcentaje fuera inferior. El letrado o letrada de la Administración de Justicia está facultado para elevar o reducir el porcentaje del depósito, considerando las circunstancias de la subasta. La consignación se realizará por medios electrónicos a través del Portal de Subastas, que utilizará los servicios telemáticos que la Agencia Estatal de la Administración Tributaria pondrá a su disposición, quien a su vez recibirá los ingresos a través de sus entidades colaboradoras.

2. El ejecutante podrá tomar parte en la subasta, aunque no existan otros licitadores, sin necesidad de consignar cantidad alguna. Necesariamente habrá de hacerlo, en las condiciones previstas en los artículos 650 y 670, cuando pretenda adjudicarse los bienes. Finalizada la subasta, no podrá mejorar el precio final ofrecido por el mejor postor. Si no hubiera habido pujas, tampoco podrá solicitar la adjudicación de los bienes.

3. El ejecutante y los acreedores posteriores participan en la subasta con derecho a ceder el remate a un tercero, sin necesidad de manifestación expresa. Si no se hubiera efectuado con anterioridad, la cesión se verificará en el plazo de cinco días que deberá conferir el letrado o letrada de la Administración de Justicia cuando queden los autos pendientes de dictar el decreto de adjudicación y tras haberse pagado, en su caso, el precio de remate. A tal efecto, se presentará escrito firmado por cedente y cesionario al que se adjuntarán los documentos que permitan acreditar la identidad, facultades y representación de los firmantes, si no constaran ya en el expediente.

Si la cesión ha sido mediante precio, se acreditará documentalmente el pago de la cantidad total por la que el cesionario hubiera obtenido la cesión.

El precio de la cesión de remate podrá ser inferior al del remate o adjudicación sin perjuicio de que la minoración de deuda para el ejecutado deberá corresponderse con el importe total del remate o adjudicación.

Si hubiera sobreprecio también se aplicará a los fines de la ejecución, y así se hará constar en el decreto de adjudicación como un concepto distinto del precio de adjudicación. Si, a consecuencia de ese sobreprecio, existiera sobrante respecto al crédito total reclamado, se requerirá al ejecutante para que proceda a su ingreso en la cuenta del juzgado en el plazo de diez días.

Si no efectuara el pago en el plazo de diez días, se declarará la quiebra de la subasta y se descontará del crédito del ejecutante el importe equivalente al depósito exigido a los demás postores para participar en esa subasta, corriendo a su cargo los gastos de celebración de la nueva subasta.»

Cincuenta y nueve

Se modifican las reglas 2.ª, 3.ª, 4.ª y 6.ª del artículo 648, que quedan redactadas como sigue:

«2.ª La subasta se abrirá transcurridas, al menos, veinticuatro horas desde la publicación del anuncio en el "Boletín Oficial del Estado", cuando haya sido remitida al Portal de Subastas la información necesaria para el comienzo de la misma. El pago de la tasa exigida por el "Boletín Oficial del Estado" para la publicación del anuncio será realizado por el solicitante de la subasta dando cuenta al órgano judicial previamente a su inicio. Igualmente, si el solicitante no lo hiciere en el plazo de diez días desde la remisión, el pago podrá ser realizado por cualquiera de las demás partes de la ejecución, dando cuenta al órgano judicial previamente a su inicio.

3.ª Una vez abierta la subasta solamente se podrán realizar pujas electrónicas con sujeción a las normas de esta ley en cuanto a tipos de subasta, consignaciones y demás reglas que le fueren aplicables.

4.ª Para poder participar en la subasta electrónica, los interesados deberán estar dados de alta como usuarios del sistema, accediendo al mismo mediante mecanismos seguros de identificación y firma electrónicos de acuerdo con lo previsto en el artículo 6 del Real Decreto-ley 6/2023, de 19 de diciembre, por el que se aprueban medidas urgentes para la ejecución del Plan de Recuperación, Transformación y Resiliencia en materia de servicio público de justicia, función pública, régimen local y mecenazgo, de forma que en todo caso exista una plena identificación de los licitadores. El alta se realizará a través del Portal de Subastas mediante mecanismos seguros de identificación y firma electrónicos e incluirá necesariamente todos los datos identificativos del interesado. A los ejecutantes se les identificará de forma que les permita comparecer como postores en las subastas dimanantes del procedimiento de ejecución por ellos iniciado sin necesidad de realizar consignación».

«6.ª Las pujas se enviarán telemáticamente a través de sistemas seguros de comunicaciones al Portal de Subastas, que devolverá un acuse técnico, con inclusión de un sello de tiempo, del momento exacto de la recepción de la postura y de su cuantía. El postor deberá también indicar consiente o no la reserva a que se refiere el párrafo segundo del apartado 1 del artículo 652 y si puja en nombre propio o en nombre de un tercero. Un mismo postor podrá efectuar nuevas posturas por importe superior o inferior a la que ya hubiera realizado, en cuyo caso sólo será tenida en cuenta la última efectuada antes del cierre de la subasta. En el caso de que existan posturas por el mismo importe, se preferirá la anterior en el tiempo. Durante el período de celebración de la subasta, el portal no informará de la existencia o inexistencia de pujas ni de su cuantía, ya que tendrán carácter secreto. Al finalizar la subasta, el portal solo publicará el importe del mejor precio ofrecido, o que la subasta ha concluido sin postores».

Sesenta

Se modifica el artículo 649, que queda redactado como sigue:

«Artículo 649. Desarrollo y terminación de la subasta. Aprobación del remate».

«1. La subasta admitirá posturas que tendrán carácter secreto, durante el plazo improrrogable de veinte días naturales desde su apertura. La subasta no podrá finalizar en sábados, domingos ni en los días de fiesta nacional. Tampoco podrá finalizar en los días que median entre el 24 de diciembre y el 6 de enero, ambos inclusive, ni en el mes de agosto. En el caso de que el letrado de la Administración de Justicia tenga conocimiento de la declaración de concurso del deudor, suspenderá mediante decreto la ejecución y procederá a dejar sin efecto la subasta, aunque ésta ya se hubiera iniciado. Tal circunstancia se comunicará inmediatamente al Portal de Subastas.

2. La suspensión de la subasta por un periodo superior a quince días naturales llevará consigo su cancelación, con devolución de los depósitos a los postores, retrotrayendo la situación al momento inmediatamente anterior a la publicación del anuncio. Si la suspensión no superara los quince días naturales, quedará paralizada la celebración de la subasta, que se reanudará por el tiempo que reste para su conclusión.

3. En la fecha del cierre de la subasta y a continuación del mismo, el Portal de Subastas remitirá al letrado o letrada de la Administración de Justicia información certificada de la postura telemática que hubiera resultado vencedora, con el nombre, apellidos y dirección electrónica del licitador.

En el caso de que el mejor licitador no completara el precio ofrecido, a solicitud del letrado o letrada de la Administración de Justicia, el Portal de Subastas le remitirá información certificada sobre el importe de la siguiente puja por orden decreciente y la identidad del postor que la realizó, siempre que este hubiera optado por la reserva de postura a que cumpla las condiciones del apartado 1 del artículo 652.

Además, el Portal de Subastas comunicará a la Oficina judicial las incidencias que se produzcan en el desarrollo de la subasta y facilitará toda la información que pueda serle solicitada para comprobar que la subasta se ha celebrado con la máxima publicidad, seguridad, confidencialidad y disponibilidad, sin resultar afectados los derechos de los postores y cumpliendo el resto de prescripciones legales. En caso contrario, el letrado o la letrada de la Administración de Justicia podrá no aprobar el resultado de la subasta y ordenar una nueva celebración.

4. Terminada la subasta y recibida la información, el letrado o letrada de la Administración de Justicia dejará constancia de su resultado en el expediente, expresando el nombre del mejor postor y de la postura que formuló. Si la mejor postura cumpliera los requisitos necesarios para la adjudicación del bien o lote, dictará inmediatamente decreto de aprobación de remate».

Sesenta y uno

Se modifica el artículo 650, que queda redactado como sigue:

«Artículo 650. Aprobación del remate. Pago. Adjudicación de bienes.

1. Cuando la mejor postura sea igual o superior al 50 por ciento del valor de subasta, el letrado o letrada de la Administración de Justicia mediante decreto, el día siguiente al del cierre de la subasta, aprobará el remate en favor del mejor postor. El mejor postor habrá de consignar el importe de dicha postura, menos el del depósito, en el plazo de diez días a contar desde el cierre de la subasta. Realizada esta consignación, se le pondrá inmediatamente en posesión de los bienes y se dictará el decreto de adjudicación.

2. Si fuera el ejecutante quien hiciese la mejor postura, igual o superior al 50 por 100 del valor de subasta, y la cantidad ofrecida fuera igual o inferior al principal reclamado, se le pondrá inmediatamente en posesión de los bienes y se dictará el decreto de adjudicación. Si la postura fuera superior, se procederá por el letrado o letrada de la Administración de Justicia a la liquidación de lo que se deba por principal, intereses y costas. Notificada esta liquidación, el ejecutante consignará la diferencia, si la hubiere, en el plazo de diez días. Pagada la diferencia, se le pondrá en posesión de los bienes y se dictará el decreto de adjudicación. Si no efectuara el pago en el plazo de diez días, se declarará la quiebra de la subasta y se descontará del crédito del ejecutante el importe equivalente al depósito exigido a los demás postores para participar en la subasta, corriendo a su cargo los gastos de celebración de la nueva subasta.

3. Cuando la mejor postura ofrecida en la subasta sea inferior al 50 por ciento del valor de subasta, podrá el ejecutado, en el plazo de diez días a contar desde la fecha de cierre de la subasta, presentar escrito indicando que otra persona está dispuesta a mejorar el precio de la subasta, ofreciendo una cantidad igual o superior al 50 por ciento del valor de subasta o que, aun siendo inferior a ese porcentaje, resulte suficiente para lograr la completa satisfacción del derecho del ejecutante.

La persona indicada por el ejecutado en su escrito deberá haber ingresado previamente en la cuenta de depósitos y consignaciones el importe equivalente al del depósito exigido para participar en la subasta y tendrá un plazo de diez días para pagar el resto del precio ofrecido. Ese plazo se computará a partir del día en que se haya efectuado el ingreso. Si no efectuara el pago en ese plazo perderá el depósito efectuado, que se aplicará a los fines de la ejecución y se acordará la celebración de una nueva subasta, si fuera necesaria. Ello sin perjuicio de que, si la mejora es por la cantidad suficiente para lograr la completa satisfacción del crédito del ejecutante, se practique la correspondiente liquidación a los efectos de ingresar la cantidad que falte o devolverle el sobrante que resulte. El ingreso del resto deberá efectuarse también en el plazo de diez días, con apercibimiento de pérdida del depósito.

Habiendo pujas y no siendo el mejor postor, el ejecutante no podrá mejorar el precio ni pedir la adjudicación del bien o lote subastado con posterioridad a la subasta, conforme a lo dispuesto por el artículo 647.

Cuando el ejecutado no haga uso de la facultad de mejora o ésta no tenga efecto, se aprobará el remate en favor del mejor postor, siempre que la cantidad que haya ofrecido sea igual o superior al 30 por ciento del valor de subasta. No obstante, también se aprobará el remate si la cantidad ofrecida fuera suficiente para lograr la completa satisfacción del derecho del ejecutante, aun cuando sea inferior a ese porcentaje.

Si la mejor postura no cumpliera estos requisitos, el letrado o letrada de la Administración de Justicia responsable de la ejecución, oídas las partes, resolverá sobre la aprobación del remate a la vista de las circunstancias del caso y teniendo en cuenta especialmente la conducta del deudor en relación con el cumplimiento de la obligación por la que se procede, las posibilidades de lograr la satisfacción del acreedor mediante la realización de otros bienes, el sacrificio patrimonial que la aprobación o no aprobación del remate suponga para el deudor, para el propio ejecutante o para terceros acreedores con sus derechos inscritos, y el beneficio que de ella obtenga el acreedor. En este último caso, contra el decreto que apruebe o deniegue el remate cabe recurso directo de revisión ante el tribunal que dictó la orden general de ejecución.

Cuando el letrado o letrada de la Administración de Justicia deniegue la aprobación del remate, a instancia del ejecutado, procederá al alzamiento del embargo.

4. Si por la cuantía de la puja el ejecutado pudiera ejercitar la facultad de mejorar la postura, el letrado o letrada de la Administración de Justicia, transcurrido el plazo indicado, realizará la preceptiva notificación a quien hubiera resultado mejor postor, informándole, en su caso, que la persona presentada por el ejecutado ha mejorado el precio ofrecido en la subasta y que se ordena la inmediata devolución del depósito efectuado para participar en ella.

Si no hubiera habido mejora, o ésta finalmente no se hubiera llevado a efecto, aprobado el remate, se requerirá al mejor postor para que, en el plazo de diez días efectúe el pago del resto del precio que ofreció, descontado el depósito. Verificado el ingreso, se le pondrá en posesión del lote subastado y se dictará el decreto de adjudicación. Si no realizara el pago, perderá su depósito, que se aplicará a los fines de la ejecución.

5. En cualquier momento anterior a la aprobación del remate o de la adjudicación al ejecutante podrá el ejecutado liberar sus bienes pagando íntegramente lo que se deba al ejecutante por principal, intereses y costas. En este supuesto, el letrado o letrada de la Administración de Justicia acordará mediante decreto la cancelación de la subasta o dejar sin efecto la misma si ya hubiera concluido.

6. Consignada, cuando proceda, en la cuenta de depósitos y consignaciones, la diferencia entre lo depositado y el precio total del remate, se ordenará al Portal de Subastas la devolución de los depósitos de los postores que han reservado postura. También se ordenará la devolución de esos depósitos cuando el mejor postor haya sido el ejecutante, cuando la persona presentada por el ejecutado para mejorar postura haya ingresado el depósito requerido para ello, o cuando por cualquier otra causa hubiera quedado sin efecto la subasta con posterioridad a su celebración.»

Sesenta y dos

Se modifica el artículo 651, que queda redactado como sigue:

«Artículo 651. Subasta sin postores.

Si en el acto de la subasta no hubiere ningún postor, el letrado o letrada de la Administración de Justicia procederá al alzamiento del embargo, a instancia del ejecutado.»

Sesenta y tres

Se modifica el artículo 652, que queda redactado como sigue:

«Artículo 652. Devolución y destino de los depósitos constituidos para pujar. Reserva de postura.

1. Finalizada la subasta, el Portal de Subastas devolverá inmediatamente los depósitos de los postores excepto lo que corresponda al mejor postor, que se reservará en depósito como garantía del cumplimiento de su obligación y, en su caso, como parte del precio de la venta.

Sin embargo, si los demás postores lo solicitan, también se mantendrá la reserva de las cantidades consignadas por ellos, para que, si el rematante no entregare en plazo el resto del precio, pueda adjudicarse el bien o lote en favor del primero de los que le sigan, por el orden de sus respectivas posturas y, si fueran iguales, por el orden cronológico en el que hubieran sido realizadas.

Si, en el plazo fijado, no consignase el rematante el complemento del precio, quedará sin efecto el remate inicial. El remate se podrá aprobar en favor del postor que le hubiese seguido en el orden de su postura siempre que se hubiese producido la reserva y que la cantidad ofrecida por éste, sumada al depósito del primer postor, alcance el importe del remate principal fallido que constituirá el precio de adjudicación. En ningún caso se aprobará el remate en favor del segundo postor cuando, con el depósito constituido por el primer rematante, se puedan satisfacer el capital e intereses del crédito del ejecutante y las costas.

En el momento en que, como consecuencia del impago del precio por el primer postor, el Portal de Subastas comunique la identidad del siguiente postor cuya reserva de postura cumpla las condiciones exigidas, se devolverán los depósitos de los demás postores y quedarán sin efecto sus reservas de postura.

Cuando el mejor postor en la subasta haya sido el mismo ejecutante, se devolverán los depósitos de todos los postores que hubieran efectuado reserva de postura, como si el precio de remate ya hubiera sido satisfecho.

2. Las devoluciones que procedan con arreglo a lo establecido en el apartado anterior se harán a quien efectuó el depósito con independencia de si hubiere actuado por sí como postor o en nombre de otro.»

Sesenta y cuatro

Se modifica el apartado 1 del artículo 653, que queda redactado como sigue:

«1. Si el mejor postor o, en su caso, el primero de los postores que hubiera reservado postura no efectuara el pago del precio en el plazo señalado o si por su culpa dejare de tener efecto la venta, perderá el depósito que hubiera efectuado y se procederá a nueva subasta, salvo que con los depósitos constituidos por aquellos rematantes se pueda satisfacer el capital e intereses del crédito del ejecutante y las costas.»

Sesenta y cinco

Se modifica el apartado 3 del artículo 654, que queda redactado como sigue:

«3. En el caso de que la ejecución resultase insuficiente para saldar toda la cantidad por la que se hubiera despachado ejecución más los intereses y costas devengados durante la ejecución, dicha cantidad se imputará por el siguiente orden: intereses remuneratorios, principal, intereses moratorios y costas. Además, el letrado o letrada de la Administración de Justicia expedirá certificación acreditativa del precio del remate y de la deuda pendiente por todos los conceptos, con distinción de la correspondiente a principal, a intereses remuneratorios, a intereses de demora y a costas.»

Sesenta y seis

Se modifica el apartado 1 del artículo 655, que queda redactado como sigue:

«1. Las normas de esta sección se aplicarán a las subastas de bienes inmuebles y a las de bienes muebles sujetos a un régimen de publicidad registral similar al de aquéllos, exceptuando, en relación con estos últimos, las reglas relativas a la adjudicación y puesta en posesión de los bienes.»

Sesenta y siete

Se modifica el apartado 2 y se introduce un nuevo apartado 4 en el artículo 656, con la siguiente redacción:

«2. El registrador hará constar por nota marginal la expedición de la certificación a que se refiere el apartado anterior, expresando la fecha y el procedimiento a que se refiera. Si la petición de subasta del inmueble objeto de la ejecución se demorase más de seis meses desde la fecha de expedición de la certificación de cargas, el letrado o letrada de la Administración de Justicia, previamente a dictar el decreto de convocatoria de subasta, podrá solicitar, de oficio, nota simple registral actualizada a efectos de comprobar si su estado registral actual concuerda con el que resulta de la certificación de cargas obrante en el expediente. Se comprobará la vigencia actual de las cargas preferentes que fueron tenidas en cuenta para valorar el bien a efectos de subasta, por si fuera necesarios liquidarlas nuevamente. Esta nota simple registral se pondrá a disposición de los interesados en participar en la subasta, incorporándola a la documentación a publicar en el Portal de Subastas del "Boletín Oficial del Estado". Desde el inicio de la subasta que haya de celebrarse, y hasta su finalización, el registrador notificará, inmediatamente y de forma telemática, al letrado o letrada de la Administración de Justicia y al Portal de Subastas el hecho de haberse presentado otro u otros títulos que afecten o modifiquen la información inicial a los efectos del artículo 667. A estos mismos efectos, el letrado o letrada de la Administración de Justicia incorporará el código registral único de la finca a subastar, si se dispone del mismo, a la información que transmita al Portal de Subastas conforme al artículo 668 y éste, a su vez, comunicará electrónicamente la publicación, cancelación o cierre de la subasta al Registro correspondiente. El Portal de Subastas recogerá la información proporcionada por el Registro de modo inmediato para su traslado a los que consulten su contenido.»

«4. Expedida la certificación a que se refieren los apartados anteriores, el Registro la hará llegar en todo caso por medios electrónicos al órgano judicial correspondiente, sin perjuicio de su entrega o remisión al procurador que hubiera cuidado de su diligenciado, en su caso.»

Sesenta y ocho

Se modifican los apartados 1 y 3 del artículo 657, que queda redactado como sigue:

«1. El letrado o letrada de la Administración de Justicia responsable de la ejecución se dirigirá de oficio a los acreedores registrales cuyos créditos sean preferentes o de igual rango al que sirvió para el despacho de la ejecución y al ejecutado para que informen sobre la subsistencia actual del crédito garantizado y su actual cuantía. Aquéllos a quienes se reclame esta información deberán indicar con la mayor precisión si el crédito subsiste o se ha extinguido por cualquier causa y, en caso de subsistir, qué cantidad resta pendiente de pago, la fecha de vencimiento y, en su caso, los plazos y condiciones en que el pago deba efectuarse. Si el crédito estuviera vencido y no pagado, se informará también de los intereses moratorios vencidos y de la cantidad a la que asciendan los intereses que se devenguen por cada día de retraso. Cuando la preferencia resulte de una anotación de embargo anterior, se expresarán la cantidad pendiente de pago por principal e intereses vencidos a la fecha en que se produzca la información, así como la cantidad a que asciendan los intereses moratorios que se devenguen por cada día que transcurra sin que se efectúe el pago al acreedor y la previsión de costas. En el supuesto de que el crédito hubiera sido satisfecho íntegramente en virtud de subrogación de acreedor, se deberá identificar al pagador. En este caso, el nuevo acreedor será quien deba informar del estado actual de su crédito.

Los oficios que se expidan en virtud de lo dispuesto en el párrafo anterior se remitirán a la dirección electrónica habilitada del acreedor. Si no la tuviera, se entregarán al procurador del ejecutante para que se encargue de su cumplimiento. Tratándose de entidades de crédito, la contestación deberá ir acompañada de los documentos que acrediten la identidad, facultades y representación del firmante de la certificación requerida. Sin estos documentos, no se tendrá por atendido el requerimiento.»

«3. Transcurridos diez días desde el requerimiento al ejecutado y a los acreedores sin que ninguno de ellos haya contestado, el letrado o letrada de la Administración de Justicia podrá reiterarlos, con el apercibimiento de la imposición de las multas previstas en los artículos 589 y 591 de esta ley, mientras no sean atendidos.»

Sesenta y nueve

Se modifican la rúbrica y el apartado 1 del artículo 667, que quedan redactados como sigue:

«Artículo 667. Convocatoria, anuncio y publicidad de la subasta.

1. La subasta se convocará de acuerdo con lo previsto en el artículo 644, y se anunciará y publicará conforme lo previsto en el artículo 645.»

Setenta

Se modifican los apartados 2 y 3 del artículo 668, que quedan redactados como sigue:

«2. En el Portal de Subastas se incorporará, de manera separada para cada una de ellas, el edicto que expresará, además de los datos indicados en el artículo 646, la identificación de la finca o fincas objeto de la subasta, sus datos registrales, incluido el código registral único, y la referencia catastral si la tuvieran, así como la documentación que contenga cuantos datos y circunstancias sean relevantes para la subasta y, necesariamente, la certificación de dominio y cargas que se hubiera expedido al inicio de la ejecución, el avalúo o valoración que sirve de tipo para la misma, incluyendo, a estos efectos, el informe de tasación extrajudicial, cuyo certificado conste en el título ejecutivo, y que hubiera servido como referencia para determinar el valor de subasta; la minoración de cargas preferentes, si las hubiera, mediante la incorporación de las comunicaciones donde conste la situación actualizada de esos créditos; y su situación posesoria, si consta en el procedimiento de ejecución. También se indicará, si procede, la posibilidad de visitar el inmueble objeto de subasta prevista en el apartado 3 del artículo 669. Estos datos y documentos deberán remitirse al Portal de Subastas de forma que puedan ser tratados electrónicamente por este para facilitar y ordenar la información.

En el edicto y en el Portal de Subastas se hará constar igualmente que se entenderá que todo licitador acepta como bastante la titulación existente en el procedimiento de ejecución o asume su inexistencia, así como las consecuencias de que sus pujas no superen los porcentajes del tipo de la subasta establecidos en el artículo 670. También se informará de que el traslado previsto por ese artículo, para que el ejecutado pueda presentar a otra persona que mejore el precio resultante de la subasta, comenzará a contar desde la fecha de su cierre, sin necesidad de notificación, haciéndose constar este extremo en el decreto acordando la subasta. Además se señalará que las cargas, gravámenes y asientos anteriores al crédito del actor continuarán subsistentes y que, por el solo hecho de participar en la subasta, el licitador los admite y acepta quedar subrogado en la responsabilidad derivada de aquéllos si el remate se adjudicare a su favor.

3. De toda finca objeto de licitación se facilitará desde el Registro correspondiente, a través del Portal de Subastas, la información registral actualizada a que se refiere el artículo 667, la referencia catastral si estuviera incorporada a la finca e información gráfica, urbanística o medioambiental asociada a la finca en los términos legalmente previstos, si ello fuera posible.»

Setenta y uno

Se modifican los apartados 1 y 4 del artículo 669, que quedan redactados como sigue:

«1. Para tomar parte en la subasta los postores deberán, previamente, consignar en la forma establecida en el apartado 1 del artículo 647 una cantidad equivalente al 20 por ciento del valor que se haya dado a los bienes con arreglo a lo establecido en el artículo 666, o un mínimo de 1.000 euros si el importe que resultara de la aplicación de ese porcentaje fuera inferior.

El letrado o letrada de la Administración de Justicia está facultado para elevar o reducir el porcentaje del depósito, considerando las circunstancias de la subasta.»

«4. La reanudación de la subasta suspendida por un periodo superior a quince días se realizará mediante una nueva publicación del anuncio y una nueva petición de información registral desde el Portal de Subastas, en su caso, como si de una nueva subasta se tratase, en la forma prevista por el artículo 667.»

Setenta y dos

Se modifica el artículo 670, que queda redactado como sigue:

«Artículo 670. Aprobación del remate. Pago. Adjudicación de los bienes al acreedor.

1. Si la mejor postura fuera igual o superior al 70 por ciento del valor por el que el bien hubiere salido a subasta, el letrado o letrada de la Administración de Justicia responsable de la ejecución, mediante decreto, el día siguiente al del cierre de la subasta, aprobará el remate en favor del mejor postor. En el plazo de veinte días siguientes al cierre de la subasta, el mejor postor habrá de consignar en la Cuenta de Depósitos y Consignaciones la diferencia entre lo depositado y el precio total del remate.

2. Si fuera el ejecutante quien hiciese la mejor postura igual o superior al 70 por 100 del valor por el que el bien hubiere salido a subasta, y fuera superior al principal reclamado, aprobado el remate se procederá por el letrado o letrada de la Administración de Justicia a la liquidación de lo que se deba por principal, intereses y costas. Notificada esta liquidación, el ejecutante consignará la diferencia, si la hubiere, y se dictará el decreto de adjudicación. Si no efectuara el pago en el plazo de diez días, se declarará la quiebra de la subasta y se descontará del crédito del ejecutante el importe equivalente al depósito exigido a los demás postores para participar en la subasta, corriendo a su cargo los gastos de celebración de la nueva subasta.

3. Cuando la mejor postura ofrecida en la subasta sea inferior al 70 por ciento del valor por el que el bien hubiere salido a subasta, podrá el ejecutado, en el plazo de diez días a contar desde la fecha de cierre de la subasta, presentar escrito indicando que otra persona está dispuesta a mejorar el precio de la subasta

ofreciendo una cantidad igual o superior al 60 por ciento del valor de subasta o que, aun siendo inferior a ese porcentaje, resulte suficiente para lograr la completa satisfacción del derecho del ejecutante.

La persona indicada por el ejecutado en su escrito deberá haber ingresado previamente en la cuenta de depósitos y consignaciones el importe equivalente al del depósito exigido para participar en la subasta y tendrá un plazo de diez días para pagar el resto del precio ofrecido. Ese plazo se computará a partir del día en que se haya efectuado el ingreso. Si no efectuara el pago en ese plazo perderá el depósito realizado, que se aplicará a los fines de la ejecución, y se acordará la celebración de una nueva subasta, si fuera necesaria. Ello sin perjuicio de que, si la mejora es por la cantidad suficiente para lograr la completa satisfacción del crédito del ejecutante, se practique la correspondiente liquidación a los efectos de ingresar la cantidad que falte o devolverle el sobrante que resulte. El ingreso del resto deberá efectuarse también en el plazo de diez días, con apercibimiento de pérdida del depósito.

Habiendo pujas y no siendo el mejor postor, el ejecutante no podrá mejorar el precio ni pedir la adjudicación del bien o lote con posterioridad a la subasta, conforme a lo dispuesto en el artículo 647.

Cuando el ejecutado no haga uso de la facultad de mejora o ésta no haya tenido efecto, se aprobará el remate del bien en favor del mejor postor, aunque se haya subastado conjuntamente con otros bienes, siempre que la cantidad que se ofrezca por él sea igual o superior al 50 por ciento de su valor de subasta. No obstante, también se aprobará el remate por la cantidad suficiente para lograr la completa satisfacción del derecho del ejecutante, sin que pueda ser inferior al 40 por ciento del valor de subasta. En este caso, la adjudicación del bien supondrá la terminación de la ejecución por completa satisfacción del ejecutante, quedando liberados el resto de bienes que pudieran garantizar el pago de lo reclamado. Si la mejor postura no cumpliera estos requisitos, el letrado o letrada de la Administración de Justicia responsable de la ejecución, oídas las partes, resolverá sobre la aprobación del remate a la vista de las circunstancias del caso y teniendo en cuenta especialmente la conducta del deudor en relación con el cumplimiento de la obligación por la que se procede, las posibilidades de lograr la satisfacción del acreedor mediante la realización de otros bienes, el sacrificio patrimonial que la aprobación o no aprobación del remate suponga para el deudor, para el propio ejecutante o para terceros acreedores con sus derechos inscritos, y el beneficio que de ella obtenga el acreedor.

Contra el decreto que apruebe o deniegue el remate cabe recurso directo de revisión ante el tribunal que dictó la orden general de ejecución. Cuando el letrado o letrada de la Administración de Justicia deniegue la aprobación del remate, a instancia del ejecutado, procederá al alzamiento del embargo.

Tratándose de la vivienda habitual del deudor, no se aprobará el remate por cantidad inferior al 70 por 100 de su valor de subasta, salvo que se haga por la cantidad que se le deba al ejecutante por todos los conceptos. En este caso, no se podrá aprobar el remate de la vivienda por menos del 60 por 100 de ese valor. Cuando el ejecutante haya sido el mejor postor ofreciendo un precio que no cumple esas condiciones, el letrado o letrada de la Administración de Justicia, si el ejecutado no hace uso de su facultad de mejora, procederá a aprobar el remate de la vivienda por el 70 por 100 del valor de subasta o por la cantidad que se le deba por todos los conceptos si fuera inferior a ese porcentaje, con un mínimo del 60 por 100 de su valor de subasta. Se aplicará en todo caso la regla de imputación de pagos contenida en el artículo 654.3.

4. Si por la cuantía de la puja el ejecutado pudiera ejercitar la facultad de mejorar la postura, el letrado o letrada de la Administración de Justicia, transcurrido el plazo indicado, realizará la preceptiva notificación a quien hubiera resultado mejor postor informándole, en su caso, que la persona presentada por el ejecutado ha mejorado el precio ofrecido en la subasta y que se ordena la inmediata devolución del depósito efectuado para participar en ella.

Si no hubiera habido mejora, o ésta finalmente no se hubiera llevado a efecto, aprobado el remate, se requerirá al mejor postor para que en el plazo de veinte días efectúe el pago del resto del precio que ofreció, descontado el depósito. Verificado el ingreso, se dictará el decreto de adjudicación. Si no realizara el pago, perderá su depósito, que se aplicará a los fines de la ejecución.

5. Quien resulte adjudicatario del bien inmueble conforme a lo previsto en los apartados anteriores habrá de aceptar la subsistencia de las cargas o gravámenes anteriores, si los hubiere y subrogarse en la responsabilidad derivada de ellos.

6. Cuando se le reclame para constituir la hipoteca a que se refiere el número 12.º del artículo 107 de la Ley Hipotecaria, el letrado o letrada de la Administración de Justicia expedirá inmediatamente testimonio del

decreto de aprobación del remate, aun antes de haberse pagado el precio, haciendo constar la finalidad para la que se expide. La solicitud suspenderá el plazo para pagar el precio del remate, que se reanudará una vez entregado el testimonio al solicitante.

7. En cualquier momento anterior a la aprobación del remate o de la adjudicación al ejecutante, podrá el ejecutado liberar sus bienes pagando íntegramente lo que se deba al ejecutante por principal, intereses y costas. En este supuesto, el letrado o letrada de la Administración de Justicia acordará mediante decreto la cancelación de la subasta o dejar sin efecto la misma, si ya hubiera concluido.

8. Consignada, cuando proceda, en la Cuenta de Depósitos y Consignaciones, la diferencia entre lo depositado y el precio total del remate, se ordenará al Portal de Subastas la devolución de los depósitos de los postores que han reservado postura y se dictará decreto de adjudicación en el que se exprese, en su caso, que se ha consignado el precio, así como las demás circunstancias necesarias para la inscripción con arreglo a la legislación hipotecaria. También se ordenará la devolución de los depósitos de esos postores cuando el mejor postor haya sido el ejecutante, cuando la persona presentada por el ejecutado para mejorar postura haya ingresado el depósito requerido para ello, o cuando por cualquier otra causa hubiera quedado sin efecto la subasta con posterioridad a su celebración.»

Setenta y tres

Se modifica el artículo 671, que queda redactado como sigue:

«Artículo 671. Subasta sin ningún postor.

Si en la subasta no hubiere ningún postor, el letrado o letrada de la Administración de Justicia, a instancia del ejecutado, procederá al alzamiento del embargo.

No obstante, desde la finalización de la subasta desierta, el ejecutado, por sí o a propuesta del ejecutante, puede designar una persona que esté dispuesta a adjudicarse el bien por un importe que sea igual o superior al 50 por ciento de su valor de subasta. También se podrá adjudicar por la cantidad suficiente para lograr la completa satisfacción del derecho del ejecutante, sin que pueda ser inferior al 40 por ciento del valor de subasta. En este caso, la adjudicación del bien supondrá la terminación de la ejecución por completa satisfacción del ejecutante, quedando liberados el resto de bienes que pudieran garantizar el pago de lo reclamado.

Si la petición de adjudicación fuera por importe inferior, el letrado o letrada de la Administración de Justicia responsable de la ejecución, oídas las partes, resolverá a la vista de las circunstancias del caso y teniendo en cuenta especialmente la conducta del deudor en relación con el cumplimiento de la obligación por la que se procede, las posibilidades de lograr la satisfacción del acreedor mediante la realización de otros bienes, el sacrificio patrimonial que la aprobación o no aprobación del remate suponga para el deudor, para el propio ejecutante o para terceros acreedores con sus derechos inscritos, y el beneficio que de ella obtenga el acreedor. Contra el decreto que apruebe o deniegue el remate cabe recurso directo de revisión ante el tribunal que dictó la orden general de ejecución.

En todo caso, las partes de la ejecución pueden solicitar, de común acuerdo, la celebración de nueva subasta, o proponer otras formas de satisfacción del derecho del ejecutante, conforme a lo previsto por el artículo 640.»

Setenta y cuatro

Se modifica el artículo 705, que queda redactado como sigue:

«Artículo 705. Requerimiento y fijación de plazo.

Si el título ejecutivo obliga a hacer alguna cosa el tribunal requerirá al deudor para que la haga dentro de un plazo que fijará según la naturaleza el hacer y las circunstancias que concurran. A petición del ejecutante y a su costa, el o la Letrada de la Administración de Justicia podrá delegar en el o la profesional de la Procura de aquél la práctica de dicho requerimiento».

Setenta y cinco

Se da nueva redacción al artículo 707, en los términos siguientes:

«Artículo 707. Publicación de la sentencia en medios de comunicación.

Cuando la sentencia ordene la publicación o difusión, total o parcial, de su contenido en medios de comunicación a costa de la parte vencida en el proceso, podrá despacharse la ejecución para obtener la efectividad de este pronunciamiento, requiriéndose por el Letrado de la Administración de Justicia al ejecutado para que contrate los anuncios que sean procedentes. A petición del ejecutante y a su costa, el o la Letrada de la Administración de Justicia podrá delegar la práctica de este requerimiento en la persona profesional de la Procura».

Setenta y seis

Se modifica el apartado 3 del artículo 709, en los términos siguientes:

«3. Cuando se acuerde apremiar al ejecutado con multas mensuales, se reiterarán trimestralmente por el Letrado de la Administración de Justicia responsable de la ejecución los requerimientos hasta que se cumpla un año desde el primero. Si, al cabo del año, el ejecutado continuare rehusando hacer lo que dispusiere el título, proseguirá la ejecución para entregar al ejecutante un equivalente pecuniario de la prestación o para la adopción de cualesquiera otras medidas que resulten idóneas para la satisfacción del ejecutante y que, a petición de éste y oído el ejecutado podrá acordar el tribunal. A petición del ejecutante y a su costa, el o la Letrada de la Administración de Justicia podrá acordar que la práctica de los requerimientos se realice por la persona profesional de la Procura».

Setenta y siete

Se modifica el apartado 1 del artículo 710, que queda redactado como sigue:

«1. Si el condenado a no hacer alguna cosa quebrantare la sentencia, se le requerirá, a instancia del ejecutante por parte del Letrado de la Administración de Justicia responsable de la ejecución, para que deshaga lo mal hecho si fuere posible, indemnice los daños y perjuicios causados y, en su caso, se abstenga de reiterar el quebrantamiento, con apercibimiento de incurrir en el delito de desobediencia a la autoridad judicial.

Se procederá de esta forma cuantas veces incumpla la condena y para que deshaga lo mal hecho se le intimará por el letrado de la Administración de Justicia con la imposición de multas por cada mes que transcurra sin hacerlo. A petición del ejecutante y a su costa, el o la Letrada de la Administración de Justicia podrá acordar que estas resoluciones sean notificadas por la persona profesional de la Procura».

Setenta y ocho

Se modifica la medida 5.ª del artículo 727, que queda redactada como sigue:

«5.ª La anotación preventiva de demanda, o de inicio de un medio de solución de controversias, arbitrajes y litigios extranjeros, conforme a lo dispuesto en el artículo 722, cuando éstos se refieran a bienes o derechos susceptibles de inscripción en Registros públicos.»

Setenta y nueve

Se modifica el apartado 2 del artículo 730 con la siguiente redacción:

«2. Podrán también solicitarse medidas cautelares antes de la demanda si quien en ese momento las pide alega y acredita razones de urgencia o necesidad.

En este caso, las medidas que se hubieran acordado quedarán sin efecto si la demanda no se presentare ante el mismo tribunal que conoció de la solicitud de aquéllas en los veinte días siguientes a su adopción. El letrado o letrada de la Administración de Justicia, de oficio, acordará mediante decreto que se alcen o revoquen los actos de cumplimiento que hubieran sido realizados, condenará al solicitante en las costas y declarará que es responsable de los daños y perjuicios que haya producido al sujeto respecto del cual se adoptaron las medidas.

Cuando las medidas cautelares se hubieren acordado antes del inicio de un procedimiento de solución adecuada de controversias o durante su pendencia, alcanzado el acuerdo éste habrá de ser puesto de manifiesto ante el tribunal. En este acuerdo las partes deberán pronunciarse sobre el alzamiento, mantenimiento o modificación de las medidas cautelares adoptadas. Si ambas partes solicitan el alzamiento se ordenará por el letrado o la letrada de la Administración de Justicia. En otro caso, se dará cuenta al tribunal que, oídas las partes, resolverá lo procedente atendiendo a las circunstancias concurrentes. Si se hubiese practicado anotación preventiva de inicio de un procedimiento de solución extrajudicial, la anotación de demanda en el mismo asunto producirá sus efectos desde la fecha de la anotación vigente del procedimiento de solución extrajudicial.

Las partes podrán solicitar el alzamiento de las medidas cautelares ante el tribunal competente en el plazo de veinte días desde la terminación del proceso negociador sin acuerdo o desde la fecha de recepción de la propuesta por la parte requerida en caso de que dicha propuesta inicial de acuerdo no obtenga respuesta.»

Ochenta

Se modifica el apartado 2 del artículo 818, que queda redactado como sigue:

«2. Cuando la cuantía de la pretensión no excediera de la propia del juicio verbal, el letrado o la letrada de la Administración de Justicia dictará decreto dando por terminado el proceso monitorio y acordando seguir la tramitación conforme a lo previsto para este tipo de juicio, dando traslado de la oposición al actor, quien podrá impugnarla por escrito en el plazo de diez días. Presentado el escrito de impugnación o transcurrido el plazo sin haberse efectuado, se dictará diligencia de ordenación acordando conceder a ambas partes el plazo de cinco días a fin de que propongan la prueba que quieran practicar, debiendo, igualmente, indicar las personas que, por no poderlas presentar ellas mismas, han de ser citadas por el letrado o la letrada de la Administración de Justicia a la vista para que declaren en calidad de parte, testigos o peritos. A tal fin, facilitarán todos los datos y circunstancias precisos para llevar a cabo la citación y podrán pedir respuestas escritas a cargo de personas jurídicas o entidades públicas, por los trámites establecidos en el artículo 381, continuando el procedimiento por los trámites del artículo 438.9 y siguiente.

Cuando el importe de la reclamación exceda de dicha cantidad, si el peticionario no interpusiera la demanda correspondiente dentro del plazo de un mes desde el traslado del escrito de oposición, el letrado o la letrada de la Administración de Justicia dictará decreto sobreseyendo las actuaciones y condenando en costas al acreedor. Si presentare la demanda, en el decreto poniendo fin al proceso monitorio acordará dar traslado de ella al demandado conforme a lo previsto en los artículos 404 y siguientes, salvo que no proceda su admisión, en cuyo caso acordará dar cuenta al juez o jueza para que resuelva lo que corresponda.»

Ochenta y uno

Se introduce una nueva disposición adicional undécima con la siguiente redacción:

«Disposición adicional undécima. Consentimiento informado para funciones atribuidas a profesionales de la procura.

El Ministerio de Justicia aprobará un formulario que acredite el consentimiento informado de la parte representada para los actos de comunicación, tareas de auxilio y cooperación con los tribunales y actividades materiales del proceso de ejecución que sean expresamente encomendadas al procurador o procuradora, por delegación del juez, jueza o tribunal, en su caso. El formulario deberá precisar que la parte representada da su consentimiento a la realización de actuaciones por el procurador o procuradora a su costa y que, si no fueran realizadas por éstos, lo serían por el tribunal.»

Ochenta y dos

Se introduce una nueva disposición adicional duodécima con la siguiente redacción:

«Disposición adicional duodécima. Referencias a la mediación.

Todas las referencias que en la presente ley se realizan a la mediación han de entenderse referidas también a cualquier otro de los medios adecuados de solución de controversias previstos por la Ley Orgánica de medidas en materia de eficiencia del Servicio Público de Justicia».

Artículo 23. Modificación de la Ley Orgánica 5/2000, de 12 de enero, reguladora de la responsabilidad penal de los menores

Se añade un apartado 4 al artículo 23, con la siguiente redacción:

«4. El Ministerio Fiscal, de oficio o a petición de cualquiera de las partes personadas, instará al Juzgado de menores, la práctica de la declaración de la víctima o de un cualquier otro testigo, con las garantías de la prueba preconstituida, de conformidad con lo dispuesto en la Ley de Enjuiciamiento Criminal, asegurando en todo caso el principio de contradicción cuando concurran alguno de los supuestos siguientes:

a) Cuando exista riesgo de imposibilidad de concurrir al juicio oral.

b) Cuando se trate de una persona especialmente vulnerable. En todo caso, tendrá esa consideración toda persona menor de catorce años o persona con discapacidad necesitada de especial protección».

Artículo 24. Modificación de la Ley 36/2011, de 10 de octubre, reguladora de la jurisdicción social

La Ley 36/2011, de 10 de octubre, reguladora de la jurisdicción social, queda modificada como sigue:

Uno

Se modifica el artículo 50, que queda redactado como sigue:

«Artículo 50. Sentencias orales.

El juez o la jueza, en el momento de terminar el juicio, podrá pronunciar sentencia de viva voz, con el contenido y los requisitos establecidos en el apartado 2 del artículo 97.

Igualmente podrá aprobar mediante sentencia de viva voz, el allanamiento total efectuado, así como, en su caso, los términos de ejecución de la sentencia que le sean propuestos de común acuerdo por las partes.

Su dictado tendrá lugar al concluir el mismo acto de la vista en presencia de las partes, quedando documentada en el soporte audiovisual del acto, sin perjuicio de la ulterior redacción por el juez, la jueza o el magistrado o la magistrada del encabezamiento, los hechos probados y la mera referencia a la motivación pronunciada de viva voz, dándose por reproducida, y el fallo integro, con expresa indicación de su firmeza o, en su caso, de los recursos que procedan, órgano ante el que deben interponerse y plazo para ello.

En aquellos procedimientos en los que no intervenga abogado ni graduado social, de conformidad con la ley, la resolución que se dicte tendrá que ser necesariamente escrita.

Pronunciada oralmente una sentencia, si todas las personas que fueren parte en el proceso estuvieren presentes en el acto debidamente asistidas por abogado o representadas por procurador o graduado social, y expresaren su decisión de no recurrir, se declarará, en el mismo acto, la firmeza de la resolución.

Fuera de este caso, el plazo para recurrir comenzará a contar desde que se notificase a la parte la resolución así redactada».

Dos

Se modifican los apartados 1 y 2 del artículo 65, que quedan redactados como sigue:

«1. La presentación de la solicitud de conciliación o de mediación interrumpirá la prescripción o suspenderá la caducidad de acciones desde la fecha de dicha presentación, reiniciándose o reanudándose respectivamente el cómputo de los plazos al día siguiente de intentada la conciliación o mediación o transcurridos quince días hábiles desde su presentación sin que se haya celebrado.

2. En todo caso, transcurrido el plazo de treinta días hábiles sin haberse celebrado el acto de conciliación o sin haberse iniciado mediación o alcanzado acuerdo en la misma se tendrá por terminado el procedimiento y cumplido el trámite.»

Tres

Se modifica el apartado 4 del artículo 75, que queda redactado como sigue:

«4. Todos deberán ajustarse en sus actuaciones en el proceso a las reglas de la buena fe. De vulnerarse estas, así como en caso de formulación de pretensiones temerarias, sin perjuicio de lo dispuesto en el número anterior, el juez, la jueza o el tribunal podrá imponer mediante auto, en pieza separada, de forma motivada y respetando el principio de proporcionalidad, ponderando las circunstancias del hecho, la capacidad económica y los perjuicios causados al proceso y a otros intervinientes o a terceros, una multa que podrá oscilar de seiscientos a seis mil euros, sin que en ningún caso pueda superar la cuantía de la tercera parte del litigio.

Aquel al que se hubiere impuesto la multa prevista en el párrafo anterior podrá ser oído en justicia. La audiencia en justicia se pedirá en el plazo de los tres días siguientes al de la notificación de la multa, mediante escrito presentado ante el juez, la jueza o el tribunal que la haya impuesto. La audiencia será resuelta mediante auto contra el que cabrá recurso de alzada en cinco días ante la Sala de Gobierno correspondiente, que lo resolverá previo informe del juez, jueza o Sala que impuso la multa.

De apreciarse temeridad o mala fe en la sentencia o en la resolución de los recursos de suplicación o casación, se estará a lo dispuesto en sus reglas respectivas.»

Cuatro

Se suprime el apartado 2 del artículo 80, pasando el actual apartado 3 a numerarse como 2.

Cinco

Se modifica el artículo 82, que queda redactado como sigue:

«Artículo 82. Señalamiento de los actos de conciliación y juicio.

1. De ser admitida la demanda, una vez verificada la concurrencia de los requisitos exigidos, en la misma resolución de admisión a trámite el letrado o letrada de la Administración de Justicia señalará el día y la hora en que hayan de tener lugar, separada o sucesivamente, los actos de conciliación y de juicio, debiendo mediar un mínimo de diez días entre la citación y la efectiva celebración de dichos actos, salvo en los supuestos en que la ley disponga otro distinto y en los supuestos de nuevo señalamiento después de una suspensión.

En el caso de que la representación corresponda al abogado del Estado, al letrado o letrada de la Administración de la Seguridad Social, a los representantes procesales de las Comunidades Autónomas o de la Administración Local o al letrado o la letrada de las Cortes Generales, la resolución de admisión a trámite señalará el día y la hora en que deba tener lugar el acto del juicio.

En el señalamiento de las vistas y juicios el letrado o la letrada de la Administración de Justicia atenderá a los criterios establecidos en el artículo 182 de la Ley 1/2000, de 7 de enero, de Enjuiciamiento Civil, y procurará, en la medida de lo posible, señalar en un mismo día los que se refieran a los mismos interesados y no puedan ser acumulados, así como relacionar los señalamientos de los procesos en los que se deba intentar la conciliación previa por parte del letrado o la letrada de la Administración de Justicia con los exentos de dicho trámite. En especial, las audiencias y vistas que requieran la presencia del representante del Ministerio Fiscal, abogado del Estado, letrados de las Cortes Generales, letrados o letradas de la Administración de la Seguridad Social, de las Comunidades Autónomas o de la Administración Local, serán agrupadas, señalándose de forma consecutiva.

2. La celebración de los actos de conciliación y juicio, el primero ante el letrado o la letrada de la Administración de Justicia y el segundo ante el juez, la jueza, el magistrado o la magistrada podrá tener lugar en distinta convocatoria, debiendo hacerse a este efecto la citación en forma, con entrega a los demandados, a los interesados y, en su caso, al Ministerio Fiscal, de copia de la demanda y demás documentos; así como requiriendo de la Administración pública la remisión del expediente administrativo, cuando proceda, dentro de los diez días siguientes a la notificación.

El señalamiento del acto de conciliación en convocatoria separada y anticipada a la fecha del juicio podrá establecerse a instancia de cualquiera de las partes, si estimaran razonadamente que existe la posibilidad de llegar a un acuerdo conciliatorio, o de oficio por el letrado o la letrada de la Administración de Justicia si entendiera que, por la naturaleza y circunstancias del litigio o por la solución dada judicialmente en casos análogos, pudiera ser factible que las partes alcanzaran un acuerdo.

3. El acto de conciliación anticipada se celebrará a partir de los diez días desde la admisión de la demanda, y en todo caso con una antelación mínima de treinta días a la celebración del acto del juicio, salvo los supuestos fijados en esta ley.

También en el señalamiento del acto de conciliación anticipada se procurará fijar para un mismo día los procedimientos que se refieran a los mismos interesados y no puedan ser acumulados.

Intentada la conciliación anticipada ante el letrado o la letrada de la Administración de Justicia, se tendrá por celebrada sin necesidad de reiterarse el día de la vista, salvo que con anterioridad a la celebración del acto de juicio las partes manifiesten su intención de alcanzar un acuerdo.

4. En las cédulas de citación se hará constar que los actos de conciliación y juicio no podrán suspenderse por incomparecencia del demandado, salvo causas justificadas y en los supuestos legalmente previstos. También se consignará que los litigantes han de concurrir al juicio con todos los medios de prueba de que intenten valerse y que podrán formalizar, sin esperar a la fecha del señalamiento, conciliación en evitación del juicio, por medio de comparecencia ante la Oficina judicial o en los términos previstos en el apartado 1 del artículo 84. Asimismo, podrán someter la cuestión litigiosa a los procedimientos de mediación que pudieran estar constituidos de acuerdo con lo dispuesto en el artículo 63, adoptando las medidas oportunas a tal fin sin que ello dé lugar a la suspensión de la comparecencia, salvo que de común acuerdo lo soliciten ambas partes justificando la sumisión a la mediación, y por el tiempo máximo establecido en el procedimiento correspondiente, que en todo caso no podrá exceder de quince días.

5. En la citación también se requerirá el previo traslado entre las partes o la aportación anticipada, con diez días de antelación al acto de juicio, de la prueba documental o pericial de que intenten valerse. La prueba se deberá presentar en formato electrónico, salvo que la parte no venga obligada a relacionarse electrónicamente con la Administración de Justicia, en cuyo caso se admitirá la presentación en papel o en otros soportes no digitales.

Transcurrido este plazo, sólo se admitirán a la parte actora o demandada los documentos, dictámenes, medios e instrumentos relativos al fondo del asunto cuando se hallen en alguno de los casos siguientes:

1.º Ser de fecha posterior siempre que no se hubiesen podido confeccionar ni obtener con anterioridad a dicho momento procesal.

2.º Tratarse de documentos, medios o instrumentos de fecha anterior, cuando la parte que los presente justifique no haber tenido antes conocimiento de su existencia.

3.º No haber sido posible obtener la prueba documental o dictamen pericial con anterioridad por causas no imputables a la parte, siempre que se hubiera efectuado en plazo la designación del archivo, protocolo o lugar en que se encuentren, o el registro, libro registro, actuaciones o expediente del que se pretenda obtener una certificación o anunciado, en su caso, el dictamen.

Cuando un documento, medio o instrumento sobre hechos relativos al fondo del asunto, se presentase una vez precluido el plazo indicado en este apartado, las demás partes podrán alegar en el juicio la improcedencia de tomarlo en consideración, por no encontrarse en ninguno de los casos indicados. El tribunal resolverá en el acto y, si apreciare ánimo dilatorio o mala fe procesal en la presentación del documento, podrá, además, imponer al responsable una multa dentro de los límites fijados en el apartado 4 del artículo 75.

6. Cuando la representación y defensa en juicio sea atribuida al abogado del Estado, se le concederá un plazo de veintidós días para la consulta a la Abogacía General del Estado. Cuando la representación y defensa en juicio sea atribuida al letrado o letrada de la Administración de la Seguridad Social, se le concederá igualmente un plazo de veintidós días para la consulta a la Dirección del Servicio Jurídico de la Administración de la Seguridad Social. Este mismo plazo se entenderá, respecto de las Comunidades Autónomas, para consulta al organismo que establezca su legislación propia, así como cuando la representación y presencia en juicio sea atribuida al letrado o letrada de las Cortes Generales. El señalamiento del juicio se hará de modo que tenga lugar en fecha posterior al indicado plazo».

Seis

Se modifica el apartado 3 del artículo 83, que queda redactado como sigue:

«3. La incomparecencia injustificada del demandado al acto de conciliación no impedirá la celebración de los actos de conciliación y juicio, continuando este sin necesidad de declarar su rebeldía y sin perjuicio de la sanción que, por esta circunstancia, se podrá imponer en sentencia en los términos establecidos en el artículo 97.3».

Siete

Se modifican los apartados 1 y 3 del artículo 84, que queda redactado como sigue:

«1. El letrado o letrada de la Administración de Justicia intentará la conciliación, llevando a cabo la labor mediadora que le es propia, y advertirá a las partes de los derechos y obligaciones que pudieran corresponderles. Si las partes alcanzan la avenencia, dictará decreto aprobándola y acordando, además, el archivo de las actuaciones. Del mismo modo, corresponderá al letrado letrada de la Administración de Justicia la aprobación del acuerdo alcanzado por las partes antes del día señalado para el acto del juicio, de haberse señalado conciliación anticipada, o en la misma fecha del juicio de tratarse de conciliación y juicio señalados sucesivamente. A tal efecto las partes podrán anticipar la conciliación por vía telemática.

Cuando el acuerdo venga firmado digitalmente por todas las partes, se dictará decreto en el plazo máximo de tres días. En su defecto, y para su posterior ratificación y firma, se citará a las partes a comparecencia en un plazo máximo de cinco días. La conciliación y la resolución aprobatoria, oral o escrita, se documentarán en la propia acta de comparecencia.

La conciliación alcanzada ante el letrado o la letrada de la Administración de Justicia y los acuerdos logrados entre las partes y aprobados por aquél tendrán, a todos los efectos legales, la consideración de conciliación judicial.»

«3. En caso de no haber avenencia ante el letrado o la letrada de la Administración de Justicia y procederse a la celebración del juicio, la aprobación del acuerdo conciliatorio que, en su caso, alcanzasen las partes en dicho momento corresponderá al juez, la jueza o el tribunal ante el que se hubiere obtenido mediante resolución oral o escrita documentada en el propio acuerdo. Sólo cabrá nueva intervención del letrado o letrada de la Administración de Justicia aprobando un acuerdo entre las partes si el acto del juicio se llegase a suspender por cualquier causa.

De celebrarse la conciliación anticipada prevista en el artículo 82 y resultar sin acuerdo, el letrado o la letrada de la Administración de Justicia dejará constancia en el acta de los aspectos controvertidos que hayan impedido el mismo y, de concurrir cuestiones procesales que pudieran suscitar la suspensión del acto del juicio, tales como la existencia de terceros que deban ser llamados al procedimiento o la situación concursal de cualquiera de los intervinientes, advertirá a las partes en los términos establecidos en el artículo 81».

Ocho

Se modifica el apartado 1 del artículo 85, que queda redactado como sigue:

«1. En el acto del juicio, habiéndose dado cuenta de lo actuado, se resolverá, en primer término, motivadamente, en forma oral y oídas las partes, sobre las cuestiones previas que se puedan formular en ese acto, así como sobre los recursos u otras incidencias pendientes de resolución, sin perjuicio de la ulterior sucinta fundamentación en la sentencia, cuando proceda. Igualmente serán oídas las partes y, en su caso, se resolverá, motivadamente y en forma oral, lo procedente sobre las cuestiones que el juez, la jueza o el tribunal pueda plantear en ese momento sobre su competencia, los presupuestos de la demanda o el alcance y límites de la pretensión formulada, respetando las garantías procesales de las partes y sin prejuzgar el fondo del asunto.

A continuación, el demandante ratificará o ampliará su demanda, aunque en ningún caso podrá hacer en ella variación sustancial».

Nueve

Se modifica la rúbrica y el apartado 3 del artículo 90, que quedan redactados como sigue:

«Artículo 90. Preparación y admisibilidad de los medios de prueba».

«3. Podrán asimismo solicitar, al menos con diez días de antelación a la fecha del juicio, diligencias de preparación de la prueba a practicar en juicio salvo cuando el señalamiento se deba efectuar con antelación menor, en cuyo caso el plazo será de tres días, y sin perjuicio de lo que el juez, la jueza o el tribunal decida sobre su admisión o inadmisión en el acto del juicio».

Diez

Se modifica el apartado 1 del artículo 196, que queda redactado como sigue:

«1. El escrito interponiendo el recurso de suplicación se presentará ante el juzgado que dictó la resolución impugnada».

Once

Se modifican los apartados 1 y 3 del artículo 210, pasando el actual apartado 3 a ser 4, que quedan redactados como sigue:

«1. El escrito de formalización se presentará ante la Sala que dictó la resolución impugnada, por el abogado designado al efecto quien, de no indicarse otra cosa, asumirá desde ese momento la representación de la parte en el recurso, designando un domicilio a efectos de notificaciones, con todos los datos necesarios para su práctica, con los efectos del apartado 2 del artículo 53».

«3. La Sala de Gobierno del Tribunal Supremo podrá determinar, mediante acuerdo que se publicará en el ''Boletín Oficial del Estado'', la extensión máxima y otras condiciones extrínsecas, incluidas las relativas al formato en el que deban ser presentados, de los escritos de formalización y de impugnación de los recursos de casación».

Doce

Se modifican los apartados 1 y 3 del artículo 219, que quedan redactados como sigue:

«1. El recurso tendrá por objeto la unificación de doctrina con ocasión de sentencias dictadas en suplicación por las Salas de lo Social de los Tribunales Superiores de Justicia, que fueran contradictorias entre sí, con la de otra u otras Salas de los referidos Tribunales Superiores o con sentencias del Tribunal Supremo, respecto de los mismos litigantes u otros diferentes en idéntica situación donde, en mérito a hechos, fundamentos y pretensiones sustancialmente iguales, se hubiere llegado a pronunciamientos distintos, siempre que la Sala Social del Tribunal Supremo aprecie que el recurso presenta interés casacional objetivo. Existe interés casacional objetivo cuando se de alguno de los siguientes supuestos:

a) Si concurren circunstancias que aconsejen un nuevo pronunciamiento de la Sala.

b) Si la cuestión posee una trascendencia o proyección significativa.

c) Si el debate suscitado presenta relevancia para la formación de la jurisprudencia.»

«3. El Ministerio Fiscal, en su función de defensa de la legalidad, de oficio o a instancia de los sindicatos, organizaciones empresariales, asociaciones representativas de los trabajadores autónomos económicamente dependientes o entidades públicas que, por las competencias que tengan atribuidas, ostenten interés legítimo en la unidad jurisprudencial sobre la cuestión litigiosa, y con independencia de la facultad que ordinariamente tiene atribuida conforme al artículo siguiente de esta Ley, podrá interponer recurso de casación para unificación de doctrina. Dicho recurso podrá interponerse en los siguientes casos:

a) Cuando, sin existir doctrina unificada en la materia de que se trate, se hayan dictado pronunciamientos distintos por los Tribunales Superiores de Justicia, en interpretación de unas mismas normas sustantivas o procesales y en circunstancias sustancialmente iguales.

b) Cuando se constate la dificultad de que la cuestión pueda acceder a unificación de doctrina según los requisitos ordinariamente exigidos.

c) Cuando las normas cuestionadas por parte de los tribunales del orden social sean de reciente vigencia o aplicación, por llevar menos de cinco años en vigor en el momento de haberse iniciado el proceso en la instancia.

d) Cuando no existieran aún resoluciones suficientes e idóneas sobre todas las cuestiones discutidas que cumplieran los requisitos exigidos en el apartado 1 de este artículo.

e) Cuando la cuestión debatida presente interés casacional objetivo».

Trece

Se modifica el apartado 1 y se añade una letra c) al apartado 2 del artículo 221, con la siguiente redacción:

«1. El recurso se preparará mediante escrito dirigido a la Sala de lo Social del Tribunal Superior de Justicia que dictó la sentencia de suplicación, y designando un domicilio en la sede de la Sala de lo Social del Tribunal

Supremo a efectos de notificaciones, con todos los datos necesarios para su práctica y con los efectos del apartado 2 del artículo 53».

«c) Exponer, de manera sucinta, las razones por las que la cuestión suscitada posee interés casacional objetivo».

Catorce

Se modifica el apartado 2 del artículo 223, que queda redactado como sigue:

«2. El escrito de interposición del recurso deberá ir firmado por abogado y reunir los requisitos del artículo 224.»

Quince

Se añaden una letra c) en el apartado 1 y un nuevo apartado 5 al artículo 224, con la siguiente redacción:

«c) La exposición argumentada de la concurrencia del interés casacional objetivo».

«5. Será de aplicación a los escritos de interposición y de impugnación del recurso de casación para la unificación de doctrina lo preceptuado en el artículo 210.3 de esta ley».

Dieciséis

Se modifican los apartados 1, 3, 4 y 5 del artículo 225, que quedan redactados como sigue:

«1. Recibidos los autos en la Sala de lo Social del Tribunal Supremo, si el letrado o letrada de la Administración de Justicia apreciara el defecto insubsanable de haberse preparado o interpuesto fuera de plazo dictará decreto poniendo fin al trámite del recurso, contra el que sólo procederá recurso de revisión.

De apreciar defectos subsanables en la tramitación del recurso, o en su preparación e interposición, concederá a la parte un plazo de diez días para la aportación de los documentos omitidos o la subsanación de los defectos apreciados.

De no efectuarse la subsanación en el tiempo y forma establecidos, dará cuenta a la Sala para que resuelva lo que proceda y, de dictarse providencia sucintamente motivada poniendo fin al trámite del recurso, declarará la firmeza en su caso de la resolución recurrida, con pérdida del depósito constituido y remisión de las actuaciones a la Sala de procedencia. Contra dicha providencia no cabrá interponer recurso alguno.»

«3. El magistrado ponente, dará cuenta a la Sala del recurso interpuesto y de las causas de inadmisión que apreciare, en su caso.

Si la Sala acordare la admisión total del recurso dictará providencia poniéndolo de manifiesto, sin que frente a la misma quepa recurso alguno.

Si la Sala estimare que concurre alguna de las causas de inadmisión referidas en las letras a), b) y c) del apartado siguiente, pasará los autos al Ministerio Fiscal, de no haber interpuesto el recurso, para que, en el plazo de cinco días, informe sobre la admisión o inadmisión del mismo. Si la Sala estimare que concurre la causa de inadmisión referida en las letras d), e) y f) del apartado siguiente acordará oír al recurrente sobre las mismas por un plazo de cinco días, con ulterior informe del Ministerio Fiscal por otros cinco días, de no haber interpuesto el recurso.

4. Son causas de inadmisión:

a) el incumplimiento de manera manifiesta e insubsanable de los requisitos procesales para preparar o interponer el recurso,

b) la carencia sobrevenida del objeto del recurso,

c) la falta de contradicción entre las sentencias comparadas,

d) la falta de contenido casacional de la pretensión,

e) el haberse desestimado en el fondo otros recursos en supuestos sustancialmente iguales,

f) la falta de interés casacional objetivo.

5. Si la Sala estimara que concurre alguna de las causas de inadmisión referidas dictará, en el plazo de tres días, providencia sucintamente motivada declarando la inadmisión y la firmeza de la resolución recurrida, con imposición al recurrente de las costas causadas, de haber comparecido en el recurso las partes

recurridas, en los términos establecidos en esta Ley y sin que quepa recurso contra dicha resolución. La inadmisión comportará, en su caso, la pérdida del depósito constituido, dándose a las consignaciones y aseguramientos prestados el destino que corresponda, de acuerdo con la sentencia de suplicación.

Cuando la inadmisión se refiera solamente a alguno de los motivos aducidos o a alguno de los recursos interpuestos, se dispondrá la continuación del trámite de los restantes recursos o motivos no afectados por la providencia de inadmisión parcial, sin que la resolución dictada al efecto sea recurrible».

Diecisiete

Se introduce un nuevo cuarto párrafo, pasando el actual cuarto a ser quinto, en el apartado 1, y un nuevo segundo párrafo en el apartado 2 del artículo 236, con la siguiente redacción:

«Si la Sala apreciara la concurrencia de cualquiera de tales causas de inadmisión dictará auto, contra el cual no cabe recurso».

«Si la Sala apreciara la concurrencia de cualquiera de tales causas de inadmisión dictará auto, contra el cual no cabe recurso».

Dieciocho

Se modifica el apartado 2 del artículo 260, que queda redactado como sigue:

«2. El tribunal, mediante auto, rechazará de plano y sin sustanciación alguna la demanda de tercería de dominio a la que no se acompañe un principio de prueba por escrito del fundamento de la pretensión del tercerista, así como la que se interponga con posterioridad al momento en que, de acuerdo con lo dispuesto en la legislación civil, se produzca la transmisión del bien al acreedor o al tercero que lo adquiera en pública subasta».

Diecinueve

Se modifica el artículo 264, que queda redactado como sigue:

«Artículo 264. Realización de los bienes.

La realización de los bienes embargados se ajustará a lo dispuesto en la legislación procesal civil».

DISPOSICIONES ADICIONALES

Primera. Menciones a Juzgados y Tribunales

Una vez constituidos e implantados de forma efectiva los Tribunales de Instancia, las menciones genéricas que en la Ley Orgánica 6/1985, de 1 de julio, del Poder Judicial, se hacen a los Juzgados y Tribunales, se entenderán referidas a estos últimos o a los jueces, las juezas, los magistrados y las magistradas que sirven en ellos. Las referencias realizadas en las leyes y en el resto de disposiciones de nuestro ordenamiento jurídico a los Juzgados de Primera Instancia e Instrucción, de Primera Instancia, de lo Mercantil, de Instrucción, de Violencia sobre la Mujer, de lo Penal, de Menores, de Vigilancia Penitenciaria, de lo Contencioso-Administrativo, de lo Social se entenderán referidas a las Secciones del orden jurisdiccional correspondiente de los Tribunales de Instancia, de conformidad con lo previsto en esta ley. La misma consideración tendrán las referencias a los Juzgados Centrales respecto de las correspondientes Secciones del Tribunal Central de Instancia.

Segunda. Coste de la intervención del tercero neutral

Para los casos en que la utilización del medio adecuado de resolución de controversias sea requisito de procedibilidad antes de acudir a los tribunales de justicia y para aquellos otros en que la intervención del tercero neutral se produzca por derivación de dichos tribunales una vez iniciado el proceso, las Administraciones con competencias en materia de Justicia podrán establecer, en su caso, cuanto tengan por conveniente para sufragar el coste de la intervención de dicho tercero neutral, en todo o en parte, con cargo a fondos públicos y para aquellas personas en quienes concurran los requisitos que se establezcan a tal efecto, en la medida en que los medios adecuados de solución de controversias permitan reducir tanto la litigiosidad como sus costes, siempre de acuerdo con las disponibilidades presupuestarias.

Tercera. Servicios de medios adecuados de solución de controversias

1. En el ámbito de sus respectivas competencias, el Ministerio de Justicia y las Comunidades Autónomas constituirán, en la forma que consideren adecuada, los servicios de medios adecuados de solución de controversias.

2. Dichos servicios tendrán, al menos, las siguientes funciones:

a) Promover la adecuada utilización de los medios adecuados de solución de controversias, proporcionando a la ciudadanía y profesionales información sobre estos, su naturaleza, contenido, efectos de su utilización y recursos existentes.

b) Administrar los recursos a su disposición.

c) Colaborar con los registros de profesionales de medios adecuados de solución de controversias, en los términos que se determinen, facilitando la prestación del servicio que realizan.

d) Poner a disposición de todas las personas interesadas los datos de los terceros neutrales e instituciones de medios adecuados de solución de controversias que reúnan los requisitos que se determinen legalmente.

e) Informar a los órganos judiciales sobre estos medios y prestar el apoyo necesario a la derivación judicial.

f) Llevar a cabo el control, seguimiento y estadística del desarrollo de este servicio.

g) Coordinar la actuación de todos los colectivos profesionales, administraciones e instituciones implicados en su desenvolvimiento.

h) Desarrollar cuantas labores sean necesarias para la implantación y utilización de estos métodos en el servicio público de Justicia.

3. La organización de estos servicios debe, en todo caso, garantizar el acceso universal de la ciudadanía al sistema de Justicia, así como el cumplimiento de las funciones que se establecen en esta ley y en las normas que la desarrollen.

Cuarta. Acciones para aumentar la visibilidad de los mecanismos alternativos de resolución de conflictos

La Administración General del Estado y las comunidades autónomas promoverán acciones para aumentar la visibilidad de los mecanismos alternativos de resolución de conflictos, así como la negociación entre las partes, y potenciarán el uso de estos mecanismos frente a la vía exclusivamente judicial.

Asimismo, promoverán, en el ámbito de sus respectivas competencias, que las Universidades impulsen la enseñanza superior en materia de medios alternativos de resolución de conflictos, así como en técnicas de negociación para profesionales de la abogacía.

Quinta. Asistencia técnica de los Institutos de Medicina Legal y Ciencias Forenses

Las Administraciones competentes en materia de Administración de Justicia prestarán a través de los Institutos de Medicina Legal y Ciencias Forenses a las Secciones de Familia, Infancia y Capacidad y a las Secciones de Violencia contra la Infancia y la Adolescencia la asistencia técnica que sea necesaria, al objeto de facilitar el desarrollo y resolución de los conflictos y procedimientos de que conozca el órgano judicial sin perjuicio de la regulación por las administraciones competentes de los equipos técnicos que presten asistencia especializada en esta materia.

Sexta. Formación especializada en materia de familia, infancia, capacidad y en materia de violencia contra niñas, niños y adolescentes

1. En el plazo de cuatro meses a partir de la entrada en vigor de la presente Ley, y después de forma periódica, el Consejo General del Poder Judicial convocará el curso de formación especializada en familia, infancia y capacidad y en materia de violencia contra la infancia y adolescencia.

2. El Consejo General del Poder Judicial promoverá y facilitará la formación continuada de los magistrados y magistradas suplentes y jueces y juezas sustitutos.

3. El Gobierno dispondrá de igual modo la convocatoria de cursos de formación especializada para los miembros del Ministerio Fiscal.

4. El Gobierno y las Comunidades Autónomas con competencias sobre los equipos técnicos judiciales dispondrán la realización de cursos de formación de sus miembros en infancia, familia, infancia y capacidad y en materia de violencia contra la infancia y adolescencia.

Séptima. Litigios en materia de consumo

En los litigios en que se ejerciten acciones individuales promovidas por consumidores o usuarios, se entenderá cumplido el requisito de procedibilidad por la reclamación extrajudicial previa a la empresa o profesional con el que hubieran contratado, sin haber obtenido una respuesta en el plazo establecido por la legislación especial aplicable, o cuando la misma no sea satisfactoria, y sin perjuicio de que puedan acudir a cualquiera de los medios adecuados de solución de controversias, tanto los previstos en legislación especial en materia de consumo, como los generales previstos en la presente ley.

Se entenderá también cumplido el requisito de procedibilidad con la resolución de las reclamaciones presentadas por los usuarios de los servicios financieros ante el Banco de España, la Comisión Nacional del Mercado de Valores y la Dirección General de Seguros y Fondos de Pensiones en los términos establecidos por el artículo 30 de la Ley 44/2002, de 22 de noviembre, de Medidas de Reforma del Sistema Financiero, o por haber acudido a alguno de los procedimientos a que se refiere la Ley 7/2017, de 2 de noviembre, por la que se incorpora al ordenamiento jurídico español la Directiva 2013/11/UE, del Parlamento Europeo y del Consejo, de 21 de mayo de 2013, relativa a la resolución alternativa de litigios en materia de consumo, o los que pudieran haber sido establecidos en normativa sectorial en desarrollo de la misma.

Octava. Regulación básica sobre teletrabajo en el ámbito de la Administración de Justicia

1. Se considera teletrabajo aquella modalidad de prestación de servicios a distancia en la que el contenido competencial del puesto de trabajo puede desarrollarse, siempre que las necesidades del servicio lo permitan, fuera de las dependencias de la Administración, mediante el uso de tecnologías de la información y comunicación.

2. La prestación de los servicios en la modalidad de teletrabajo tiene carácter voluntario y reversible y deberá ser expresamente autorizada por la Administración competente en cada caso concreto. Además, será compatible con la modalidad presencial. Se realizará en los términos de las normas que se dicten en desarrollo de esta norma, siendo objeto de negociación colectiva en el ámbito correspondiente y contemplarán criterios objetivos en el acceso a esta modalidad de prestación de servicio.

3. Se consideran puestos susceptibles de teletrabajo aquellos en los que la modalidad de servicios descrita en los apartados anteriores pueda ser ejercida a distancia, conforme a lo dispuesto en la presente disposición.

El teletrabajo deberá contribuir a una mejor organización del trabajo a través de la identificación de objetivos y la evaluación de su cumplimiento.

4. Con carácter general, y sin perjuicio de circunstancias excepcionales determinadas por la Administración competente, únicamente podrá autorizarse esta modalidad de prestación de servicios respecto de los puestos susceptibles de teletrabajo.

No podrán ser ejercidas mediante la modalidad de teletrabajo las siguientes funciones que estén asociadas a determinados puestos:

a) Aquellas funciones cuya prestación efectiva solo quede garantizada con la presencia física de la persona funcionaria en el centro de trabajo.

b) Los servicios y funciones habituales de los juzgados en turno de guardia que requieran la presencia física de la persona funcionaria.

5. Para la prestación de los servicios en esta modalidad se utilizarán los medios tecnológicos y electrónicos definidos y proporcionados por la Administración competente que, sin alterar la prestación del servicio público de Justicia, ni los procedimientos y la gestión del trabajo de otros órganos afectados, garanticen el canal de comunicación y los protocolos de seguridad tecnológica admitidos.

6. Las personas funcionarias que soliciten prestar sus servicios en la modalidad de teletrabajo deberán encontrarse en servicio activo en la Administración de Justicia y contar con el tiempo de servicios continuados

en el mismo juzgado, fiscalía, servicio o unidad que, previa negociación con las organizaciones más representativas, se determine por la Administración competente en materia de Justicia. Esa antigüedad en el puesto no será necesaria cuando se acredite la experiencia suficiente y adecuada por razón de la ocupación de puestos en anteriores centros de destino del mismo orden jurisdiccional, o de similar contenido competencial, acreditada por la Administración Pública con competencias en materia de personal.

7. Las personas que desarrollen el contenido competencial del puesto de trabajo en la modalidad de teletrabajo, tendrán los mismos deberes y derechos, individuales y colectivos, que las que lo desarrollen de manera presencial.

DISPOSICIONES TRANSITORIAS

Primera. Constitución de los Tribunales de Instancia

Los Tribunales de Instancia se constituirán a través de la transformación de los actuales Juzgados en las Secciones de los Tribunales de Instancia que se correspondan con las materias de las que aquellos estén conociendo. Los jueces, juezas, magistrados y magistradas de dichos Juzgados pasarán a ocupar la plaza en la Sección respectiva con la misma numeración cardinal del Juzgado de procedencia y seguirán conociendo de todas las materias que tuvieran atribuidas en el mismo y de aquellos asuntos que en ellos estuvieren en trámite o no hubieren concluido mediante resolución que implique su archivo definitivo.

Cuando, en el supuesto indicado en el párrafo anterior, la nueva plaza que estos jueces, juezas, magistrados y magistradas ocupen corresponda a una Sección de Familia, Infancia y Capacidad, la numeración cardinal con que se identificará ésta dentro de la misma comenzará por la unidad y seguirá correlativamente, con el mismo orden de los Juzgados de procedencia. La numeración de las plazas de origen quedará sin asignar a otro juez, jueza, magistrado o magistrada hasta que se amplíe el número de estos, y se vayan cubriendo y asignando por el mismo orden.

La constitución de los Tribunales de Instancia se realizará de manera escalonada conforme al siguiente orden:

1.º El día 1 de julio de 2025 los Juzgados de Primera Instancia e Instrucción y los Juzgados de Violencia sobre la Mujer, en aquellos partidos judiciales donde no exista otro tipo de Juzgados, se transformarán, respectivamente, en Secciones Civiles y de Instrucción Únicas y Secciones de Violencia sobre la Mujer.

2.º El día 1 de octubre de 2025, los Juzgados de Primera Instancia, los Juzgados de Instrucción y los Juzgados de Violencia sobre la Mujer, en los partidos judiciales donde no exista otro tipo de Juzgados, se transformarán, respectivamente, en Secciones Civiles, Secciones de Instrucción y Secciones de Violencia sobre la Mujer.

3.º El día 31 de diciembre de 2025, los restantes Juzgados, no comprendidos en los supuestos anteriores, se transformarán en las respectivas Secciones conforme a lo previsto en la presente ley.

Hasta la definitiva implantación de los Tribunales de Instancia en cada uno de los partidos judiciales seguirá vigente en ellos el régimen de organización de los Juzgados y los correspondientes anexos de la Ley 38/1988, de 28 de diciembre, de Demarcación y Planta Judicial, anteriores a la promulgación de la presente ley.

Segunda. Constitución del Tribunal Central de Instancia

El día 31 de diciembre de 2025, el Tribunal Central de Instancia se constituirá a través de la trasformación de los actuales Juzgados Centrales en las Secciones del Tribunal Central de Instancia que se correspondan con las materias de las que aquellos estén conociendo. Los jueces, juezas, magistrados y magistradas de dichos Juzgados Centrales pasarán a ocupar la plaza en la Sección respectiva con la misma numeración cardinal del Juzgado de procedencia y seguirán conociendo de todos los asuntos que tuvieran atribuidos en el mismo.

Tercera. Presidencia de los Tribunales de Instancia y Presidencia del Tribunal Central de Instancia

En la fecha de constitución prevista para cada Tribunal de Instancia y el Tribunal Central de Instancia, los jueces Decanos y las juezas Decanas pasarán a ostentar, en sus respectivos ámbitos, la Presidencia de los

Tribunales de Instancia y del Tribunal Central de Instancia, quienes continuarán en su cargo durante el tiempo que reste al mandato por el que fueron nombrados.

Cuarta. Transformación de juzgados, secciones y tribunales con competencia en materia penal en juzgados, secciones y tribunales con competencia en materia de violencia sobre la mujer

A los nueve meses de la entrada en vigor de esta ley, los Juzgados de Violencia sobre la Mujer asumirán las competencias en materia de violencia sexual respecto de los procedimientos incoados a partir de esa fecha. Durante esos nueve meses, el Gobierno, oído el Consejo General del Poder Judicial y, en su caso, la comunidad autónoma afectada, procederá, mediante real decreto, a la transformación que sea necesaria de los juzgados, secciones y tribunales con competencia en materia penal en juzgados, secciones y tribunales con competencia en materia de violencia sobre la mujer, para dar cumplimiento adecuado a la atribución de competencias en materia de violencia sexual a los juzgados de violencia sobre la mujer, prevista en el artículo 89 de la Ley Orgánica 6/1985, de 1 de julio, del Poder Judicial, previa detección de las necesidades de personal, materiales y organizativas específicas de esta atribución y previa valoración de su impacto sobre la carga de trabajo de los diferentes órganos, secciones o tribunales con competencia en esta materia.

Quinta. Implantación de la Oficina Judicial

La implantación de la Oficina judicial será simultánea a la de los Tribunales de Instancia, en los términos definidos en esta ley.

Con este fin, el Ministerio de Justicia y las comunidades autónomas con competencias en materia de Justicia, en sus respectivos ámbitos, deberán elaborar las relaciones de puestos de trabajo de cada una de estas Oficinas para su aprobación, previa negociación con las organizaciones sindicales, así como proceder a la posterior provisión de los puestos.

La Conferencia Sectorial de Administración de Justicia podrá elaborar y aprobar modelos de referencia sobre la estructura de la Oficina judicial y de sus relaciones de puestos de trabajo. El acuerdo adoptado habilitará para su desarrollo mediante resolución de la autoridad competente de cada Administración con competencias en materia de Justicia.

La Conferencia Sectorial de Administración de Justicia podrá también aprobar, a propuesta de alguno de sus miembros, una fecha diferente para el establecimiento de alguna de las oficinas judiciales si, a la fecha de constitución de los tribunales de instancia prevista en la disposición transitoria primera concurren circunstancias excepcionales relativas a las infraestructuras o los medios tecnológicos que lo justifiquen. En tales circunstancias, el acuerdo adoptado por la Conferencia Sectorial de Administración de Justicia deberá ser aprobado con el voto afirmativo de, al menos, las cuatro quintas partes de las Administraciones públicas representadas en ella. En todos estos casos, y hasta la definitiva implantación de las oficinas judiciales en los territorios que se señalen, seguirá vigente el régimen de organización anterior a la promulgación de la presente ley orgánica.

Si, concurriendo las circunstancias previstas en el párrafo anterior, no hubieren sido aprobadas las correspondientes relaciones de puestos de trabajo en alguno de los partidos judiciales donde se hubiere implantado el Tribunal de Instancia, se procederá conforme a las siguientes reglas:

1.ª Si no hubiese en el partido judicial ninguna relación de puestos de trabajo previamente aprobada o con el proceso de acoplamiento finalizado se mantendrá el régimen de organización de las oficinas y de su personal anterior a la promulgación de la presente ley hasta la aprobación de las relaciones de trabajo, que deberá hacerse dentro de los seis meses siguientes.

2.ª Si en el partido judicial hubiese algún servicio común creado conforme a lo previsto en el artículo 438 de la Ley Orgánica 6/1985, de 1 de julio, del Poder Judicial, con la correspondiente relación de puestos de trabajo aprobada y con el proceso de acoplamiento finalizado, coexistiendo los servicios comunes ya creados con los órganos judiciales unipersonales atendidos por personal integrado en plantillas orgánicas, los funcionarios y funcionarias destinados en los servicios comunes continuarán prestando sus servicios en los términos que lo venían haciendo. El personal de plantilla orgánica también seguirá prestando sus servicios conforme a lo previsto en la regla anterior, sin perjuicio de la necesaria aprobación de las relaciones de puestos de trabajo en el mismo plazo de seis meses.

3.ª Si todos los funcionarios y funcionarias destinados en el partido judicial ya estuviesen integrados en una relación de puestos de trabajo se mantendrá su adscripción en las mismas condiciones que tuviesen hasta ese momento, manteniéndose la misma diferenciación de puestos hasta la correspondiente modificación de la relación de puestos de trabajo para su adaptación a la nueva organización judicial, que también deberá hacerse en el mismo plazo de seis meses que prevén los anteriores párrafos.

Sexta. Implantación de las Oficinas de Justicia en los municipios

1. En la fecha de constitución prevista para cada Tribunal de Instancia, los Juzgados de Paz se transformarán en Oficinas de Justicia en los municipios. Cuando estuvieren constituidas agrupaciones de secretarías de juzgados de paz, estas se transformarán en las agrupaciones Oficinas de Justicia en los municipios a que hace referencia el apartado 3 del artículo 439 quinquies de la Ley Orgánica 6/1985, de 1 de julio, del Poder Judicial. El juez o la jueza de paz de cada municipio ejercerán las funciones que les atribuyen las leyes con la asistencia de la Oficina de Justicia correspondiente.

2. Todo el personal que se encuentre prestando servicios en los referidos juzgados, ya fuera como plantilla orgánica o incluidos en la correspondiente relación de puestos de trabajo de la Oficina judicial de apoyo directo al Juzgado de Paz, se integrará en la relación de puestos de trabajo de la respectiva Oficina de Justicia en el municipio, que deberá ser aprobada, previa negociación sindical, en el plazo máximo de tres meses contados desde la entrada en vigor de esta ley orgánica.

3. Hasta que se elabore la relación de puestos de trabajo de cada Oficina de Justicia en el municipio, la Secretaría de esta Oficina corresponderá a quienes, al tiempo de su constitución, estuvieren ocupando la Secretaría del Juzgado de Paz o Agrupación de Secretarías, produciéndose el inmediato acoplamiento de toda la plantilla a los restantes puestos de trabajo genéricos.

4. La Conferencia Sectorial de Administración de Justicia podrá elaborar y aprobar modelos de referencia sobre Oficinas de Justicia en los municipios y de sus relaciones de puestos de trabajo. El acuerdo adoptado habilitará para su desarrollo mediante resolución de la autoridad competente de cada Administración con competencias en materia de Justicia.

Séptima. Régimen para la constitución inicial de las Secciones de Familia, Infancia y Capacidad y el conocimiento y tramitación de los asuntos que vinieren conociendo los órganos que se integren en ellas

En la misma fecha prevista para la constitución de los Tribunales de Instancia que establece la disposición transitoria primera de esta Ley Orgánica se constituirá una Sección de Familia, Infancia y Capacidad en aquellos Tribunales de Instancia de los partidos judiciales donde, con anterioridad a dicha fecha, se hubiera acordado por el Consejo General del Poder Judicial la especialización de uno o más juzgados en alguna de las materias señaladas en el artículo 86.5 de la Ley Orgánica 6/1985, de 1 de julio, del Poder Judicial, pasando los jueces y juezas de estos juzgados especializados a ocupar plaza en esta Sección.

Las Secciones de Familia, Infancia y Capacidad constituidas conforme a lo previsto en el párrafo anterior mantendrán el conocimiento de los asuntos, tanto en materia de familia como en otras materias, en los términos establecidos en el acuerdo de especialización.

El Consejo General del Poder Judicial, previo informe de las Salas de Gobierno, podrá acordar modificar o dejar sin efecto el acuerdo de especialización, en cuyo caso la plaza integrada en la Sección de Familia, Infancia y Capacidad conocerá de las cuestiones que se susciten en materia de familia conforme lo previsto en el artículo 86.5 de la Ley Orgánica 6/1985, de 1 de julio.

Octava. Secretarios o Secretarias de la Junta Electoral de Zona y de la Junta Electoral Provincial

Mientras no se produzca la constitución efectiva de los servicios comunes de tramitación que asistan a los Tribunales de Instancia y a las Audiencias Provinciales o, en su caso, no esté constituido el servicio común procesal a que se refiere el apartado 3 del artículo once de la Ley Orgánica 5/1985, de 19 de junio, del Régimen Electoral General, en la redacción dada por la presente ley orgánica, intervendrán, respectivamente, como Secretarios o Secretarias de la Junta Electoral de Zona y de la Junta Electoral Provincial los letrados o letradas de la Administración de Justicia previstos en la Ley Orgánica 5/1985, de 19 de junio, del Régimen Electoral General, con anterioridad a la entrada en vigor de la presente ley.

Novena. Régimen transitorio aplicable a los procedimientos judiciales

1. Las previsiones recogidas por la presente ley serán aplicables exclusivamente a los procedimientos incoados con posterioridad a su entrada en vigor.

2. En los procedimientos judiciales en curso a la entrada en vigor de esta ley, las partes de común acuerdo se podrán someter a cualquier medio adecuado de solución de controversias, de conformidad con lo dispuesto en la Ley 1/2000, de 7 de enero, de Enjuiciamiento Civil.

3. Las modificaciones del apartado 9 del artículo 785 y del apartado 6 del artículo 787 ter de la Ley de Enjuiciamiento Criminal, serán de aplicación a los procedimientos en los que no se haya celebrado juicio oral a la entrada en vigor de esta ley.

4. Las modificaciones de los apartados 3 y 4 del artículo 210 de la Ley 1/2000, de 7 de enero, de Enjuiciamiento Civil, serán de aplicación a los juicios verbales en los que no se haya celebrado vista a la entrada en vigor de esta ley.

5. La modificación del apartado 1 del artículo 11 de la Ley 29/1998, de 13 de julio, reguladora de la Jurisdicción Contencioso-administrativa, será de aplicación a los recursos contencioso-administrativos que se interpondrán a partir de la entrada en vigor de esta ley.

6. La modificación del apartado 20 del artículo 78 de la Ley 29/1998, de 13 de julio, reguladora de la Jurisdicción Contencioso-administrativa, será de aplicación a los recursos contencioso-administrativos tramitados por el procedimiento abreviado en los que no se haya celebrado vista a la entrada en vigor de esta ley.

7. La modificación del apartado 1 del artículo 50 de la Ley 36/2011, de 10 de octubre, reguladora de la jurisdicción social, será de aplicación a los procedimientos en los que no se haya celebrado juicio a la entrada en vigor de esta ley.

8. La nueva regulación de los recursos de casación social será de aplicación a los recursos que se formulen contra las resoluciones dictadas a partir de su entrada en vigor. En todo caso, la inadmisión de los recursos de casación para la unificación de doctrina interpuestos contra las resoluciones dictadas con anterioridad a la entrada en vigor de esta norma se acordará, previa audiencia de las partes, por providencia sucintamente motivada que será irrecurrible.

Décima. Reserva de un cupo de plazas vacantes con especial valoración del mérito del idioma cooficial

Con carácter excepcional y hasta que en el ámbito de la Comunidad Autónoma de Euskadi la tasa de interinidad en los puestos de trabajo singularizados por razón de idioma sea inferior al ocho por ciento, en las ofertas de empleo público que elabora el Ministerio de Justicia se reservará un cupo de plazas vacantes singularizadas de acceso libre en las que se establecerá como requisito la acreditación del perfil lingüístico correspondiente del idioma cooficial.

Undécima. Gastos electorales correspondientes a las últimas elecciones generales convocadas

La modificación de la letra a) del apartado 3 del artículo ciento setenta y cinco de la Ley Orgánica 5/1985, de 19 de junio, del Régimen Electoral General, introducida por la presente ley orgánica, será de aplicación a los gastos originados a las candidaturas que hubieran concurrido a las elecciones convocadas por el Real Decreto 400/2023, de 29 de mayo, de disolución del Congreso de los Diputados y del Senado y de convocatoria de elecciones.

Duodécima. Régimen transitorio hasta la creación de agrupaciones de Oficinas de Justicia en los municipios regulados en el apartado 3 del artículo 439 quinquies de la Ley Orgánica 6/1985, de 1 de julio, del Poder Judicial

En aquellos municipios que no cuenten con una Oficina de Justicia en el municipio servida por personal de la Administración de Justicia ni estén integrados en una agrupación de Oficinas de Justicia prevista en el apartado 3 del artículo 439 quinquies de la Ley Orgánica 6/1985, de 1 de julio, del Poder Judicial, la atención se prestará por la persona designada por el ayuntamiento, conforme a lo previsto en el último párrafo del referido apartado.

En estos casos, la Oficina judicial del partido asumirá las tareas de coordinación y apoyo requeridas para la prestación de los servicios de Justicia en estos municipios, además de aquellas actuaciones cuya ejecución esté reservada a funcionarios y funcionarias de los Cuerpos Generales de la Administración de Justicia, en las que serán auxiliados por las referidas personas designadas por los ayuntamientos.

Decimotercera. Régimen transitorio de las subvenciones a los ayuntamientos, destinadas a la atención de los gastos de sostenimiento de los Juzgados de Paz, incluidas en los Presupuestos Generales del Estado ya aprobados

Una vez producida la entrada en vigor de la presente ley, la subvención hasta entonces prevista en el artículo 52 de la Ley 8/1988, de 28 de diciembre, de Demarcación y de Planta Judicial, recogida en los Presupuestos Generales del Estado aprobados con anterioridad y vigentes en ese momento, se aplicará y asignará en los siguientes términos:

1. Mientras no se produzca, conforme a lo previsto en la disposición transitoria quinta de esta ley orgánica, la constitución de la Oficina de Justicia en el respectivo municipio, la subvención se aplicará a cada ayuntamiento para contribuir a los gastos generados por el sostenimiento de los medios materiales e instrumentales del respectivo Juzgado de Paz, modulándose en función del número de habitantes de derecho del municipio.

2. En cada municipio donde se haya constituido la Oficina de Justicia, la subvención señalada en el anterior apartado se aplicará a cada ayuntamiento, en los términos previstos en el artículo 439 ter. 4 de la Ley Orgánica 6/1985, de 1 de julio, del Poder Judicial.

3. Las cuantías anuales de las subvenciones para cada ayuntamiento, referidas en los anteriores apartados 1 y 2, se aplicarán en cada caso proporcionalmente, en función de los respectivos períodos de pervivencia de los Juzgados de Paz y de las Oficinas de Justicia en los municipios una vez constituidas.

Decimocuarta. Procedimientos o actuaciones iniciados o en tramitación en materia de funcionarios de Administración local con habilitación de carácter nacional

La modificación del apartado 7 de la disposición adicional segunda de la Ley 7/1985, de 2 de abril, Reguladora de las Bases del Régimen Local, introducida por la presente Ley, se aplicará también a aquellos procedimientos o actuaciones iniciados o en tramitación con anterioridad a la entrada en vigor de la misma.

Decimoquinta. Aplicación de los artículos relativos a la Comisión de Supervisión y Control de Protección de Datos y la Dirección de Supervisión y Control de Protección de Datos del Consejo General del Poder Judicial

Los artículos 236 nonies, 595, 610 ter y 620 bis de la Ley Orgánica 6/1985, de 1 de julio, del Poder Judicial, en la redacción dada por la presente Ley Orgánica, no serán de aplicación hasta la constitución del primer Consejo General del Poder Judicial que lo haga tras la entrada en vigor de esta ley.

DISPOSICIÓN DEROGATORIA

Única. Derogación normativa

A la entrada en vigor de la presente ley quedan derogadas cuantas disposiciones de igual o inferior rango contradigan, se opongan o resulten incompatibles con lo dispuesto en la presente ley, excepto el Real Decreto-ley 1/2017, de 20 de enero, de medidas urgentes de protección de consumidores en materia de cláusulas suelo, que quedará derogado a la entrada en vigor del Título II de la presente ley.

DISPOSICIONES FINALES

Primera. Modificación de la Ley de 28 de mayo de 1862, del Notariado

Se modifica el artículo 52 de la Ley de 28 de mayo de 1862, del Notariado, en los siguientes términos:

«Artículo 52.

1. Si el acta fuera favorable a la celebración del matrimonio, este se llevará a cabo ante el notario que haya intervenido en la tramitación de aquélla mediante el otorgamiento de escritura pública en la que hará constar todas las circunstancias establecidas en la Ley del Registro Civil y su reglamento.

2. Cuando los contrayentes, en la solicitud inicial o durante la tramitación del acta, hayan solicitado que la prestación del consentimiento se realice ante Alcalde o Concejal en quien este delegue u otro notario, se remitirá copia del acta al oficiante elegido, el cual se limitará a celebrar el matrimonio y levantará acta u otorgará escritura pública, según proceda, con todos los requisitos legalmente exigidos.

3. Si el matrimonio se celebrase en peligro de muerte, el notario otorgará escritura pública donde se recoja la prestación del consentimiento matrimonial, previo dictamen médico sobre su aptitud para prestar éste y sobre la gravedad de la situación cuando el riesgo se derive de enfermedad o estado físico de alguno de los contrayentes, salvo imposibilidad acreditada. Con posterioridad, el notario procederá a la tramitación del acta de comprobación de los requisitos de validez del matrimonio.»

Segunda. Modificación del Código Civil, publicado por Real Decreto de 24 de julio de 1889

Se modifica el Código Civil, publicado por Real Decreto de 24 de julio de 1889, en los términos siguientes:

Uno. Se modifica el ordinal 1.º del apartado 2 del artículo 51, que se redactado como sigue:

«1.º El Alcalde del municipio donde se celebre el matrimonio o concejal en quien éste delegue.»

Dos. Se modifica el ordinal 1.º del artículo 52, que queda redactado como sigue:

«1.º El Alcalde o Concejal en quien delegue, letrado o letrada de la Administración de Justicia, notario o notaria, o personal funcionario a que se refiere el artículo 51.»

Tres. Se modifica el artículo 53, que queda redactado como sigue:

«Artículo 53.

La validez del matrimonio no quedará afectada por la incompetencia o falta de nombramiento del Alcalde, Concejal/a, letrado o letrada de la Administración de Justicia, notario o notaria, o personal funcionario ante quien se celebre, siempre que al menos uno de los cónyuges hubiera procedido de buena fe y aquellos ejercieran sus funciones públicamente».

Cuatro. Se modifica el artículo 57, que queda redactado como sigue:

«Artículo 57.

El matrimonio tramitado por el letrado o letrada de la Administración de Justicia o por personal funcionario consular o diplomático podrá celebrarse ante el mismo u otro distinto, o ante Alcalde o Concejal en quien este delegue, a elección de los contrayentes. Si se hubiere tramitado por el Encargado o Encargada del Registro Civil, el matrimonio deberá celebrarse ante el Alcalde o Concejal en quien éste delegue, que designen los contrayentes.

Finalmente, si fuera el notario o la notaria quien hubiera extendido el acta matrimonial, los contrayentes podrán otorgar el consentimiento, a su elección, ante el mismo notario o notaria u otro distinto del que hubiera tramitado el acta previa, Alcalde o Concejal en quien este delegue».

Cinco. Se modifica el artículo 58, que queda redactado como sigue:

«Artículo 58.

El Alcalde, Concejal, letrado o letrada de la Administración de Justicia, notario o notaria, o personal funcionario, después de leídos los artículos 66, 67 y 68, preguntará a cada uno de los contrayentes si consiente en contraer matrimonio con el otro y si efectivamente lo contrae en dicho acto y, respondiendo ambos afirmativamente, declarará que los mismos quedan unidos en matrimonio y extenderá el acta o autorizará la escritura correspondiente.»

Seis. Se modifica el ordinal 3.º del artículo 73, que queda redactado como sigue:

«3.º El que se contraiga sin la intervención del Alcalde o Concejal, letrado o letrada de la Administración de Justicia, notario o notaria, o personal funcionario ante quien deba celebrarse, o sin la de los testigos.»

Tercera. Modificación de la Ley Hipotecaria, aprobada por el Decreto de 8 de febrero de 1946

El apartado 2 del artículo 103 bis de la Ley Hipotecaria, aprobada por el Decreto de 8 de febrero de 1946, queda redactado como sigue:

«2. Celebrado el acto de conciliación, el Registrador certificará la avenencia entre los interesados o, en su caso, que se intentó sin efecto o avenencia. La certificación estará dotada de eficacia ejecutiva en los términos del número 9.º del apartado 2 del artículo 517 de la Ley de Enjuiciamiento Civil. La ejecución se tramitará conforme a lo previsto para los títulos ejecutivos extrajudiciales.»

Cuarta. Modificación de la Ley 49/1960, de 21 de julio, sobre la Propiedad Horizontal

Se modifica la Ley 49/1960, de 21 de julio, de Propiedad Horizontal en los siguientes términos:

Uno. Se añade un apartado 3 al artículo séptimo, con la siguiente redacción:

«3. El propietario de cada vivienda que quiera realizar el ejercicio de la actividad a que se refiere la letra e) del artículo 5 de la Ley 29/1994, de 24 de noviembre, de Arrendamientos Urbanos, en los términos establecidos en la normativa sectorial turística, deberá obtener previamente la aprobación expresa de la comunidad de propietarios, en los términos establecidos en el apartado 12 del artículo diecisiete de esta Ley.

El presidente de la comunidad, a iniciativa propia o de cualquiera de los propietarios u ocupantes, requerirá a quien realice la actividad del apartado anterior, sin que haya sido aprobada expresamente, la inmediata cesación de las mismas, bajo apercibimiento de iniciar las acciones judiciales procedentes, siendo de aplicación lo dispuesto en el apartado anterior.»

Dos. Se modifica el apartado 12 del artículo diecisiete, que quedará con la siguiente redacción:

«12. El acuerdo expreso por el que se apruebe, limite, condicione o prohíba el ejercicio de la actividad a que se refiere la letra e) del artículo 5 de la Ley 29/1994, de 24 de noviembre, de Arrendamientos Urbanos, en los términos establecidos en la normativa sectorial turística, suponga o no modificación del título constitutivo o de los estatutos, requerirá el voto favorable de las tres quintas partes del total de los propietarios que, a su vez, representen las tres quintas partes de las cuotas de participación. Asimismo, esta misma mayoría se requerirá para el acuerdo por el que se establezcan cuotas especiales de gastos o un incremento en la participación de los gastos comunes de la vivienda donde se realice dicha actividad, siempre que estas modificaciones no supongan un incremento superior al 20 %. Estos acuerdos no tendrán efectos retroactivos.»

Tres. Se añade una nueva disposición adicional segunda, con la siguiente redacción:

«Disposición adicional segunda.

Aquel propietario de una vivienda que esté ejerciendo la actividad a que se refiere la letra e) del artículo 5 de la Ley 29/1994, de 24 de noviembre, de Arrendamientos Urbanos, con anterioridad a la entrada en vigor de la Ley Orgánica de medidas en materia de eficiencia del Servicio Público de Justicia, que se haya acogido previamente a la normativa sectorial turística, podrá seguir ejerciendo la actividad con las condiciones y plazos establecidos en la misma.»

Quinta. Modificación de la Ley 50/1981, de 30 de diciembre, por la que se regula el Estatuto Orgánico del Ministerio Fiscal

Se modifica la Ley 50/1981, de 30 de diciembre, por la que se regula el Estatuto Orgánico del Ministerio Fiscal, en los siguientes términos:

Uno. Se modifica la letra n) del artículo doce, que queda redactada como sigue:

«n) La Unidad de Protección de Datos del Ministerio Fiscal.»

Dos. Se suprime la letra l) del apartado cuatro del artículo catorce.

Tres. Se modifican las letras a), d) y e) del apartado uno y el apartado cuatro del artículo veinte, que quedan redactados como sigue:

«a) Practicar las diligencias a que se refiere el artículo Cinco de este Estatuto, e intervenir directamente en aquellos procesos penales de especial trascendencia apreciada por el Fiscal General del Estado, referentes a los delitos por actos de violencia de género y de violencia sexual comprendidos en el artículo 89.5 de la Ley Orgánica 6/1985, de 1 de julio, del Poder Judicial».

«d) Coordinar los criterios de actuación de las diversas Fiscalías en materias de violencia de género y violencia sexual, para lo cual podrá proponer al Fiscal General del Estado la emisión de las correspondientes instrucciones.

e) Elaborar semestralmente, y presentar al Fiscal General del Estado, para su remisión a la Junta de Fiscales de Sala del Tribunal Supremo, y al Consejo Fiscal, un informe sobre los procedimientos seguidos y actuaciones practicadas por el Ministerio Fiscal en materia de violencia de género y violencia sexual».

«Cuatro. En la Fiscalía General del Estado, de igual modo, existirá la Unidad de Protección de Datos que, respecto del tratamiento de datos con fines jurisdiccionales realizado por el Ministerio Fiscal, ejercerá con plena independencia y neutralidad las competencias y facultades que por la normativa de protección de datos corresponden a la autoridad de control de acuerdo con lo establecido en el artículo 236 octies de la Ley Orgánica 6/1985, de 1 de julio, del Poder Judicial, y asumirá la condición de Delegado de Protección de Datos, en relación con el tratamiento de datos con fines no jurisdiccionales, una vez sea designado como tal por el Fiscal General del Estado. La Unidad de Protección de Datos deberá tener garantizada la dotación de los recursos necesarios para el adecuado desempeño de sus funciones. Su composición, organización y funcionamiento serán regulados reglamentariamente».

Cuatro. Se modifica la letra a) del apartado cinco del artículo veintidós, que queda redactado como sigue:

«a) Organizar los servicios y la distribución del trabajo entre los Fiscales de la plantilla y la adscripción de los componentes de la Sección de Menores, oída la Junta de Fiscalía. Será preciso pertenecer a la categoría segunda para intervenir en los procedimientos ante el tribunal de jurado o para realizar funciones de visado».

Cinco. Se modifica el párrafo primero del apartado uno del artículo treinta y seis, que queda redactado como sigue:

«Sin perjuicio de lo dispuesto en el apartado tres de este artículo, los destinos correspondientes a la categoría primera, el de Fiscal responsable de la Unidad de Protección de Datos, los de Fiscales del Tribunal Supremo, los de Fiscales Superiores de comunidades autónomas y los de Fiscales Jefes se proveerán por el Gobierno, a propuesta del Fiscal General del Estado, de acuerdo con lo previsto en el artículo 13 de este Estatuto. De igual modo serán designados los Tenientes Fiscales de las Fiscalías de las comunidades autónomas y los Fiscales que integren la plantilla de todos aquellos órganos cuyo jefe pertenezca a la categoría primera. Cuando los Estatutos de Autonomía prevean la existencia del Consejo de Justicia de la comunidad autónoma, éste será oído necesariamente con carácter previo al nombramiento del Fiscal Superior de la comunidad autónoma».

Seis. Se introduce un nuevo apartado cinco en el artículo cuarenta y uno, pasando el actual apartado cinco a ser el apartado seis, con la siguiente redacción:

«Cinco. El Fiscal responsable de la Unidad de Protección de Datos será nombrado por un periodo de cinco años renovable por un nuevo periodo de idéntica duración y ejercerá durante ese tiempo, exclusivamente, las funciones derivadas del cargo. Únicamente podrá ser cesado por el transcurso del plazo de nombramiento y por renuncia aceptada por el o la Fiscal General del Estado, o removido, de apreciarse incapacidad o incumplimiento grave en el ejercicio de sus funciones, por el Gobierno a propuesta del Fiscal General del Estado que deberá oír previamente al Consejo Fiscal y al interesado. La referida propuesta conllevará, a su vez, el cese como Delegado de Protección de Datos. Una vez cesado o relevado, si el Fiscal responsable fuere Fiscal de Sala quedará adscrito a la Fiscalía del Tribunal Supremo o a cualquiera de las fiscalías cuyo jefe pertenezca a la primera categoría, conservando en todo caso la categoría. En caso de ser fiscal de la segunda categoría se incorporará en calidad de adscrito, a su elección, a la Fiscalía en la que estuviere destinado antes de ocupar el cargo en la Unidad de Protección de Datos o a la Fiscalía de la comunidad autónoma o Provincial de Madrid, o a la Fiscalía de la comunidad autónoma o Provincial de origen, hasta ocupar plaza en propiedad».

Sexta. Modificación de la Ley Orgánica 5/1985, de 19 de junio, del Régimen Electoral General

Se modifica la Ley Orgánica 5/1985, de 19 de junio, del Régimen Electoral General, en los siguientes términos:

Uno. Se modifica el apartado 4 del artículo diez, que queda redactado como sigue:

«4. El Secretario o Secretaria de la Junta Provincial es el letrado o la letrada de la Administración de Justicia Director o Directora del Servicio Común de Tramitación de la Audiencia respectiva.

El Secretario o Secretaria de la Junta Electoral Provincial es la persona de contacto con la Administración electoral y con el gestor electoral tanto durante el periodo electoral, como en el periodo comprendido entre procesos electorales.»

Dos. Se modifica el artículo once, que queda redactado como sigue:

«Artículo once.

1. La Junta Electoral de Zona está compuesta por:

a) Tres Vocales, jueces o juezas de la Sección Civil o de la Sección de Instrucción de los Tribunales de Instancia, designados mediante insaculación por la Sala de Gobierno del Tribunal Superior de Justicia respectivo. Cuando no hubiere en el partido de que se trate el número suficiente de jueces o juezas, se designará por insaculación a jueces o juezas de otros partidos judiciales de la misma provincia.

b) Dos Vocales designados por la Junta Electoral Provincial, entre licenciados o graduados en Derecho o en Ciencias Políticas y en Sociología, residentes en el partido judicial. La designación de estos vocales tendrá lugar una vez proclamadas las candidaturas. A este fin, los o las representantes de las candidaturas presentadas en el distrito electoral correspondiente propondrán conjuntamente las personas que hayan de desempeñar estos cargos. Cuando la propuesta no tenga lugar antes del comienzo de la campaña electoral, la Junta Electoral Provincial procede a su nombramiento.

2. Los o las Vocales mencionados en el apartado 1.a) eligen de entre ellos al Presidente o Presidenta de la Junta Electoral de Zona.

3. El Secretario o la Secretaria de la Junta Electoral de Zona es el letrado o la letrada de la Administración de Justicia Director o Directora del servicio común procesal que, en el partido judicial respectivo, tenga asumidas las funciones de registro y reparto de asuntos civiles. Cuando no hubiere servicio común que asumiere tales funciones, será Secretario o Secretaria de la Junta Electoral de Zona el letrado o la letrada que dirija la unidad procesal de tramitación.

El Secretario o Secretaria de la Junta Electoral de Zona es la persona de contacto con la Administración electoral y con el gestor electoral tanto durante el periodo electoral como en el periodo comprendido entre procesos electorales.

4. Los Secretarios o las Secretarias de los Ayuntamientos son Delegados o Delegadas de las Juntas Electorales de Zona y actúan bajo la estricta dependencia de las mismas».

Tres. Se modifican los apartados 1 y 4 del artículo ciento uno, que quedan redactados como siguen:

«1. Cuando tengan preparada la correspondiente documentación el Presidente y los Vocales e interventores que lo deseen se desplazarán inmediatamente a la sede del Tribunal de Instancia o de la Oficina de Justicia en el municipio que asista al juez o la jueza de paz dentro de cuya demarcación esté situada la Mesa, para hacer entrega del primer y segundo sobre. La Fuerza Pública acompañará y, si fuera preciso, facilitará el desplazamiento de estas personas».

«4. Los segundos sobres quedarán archivados en el Tribunal de Instancia o en la Oficina de Justicia correspondiente, pudiendo ser reclamados por las Juntas Electorales en las operaciones de escrutinio general, y por los Tribunales competentes en los procesos contencioso-electorales».

Cuatro. Se modifica la letra a) del apartado 3 del artículo ciento setenta y cinco, que queda redactado como sigue:

«a) Se abonarán 0,18 euros por elector en cada una de las circunscripciones en las que haya presentado lista al Congreso de los Diputados y al Senado, siempre que la candidatura de referencia hubiera obtenido Diputados o Senadores que logren constituirse en Grupo Parlamentario propio en una u otra Cámara, o hubiera obtenido el número de Diputados o Senadores o de votos preciso para hacerlo».

Séptima. Modificación de la Ley 7/1985, de 2 de abril, Reguladora de las Bases del Régimen Local

Se modifica la Ley 7/1985, de 2 de abril, Reguladora de las Bases del Régimen Local, en los siguientes términos:

Uno. Se modifica el párrafo quinto, del apartado 3 del artículo 73, con la siguiente redacción:

«Respecto a la dotación a que se refiere el párrafo segundo de este apartado 3, las aportaciones que los grupos políticos destinen a los partidos políticos, de conformidad con lo dispuesto en la normativa de financiación de estos últimos, no serán objeto de contabilidad específica excepto de aquellas cantidades que, en su caso, se pudiera reservar el grupo municipal que pondrá a disposición del pleno de la corporación siempre que este lo pida».

Dos. Se modifica el apartado 7 de la disposición adicional segunda, que quedará redactado como sigue:

«7. En el ámbito de la Comunidad Autónoma del País Vasco, la normativa reguladora de los funcionarios de Administración local con habilitación de carácter nacional prevista en el artículo 92.bis y concordantes de esta Ley, se aplicará de conformidad con la disposición adicional primera de la Constitución, con el artículo 149.1.18.ª de la misma y con la Ley Orgánica 3/1979, de 18 de diciembre, por la que se aprueba el Estatuto de Autonomía para el País Vasco, teniendo en cuenta que todas las facultades previstas en el citado artículo 92.bis respecto a dicho personal serán asumidas en los términos que establezca la normativa autonómica, incluyendo entre las mismas la facultad de selección, la aprobación de la oferta pública de empleo para cubrir las vacantes existentes de las plazas correspondientes a las mismas en su ámbito territorial, convocar exclusivamente para su territorio los procesos de provisión para las plazas vacantes en el mismo, la facultad de nombramiento del personal funcionario en dichos procesos de provisión, la asignación del primer destino y las situaciones administrativas».

Octava. Modificación de la Ley 38/1988, de 28 de diciembre, de Demarcación y de Planta Judicial

Se modifica la Ley 38/1988, de 28 de diciembre, de Demarcación y de Planta Judicial, en los siguientes términos:

Uno

Se modifica el artículo 1, que queda redactado como sigue:

«Artículo 1.

El Tribunal Supremo, la Audiencia Nacional y el Tribunal Central de Instancia tienen jurisdicción en toda España.»

Dos

Se modifica el artículo 3, que queda redactado como sigue:

«Artículo 3.

1. Tienen jurisdicción en el ámbito de su respectiva provincia:

a) Las Audiencias Provinciales.

b) Las Secciones de los Tribunales de Instancia de lo Penal, de lo Contencioso-Administrativo, de lo Social, de lo Mercantil, de Vigilancia Penitenciaria y de Menores.

2. Las Secciones que integren los Tribunales de Instancia podrán extender su jurisdicción a uno o varios partidos judiciales de la misma provincia o de varias provincias limítrofes, dentro del ámbito de un mismo Tribunal Superior de Justicia, en los casos previstos en la ley.

3. A efectos de la demarcación judicial, las Ciudades de Ceuta y Melilla quedan integradas en la circunscripción territorial de la Sección Sexta de la Audiencia Provincial de Cádiz con sede en Ceuta y de la Sección Séptima de la Audiencia Provincial de Málaga, con sede en Melilla, respectivamente.

4. Los Tribunales de Instancia que tienen su sede en Ceuta y Melilla tienen la jurisdicción limitada al respectivo partido judicial.

5. En los casos en que el Anexo V de esta ley prevea la existencia de Secciones de una Audiencia Provincial fuera de la capital de provincia, la jurisdicción de dichas Secciones se ejercerá en los partidos judiciales que, según el citado anexo, estén adscritos a la misma.

6. Los magistrados y las magistradas destinados o destinadas en las plazas especializadas de la Sección de lo Mercantil del Tribunal de Instancia de Alicante tendrán competencia, además, para conocer, en primera instancia y de forma exclusiva, de todos aquellos litigios que se promuevan al amparo de lo previsto en el Reglamento (UE) 2017/1001 del Parlamento Europeo y del Consejo, de 14 de junio de 2017, sobre la marca de la Unión Europea, y el Reglamento (CE) núm. 6/2002, del Consejo, de 12 de diciembre de 2001, sobre los dibujos y modelos comunitarios. En el ejercicio de esta competencia estos magistrados o magistradas extenderán su jurisdicción a todo el territorio nacional, integrándose en el que, únicamente a estos solos efectos se denominará Tribunal de Marca de la Unión Europea.

7. La Sección o Secciones de la Audiencia Provincial de Alicante que se especialicen conocerán, además en segunda instancia y de forma exclusiva de todos aquellos recursos a los que se refiere el artículo 133 del Reglamento (UE) 2017/1001 del Parlamento Europeo y del Consejo, de 14 de junio de 2017, sobre la marca de la Unión Europea, y el Reglamento (CE) núm. 6/2002, del Consejo, de 12 de diciembre de 2001, sobre los dibujos y modelos comunitarios. En el ejercicio de esta competencia extenderán su jurisdicción a todo el territorio nacional y a estos solos efectos se denominarán Secciones de Marca de la Unión Europea.»

Tres

Se modifican los apartados 1 y 2 del artículo 4, que quedan redactados como sigue, pasando los actuales apartados 2 a 5 a ser 3 a 6:

«1. Habrá un Tribunal de Instancia en cada partido judicial, con sede en su capital, de la que tomará su nombre.

2. Con carácter general, extienden su jurisdicción a un partido judicial:

a) Las Secciones Civiles de los Tribunales de Instancia.

b) Las Secciones de Instrucción de los Tribunales de Instancia.

c) Las Secciones Civiles y de Instrucción de los Tribunales de Instancia que constituyan una Sección Única.

d) Las Secciones de Familia, Infancia y Capacidad, las Secciones de Violencia contra la Infancia y la Adolescencia y las Secciones de Violencia sobre la Mujer de los Tribunales de Instancia.»

Cuatro

Se modifica el artículo 6, que queda redactado como sigue:

«Artículo 6.

El Tribunal Supremo, la Audiencia Nacional y el Tribunal Central de Instancia tienen su sede en la villa de Madrid.»

Cinco

Se modifica el artículo 7, que queda redactado como sigue:

«Artículo 7.

1. Los Tribunales Superiores de Justicia tienen su sede en la ciudad que indiquen los respectivos Estatutos de Autonomía o la Ley Orgánica 6/1985, de 1 de julio, del Poder Judicial.

2. Las Salas de lo Contencioso-Administrativo y de lo Social con jurisdicción limitada a una o varias provincias tienen su sede donde la establece el artículo 2».

Seis

Se modifica el artículo 8, que queda redactado como sigue:

«Artículo 8.

1. Las Audiencias Provinciales y las Secciones de los Tribunales de Instancia con jurisdicción provincial tienen su sede en la capital de provincia.

2. Las Secciones de las Audiencias Provinciales a que se refiere el apartado 5 del artículo 3, así como las Secciones de lo Penal, las Secciones de lo Contencioso-Administrativo, las Secciones de lo Social, las Secciones de Menores, las Secciones de lo Mercantil, las Secciones de Familia, Infancia y Capacidad, las Secciones de Violencia contra la Infancia y la Adolescencia y las Secciones de Violencia sobre la Mujer de los Tribunales de Instancia con jurisdicción de extensión territorial inferior o superior a la de una provincia tienen su sede en la capital del partido que se señale por ley de la correspondiente comunidad autónoma y toman el nombre del municipio en que aquella esté situada.

3. La sede de las Secciones de Vigilancia Penitenciaria de los Tribunales de Instancia se establece por el Gobierno, oídos previamente la comunidad autónoma afectada y el Consejo General del Poder Judicial.»

Siete

Se modifica el artículo 9, que queda redactado como sigue:

«Artículo 9.

La sede de las Secciones de Familia, Infancia y Capacidad, de las Secciones de Violencia contra la Infancia y la Adolescencia y de las Secciones de Violencia sobre la Mujer que extiendan su jurisdicción a más de un partido judicial se establecerá por el Gobierno, con informe previo de la comunidad autónoma afectada y el Consejo General del Poder Judicial.»

Ocho

Se modifica la rúbrica del capítulo I del título II, que queda redactada como sigue:

«CAPÍTULO I

Planta de los Tribunales»

Nueve

Se modifica el artículo 15, que queda redactado como sigue:

«Artículo 15.

1. La planta de los Tribunales es la establecida en los anexos.

2. Serán plazas de magistrados:

a) Las que integran las Secciones Civiles y las de Instrucción de los Tribunales de Instancia.

b) Las que integran las Secciones Civiles y de Instrucción que constituyan una Sección Única, las Secciones de Familia, Infancia y Capacidad, las Secciones de Violencia contra la Infancia y la Adolescencia y las Secciones de Violencia sobre la Mujer que tengan su sede en la capital de provincia, y en aquellos otros casos en que así se establezca en los anexos correspondientes de esta ley.

c) Las que integran las Secciones de lo Mercantil, las de lo Penal, de Menores, de Vigilancia Penitenciaria, de lo Contencioso-Administrativo y de lo Social de los Tribunales de Instancia.

d) Las que integran todas las Secciones del Tribunal Central de Instancia.

3. El Consejo General del Poder Judicial podrá acordar, previo informe de las Salas de Gobierno, que, en aquellas circunscripciones donde sea conveniente en función de la carga de trabajo existente, el conocimiento de los asuntos en materia de familia corresponda a uno de los jueces, juezas, magistrados o magistradas de la Sección de Civil, o de Civil y de Instrucción que constituya una Sección Única, determinándose en esta situación que ese juez, jueza, magistrado o magistrada conozca de todos estos asuntos dentro del partido judicial, ya sea de forma exclusiva o conociendo también de otras materias.

4. El Consejo General del Poder Judicial podrá acordar, previo informe de las Salas de Gobierno, que, en aquellas circunscripciones donde sea conveniente en función de la carga de trabajo existente, el conocimiento de los asuntos en materia de violencia sobre la mujer corresponda a uno de los jueces, juezas, magistrados o magistradas de la Sección de Instrucción, o de Civil y de Instrucción que constituya una Sección Única, determinándose en esta situación que ese juez, jueza, magistrado o magistrada conozca de todos estos asuntos dentro del partido judicial, ya sea de forma exclusiva o conociendo también de otras materias.

5. El Consejo General del Poder Judicial podrá acordar, previo informe de las Salas de Gobierno, que, en aquellas circunscripciones donde sea conveniente en función de la carga de trabajo existente, el conocimiento de los asuntos en materia de violencia contra la infancia y la adolescencia corresponda a uno de los jueces, juezas, magistrados o magistradas de la Sección de Instrucción, o de Civil y de Instrucción que constituya una Sección Única, determinándose en esta situación que ese juez, jueza, magistrado o magistrada conozca de todos estos asuntos dentro del partido judicial, ya sea de forma exclusiva o conociendo también de otras materias.»

Diez

Se suprimen los artículos 15 bis y 19 bis y quedan sin contenido los artículos 16, 17, 18 y 19.

Once

Se modifica el artículo 20, que queda redactado como sigue:

«Artículo 20.

1. El Gobierno podrá modificar el número y composición de los órganos judiciales establecidos por esta ley, mediante la creación de Secciones y plazas de juez, jueza, magistrado o magistrada, sin alterar la demarcación judicial, oídos preceptivamente el Consejo General del Poder Judicial y la comunidad autónoma afectada.

Por real decreto, a propuesta del Ministro de Justicia, previo informe del Consejo General del Poder Judicial y previa audiencia con carácter preceptivo de la comunidad autónoma afectada, se podrán transformar plazas de magistrado, magistrada, juez o jueza de una Sección en plazas de otra Sección en la misma sede del Tribunal de Instancia, cualquiera que sea su orden jurisdiccional. Cuando existan procedimientos pendientes asociados a la plaza que se transforma, el juez, la jueza, el magistrado o la magistrada que la ocupe conservará su competencia sobre aquellos hasta su conclusión.

2. En la creación de Secciones de todos los Tribunales se tendrá en cuenta, preferentemente, el volumen de litigiosidad de la circunscripción.

3. El real decreto correspondiente a la creación de Secciones o de plazas de juez, jueza, magistrado o magistrada en el Tribunal Supremo, Audiencia Nacional, Tribunales Superiores de Justicia, Audiencias Provinciales, Tribunales de Instancia o Tribunal Central de Instancia dispondrá la modificación que proceda de los anexos de esta ley relativos a la planta judicial.

4. La fecha de efectividad de las plazas de juez, jueza, magistrado o magistrada en el Tribunal Supremo, Audiencia Nacional, Tribunales Superiores de Justicia, Audiencias Provinciales, Tribunales de Instancia y Tribunal Central de Instancia, así como la entrada en funcionamiento de Secciones de nueva creación será fijada por el Ministro de Justicia, oído el Consejo General del Poder Judicial y las comunidades autónomas con competencia transferidas en materia de Justicia, y publicada en el "Boletín Oficial del Estado".

5. Para el ejercicio de las facultades que se reconocen en los apartados anteriores al Gobierno y al Ministerio de Justicia, será necesaria la previa inclusión de las dotaciones de gastos especificadas en la Ley de Presupuestos Generales del Estado del ejercicio correspondiente.»

Doce

Se modifica el artículo 21, que queda redactado como sigue:

«Artículo 21.

1. El Gobierno, a propuesta del Consejo General del Poder Judicial y con el informe previo de las comunidades autónomas con competencias transferidas en materia de justicia, podrá establecer la separación de las Secciones Civiles y de Instrucción que constituyan una Sección Única, en Sección Civil y Sección de Instrucción, en aquellos partidos judiciales en los que el número de plazas de magistrado, magistrada o juez que integren la Sección Única así lo aconseje.

2. El Ministro de Justicia podrá establecer que las plazas de las Secciones Civiles y de Instrucción que constituyan una Sección Única, las de las Secciones de Familia, Infancia y Capacidad, las de las Secciones de Violencia contra la Infancia y la Adolescencia y las de las Secciones de Violencia sobre la Mujer, sean servidas por magistrados y magistradas, siempre que estén radicadas en un partido judicial superior a 150.000

habitantes de derecho o que experimente aumentos de población de hecho que superen dicha cifra, y el volumen de cargas competenciales así lo exija.

3. En los casos previstos en el presente artículo se dispondrá la modificación que proceda de los anexos de esta ley relativos a la planta judicial.»

Trece

Se modifica la rúbrica del capítulo III del título II, que queda redactada como sigue:

«CAPÍTULO III

Destinos de carácter técnico o con funciones exclusivas de Presidencia de Tribunales de Instancia o Tribunal Central de Instancia»

Catorce

Se modifica el artículo 26, que queda redactado como sigue:

«Artículo 26.

La liberación total del trabajo en el orden jurisdiccional respectivo, que corresponde a quienes ostenten la Presidencia de los Tribunales de Instancia, a que se refiere el artículo 166.2 de la Ley Orgánica 6/1985, de 1 de julio, del Poder Judicial, se efectuará en aquellos partidos judiciales que cuenten con cuarenta o más plazas judiciales en el Tribunal de Instancia.»

Quince

Se dejan sin contenido la rúbrica del capítulo IV del título III, y los artículos 41, 42, 43, 44, 45, 46, 47, 48, 50, 51, 52, 56, 57, 59, 60, 61, 62 y 63, y se suprimen los artículos 46 bis y 46 ter.

Dieciséis

Se modifica el anexo I, en el particular que afecta a las relaciones de términos municipales agrupados por partidos judiciales correspondientes a las provincias de Santa Cruz de Tenerife y Barcelona, que quedan redactadas como sigue:

«ANEXO I

Relación de términos municipales agrupados por partidos judiciales

[...]

Comunidad Autónoma de Canarias

Provincia de Santa Cruz de Tenerife

Partido judicial	Código de municipio	Nombre del municipio
1	38005	ARICO.
1	38017	GRANADILLA DE ABONA.
1	38035	SAN MIGUEL DE ABONA.
1	38052	VILAFLOR DE CHASNA.
2	38002	AGULO.
2	38003	ALAJERÓ.
2	38021	HERMIGUA.
2	38036	SAN SEBASTIÁN DE LA GOMERA.

2	38049	VALLE GRAN REY.
2	38050	VALLEHERMOSO.
3	38032	EL ROSARIO.
3	38038	SANTA CRUZ DE TENERIFE.
4	38007	BARLOVENTO.
4	38008	BREÑA ALTA.
4	38009	BREÑA BAJA.
4	38030	PUNTALLANA.
4	38033	SAN ANDRÉS Y SAUCES.
4	38037	SANTA CRUZ DE LA PALMA.
4	38053	VILLA DE MAZO.
5	38010	BUENAVISTA DEL NORTE.
5	38044	EL TANQUE.
5	38015	GARACHICO.
5	38022	ICOD DE LOS LLANOS.
5	38018	LA GUANCHA.
5	38042	LOS SILOS.
6	38901	EL PINAR DE EL HIERRO.
6	38013	FRONTERA.
6	38048	VALVERDE.
7	38041	EL SAUZAL.
7	38023	SAN CRISTOBAL DE LA LAGUNA.
7	38043	TACORONTE.
7	38046	TEGUESTE.
8	38025	LA MATANZA DEL ACENTEJO.
8	38026	LA OROTAVA.
8	38028	PUERTO DE LA CRUZ.
8	38051	LA VICTORIA DE ACENTEJO.
8	38031	LOS REALEJOS.
8	38034	SAN JUAN DE LA RAMBLA.
8	38039	SANTA ÚRSULA.

9	38027	EL PASO.
9	38014	FUENCALIENTE DE LA PALMA.
9	38016	GARAFÍA.
9	38024	LOS LLANOS DE ARIDANE.
9	38029	PUNTAGORDA.
9	38045	TAZACORTE.
9	38047	TIJARAFE.
11	38004	ARAFO.
11	38011	CANDELARIA.
11	38012	FASNIA.
11	38020	GÜIMAR.
12	38001	ADEJE.
12	38006	ARONA.
12	38019	GUÍA DE ISORA.
12	38040	SANTIAGO DEL TEIDE.

[...]

Comunidad Autónoma de Cataluña

Provincia de Barcelona

Partido judicial	Código de municipio	Nombre del municipio
...	...	...
24	08054	CASTELLBISBAL.
24	08184	RUBÍ.
25	08169	EL PRAT DE LLOBREGAT.
26	08205	SANT CUGAT DEL VALLÈS».

Diecisiete

Se suprimen los anexos VIII, IX, X, XI, XII y XIII.

Dieciocho

Se modifican los anexos VI y VII, que quedan redactados como sigue:

«ANEXO VI

Tribunales de instancia

Comunidad Autónoma de Andalucía

Provincia	N.º partido	Sede	N.º plazas	Categoría	Compatibilidad/Especialización	Jurisdicción
ALMERÍA						
	1	TRIBUNAL DE INSTANCIA DE ALMERÍA.				
		Sección Civil.	9	M		Partido judicial.
		Sección de Instrucción.	6	M		Partido judicial.
		Sección de Familia, Infancia y Capacidad.	2	M		Partido judicial.
		Sección de lo Mercantil.	2	M		Provincial.
		Sección de Violencia sobre la Mujer.	2	M		Partidos judiciales 1 y 5.
		Sección de lo Penal.	6	M		Provincial.
		Sección de Menores.	1	M		Provincial.
		Sección de Vigilancia Penitenciaria.	1	M		Provincial.

		Sección de lo Contencioso-Administrativo.	4	M		Provincial.
		Sección de lo Social.	6	M		Provincial.
		Total.	39			
	2	TRIBUNAL DE INSTANCIA DE BERJA.				
		Sección Civil y de Instrucción.	2	J	1 (C-VSM)	Partido judicial.
		Total.	2			
	3	TRIBUNAL DE INSTANCIA DE HUERCAL-OVERA.				
		Sección Civil y de Instrucción.	3	J	1 (C-VSM)	Partido judicial.
		Total.	3			
	4	TRIBUNAL DE INSTANCIA DE VERA.				
		Sección Civil y de Instrucción.	4	J	1 (C-VSM)	Partido judicial.
		Total.	4			
	5	TRIBUNAL DE INSTANCIA DE ROQUETAS DE MAR.				
		Sección Civil y de Instrucción.	7	M		Partido judicial.
		Total.	7			

	6	TRIBUNAL DE INSTANCIA DE VÉLEZ RUBIO.				
		Sección Civil y de Instrucción.	1	J	C-VSM	Partido judicial.
		Total.	1			
	7	TRIBUNAL DE INSTANCIA DE EL EJIDO.				
		Sección Civil y de Instrucción.	6	J	1 (C-VSM)	Partido judicial.
		Total.	6			
	8	TRIBUNAL DE INSTANCIA DE PURCHENA.				
		Sección Civil y de Instrucción.	1	J	C-VSM	Partido judicial.
		Total.	1			
		Total provincial.	63			
CÁDIZ						
	1	TRIBUNAL DE INSTANCIA DE CHICLANA DE LA FRONTERA.				
		Sección Civil y de Instrucción.	6	J	1 (C-VSM)	Partido judicial.
		Total.	6			
	2	TRIBUNAL DE INSTANCIA DE ARCOS DE LA FRONTERA.				

		Sección Civil y de Instrucción.	4	J	1 (C-VSM)	Partido judicial.
		Total.	4			
	3	TRIBUNAL DE INSTANCIA DE ALGECIRAS.				
		Sección Civil.	4	M		Partido judicial.
		Sección de Instrucción.	5	M		Partido judicial.
		Sección de Familia, Infancia y Capacidad.	1	M		Partido judicial.
		Sección de Violencia sobre la Mujer.	1	M		Partidos judiciales 3, 5 y 8.
		Sección de lo Penal.	5	M		Partidos judiciales 3, 5 y 8.
*		Sección de Menores.	1	M		(Artículo 269 LOPJ) partidos 3, 5 y 8.
		Sección de Vigilancia Penitenciaria.	1	M		Provincial.
		Sección de lo Contencioso-Administrativo.	2	M		Partidos judiciales 3, 5 y 8.
		Sección de lo Social.	2	M		Partidos judiciales 3, 5 y 8.
		Total.	22			

4		TRIBUNAL DE INSTANCIA DE CÁDIZ.				
		Sección Civil.	6	M		Partido judicial.
		Sección de Instrucción.	4	M		Partido judicial.
		Sección de lo Mercantil.	2	M		Provincial.
		Sección de Violencia sobre la Mujer.	1	M		Partidos judiciales 4, 9 y 13.
		Sección de lo Penal.	5	M		Partidos judiciales 1, 4, 6, 9, 10, 11, 13 y 14.
		Sección de Menores.	1	M		Partidos judiciales 1, 4, 10, 11, 13 y 14.
		Sección de lo Contencioso-Administrativo.	4	M		Partidos judiciales 1, 4, 6, 9, 10, 11, 13 y 14.
		Sección de lo Social.	4	M		Partidos judiciales 1, 4, 9, 13 y 14.
		Total.	27			
5		TRIBUNAL DE INSTANCIA DE SAN ROQUE.				
		Sección Civil y de Instrucción.	3	J		Partido judicial.
		Total.	3			

	6	TRIBUNAL DE INSTANCIA DE SANLÚCAR DE BARRAMEDA.				
		Sección Civil y de Instrucción.	4	M	1(C-C-VSM)	Partido judicial.
		Total.	4			
	7	TRIBUNAL DE INSTANCIA DE JEREZ DE LA FRONTERA.				
		Sección Civil.	6	M		Partido judicial.
		Sección de Instrucción.	5	M		Partido judicial.
		Sección de Familia, Infancia y Capacidad.	2	M		Partido judicial.
		Sección de Violencia sobre la Mujer.	1	M		Partido judicial.
		Sección de lo Penal.	3	M		Partidos judiciales 2, 7 y 15.
*		Sección de Menores.	1	M		(Artículo 269 LOPJ) partidos judiciales 2, 6, 7 y 15.
		Sección de lo Contencioso-Administrativo.	1	M		Partidos judiciales 2, 7 y 15.
		Sección de lo Social.	3	M		Partidos judiciales 2, 6, 7, 10, 11 y 15.

		Total.	22			
	8	TRIBUNAL DE INSTANCIA DE LA LÍNEA DE LA CONCEPCIÓN.				
		Sección Civil y de Instrucción.	5	J		Partido judicial.
		Total.	5			
	9	TRIBUNAL DE INSTANCIA DE SAN FERNANDO.				
		Sección Civil y de Instrucción.	4	M		Partido judicial.
		Total.	4			
	10	TRIBUNAL DE INSTANCIA DE EL PUERTO DE SANTA MARÍA.				
		Sección Civil y de Instrucción.	5	M	1 (C-VSM)	Partido judicial.
		Sección de Vigilancia Penitenciaria.	2	M		Provincial.
		Total.	7			
	11	TRIBUNAL DE INSTANCIA DE ROTA.				
		Sección Civil y de Instrucción.	2	J	1 (C-VSM)	Partido judicial.
		Total.	2			

	13	TRIBUNAL DE INSTANCIA DE PUERTO REAL.				
		Sección Civil y de Instrucción.	2	J		Partido judicial.
		Total.	2			
	14	TRIBUNAL DE INSTANCIA DE BARBATE.				
		Sección Civil y de Instrucción.	2	J	1 (C-VSM)	Partido judicial.
		Total.	2			
	15	TRIBUNAL DE INSTANCIA DE UBRIQUE.				
		Sección Civil y de Instrucción.	1	J	C-VSM	Partido judicial.
		Total.	1			
		Total provincial.	111			
CÓRDOBA						
	1	TRIBUNAL DE INSTANCIA DE MONTORO.				
		Sección Civil y de Instrucción.	2	J	1 (C-VSM)	Partido judicial.
		Total.	2			
	2	TRIBUNAL DE INSTANCIA DE AGUILAR DE LA FRONTERA.				

		Sección Civil y de Instrucción.	1	J	C-VSM	Partido judicial.
		Total.	1			
3		TRIBUNAL DE INSTANCIA DE POZOBLANCO.				
		Sección Civil y de Instrucción.	2	J	1 (C-VSM)	Partido judicial.
		Total.	2			
4		TRIBUNAL DE INSTANCIA DE BAENA.				
		Sección Civil y de Instrucción.	1	J	C-VSM	Partido judicial.
		Total.	1			
5		TRIBUNAL DE INSTANCIA DE POSADAS.				
		Sección Civil y de Instrucción.	3	J	1 (C-VSM)	Partido judicial.
		Total.	3			
6		TRIBUNAL DE INSTANCIA DE PEÑARROYA-PUEBLO NUEVO.				
		Sección Civil y de Instrucción.	2	J	1 (C-VSM)	Partido judicial.
		Total.	2			
7		TRIBUNAL DE INSTANCIA DE LUCENA.				

		Sección Civil y de Instrucción.	3	J	1 (C-VSM)	Partido judicial.
		Total.	3			
	8	TRIBUNAL DE INSTANCIA DE CÓRDOBA.				
		Sección Civil.	10	M		Partido judicial.
		Sección de Instrucción.	8	M		Partido judicial.
		Sección de Familia, Infancia y Capacidad.	2	M		Partido judicial.
		Sección de lo Mercantil.	1	M		Provincial.
		Sección de Violencia sobre la Mujer.	1	M		Partido judicial.
		Sección de lo Penal.	6	M		Provincial.
		Sección de Menores.	1	M		Provincial.
		Sección de Vigilancia Penitenciaria.	1	M		Sevilla, Huelva y Córdoba.
		Sección de lo Contencioso-Administrativo.	4	M		Provincial.
		Sección de lo Social.	5	M		Provincial.
		Total.	39			
	9	TRIBUNAL DE INSTANCIA DE				

		PRIEGO DE CÓRDOBA.				
		Sección Civil y de Instrucción.	1	J	C-VSM	Partido judicial.
		Total.	1			
	10	TRIBUNAL DE INSTANCIA DE CABRA.				
		Sección Civil y de Instrucción.	2	J	1 (C-VSM)	Partido judicial.
		Total.	2			
	11	TRIBUNAL DE INSTANCIA DE MONTILLA.				
		Sección Civil y de Instrucción.	2	J	1 (C-VSM)	Partido judicial.
		Total.	2			
	12	TRIBUNAL DE INSTANCIA DE PUENTE GENIL.				
		Sección Civil y de Instrucción.	2	J	1 (C-VSM)	Partido judicial.
		Total.	2			
		Total provincial.	60			
GRANADA						
	1	TRIBUNAL DE INSTANCIA DE LOJA.				
		Sección Civil y de Instrucción.	2	J	1 (C-VSM)	Partido judicial.

		Total.	2			
	2	TRIBUNAL DE INSTANCIA DE GUADIX.				
		Sección Civil y de Instrucción.	2	J	1 (C-VSM)	Partido judicial.
		Total.	2			
	3	TRIBUNAL DE INSTANCIA DE GRANADA.				
		Sección Civil.	16	M		Partido judicial.
		Sección de Instrucción.	9	M		Partido judicial.
		Sección de Familia, Infancia y Capacidad.	4	M		Partido judicial.
		Sección de lo Mercantil.	2	M		Provincial.
		Sección de Violencia sobre la Mujer.	2	M		Partidos judiciales 3 y 7.
		Sección de lo Penal.	6	M		Partidos judiciales 1, 2, 3, 5, 6, 7 y 8.
		Sección de Menores.	2	M		Provincial.
		Sección de Vigilancia Penitenciaria.	1	M		Málaga, Granada, Jaén y Almería.

		Sección de lo Contencioso-Administrativo.	5	M		Provincial.
		Sección de lo Social.	8	M		Partidos judiciales 1, 2, 3, 5, 6, 7 y 8.
		Total.	55			
4		TRIBUNAL DE INSTANCIA DE MOTRIL.				
		Sección Civil y de Instrucción.	5	M	1 (C-VSM)	Partido judicial.
		Sección de lo Penal.	2	M		Partidos judiciales 4 y 9.
		Sección de lo Social.	1	M		Partidos judiciales 4 y 9.
		Total.	8			
5		TRIBUNAL DE INSTANCIA DE ORGIVA.				
		Sección Civil y de Instrucción.	2	J	1 (C-VSM)	Partido judicial.
		Total.	2			
6		TRIBUNAL DE INSTANCIA DE BAZA.				
		Sección Civil y de Instrucción.	2	J	1 (C-VSM)	Partido judicial.
		Total.	2			

	7	TRIBUNAL DE INSTANCIA DE SANTA FE.				
		Sección Civil y de Instrucción.	4	J		Partido judicial.
		Total.	4			
	8	TRIBUNAL DE INSTANCIA DE HUESCAR.				
		Sección Civil y de Instrucción.	1	J	C-VSM	Partido judicial.
		Total.	1			
	6	TRIBUNAL DE INSTANCIA DE ALMÚÑECAR.				
		Sección Civil y de Instrucción.	2	J	1 (C-VSM)	Partido judicial.
		Total.	2			
		Total provincial.	78			
HUELVA						
	1	TRIBUNAL DE INSTANCIA DE ARACENA.				
		Sección Civil y de Instrucción.	2	J	1 (C-VSM)	Partido judicial.
		Total.	2			
	2	TRIBUNAL DE INSTANCIA DE HUELVA.				

		Sección Civil.	6	M		Partido judicial.
		Sección de Instrucción.	5	M		Partido judicial.
		Sección de Familia, Infancia y Capacidad.	2	M		Partido judicial.
		Sección de lo Mercantil.	1	M		Provincial.
		Sección de Violencia sobre la Mujer.	1	M		Partido judicial.
		Sección de lo Penal.	4	M		Provincial.
		Sección de Menores.	1	M		Provincial.
		Sección de Vigilancia Penitenciaria.	1	M		Sevilla, Huelva y Córdoba.
		Sección de lo Contencioso-Administrativo.	3	M		Provincial.
		Sección de lo Social.	4	M		Provincial.
		Total.	28			
	3	TRIBUNAL DE INSTANCIA DE PALMA DEL CONDADO.				
		Sección Civil y de Instrucción.	4	J	1 (C-VSM)	Partido judicial.
		Total.	3			

	4	TRIBUNAL DE INSTANCIA DE VALVERDE DEL CAMINO.				
		Sección Civil y de Instrucción.	2	J	1 (C-VSM)	Partido judicial.
		Total.	2			
	5	TRIBUNAL DE INSTANCIA DE AYAMONTE.				
		Sección Civil y de Instrucción.	6	J	1 (C-VSM)	Partido judicial.
		Total.	6			
	6	TRIBUNAL DE INSTANCIA DE MOGUER.				
		Sección Civil y de Instrucción.	2	J	1 (C-VSM)	Partido judicial.
		Total.	2			
		Total provincial.	44			
JAÉN						
	1	TRIBUNAL DE INSTANCIA DE JAÉN.				
		Sección Civil.	5	M		Partido judicial.
		Sección de Instrucción.	4	M		Partido judicial.
		Sección de Familia, Infancia y Capacidad.	2	M		Partido judicial.

		Sección de lo Mercantil.	1	M		Provincial.
		Sección de Violencia sobre la Mujer.	1	M		Partidos judiciales 1 y 9.
		Sección de lo Penal.	4	M		Provincial.
		Sección de Menores.	1	M		Provincial.
		Sección de Vigilancia Penitenciaria.	1	M		Provincial.
		Sección de lo Contencioso-Administrativo.	3	M		Provincial.
		Sección de lo Social.	4	M		Provincial.
		Total.	26			
	2	TRIBUNAL DE INSTANCIA DE ALCALÁ LA REAL.				
		Sección Civil y de Instrucción.	2	J	1 (C-VSM)	Partido judicial.
		Total.	2			
	3	TRIBUNAL DE INSTANCIA DE LA CAROLINA.				
		Sección Civil y de Instrucción.	2	J	1 (C-VSM)	Partido judicial.
		Total.	2			

	4	TRIBUNAL DE INSTANCIA DE ANDÚJAR.				
		Sección Civil y de Instrucción.	3	J	1 (C-VSM)	Partido judicial.
		Total.	3			
	5	TRIBUNAL DE INSTANCIA DE BAEZA.				
		Sección Civil y de Instrucción.	1	J	C-VSM	Partido judicial.
		Total.	1			
	6	TRIBUNAL DE INSTANCIA DE LINARES.				
		Sección Civil y de Instrucción.	5	J	1 (C-VSM)	Partido judicial.
		Total.	5			
	7	TRIBUNAL DE INSTANCIA DE VILLACARRILLO.				
		Sección Civil y de Instrucción.	2	J	1 (C-VSM)	Partido judicial.
		Total.	2			
	8	TRIBUNAL DE INSTANCIA DE CAZORLA.				
		Sección Civil y de Instrucción.	2	J	1 (C-VSM)	Partido judicial.
		Total.	2			

	9	TRIBUNAL DE INSTANCIA DE MARTOS.				
		Sección Civil y de Instrucción.	2	J		Partido judicial.
		Total.	2			
	10	TRIBUNAL DE INSTANCIA DE ÚBEDA.				
		Sección Civil y de Instrucción.	3	J	1 (C-VSM)	Partido judicial.
		Total.	3			
		Total provincial.	48			
MÁLAGA						
	1	TRIBUNAL DE INSTANCIA DE ANTEQUERA.				
		Sección Civil y de Instrucción.	3	J	1 (C-VSM)	Partido judicial.
		Total.	3			
	2	TRIBUNAL DE INSTANCIA DE VÉLEZ-MÁLAGA.				
		Sección Civil y de Instrucción.	5	J	1 (C-VSM)	Partido judicial.
		Total.	5			
	3	TRIBUNAL DE INSTANCIA DE MÁLAGA.				

		Presidencia de Tribunal de Instancia liberada de trabajo jurisdiccional (artículo 166.2 LOPJ).	1	M		Partido judicial.
		Sección Civil.	17	M		Partido judicial.
		Sección de Instrucción.	14	M		Partido judicial.
		Sección de Familia, Infancia y Capacidad.	5	M		Partido judicial.
		Sección de lo Mercantil.	3	M		Provincial.
		Sección de Violencia sobre la Mujer.	4	M		Partidos judiciales 3 y 12.
		Sección de lo Penal.	15	M		Partidos judiciales 1, 2, 3, 4, 5, 6, 7, 9, 10, 11 y 12.
		Sección de Menores.	3	M		Provincial.
		Sección de Vigilancia Penitenciaria.	1	M		Provincial.
		Sección de lo Contencioso-Administrativo.	8	M		Provincial 1, 2, 3, 4, 5, 6, 7, 9, 10, 11 y 12.
		Sección de lo Social.	14	M		Partidos judiciales 1, 2, 3, 4, 5, 6, 7, 9, 10, 11 y 12.

		Total.	85			
	4	TRIBUNAL DE INSTANCIA DE RONDA.				
		Sección Civil y de Instrucción.	3	J	1 (C-VSM)	Partido judicial.
		Total.	3			
	5	TRIBUNAL DE INSTANCIA DE FUENGIROLA.				
		Sección Civil.	5	M		Partido judicial.
		Sección de Instrucción.	4	M		Partido judicial.
		Sección de Violencia sobre la Mujer.	1	M		Partido judicial.
		Total.	10			
	6	TRIBUNAL DE INSTANCIA DE MARBELLA.				
		Sección Civil.	8	M		Partido judicial.
		Sección de Instrucción.	5	M		Partido judicial.
		Sección de Violencia sobre la Mujer.	1	M		Partidos judiciales 6 y 7.
		Total.	14			
	7	TRIBUNAL DE INSTANCIA DE ESTEPONA.				

		Sección Civil y de Instrucción.	6	J		Partido judicial.
		Total.	6			
9		TRIBUNAL DE INSTANCIA DE TORROX.				
		Sección Civil y de Instrucción.	2	J	1 (C-VSM)	Partido judicial.
		Total.	2			
10		TRIBUNAL DE INSTANCIA DE COÍN.				
		Sección Civil y de Instrucción.	3	J	1 (C-VSM)	Partido judicial.
		Total.	3			
11		TRIBUNAL DE INSTANCIA DE ARCHIDONA.				
		Sección Civil y de Instrucción.	1	J	C-VSM	Partido judicial.
		Total.	1			
12		TRIBUNAL DE INSTANCIA DE TORREMOLINOS.				
		Sección Civil.	5	M		Partido judicial.
		Sección de Instrucción.	5	M		Partido judicial.
		Total provincia.	142			

SEVILLA	1	TRIBUNAL DE INSTANCIA DE OSUNA.				
		Sección Civil y de Instrucción.	2	J	1 (C-VSM)	Partido judicial.
		Total.	2			
	2	TRIBUNAL DE INSTANCIA DE CAZALLA DE LA SIERRA.				
		Sección Civil y de Instrucción.	1	J	C-VSM	Partido judicial.
		Total.	1			
	3	TRIBUNAL DE INSTANCIA DE SANLÚCAR LA MAYOR.				
		Sección Civil y de Instrucción.	5	J	1 (C-VSM)	Partido judicial.
		Total.	5			
	4	TRIBUNAL DE INSTANCIA DE CARMONA.				
		Sección Civil y de Instrucción.	3	J	1 (C-VSM)	Partido judicial.
		Total.	3			
	5	TRIBUNAL DE INSTANCIA DE LORA DEL RÍO.				
		Sección Civil y de Instrucción.	3	J	1 (C-VSM)	Partido judicial.
		Total.	3			

	6	TRIBUNAL DE INSTANCIA DE SEVILLA.				
		Presidencia de Tribunal de Instancia liberada de trabajo jurisdiccional (artículo 166.2 LOPJ).	1	M		Partido judicial.
		Sección Civil.	25	M		Partido judicial.
		Sección de Instrucción.	21	M		Partido judicial.
		Sección de Familia, Infancia y Capacidad.	6	M		Partido judicial.
		Sección de lo Mercantil.	4	M		Provincial.
		Sección de Violencia sobre la Mujer.	4	M		Partido judicial.
		Sección de lo Penal.	16	M		Provincial.
		Sección de Menores.	3	M		Provincial.
		Sección de Vigilancia Penitenciaria.	2	M		Sevilla, Huelva y Córdoba.
		Sección de lo Contencioso-Administrativo.	13	M		Provincial.
		Sección de lo Social.	14	M		Provincial.
		Total.	109			

	7	TRIBUNAL DE INSTANCIA DE MORÓN DE LA FRONTERA.				
		Sección Civil y de Instrucción.	2	J	1 (C-VSM)	Partido judicial.
		Total.	2			
	8	TRIBUNAL DE INSTANCIA DE LEBRIJA.				
		Sección Civil y de Instrucción.	2	J	1 (C-VSM)	Partido judicial.
		Total.	2			
	9	TRIBUNAL DE INSTANCIA DE UTRERA.				
		Sección Civil y de Instrucción.	4	J	1 (C-VSM)	Partido judicial.
		Total.	4			
	10	TRIBUNAL DE INSTANCIA DE ÉCIJA.				
		Sección Civil y de Instrucción.	2	J	1 (C-VSM)	Partido judicial.
		Total.	2			
	11	TRIBUNAL DE INSTANCIA DE ALCALÁ DE GUADAIRA.				
		Sección Civil y de Instrucción.	4	J	1 (C-VSM)	Partido judicial.
		Total.	4			

	12	TRIBUNAL DE INSTANCIA DE DOS HERMANAS.				
		Sección Civil y de Instrucción.	7	M	1	Partido judicial.
		Sección de Violencia sobre la mujer.	1	M		Partido judicial.
		Total.	8			
	13	TRIBUNAL DE INSTANCIA DE MARCHENA.				
		Sección Civil y de Instrucción.	2	J	1 (C-VSM)	Partido judicial.
		Total.	2			
	14	TRIBUNAL DE INSTANCIA DE CORIA DEL RÍO.				
		Sección Civil y de Instrucción.	3	J	1 (C-VSM)	Partido judicial.
		Total.	3			
	15	TRIBUNAL DE INSTANCIA DE ESTEPA.				
		Sección Civil y de Instrucción.	2	J	1 (C-VSM)	Partido judicial.
		Total.	2			
		Total provincial.	152			
		Total Comunidad Autónoma.	698			

* Sede desplazada por acuerdo del CGPJ artículo 269 LOPJ.

Comunidad Autónoma de Aragón

Provincia	N.º partido	Sede	N.º plazas	Categoría	Compatibilidad/Especialización	Jurisdicción
HUESCA						
	1	TRIBUNAL DE INSTANCIA DE BARBASTRO.				
		Sección Civil y de Instrucción.	2	J	1 (C-VSM)	Partido judicial.
		Total.	2			
	2	TRIBUNAL DE INSTANCIA BOLTAÑA.				
		Sección Civil y de Instrucción.	1	J	C-VSM	Partido judicial.
		Total.	1			
	3	TRIBUNAL DE INSTANCIA DE FRAGA.				
		Sección Civil y de Instrucción.	2	J	1 (C-VSM)	Partido judicial.
		Total.	2			
	4	TRIBUNAL DE INSTANCIA DE HUESCA.				
		Sección Civil y de Instrucción.	5	M	1 (C-VSM) 1 (C-MERC)	Partido judicial.

		Sección de lo Penal.	2	M		Provincial.
		Sección de Menores.	1	M		Provincial.
		Sección de lo Contencioso-Administrativo.	1	M		Provincial.
		Sección de lo Social.	1	M		Provincial.
		Total.	10			
	5	TRIBUNAL DE INSTANCIA DE JACA.				
		Sección Civil y de Instrucción.	2	J	1 (C-VSM)	Partido judicial.
		Total.	2			
	6	TRIBUNAL DE INSTANCIA DE MONZÓN.				
		Sección Civil y de Instrucción.	2	J	1 (C-VSM)	Partido judicial.
		Total.	2			
		Total provincial.	19			
TERUEL						
	1	TRIBUNAL DE INSTANCIA DE ALCAÑIZ.				
		Sección Civil y de Instrucción.	2	J	1 (C-VSM)	Partido judicial.

		Total.	2			
	2	TRIBUNAL DE INSTANCIA CALAMOCHA.				
		Sección Civil y de Instrucción.	1	J	C-VSM	Partido judicial.
		Total.	1			
	3	TRIBUNAL DE INSTANCIA DE TERUEL.				
		Sección Civil y de Instrucción.	3	M	1 (C-VSM) 1 (C-MERC)	Partido judicial.
		Sección de lo Penal.	1	M		Provincial.
		Sección de Menores.	1	M		Provincial.
		Sección de lo Contencioso-Administrativo.	1	M		Provincial.
		Sección de lo Social.	1	M		Provincial.
		Total.	7			
		Total provincia.	10			
ZARAGOZA						
	1	TRIBUNAL DE INSTANCIA DE CALATAYUD.				
		Sección Civil y de Instrucción.	2	J	1 (C-VSM)	Partido judicial.

		Total.	2			
	2	TRIBUNAL DE INSTANCIA TARAZONA.				
		Sección Civil y de Instrucción.	1	J	C-VSM	Partido judicial.
		Total.	1			
	3	TRIBUNAL DE INSTANCIA DE ZARAGOZA.				
		Presidencia de Tribunal de Instancia liberada de trabajo jurisdiccional (art. 166.2 LOPJ).	1	M		Partido judicial.
		Sección Civil.	18	M		Partido judicial.
		Sección de Instrucción.	12	M		Partido judicial.
		Sección de Familia, Infancia y Capacidad.	5	M		Partido judicial.
		Sección de lo Mercantil.	2	M		Provincial.
		Sección de Violencia sobre la Mujer.	3	M		Partido judicial.
		Sección de lo Penal.	9	M		Provincial.
		Sección de Menores.	2	M		Provincial.

		Sección de Vigilancia Penitenciaria.	2	M		Zaragoza, Huesca y Teruel.
		Sección de lo Contencioso-Administrativo.	5	M		Provincial.
		Sección de lo Social.	8	M		Provincial.
		Total.	67			
4		TRIBUNAL DE INSTANCIA CASPE.				
		Sección Civil y de Instrucción.	1	J	C-VSM	Partido judicial.
		Total.	1			
5		TRIBUNAL DE INSTANCIA DE EJEA DE LOS CABALLEROS.				
		Sección Civil y de Instrucción.	2	J	1 (C-VSM)	Partido judicial.
		Total.	2			
6		TRIBUNAL DE INSTANCIA DAROCA.				
		Sección Civil y de Instrucción.	1	J	C-VSM	Partido judicial.
		Total.	1			
7		TRIBUNAL DE INSTANCIA DE LA ALMUNIA DE DOÑA GODINA.				

		Sección Civil y de Instrucción.	2	J	1 (C-VSM)	Partido judicial.
		Total.	2			
		Total provincial.	76			
		Total Comunidad Autónoma.	105			

Comunidad Autónoma del Principado de Asturias

Provincia	N.º partido	Sede	N.º plazas	Categoría	Compatibilidad/Especialización	Jurisdicción
ASTURIAS						
	1	TRIBUNAL DE INSTANCIA CANGAS DEL NARCEA.				
		Sección Civil y de Instrucción.	1	J	C-VSM	Partido judicial.
		Total.	1			
	2	TRIBUNAL DE INSTANCIA DE LENA.				
		Sección Civil y de Instrucción.	2	J	1 (C-VSM)	Partido judicial.
		Total.	2			
	3	TRIBUNAL DE INSTANCIA CANGAS DE CANGAS DE ONÍS.				
		Sección Civil y de Instrucción.	1	J	C-VSM	Partido judicial.

		Total.	1			
	4	TRIBUNAL DE INSTANCIA DE AVILÉS.				
		Sección Civil y de Instrucción.	8	M	1 (C-VSM)	Partido judicial.
		Sección de lo Penal.	2	M		Partidos judiciales 4, 7, 15 y 16.
		Sección de lo Social.	2	M		Partidos judiciales 4, 7, 15 y 16.
		Total.	12			
	5	TRIBUNAL DE INSTANCIA DE GRADO.				
		Sección Civil y de Instrucción.	2	J	1 (C-VSM)	Partido judicial.
		Total.	2			
	6	TRIBUNAL DE INSTANCIA DE SIERO.				
		Sección Civil y de Instrucción.	4	J	1 (C-VSM)	Partido judicial.
		Total.	4			
	7	TRIBUNAL DE INSTANCIA DE CASTROPOL.				
		Sección Civil y de Instrucción.	1	J	C-VSM	Partido judicial.
		Total.	1			

	8	TRIBUNAL DE INSTANCIA DE GIJÓN.				
		Sección Civil.	10	M		Partido judicial.
		Sección de Instrucción.	5	M		Partido judicial.
		Sección de Familia, Infancia y Capacidad.	2	M		Partido judicial.
*		Sección de lo Mercantil.	1	M		(Artículo 269 LOPJ) partidos judiciales 8 y 17.
		Sección de Violencia sobre la Mujer.	1	M		Partido judicial.
		Sección de lo Penal.	3	M		Partidos judiciales 8 y 17.
		Sección de lo Contencioso-Administrativo.	2	M		Partidos judiciales 8 y 17.
		Sección de lo Social.	4	M		Partidos judiciales 8 y 17.
		Total.	28			
	9	TRIBUNAL DE INSTANCIA DE LAVIANA.				
		Sección Civil y de Instrucción.	2	J	1 (C-VSM)	Partido judicial.
		Total.	2			

	10	TRIBUNAL DE INSTANCIA DE OVIEDO.				
		Sección Civil.	10	M		Partido judicial.
		Sección de Instrucción.	4	M		Partido judicial.
		Sección de Infancia Familia y Capacidad.	2	M		Partido judicial.
		Sección de lo Mercantil.	3	M		Partidos judiciales 1, 2, 3, 4, 5, 6, 7, 9, 10, 11, 12, 13, 14, 15, 16 y 18.
		Sección de Violencia sobre la Mujer.	1	M		Partido judicial.
		Sección de lo Penal.	4	M		Partidos judiciales 1, 2,3, 5, 6, 10, 11, 12, 14 y 18.
		Sección de Menores.	1	M		Provincial.
		Sección de Vigilancia Penitenciaria.	1	M		Provincial.
		Sección de lo Contencioso-Administrativo.	6	M		Partidos judiciales 1, 2, 3, 4, 5, 6, 7, 9, 10, 11, 12, 13, 14, 15, 16 y 18.
		Sección de lo Social.	6	M		Partidos judiciales 1,

						3, 5, 6, 10, 11, 14 y 18.
		Total.	38			
11		TRIBUNAL DE INSTANCIA DE LLANES.				
		Sección Civil y de Instrucción.	1	J	C-VSM	Partido judicial.
		Total.	1			
12		TRIBUNAL DE INSTANCIA DE MIERES.				
		Sección Civil y de Instrucción.	3	J	1 (C-VSM)	Partido judicial.
		Sección de lo Social.	1	M		Partidos judiciales 2, 9, 12 y 13.
		Total.	4			
13		TRIBUNAL DE INSTANCIA DE LANGREO.				
		Sección Civil y de Instrucción.	3	J	1 (C-VSM)	Partido judicial.
		Sección de lo Penal.	1	M		Partidos judiciales 9 y 13.
		Total.	4			
14		TRIBUNAL DE INSTANCIA DE TINEO.				
		Sección Civil y de Instrucción.	1	J	C-VSM	Partido judicial.

		Total.	1		
15		TRIBUNAL DE INSTANCIA DE VALDÉS.			
		Sección Civil y de Instrucción.	1	J	C-VSM	Partido judicial.
		Total.	1		
16		TRIBUNAL DE INSTANCIA DE PRAVIA.			
		Sección Civil y de Instrucción.	1	J	C-VSM	Partido judicial.
		Total.	1		
17		TRIBUNAL DE INSTANCIA DE VILLAVICIOSA.			
		Sección Civil y de Instrucción.	1	J	C-VSM	Partido judicial.
		Total.	1		
18		TRIBUNAL DE INSTANCIA DE PILOÑA.			
		Sección Civil y de Instrucción.	1	J	C-VSM	Partido judicial.
		Total.	1		
		Total provincial.	105		
		Total Comunidad Autónoma.	105		

* Sede desplazada por acuerdo del CGPJ artículo 269 LOPJ.

Comunidad Autónoma de las Illes Balears

Provincia	N.º partido	Sede	N.º plazas	Categoría	Compatibilidad/Especialización	Jurisdicción
ILLES BALEARS						
	1	TRIBUNAL DE INSTANCIA DE MAÓ.				
		Sección Civil y de Instrucción.	3	M	1 (C-VSM)	Partido judicial.
		Sección de lo Penal.	1	M		Partidos judiciales 1 y 6.
		Total.	4			
	2	TRIBUNAL DE INSTANCIA DE INCA.				
		Sección Civil.	5	M		Partido judicial.
		Sección de Instrucción.	3	M	1 (C-VSM)	Partido judicial.
		Total.	8			
	3	TRIBUNAL DE INSTANCIA DE PALMA.				
		Presidencia de Tribunal de Instancia liberada de trabajo jurisdiccional (artículo 166.2 LOPJ).	1	M		Partido judicial.

		Sección Civil.	20	M		Partido judicial.
		Sección de Instrucción.	12	M		Partido judicial.
		Sección de Familia, Infancia y Capacidad.	4	M		Partido judicial.
		Sección de lo Mercantil.	4	M		Provincial.
		Sección de Violencia sobre la Mujer.	3	M		Partido judicial.
		Sección de lo Penal.	8	M		Partidos judiciales 2, 3, 4 y 7.
		Sección de Menores.	2	M		Provincial.
		Sección de Vigilancia Penitenciaria.	1	M		Provincial.
		Sección de lo Contencioso-Administrativo.	4	M		Provincial.
		Sección de lo Social.	6	M		Partidos judiciales 2, 3, 4 y 7.
		Total.	65			
	4	TRIBUNAL DE INSTANCIA DE MANACOR.				
		Sección Civil.	5	M		Partido judicial.

		Sección de Instrucción.	3	M	1 (C-VSM)	Partido judicial.
		Total.	8			
	5	TRIBUNAL DE INSTANCIA DE EIVISSA.				
		Sección Civil.	5	M		Partido judicial.
		Sección de Instrucción.	4	M		Partido judicial.
		Sección Familia, Infancia y Capacidad.	1	M		
		Sección de Violencia sobre la Mujer.	1	M		Partido judicial.
		Sección de lo Penal.	2	M		Partido judicial 5.
		Sección de lo Social.	1	M		Partido judicial 5.
		Total.	14			
	6	TRIBUNAL DE INSTANCIA DE CIUTADELLA DE MENORCA.				
		Sección Civil y de Instrucción.	2	J	1 (C-VSM)	Partido judicial.
		Sección de lo Social.	1	M		Partidos judiciales 1 y 6.
		Total.	3			

	7	TRIBUNAL DE INSTANCIA DE CALVIÀ.				
		Sección Civil y de Instrucción.	2	J	1 (C-VSM)	Partido judicial.
		Total.	2			
		Total provincial.	104			
		Total Comunidad Autonóma.	104			

Comunidad Autónoma de Canarias

Provincia	N.º partido	Sede	N.º plazas	Categoría	Compatibilidad/Especialización	Jurisdicción
LAS PALMAS						
	1	TRIBUNAL DE INSTANCIA DE ARRECIFE.				
		Sección Civil.	6	M		Partido judicial.
		Sección de Instrucción.	4	M	1 (C-VSM)	Partido judicial.
		Sección de lo Penal.	2	M		Partido judicial 1.
		Sección de lo Social.	2	M		Partido judicial 1.
		Total.	14			
	2	TRIBUNAL DE INSTANCIA				

		DE LAS PALMAS DE GRAN CANARIA.			
		Presidencia de Tribunal de Instancia liberada de trabajo jurisdiccion al (artículo 166.2 LOPJ).	1	M	Partido judicial.
		Sección Civil.	14	M	Partido judicial.
		Sección de Instrucción.	8	M	Partido judicial.
		Sección de Familia, Infancia y Capacidad.	4	M	Partido judicial.
		Sección de lo Mercantil.	3	M	Provincial.
		Sección de Violencia sobre la Mujer.	3	M	Partidos judiciales 2, 4, 5 y 7.
		Sección de lo Penal.	6	M	Partidos judiciales 2, 4, 5, 6, 7 y 8.
		Sección de Menores.	2	M	Provincial.
		Sección de Vigilancia Penitenciari a.	2	M	Las Palmas de Gran Canaria.
		Sección de lo	6	M	Provincial.

		Contencioso-Administrativo.				
		Sección de lo Social.	11	M		Partidos judiciales 2, 5, 6, 7 y 8.
		Total.	60			
3		TRIBUNAL DE INSTANCIA DE PUERTO DEL ROSARIO.				
		Sección Civil y de Instrucción.	8	M	1 (C-VSM)	Partido judicial.
*		Sección de lo Penal.	1	M		(Artículo 269 LOPJ) partido judicial 3.
*		Sección de lo Social.	2	M		(Artículo 269 LOPJ) partido judicial 3.
		Total.	11			
4		TRIBUNAL DE INSTANCIA DE SANTA MARÍA DE GUÍA DE GRAN CANARIA.				
		Sección Civil y de Instrucción.	3	J		Partido judicial.
		Sección de lo Social (Gáldar).	1	M		Partido judicial 4.

		Total.	4			
	5	TRIBUNAL DE INSTANCIA DE TELDE.				
		Sección Civil.	6	M		Partido judicial.
		Sección de Instrucción.	3	M		Partido judicial.
		Total.	9			
	6	TRIBUNAL DE INSTANCIA DE SAN BARTOLOMÉ DE TIRAJANA.				
		Sección Civil.	6	M		Partido judicial.
		Sección de Instrucción.	4	M		Partido judicial.
		Sección de Violencia sobre la Mujer.	1	M		Partido judicial.
		Total.	11			
	7	TRIBUNAL DE INSTANCIA DE ARUCAS.				
		Sección Civil y de Instrucción.	3	J		Partido judicial.
		Total.	3			

	8	TRIBUNAL DE INSTANCIA DE SANTA LUCÍA DE TIRAJANA.				
		Sección Civil y de Instrucción.	4	J	C-VSM	Partido judicial.
		Total.	4			
		Total provincial.	116			
SANTA CRUZ DE TENERIFE						
	1	TRIBUNAL DE INSTANCIA DE GRANADILLA DE ABONA.				
		Sección Civil y de Instrucción.	5	J		Partido judicial.
		Total.	5			
	2	TRIBUNAL DE INSTANCIA DE SAN SEBASTIÁN DE LA GOMERA.				
		Sección Civil y de Instrucción.	1	J	C-VSM	Partido judicial.
		Total.	1			
	3	TRIBUNAL DE				

		INSTANCIA DE SANTA CRUZ DE TENERIFE.				
		Presidencia de Tribunal de Instancia liberada de trabajo jurisdiccional (artículo 166.2 LOPJ).	1	M		Partido judicial.
		Sección Civil.	9	M		Partido judicial.
		Sección de Instrucción.	5	M		Partido judicial.
		Sección de Familia, Infancia y Capacidad.	2	M		Partido judicial.
		Sección de lo Mercantil.	2	M		Provincial.
		Sección de Violencia sobre la Mujer.	2	M		Partidos judiciales 3, 7 y 11.
		Sección de lo Penal.	8	M		Partidos judiciales 1, 3, 5, 7, 8, 10, 11 y 12.
		Sección de Menores.	2	M		Provincial.
		Sección de Vigilancia Penitenciaria.	1	M		Santa Cruz de Tenerife.

		Sección de lo Contencioso-Administrativo.	4	M		Provincial.
		Sección de lo Social.	9	M		Provincial.
		Total.	45			
	4	TRIBUNAL DE INSTANCIA DE SANTA CRUZ DE LA PALMA.				
		Sección Civil y de Instrucción.	2	J	1 (C-VSM)	Partido judicial.
*		Sección de lo Penal.	1	M		(Artículo 269 LOPJ) partidos judiciales 2, 4, 6 y 9.
		Total.	3			
	5	TRIBUNAL DE INSTANCIA DE ICOD DE LOS VINOS.				
		Sección Civil y de Instrucción.	2	J	1 (C-VSM)	Partido judicial.
		Total.	2			
	6	TRIBUNAL DE INSTANCIA DE VALVERDE.				

		Sección Civil y de Instrucción.	1	J	C-VSM	Partido judicial.
		Total.	1			
7		TRIBUNAL DE INSTANCIA DE SAN CRISTÓBAL DE LA LAGUNA.				
		Sección Civil.	7	M		Partido judicial.
		Sección de Instrucción.	4	M		Partido judicial.
		Sección de Familia, Instancia y Capacidad.	1			Partido judicial.
		Total.	12			
8		TRIBUNAL DE INSTANCIA DE LA OROTAVA.				
		Sección Civil y de Instrucción.	8	J	2 (C-VSM)	Partido judicial.
		Total.	8			
9		TRIBUNAL DE INSTANCIA DE LOS LLANOS DE ARIDANE.				

		Sección Civil y de Instrucción.	2	J	1 (C-VSM)	Partido judicial.
		Total.	2			
11		TRIBUNAL DE INSTANCIA DE GÜIMAR.				
		Sección Civil y de Instrucción.	3	J		Partido judicial.
		Total.	3			
12		TRIBUNAL DE INSTANCIA DE ARONA.				
		Sección Civil.	6	M		Partido judicial.
		Sección de Instrucción.	4	M		Partido judicial.
		Sección de Violencia sobre la Mujer.	1	M		Partidos judiciales 1 y 12.
		Total.	11			
		Total provincial.	93			
		Total Comunidad Autónoma.	209			

* Sede desplazada por acuerdo del CGPJ artículo 269 LOPJ.

Comunidad Autónoma de Cantabria

Provincia	N.º partido	Sede	N.º plazas	Categoría	Compatibilidad/Especialización	Jurisdicción
CANTABRIA						
	1	TRIBUNAL DE INSTANCIA DE TORRELAVEGA.				
		Sección Civil y de Instrucción.	7	M	1 (C-VSM)	Partido judicial.
		Total.	7			
	2	TRIBUNAL DE INSTANCIA DE LAREDO.				
		Sección Civil y de Instrucción.	2	J	1 (C-VSM)	Partido judicial.
		Total.	2			
	3	TRIBUNAL DE INSTANCIA DE SANTANDER.				
		Sección Civil.	11	M		Partido judicial.
		Sección de Instrucción.	5	M		Partido judicial.
		Sección de Familia, Infancia y Capacidad.	2	M		Partido judicial.
		Sección de lo Mercantil.	2	M		Provincial.
		Sección de Violencia sobre la Mujer.	1	M		Partido judicial.

		Sección de lo Penal.	5	M		Provincial.
		Sección de Menores.	1	M		Provincial.
		Sección de Vigilancia Penitenciaria.	1	M		Provincial.
		Sección de lo Contencioso-Administrativo.	3	M		Provincial.
		Sección de lo Social.	6	M		Provincial.
		Total.	37			
	4	TRIBUNAL DE INSTANCIA DE SAN VICENTE DE LA BARQUERA.				
		Sección Civil y de Instrucción.	1	J	C-VSM	Partido judicial.
		Total.	1			
	5	TRIBUNAL DE INSTANCIA DE REINOSA.				
		Sección Civil y de Instrucción.	1	J	C-VSM	Partido judicial.
		Total.	1			
	6	TRIBUNAL DE INSTANCIA DE SANTOÑA.				
		Sección Civil y de Instrucción.	2	J	1 (C-VSM)	Partido judicial.

		Total.	2			
	7	TRIBUNAL DE INSTANCIA DE MEDIO CUDEYO.				
		Sección Civil y de Instrucción.	2	J	1 (C-VSM)	Partido judicial.
		Total.	2			
	8	TRIBUNAL DE INSTANCIA DE CASTRO-URDIALES.				
		Sección Civil y de Instrucción.	3	J	1 (C-VSM)	Partido judicial.
		Total.	3			
		Total provincial.	55			
		Total Comunidad Autónoma.	55			

Comunidad de Castilla y León

Provincia	N.º partido	Sede	N.º plazas	Categoría	Compatibilidad/Especialización	Jurisdicción
ÁVILA						
	1	TRIBUNAL DE INSTANCIA DE ARÉVALO.				
		Sección Civil y de Instrucción.	1	J	C-VSM	Partido judicial.
		Total.	1			

	2	TRIBUNAL DE INSTANCIA DE ARENAS DE SAN PEDRO.				
		Sección Civil y de Instrucción.	2	J	1 (C-VSM)	Partido judicial.
		Total.	2			
	3	TRIBUNAL DE INSTANCIA DE ÁVILA				
		Sección Civil y de Instrucción.	5	M	1 (C-VSM) 1 (C-MERC)	Partido judicial.
		Sección de lo Penal.	1	M		Provincial.
		Sección de Menores.	1	M		Provincial.
		Sección de lo Contencioso-Administrativo.	1	M		Provincial.
		Sección de lo Social.	1	M		Provincial.
		Total.	10			
	4	TRIBUNAL DE INSTANCIA DE PIEDRAHÍA.				
		Sección Civil y de Instrucción.	1	J	C-VSM	Partido judicial.
		Total.	1			
		Total provincial.	13			
BURGOS						

	1	TRIBUNAL DE INSTANCIA DE BURGOS.				
		Sección Civil.	7	M		Partido judicial.
		Sección de Instrucción.	4	M		Partido judicial.
		Sección de Familia, Infancia y Capacidad.	2	M		Partido judicial.
		Sección de lo Mercantil.	1	M		Provincial.
		Sección de Violencia sobre la Mujer.	1	M		Partido judicial.
		Sección de lo Penal.	3	M		Provincial.
		Sección de Menores.	1	M		Provincial.
		Sección de Vigilancia Penitenciaria.	1	M		Provincial: Burgos y Soria.
		Sección de lo Contencioso-Administrativo.	2	M		Provincial.
		Sección de lo Social.	3	M		Provincial.
		Total.	25			
	2	TRIBUNAL DE INSTANCIA DE ARANDA DE DUERO.				

		Sección Civil y de Instrucción.	2	J	1 (C-VSM)	Partido judicial.
		Total.	2			
3	TRIBUNAL DE INSTANCIA DE VILLARCAYO DE MERINDAD DE CASTILLA LA VIEJA.					
		Sección Civil y de Instrucción.	2	J	1 (C-VSM)	Partido judicial.
		Total.	2			
4	TRIBUNAL DE INSTANCIA DE MIRANDA DEL EBRO.					
		Sección Civil y de Instrucción.	2	J	1 (C-VSM)	Partido judicial.
		Total.	2			
5	TRIBUNAL DE INSTANCIA DE LERMA.					
		Sección Civil y de Instrucción.	1	J	C-VSM	Partido judicial.
		Total.	1			
6	TRIBUNAL DE INSTANCIA DE BRIVIESCA.					
		Sección Civil y de Instrucción.	1	J	C-VSM	Partido judicial.
		Total.	1			
7	TRIBUNAL DE INSTANCIA DE					

		SALAS DE LOS INFANTES.				
		Sección Civil y de Instrucción.	1	J	C-VSM	Partido judicial.
		Total.	1			
		Total provincial.	34			
LEÓN						
	1	TRIBUNAL DE INSTANCIA DE SAHAGÚN.				
		Sección Civil y de Instrucción.	1	J	C-VSM	Partido judicial.
		Total.	1			
	2	TRIBUNAL DE INSTANCIA DE LEÓN.				
		Sección Civil.	9	M	1 (C-MERC)	Partido judicial.
		Sección de Instrucción.	5	M	1 (C-VSM)	Partido judicial.
		Sección de Familia, Infancia y Capacidad.	2	M		Partido judicial.
		Sección de lo Penal.	2	M		Partidos judiciales 1, 2, 3, 5, 6 y 7.
		Sección de Menores.	1	M		Provincial.

		Sección de Vigilancia Penitenciaria.	1	M	Provincial: León.
		Sección de lo Contencioso-Administrativo.	3	M	Provincial.
		Sección de lo Social.	4	M	Partidos judiciales 1, 2, 3, 5 y 6.
		Total.	27		
	3	TRIBUNAL DE INSTANCIA DE LA BAÑEZA.			
		Sección Civil y de Instrucción.	2	J	1 (C-VSM)	Partido judicial.
		Total.	2		
	4	TRIBUNAL DE INSTANCIA DE PONFERRADA.			
		Sección Civil.	6	M	Partido judicial.
		Sección de Instrucción.	3	M	1 (C-VSM)	Partido judicial.
		Sección de lo Penal.	1	M	Partido judicial 4.
		Sección de lo Social.	2	M	Partidos judiciales 4 y 7.
		Total.	12		
	5	TRIBUNAL DE INSTANCIA DE ASTORGA.			

		Sección Civil y de Instrucción.	2	J	1 (C-VSM)	Partido judicial.
		Total.	2			
	6	TRIBUNAL DE INSTANCIA DE CISTIERNA.				
		Sección Civil y de Instrucción.	1	J	C-VSM	Partido judicial.
		Total.	1			
	7	TRIBUNAL DE INSTANCIA DE VILLABLINO.				
		Sección Civil y de Instrucción.	1	J	C-VSM	Partido judicial.
		Total.	1			
		Total provincial.	46			
PALENCIA						
	1	TRIBUNAL DE INSTANCIA DE PALENCIA.				
		Sección Civil y de Instrucción.	7	M	1 (C-VSM) 1 (C-MERC)	Partido judicial.
		Sección de lo Penal.	1	M		Provincial.
		Sección de Menores.	1	M		Provincial.
		Sección de Vigilancia Penitenciaria.	1	M		Provincial: Palencia.

		Sección de lo Contencioso-Administrativo.	1	M		Provincial.
		Sección de lo Social.	2	M		Provincial.
		Total.	13			
	2	TRIBUNAL DE INSTANCIA DE CARRIÓN DE LOS CONDES.				
		Sección Civil y de Instrucción.	1	J	C-VSM	Partido judicial.
		Total.	1			
	3	TRIBUNAL DE INSTANCIA DE CERVERA DE PISUERGA.				
		Sección Civil y de Instrucción.	2	J	1 (C-VSM)	Partido judicial.
		Total.	2			
		Total provincial.	16			
SALAMANCA						
	1	TRIBUNAL DE INSTANCIA DE SALAMANCA.				
		Sección Civil.	8	M		Partido judicial.
		Sección de Instrucción.	4	M	1 (C-VSM) 1 (C-MERC)	Partido judicial.

		Sección de Familia, Infancia y Capacidad.	2	M	Partido judicial.
		Sección de lo Penal.	2	M	Provincial.
		Sección de Menores.	1	M	Provincial.
		Sección de Vigilancia Penitenciaria.	1	M	Provincial: Salamanca.
		Sección de lo Contencioso-Administrativo.	2	M	Provincial.
		Sección de lo Social.	3	M	Provincial.
		Total.	24		
	2	TRIBUNAL DE INSTANCIA DE CIUDAD RODRIGO.			
		Sección Civil y de Instrucción.	2	J	1 (C-VSM)	Partido judicial.
		Total.	2		
	3	TRIBUNAL DE INSTANCIA DE VITIGUDINO.			
		Sección Civil y de Instrucción.	1	J	C-VSM	Partido judicial.
		Total.	1		
	4	TRIBUNAL DE INSTANCIA DE BÉJAR.			

		Sección Civil y de Instrucción.	2	J	1 (C-VSM)	Partido judicial.
		Total.	2			
	5	TRIBUNAL DE INSTANCIA DE PEÑARANDA DE BRACAMONTE.				
		Sección Civil y de Instrucción.	1	J	C-VSM	Partido judicial.
		Total.	1			
		Total provincial.	29			
SEGOVIA						
	1	TRIBUNAL DE INSTANCIA DE SEGOVIA.				
		Sección Civil y de Instrucción.	6	M	1 (C-VSM) 1 (C-MERC)	Partido judicial.
		Sección de lo Penal.	2	M		Provincial.
		Sección de Menores.	1	M		Provincial.
		Sección de lo Contencioso-Administrativo.	1	M		Provincial.
		Sección de lo Social.	2	M		Provincial.
		Total.	12			

	2	TRIBUNAL DE INSTANCIA DE CUÉLLAR.				
		Sección Civil y de Instrucción.	1	J	C-VSM	Partido judicial.
		Total.	1			
	3	TRIBUNAL DE INSTANCIA DE SEPÚLVEDA.				
		Sección Civil y de Instrucción.	1	J	C-VSM	Partido judicial.
		Total.	1			
	4	TRIBUNAL DE INSTANCIA DE SANTA MARÍA LA REAL DE NIEVA.				
		Sección Civil y de Instrucción.	1	J	C-VSM	Partido judicial.
		Total.	1			
		Total provincial.	15			
SORIA						
	1	TRIBUNAL DE INSTANCIA DE ALMAZÁN.				
		Sección Civil y de Instrucción.	1	J	C-VSM	Partido judicial.
		Total.	1			
	2	TRIBUNAL DE INSTANCIA DE EL BURGO DE OSMA-CIUDAD DE OSMA.				

		Sección Civil y de Instrucción.	1	J	C-VSM	Partido judicial.
		Total.	1			
	3	TRIBUNAL DE INSTANCIA DE SORIA.				
		Sección Civil y de Instrucción.	4	M	1 (C-VSM) 1 (C-MERC)	Partido judicial.
		Sección de lo Penal.	1	M		Provincial.
		Sección de Menores.	1	M		Provincial.
		Sección de lo Contencioso-Administrativo.	1	M		Provincial.
		Sección de lo Social.	1	M		Provincial.
		Total.	8			
		Total provincial.	10			
VALLADOLID						
	1	TRIBUNAL DE INSTANCIA DE VALLADOLID.				
		Sección Civil.	12	M		Partido judicial.
		Sección de Instrucción.	6	M		Partido judicial.
		Sección de Familia,	3	M		Partido judicial.

		Infancia y Capacidad.				
		Sección de lo Mercantil.	2	M		Provincial.
		Sección de Violencia sobre la Mujer.	1	M		Partido judicial.
		Sección de lo Penal.	4	M		Provincial.
		Sección de Menores.	1	M		Provincial.
		Sección de Vigilancia Penitenciaria.	1	M		Provincial Zamora, Valladolid, Segovia y Ávila.
		Sección de lo Contencioso-Administrativo.	4	M		Provincial.
		Sección de lo Social.	5	M		Provincial.
		Total.	39			
	2	TRIBUNAL DE INSTANCIA DE MEDINA DEL CAMPO.				
		Sección Civil y de Instrucción.	3	J	1 (C-VSM)	Partido judicial.
		Total.	3			
	3	TRIBUNAL DE INSTANCIA DE MEDINA DE RIOSECO.				

		Sección Civil y de Instrucción.	1	J	C-VSM	Partido judicial.
		Total.	1			
		Total provincial.	43			
ZAMORA						
	1	TRIBUNAL DE INSTANCIA DE TORO.				
		Sección Civil y de Instrucción.	1	J	C-VSM	Partido judicial.
		Total.	1			
	2	TRIBUNAL DE INSTANCIA DE ZAMORA.				
		Sección Civil y de Instrucción.	6	M	1 (C-VSM) 1 (C-MERC)	Partido judicial.
		Sección de lo Penal.	1	M		Provincial.
		Sección de Menores.	1	M		Provincial.
		Sección de lo Contencioso-Administrativo.	1	M		Provincial.
		Sección de lo Social.	2	M		Provincial.
		Total.	11			
	3	TRIBUNAL DE INSTANCIA DE BENAVENTE.				

		Sección Civil y de Instrucción.	2	J	1 (C-VSM)	Partido judicial.
		Total.	2			
	4	TRIBUNAL DE INSTANCIA DE PUEBLA DE SANABRIA.				
		Sección Civil y de Instrucción.	1	J	C-VSM	Partido judicial.
		Total.	1			
	5	TRIBUNAL DE INSTANCIA DE VILLALPANDO.				
		Sección Civil y de Instrucción.	1	J	C-VSM	Partido judicial.
		Total.	1			
		Total provincial.	16			
		Total Comunidad Autónoma.	222			

Comunidad Autónoma de Castilla-La Mancha

Provincia	N.º partido	Sede	N.º plazas	Categoría	Compatibilidad/Especialización	Jurisdicción
ALBACETE						
	1	TRIBUNAL DE INSTANCIA DE ALBACETE.				
		Sección Civil.	6	M		Partido judicial.

		Sección de Instrucción.	3	M		Partido judicial.
		Sección de Familia, Infancia y Capacidad.	2	M		Partido judicial.
		Sección de lo Mercantil.	1	M		Provincial.
		Sección de Violencia sobre la Mujer.	1	M		Partido judicial.
		Sección de lo Penal.	3	M		Provincial.
		Sección de Menores.	1	M		Provincial.
		Sección de lo Contencioso-Administrativo.	2	M		Provincial.
		Sección de lo Social.	3	M		Provincial.
		Total.	22			
	2	TRIBUNAL DE INSTANCIA DE ALCARAZ.				
		Sección Civil y de Instrucción.	1	J	C-VSM	Partido judicial.
		Total.	1			
	3	TRIBUNAL DE INSTANCIA DE ALMANSA.				
		Sección Civil y de Instrucción.	2	J	1 (C-VSM)	Partido judicial.

		Total.	2			
	4	TRIBUNAL DE INSTANCIA DE HELLÍN.				
		Sección Civil y de Instrucción.	3	J	1 (C-VSM)	Partido judicial.
		Total.	3			
	5	TRIBUNAL DE INSTANCIA DE LA RODA.				
		Sección Civil y de Instrucción.	1	J	C-VSM	Partido judicial.
		Total.	1			
	6	TRIBUNAL DE INSTANCIA DE VILLAROBLEDO.				
		Sección Civil y de Instrucción.	2	J	1 (C-VSM)	Partido judicial.
		Total.	2			
	7	TRIBUNAL DE INSTANCIA DE CASAS-IBÁÑEZ.				
		Sección Civil y de Instrucción.	1	J	C-VSM	Partido judicial.
		Total.	1			
		Total provincial.	32			
CIUDAD REAL						
	1	TRIBUNAL DE INSTANCIA DE				

		ALCÁZAR DE SAN JUAN.				
		Sección Civil y de Instrucción.	3	J	1 (C-VSM)	Partido judicial.
		Total.	3			
	2	TRIBUNAL DE INSTANCIA DE CIUDAD REAL.				
		Sección Civil y de Instrucción.	7	M	1 (C-VSM)	Partido judicial.
		Sección de lo Mercantil.	1	M		Provincial.
		Sección de lo Penal.	3	M		Provincial.
		Sección de Menores.	1	M		Provincial.
		Sección de Vigilancia Penitenciaria.	1	M		Provincial Ciudad Real y Albacete.
		Sección de lo Contencioso-Administrativo.	2	M		Provincial.
		Sección de lo Social.	3	M		Provincial.
		Total.	18			
	3	TRIBUNAL DE INSTANCIA DE DAIMIEL.				
		Sección Civil y de Instrucción.	2	J	1 (C-VSM)	Partido judicial.
		Total.	2			

	4	TRIBUNAL DE INSTANCIA DE MANZANARES.				
		Sección Civil y de Instrucción.	2	J	1 (C-VSM)	Partido judicial.
		Total.	2			
	5	TRIBUNAL DE INSTANCIA DE VALDEPEÑAS.				
		Sección Civil y de Instrucción.	2	J	1 (C-VSM)	Partido judicial.
		Total.	2			
	6	TRIBUNAL DE INSTANCIA DE VILLANUEVA DE LOS INFANTES.				
		Sección Civil y de Instrucción.	1	J	C-VSM	Partido judicial.
		Total.	1			
	7	TRIBUNAL DE INSTANCIA DE PUERTOLLANO.				
		Sección Civil y de Instrucción.	3	J	1 (C-VSM)	Partido judicial.
		Total.	3			
	8	TRIBUNAL DE INSTANCIA DE TOMELLOSO.				
		Sección Civil y de Instrucción.	3	J	1 (C-VSM)	Partido judicial.
		Total.	3			

	9	TRIBUNAL DE INSTANCIA DE ALMAGRO.				
		Sección Civil y de Instrucción.	1	J	C-VSM	Partido judicial.
		Total.	1			
	10	TRIBUNAL DE INSTANCIA DE ALMADÉN.				
		Sección Civil y de Instrucción.	1	J	C-VSM	Partido judicial.
		Total.	1			
		Total provincial.	36			
CUENCA						
	1	TRIBUNAL DE INSTANCIA DE CUENCA.				
		Sección Civil y de Instrucción.	4	M	1 (C-VSM) 1 (C-MER)	Partido judicial.
		Sección de lo Penal.	2	M		Provincial.
		Sección de Menores.	1	M		Provincial.
		Sección de lo Contencioso-Administrativo.	1	M		Provincial.
		Sección de lo Social.	2	M		Provincial.
		Total.	10			

	2	TRIBUNAL DE INSTANCIA DE TARANCÓN.				
		Sección Civil y de Instrucción.	2	J	1 (C-VSM)	Partido judicial.
		Total.	2			
	3	TRIBUNAL DE INSTANCIA DE MOTILLA DEL PALANCAR.				
		Sección Civil y de Instrucción.	2	J	1 (C-VSM)	Partido judicial.
		Total.	2			
	4	TRIBUNAL DE INSTANCIA DE SAN CLEMENTE.				
		Sección Civil y de Instrucción.	2	J	1 (C-VSM)	Partido judicial.
		Total.	2			
		Total provincial.	16			
GUADALAJARA						
	1	TRIBUNAL DE INSTANCIA DE GUADALAJARA.				
		Sección Civil.	6	M	1 (C-MER)	Partido judicial.
		Sección de Instrucción.	4	M	1 (C-VSM)	Partido judicial.
		Sección de Familia,	2	M		Partido judicial.

		Infancia y Capacidad.				
		Sección de lo Penal.	2	M		Provincial.
		Sección de Menores.	1	M		Provincial.
		Sección de lo Contencioso-Administrativo.	1	M		Provincial.
		Sección de lo Social.	2	M		Provincial.
		Total.	18			
	2	TRIBUNAL DE INSTANCIA DE MOLINA DE ARAGÓN.				
		Sección Civil y de Instrucción.	1	J	C-VSM	Partido judicial.
		Total.	1			
	2	TRIBUNAL DE INSTANCIA DE SIGÜENZA.				
		Sección Civil y de Instrucción.	1	J	C-VSM	Partido judicial.
		Total.	1			
		Total provincial.	20			
TOLEDO						
	1	TRIBUNAL DE INSTANCIA DE OCAÑA.				

		Sección Civil y de Instrucción.	2	J	1 (C-VSM)	Partido judicial.
		Sección de Vigilancia Penitenciaria.	1	M		Provincial Toledo, Cuenca y Guadalajara.
		Total.	3			
	2	TRIBUNAL DE INSTANCIA DE ORGAZ.				
		Sección Civil y de Instrucción.	2	J		Partido judicial.
		Total.	2			
	3	TRIBUNAL DE INSTANCIA DE ILLESCAS.				
		Sección Civil y de Instrucción.	8	M		Partido judicial.
		Total.	8			
	4	TRIBUNAL DE INSTANCIA DE TALAVERA DE LA REINA.				
		Sección Civil y de Instrucción.	6	M	1 (C-VSM)	Partido judicial.
*		Sección de lo Penal.	1	M		(Artículo 269 LOPJ) partido judicial 4.
*		Sección de lo Social.	1	M		(Artículo 269 LOPJ) partido judicial 4.
		Total.	8			

	5	TRIBUNAL DE INSTANCIA DE TOLEDO.				
		Sección Civil.	5	M		Partido judicial.
		Sección de Instrucción.	3	M		Partido judicial.
		Sección de lo Mercantil.	1	M		Provincial.
		Sección de Violencia sobre la Mujer.	1	M		Partidos judiciales 2, 3 y 5.
		Sección de lo Penal.	3	M		Partidos judiciales 1, 2, 3, 5, 6 y 7.
		Sección de Menores.	1	M		Provincial.
		Sección de lo Contencioso-Administrativo.	3	M		Provincial.
		Sección de lo Social.	3	M		Partidos judiciales 1, 2, 3, 5, 6 y 7.
		Total.	20			
	6	TRIBUNAL DE INSTANCIA DE TORRIJOS.				
		Sección Civil y de Instrucción.	4	J	1 (C-VSM)	Partido judicial.
		Total.	4			
	7	TRIBUNAL DE QUINTANAR DE LA ORDEN.				

		Sección Civil y de Instrucción.	2	J	1 (C-VSM)	Partido judicial.
		Total.	2			
		Total provincial.	47			
		Total Comunidad Autónoma.	151			

* Sede desplazada por acuerdo del CGPJ artículo 269 LOPJ.

Comunidad Autónoma de Cataluña

Provincia	N.º partido	Sede	N.º plazas	Categoría	Compatibilidad/Especialización	Jurisdicción
BARCELONA						
	1	TRIBUNAL DE INSTANCIA DE MARTORELL.				
		Sección Civil y de Instrucción.	7	M	1 (C-VSM)	Partido judicial.
		Total.	7			
	2	TRIBUNAL DE INSTANCIA DE MANRESA.				
		Sección Civil y de Instrucción.	8	M		Partido judicial.
		Sección de Violencia sobre la Mujer.	1	M		Partido judicial.
		Sección de lo Penal.	3	M		Partidos judiciales 2 y 8.

		Sección de lo Social.	1	M	Partidos judiciales 2 y 8.
		Total.	13		
3		TRIBUNAL DE INSTANCIA DE GRANOLLERS.			
		Sección Civil.	8	M	Partido judicial.
		Sección de Instrucción.	4	M	Partido judicial.
		Sección de Familia, Infancia y Capacidad.	2	M	Partido judicial.
		Sección de Violencia sobre la Mujer.	1	M	Partido judicial.
		Sección de lo Penal.	3	M	Partidos judiciales 3 y 22.
		Sección de lo Social.	3	M	Partidos judiciales 3, 5 y 22.
		Total.	21		
4		TRIBUNAL DE INSTANCIA DE MATARÓ.			
		Sección Civil.	7	M	Partido judicial.
		Sección de Instrucción.	5	M	Partido judicial.
		Sección de Familia,	2	M	Partido judicial.

		Infancia y Capacidad.			
		Sección de Violencia sobre la Mujer.	1	M	Partido judicial.
		Sección de lo Penal.	2	M	Partido judicial 4.
		Sección de lo Social.	2	M	Partidos judiciales 4 y 6.
		Total.	19		
	5	TRIBUNAL DE INSTANCIA DE VIC.			
		Sección Civil y de Instrucción.	6	J	1 (C-VSM)	Partido judicial.
		Sección de lo Penal.	1	M	Partido judicial 5.
		Total.	7		
	6	TRIBUNAL DE INSTANCIA DE ARENYS DE MAR.			
		Sección Civil y de Instrucción.	8	M	1 (C-VSM)	Partido judicial.
		Sección de lo Penal.	2	M	Partido judicial 6.
		Total.	10		
	7	TRIBUNAL DE INSTANCIA DE IGUALADA.			
		Sección Civil y de Instrucción.	5	J	1 (C-VSM)	Partido judicial.

		Total.	5		
	8	TRIBUNAL DE INSTANCIA DE BERGA.			
		Sección Civil y de Instrucción.	2	J	1 (C-VSM)	Partido judicial.
		Total.	2		
	9	TRIBUNAL DE INSTANCIA DE VILAFRANCA DEL PENEDÈS.			
		Sección Civil y de Instrucción.	5	J	1 (C-VSM)	Partido judicial.
		Total.	5		
	10	TRIBUNAL DE INSTANCIA DE BADALONA.			
		Sección Civil.	7	M		Partido judicial.
		Sección de Instrucción.	5	M		Partido judicial.
		Sección de Familia, Infancia y Capacidad.	2	M		Partido judicial.
		Sección de Violencia sobre la Mujer.	1	M		Partido judicial.
		Total.	15		
	11	TRIBUNAL DE INSTANCIA DE BARCELONA.			

		Presidencia de Tribunal de Instancia liberada de trabajo jurisdiccional (artículo 166.2 LOPJ).	1	M	Partido judicial.
		Sección Civil.	50	M	Partido judicial.
		Sección de Instrucción.	33	M	Partido judicial.
		Sección de Familia, Infancia y Capacidad.	12	M	Partido judicial.
		Sección de lo Mercantil.	12	M	Provincial.
		Sección de Violencia sobre la Mujer.	5	M	Partido judicial.
		Sección de lo Penal.	29	M	Partidos judiciales 1, 7, 10, 11, 12, 16, 17, 18, 20, 23 y 25.
		Sección de Menores.	6	M	Provincial.
		Sección de Vigilancia Penitenciaria.	5	M	Provincial.
		Sección de lo Contencioso-Administrativo.	17	M	Provincial.
		Sección de lo Social.	35	M	Partidos judiciales 1, 7, 9, 10, 11, 12, 14, 16,

						17, 18, 20, 21, 23 y 25.
		Total.	205			
	12	TRIBUNAL DE INSTANCIA DE SANT BOI DE LLOBREGAT.				
		Sección Civil y de Instrucción.	6	J	1 (C-VSM)	Partido judicial.
		Total.	6			
	13	TRIBUNAL DE INSTANCIA DE SABADELL.				
		Sección Civil.	8	M		Partido judicial.
		Sección de Instrucción.	5	M		Partido judicial.
		Sección de Familia, Infancia y Capacidad.	2	M		Partido judicial.
		Sección de Violencia sobre la Mujer.	1	M		Partido judicial.
		Sección de lo Penal.	4	M		Partidos judiciales 13 y 19.
		Sección de lo Social.	3	M		Partidos judiciales 13 y 19.
		Total.	23			
	14	TRIBUNAL DE INSTANCIA DE				

		VILANOVA I LA GELTRÚ.				
		Sección Civil y de Instrucción.	9	M	1 (C-VSM)	Partido judicial.
		Sección de lo Penal.	5	M		Partidos judiciales 9, 14 y 21.
		Total.	14			
	15	TRIBUNAL DE INSTANCIA DE TERRASSA.				
		Sección Civil.	7	M		Partido judicial.
		Sección de Instrucción.	4	M		Partido judicial.
		Sección de Familia, Infancia y Capacidad.	2	M		Partido judicial.
		Sección de Violencia sobre la Mujer.	1	M		Partido judicial.
		Sección de lo Penal.	3	M		Partidos judiciales 15 y 24.
		Sección de lo Social.	3	M		Partidos judiciales 15 y 24.
		Total.	20			
	16	TRIBUNAL DE INSTANCIA DE SANT FELIU DE LLOBREGAT.				

		Sección Civil y de Instrucción.	7	M		Partido judicial.
		Sección de Violencia sobre la Mujer.	1	M		Partido judicial.
		Total.	8			
17		TRIBUNAL DE INSTANCIA DE L´HOSPITALET DE LLOBREGAT.				
		Sección Civil.	9	M		Partido judicial.
		Sección de Instrucción.	5	M		Partido judicial.
		Sección de Violencia sobre la Mujer.	1	M		Partido judicial.
		Total.	15	M		
18		TRIBUNAL DE INSTANCIA DE SANTA COLOMA DE GRAMANET.				
		Sección Civil y de Instrucción.	6	M	1 (C-VSM)	Partido judicial.
		Total.	6			
19		TRIBUNAL DE INSTANCIA DE CERDANYOLA DEL VALLÉS.				
		Sección Civil y de Instrucción.	8	M	1 (C-VSM)	Partido judicial.
		Total.	8			

	20	TRIBUNAL DE INSTANCIA DE CORNELLÀ DE LLOBREGAT.				
		Sección Civil y de Instrucción.	5	J	1 (C-VSM)	Partido judicial.
		Total.	5			
	21	TRIBUNAL DE INSTANCIA DE GAVÀ.				
		Sección Civil y de Instrucción.	9	M		Partido judicial.
		Sección de Violencia sobre la Mujer.	1	M		Partido judicial.
		Total.	10			
	22	TRIBUNAL DE INSTANCIA DE MOLLET DEL VALLÈS.				
		Sección Civil y de Instrucción.	5	J	1 (C-VSM)	Partido judicial.
		Total.	5			
	23	TRIBUNAL DE INSTANCIA DE ESPLUGUES DE LLOBREGAT.				
		Sección Civil y de Instrucción.	3	J	1 (C-VSM)	Partido judicial.
		Total.	3			
	24	TRIBUNAL DE INSTANCIA DE RUBÍ.				

		Sección Civil y de Instrucción.	8	M	1 (C-VSM)	Partido judicial.
		Total.	8			
	25	TRIBUNAL DE INSTANCIA DE EL PRAT DE LLOBREGAT.				
		Sección Civil y de Instrucción.	5	M	1 (C-VSM)	Partido judicial.
		Total.	5			
		Total provincial.	445			
GIRONA						
	1	TRIBUNAL DE INSTANCIA DE FIGUERES.				
		Sección Civil y de Instrucción.	9	M	1 (C-VSM)	Partido judicial.
		Sección de lo Penal.	2	M		Partido judicial 1.
		Sección de lo Social.	1	M		Partido judicial 1.
		Total.	12			
	2	TRIBUNAL DE INSTANCIA DE GIRONA.				
		Sección Civil.	6	M		Partido judicial.
		Sección de Instrucción.	4	M		Partido judicial.

		Sección de Familia, Infancia y Capacidad.	2	M	Partido judicial.
		Sección de lo Mercantil.	2	M	Provincial.
		Sección de Menores.	1	M	Provincial.
		Sección de Violencia sobre la Mujer.	1	M	Partido judicial.
		Sección de lo Penal.	6	M	Partidos judiciales 2, 3, 4, 5, 6, 7, 8 y 9.
		Sección de lo Contencioso-Administrativo.	3	M	Provincial.
		Sección de lo Social.	3	M	Partidos judiciales 2, 3, 4, 5, 6, 7, 8 y 9.
		Total.	28		
	3	TRIBUNAL DE INSTANCIA DE LA BISBAL D'EMPORDÀ.			
		Sección Civil y de Instrucción.	4	J	1 (C-VSM)	Partido judicial.
		Total.	4		
	4	TRIBUNAL DE INSTANCIA DE RIPOLL.			
		Sección Civil y de Instrucción.	1	J	C-VSM	Partido judicial.

		Total.	1			
5		TRIBUNAL DE INSTANCIA DE SANTA COLOMA DE FARNERS.				
		Sección Civil y de Instrucción.	4	J	1 (C-VSM)	Partido judicial.
		Total.	4			
6		TRIBUNAL DE INSTANCIA DE OLOT.				
		Sección Civil y de Instrucción.	2	J	1 (C-VSM)	Partido judicial.
		Total.	2			
7		TRIBUNAL DE INSTANCIA DE BLANES.				
		Sección Civil y de Instrucción.	6	J	1 (C-VSM)	Partido judicial.
		Total.	6			
8		TRIBUNAL DE SANT FELIU DE GUÍXOLS.				
		Sección Civil y de Instrucción.	4	J	1 (C-VSM)	Partido judicial.
		Total.	4			
9		TRIBUNAL DE INSTANCIA DE PUIGCERDÀ.				
		Sección Civil y de Instrucción.	1	J	C-VSM	Partido judicial.

		Total.	1			
		Total provincial.	62			
LLEIDA						
	1	TRIBUNAL DE INSTANCIA DE TREMP.				
		Sección Civil y de Instrucción.	1	J	C-VSM	Partido judicial.
		Total.	1			
	2	TRIBUNAL DE INSTANCIA DE BALAGUER.				
		Sección Civil y de Instrucción.	3	J	1 (C-VSM)	Partido judicial.
		Total.	3			
	3	TRIBUNAL DE INSTANCIA DE CERVERA.				
		Sección Civil y de Instrucción.	2	J	1 (C-VSM)	Partido judicial.
		Total.	2			
	4	TRIBUNAL DE INSTANCIA DE LLEIDA.				
		Sección Civil.	6	M		Partido judicial.
		Sección de Instrucción.	4	M		Partido judicial.

		Sección de Familia, Infancia y Capacidad.	2	M		Partido judicial.
		Sección de lo Mercantil.	1	M	Mercantil	Provincial.
		Sección de Violencia sobre la Mujer.	1	M		Partido judicial.
		Sección de lo Penal.	3	M		Provincial.
		Sección de Menores.	1	M		Provincial.
		Sección de Vigilancia Penitenciaria.	1	M		Provincial.
		Sección de lo Contencioso-Administrativo.	2	M		Provincial.
		Sección de lo Social.	2	M		Provincial.
		Total.	23			
	5	TRIBUNAL DE INSTANCIA DE LA SEU D'URGELL.				
		Sección Civil y de Instrucción.	2	J	1 (C-VSM)	Partido judicial.
		Total.	2			
	6	TRIBUNAL DE INSTANCIA DE VIELHA E MIJARAN.				

		Sección Civil y de Instrucción.	1	J	1 (C-VSM)	Partido judicial.
		Total.	1			
	7	TRIBUNAL DE INSTANCIA DE SOLSONA.				
		Sección Civil y de Instrucción.	1	J	1 (C-VSM)	Partido judicial.
		Total.	1			
		Total provincial.	33			
TARRAGONA						
	1	TRIBUNAL DE INSTANCIA DE EL VENDRELL.				
		Sección Civil y de Instrucción.	9	M		Partido judicial.
		Sección de Violencia sobre la Mujer.	1	M		Partido judicial.
		Total.	10			
	2	TRIBUNAL DE INSTANCIA DE REUS.				
		Sección Civil.	7	M		Partido judicial.
		Sección de Instrucción.	4	M		Partido judicial.
		Sección de Familia, Infancia y Capacidad.	1	M		Partido judicial.

		Sección de Violencia sobre la Mujer.	1	M		Partido judicial.
		Sección de lo Penal.	2	M		Partidos judiciales 2 y 8.
		Sección de lo Social.	1	M		Partidos judiciales 2 y 8.
		Total.	16			
	3	TRIBUNAL DE INSTANCIA DE AMPOSTA.				
		Sección Civil y de Instrucción.	4	J	1 (C-VSM)	Partido judicial.
		Total.	4			
	4	TRIBUNAL DE INSTANCIA DE VALLS.				
		Sección Civil y de Instrucción.	3	J	1 (C-VSM)	Partido judicial.
		Total.	3			
	5	TRIBUNAL DE INSTANCIA DE GANDESA.				
		Sección Civil y de Instrucción.	1	J	C-VSM	Partido judicial.
		Total.	1			
	6	TRIBUNAL DE INSTANCIA DE TARRAGONA.				

		Sección Civil.	6	M		Partido judicial.
		Sección de Instrucción.	6	M		Partido judicial.
		Sección de Familia, Infancia y Capacidad.	2	M		Partido judicial.
		Sección de lo Mercantil.	1	M		Provincial.
		Sección de Violencia sobre la Mujer.	1	M		Partido judicial.
		Sección de lo Penal.	5	M		Partidos judiciales 1, 4 y 6.
		Sección de Menores.	1	M		Provincial.
		Sección de lo Contencioso-Administrativo.	3	M		Provincial.
		Sección de lo Social.	4	M		Partidos judiciales 1, 4 y 6.
		Total.	29			
	7	TRIBUNAL DE INSTANCIA DE TORTOSA.				
		Sección Civil y de Instrucción.	5	J	1 (C-VSM)	Partido judicial.
		Sección de lo Penal.	2	M		Partido judiciales 3, 5 y 7.

		Sección de lo Social.	1	M		Partido judiciales 3, 5 y 7.
		Total.	8			
	8	TRIBUNAL DE INSTANCIA DE FALSET.				
		Sección Civil y de Instrucción.	1	J	C-VSM	Partido judicial.
		Total.	1			
		Total provincial.	72			
		Total Comunidad Autónoma.	612			

Comunitat Valenciana

Provincia	N.º partido	Sede	N.º plazas	Categoría	Compatibilidad/Especialización	Jurisdicción
ALICANTE/ALACANT						
	1	TRIBUNAL DE INSTANCIA DE DÉNIA.				
		Sección Civil.	6	M		Partido judicial.
		Sección de Instrucción.	3	M		Partido judicial.
		Sección de Violencia sobre la Mujer.	1	M		Partido judicial.

		Total.	10		
	2	TRIBUNAL DE INSTANCIA DE ALCOY/ALCOI.			
		Sección Civil y de Instrucción.	4	J	1 (C-VSM)	Partido judicial.
		Total.	4		
	3	TRIBUNAL DE INSTANCIA DE ALICANTE/ ALACANT.			
		Presidencia de Tribunal de Instancia liberada de trabajo jurisdiccional (artículo 166.2 LOPJ).	1	M		Partido judicial.
		Sección Civil.	12	M		Partido judicial.
		Sección de Instrucción.	9	M		Partido judicial.
		Sección de Familia, Infancia y Capacidad.	3	M		Partido judicial.
		Sección de lo Mercantil.	3	M		Ámbito provincial (nacional como Juzgado de Marca de la Unión Europea) partidos judiciales 1, 2, 3, 5, 6, 7, 9, 10, 11 y 12.

		Sección de Violencia sobre la Mujer.	3	M	Partidos judiciales 3 y 10.
		Sección de lo Penal.	11	M	Partidos judiciales 2, 3, 5, 6, 7, 10, 11 y 12.
		Sección de Menores.	3	M	Provincial.
		Sección de Vigilancia Penitenciaria.	1	M	Provincial.
		Sección de lo Contencioso-Administrativo	4	M	Partidos judiciales 1, 2, 3, 5, 6, 7, 9, 10, 11 y 12.
		Sección de lo Social.	7	M	Partidos judiciales 2, 3, 5, 6, 7, 10, 11 y 12.
		Total.	57		
	4	TRIBUNAL DE INSTANCIA DE ORIHUELA.			
		Sección Civil.	6	M	Partido judicial.
		Sección de Instrucción.	3	M	Partido judicial.
		Sección de Violencia sobre la Mujer.	1	M	Partido judicial.
		Sección de lo Penal.	2	M	Partido judicial 4.

		Total.	12			
	5	TRIBUNAL DE INSTANCIA DE VILLAJOYOSA/LA VILA JOIOSA.				
		Sección Civil y de Instrucción.	4	J		Partido judicial.
		Total.	4			
	6	TRIBUNAL DE INSTANCIA DE ELDA.				
		Sección Civil y de Instrucción.	4	J	1 (C-VSM)	Partido judicial.
		Total.	4			
	7	TRIBUNAL DE INSTANCIA DE VILLENA.				
		Sección Civil y de Instrucción.	3	J	1 (C-VSM)	Partido judicial.
		Sección de Vigilancia Penitenciaria.	1	M		Provincial.
		Total.	4			
	8	TRIBUNAL DE INSTANCIA DE ELCHE/ELX.				
		Sección Civil.	6	M		Partido judicial.
		Sección de Instrucción.	5	M		Partido judicial.
		Sección de Familia,	2	M		Partido judicial.

		Infancia y Capacidad.			
*		Sección de lo Mercantil.	1	M	(Artículo 269 LOPJ) partidos judiciales 4, 8 y 13.
		Sección de Violencia sobre la Mujer.	2	M	Partidos judiciales 8 y 11.
		Sección de lo Penal.	4	M	Partido judicial 8.
		Sección de lo Contencioso-Administrativo.	2	M	Partidos judiciales 4, 8 y 13.
		Sección de lo Social.	4	M	Partidos judiciales 4, 8 y 13.
		Total.	26		
	9	TRIBUNAL DE INSTANCIA DE BENIDORM.			
		Sección Civil.	5	M	Partido judicial.
		Sección de Instrucción.	4	M	Partido judicial.
		Sección de Violencia sobre la Mujer.	1	M	Partidos judiciales 5 y 9.
		Sección de lo Penal.	3	M	Partidos judiciales 1 y 9.

		Sección de lo Social.	2	M		Partidos judiciales 1 y 9.
		Total.	15			
	10	TRIBUNAL DE INSTANCIA DE SAN VICENTE DEL RASPEIG/SAN VICENT DEL RASPEIG.				
		Sección Civil y de Instrucción.	4	J		Partido judicial.
		Total.	4			
	11	TRIBUNAL DE INSTANCIA DE NOVELDA.				
		Sección Civil y de Instrucción.	4	J		Partido judicial.
		Total.	4			
	12	TRIBUNAL DE INSTANCIA DE IBI.				
		Sección Civil y de Instrucción.	2	J	1 (C-VSM)	Partido judicial.
		Total.	2			
	13	TRIBUNAL DE INSTANCIA DE TORREVIEJA.				
		Sección Civil.	5	M		Partido judicial.
		Sección de Instrucción.	4	M		Partido judicial.
		Sección de Violencia sobre la Mujer.	1	M		Partido judicial.

*		Sección de lo Penal.	2	M		(Artículo 269 LOPJ) partido judicial 13.
		Total.	12			
		Total provincial.	158			
CASTELLÓN/ CASTELLÓ						
	1	TRIBUNAL DE INSTANCIA DE CASTELLÓ DE LA PLANA.				
		Sección Civil.	8	M		Partido judicial.
		Sección de Instrucción.	6	M		Partido judicial.
		Sección de Familia, Infancia y Capacidad.	2	M		Partido judicial.
		Sección de lo Mercantil.	1	M		Provincial.
		Sección de Violencia sobre la Mujer.	1	M		Partido judicial.
		Sección de lo Penal.	5	M		Partidos judiciales 1, 2, 4 y 5.
		Sección de Menores.	1	M		Provincial.
		Sección de Vigilancia Penitenciaria.	1	M		Provincial.

		Sección de lo Contencioso-Administrativo	2	M		Provincial.
		Sección de lo Social.	5	M		Provincial.
		Total.	32			
	2	TRIBUNAL DE INSTANCIA DE SEGORBE.				
		Sección Civil y de Instrucción.	1	J		Partido judicial.
		Total.	1			
	3	TRIBUNAL DE INSTANCIA DE VINARÒS.				
		Sección Civil y de Instrucción.	5	J	1 (C-VSM)	Partido judicial.
		Sección de lo Penal.	1	M		Partido judicial 3.
		Total.	6			
	4	TRIBUNAL DE INSTANCIA DE NULES.				
		Sección Civil y de Instrucción.	6	J		Partido judicial.
		Total.	6			
	5	TRIBUNAL DE INSTANCIA DE VILA-REAL.				
		Sección Civil y de Instrucción.	5	M		Partido judicial.

		Sección de Violencia sobre la Mujer.	1	M		Partidos judiciales 2, 4 y 5.
		Total.	6			
		Total provincial.	51			
VALENCIA/ VALÈNCIA						
	1	TRIBUNAL DE INSTANCIA LLÍRIA.				
		Sección Civil y de Instrucción.	8	M	1 (C-VSM)	Partido judicial.
		Total.	8			
	2	TRIBUNAL DE INSTANCIA DE GANDÍA.				
		Sección Civil.	6	M		Partido judicial.
		Sección de Instrucción.	3	M		Partido judicial.
		Sección de lo Penal.	1	M		Partido judicial 2.
		Sección de Violencia sobre la Mujer.	1	M		Partido judicial.
		Total.	11			
	3	TRIBUNAL DE INSTANCIA DE ONTINYENT.				

		Sección Civil y de Instrucción.	4	J	1 (C-VSM)	Partido judicial.
		Total.	4			
	4	TRIBUNAL DE INSTANCIA DE TORRENT.				
		Sección Civil.	6	M		Partido judicial.
		Sección de Instrucción.	3	M		Partido judicial.
		Sección de Violencia sobre la Mujer.	1	M		Partidos judiciales 4 y 18.
		Total.	10			
	5	TRIBUNAL DE INSTANCIA DE SUECA.				
		Sección Civil y de Instrucción.	6	M		Partido judicial.
		Sección de Violencia sobre la Mujer.	1	M		Partidos judiciales 5 y 12.
		Total.	7			
	6	TRIBUNAL DE INSTANCIA DE VALÈNCIA.				
		Presidencia de Tribunal de Instancia liberada de trabajo jurisdiccional (artículo 166.2 LOPJ).	1	M		Partido judicial.

		Sección Civil.	24	M		Partido judicial.
		Sección de Instrucción.	21	M		Partido judicial.
		Sección de Familia, Infancia y Capacidad.	6	M		Partido judicial.
		Sección de lo Mercantil.	5	M		Provincial.
		Sección de Violencia sobre la Mujer.	6	M		Partidos judiciales 6, 15 y 16.
		Sección de lo Penal.	20	M		Partidos judiciales 5, 6, 7, 8, 9, 11, 12, 13, 15, 16, 17 y 18.
		Sección de Menores.	4	M		Provincial.
		Sección de Vigilancia Penitenciaria.	2	M		Provincial.
		Sección de lo Contencioso-Administrativo	10	M		Provincial.
		Sección de lo Social.	18	M		Provincial.
		Total.	117			
	7	TRIBUNAL DE INSTANCIA DE SANGUNTO/ SAGUNT.				

		Sección Civil y de Instrucción.	7	J	1 (C-VSM)	Partido judicial.
		Total.	7			
8		TRIBUNAL DE INSTANCIA DE ALZIRA.				
		Sección Civil y de Instrucción.	7	M		Partido judicial.
		Sección de Violencia sobre la Mujer.	1	M		Partidos judiciales 8, 9 y 10.
		Total.	8			
9		TRIBUNAL DE INSTANCIA DE CARLET.				
		Sección Civil y de Instrucción.	5	J		Partido judicial.
		Total.	5			
10		TRIBUNAL DE INSTANCIA DE XÀTIVA.				
		Sección Civil y de Instrucción.	4	J		Partido judicial.
		Total.	4			
11		TRIBUNAL DE INSTANCIA DE REQUENA.				
		Sección Civil y de Instrucción.	4	J	1 (C-VSM)	Partido judicial.
		Total.	4			

	12	TRIBUNAL DE INSTANCIA DE CATARROJA.				
		Sección Civil y de Instrucción.	5	J		Partido judicial.
		Total.	5			
	13	TRIBUNAL DE INSTANCIA DE MONCADA.				
		Sección Civil y de Instrucción.	4	J		Partido judicial.
		Total.	4			
	14	TRIBUNAL DE INSTANCIA DE PATERNA.				
		Sección Civil y de Instrucción.	7	M		Partido judicial.
		Sección de Violencia sobre la Mujer.	1	M		Partidos judiciales 13 y 14.
		Total.	8			
	15	TRIBUNAL DE INSTANCIA DE QUART DE POBLET.				
		Sección Civil y de Instrucción.	4	J		Partido judicial.
		Total.	4			
	16	TRIBUNAL DE INSTANCIA DE MISLATA.				

		Sección Civil y de Instrucción.	4	J		Partido judicial.
		Total.	4			
	17	TRIBUNAL DE INSTANCIA DE MASSAMAGRELL				
		Sección Civil y de Instrucción.	4	J	1 (C-VSM)	Partido judicial.
		Total.	4			
	18	TRIBUNAL DE INSTANCIA DE PICASSENT.				
		Sección Civil y de Instrucción.	3	J		Partido judicial.
		Total.	3			
		Total provincial.	217			
		Total Comunidad Autónoma.	426			

* Sede desplazada por acuerdo del CGPJ artículo 269 LOPJ.

Comunidad Autónoma de Extremadura

Provincia	N.º partido	Sede	N.º plazas	Categoría	Compatibilidad/Especialización	Jurisdicción
BADAJOZ						
	1	TRIBUNAL DE INSTANCIA DE VILLANUEVA DE LA SERENA.				

		Sección Civil y de Instrucción.	2	J	1 (C-VSM)	Partido judicial.
		Total.	2			
	2	TRIBUNAL DE INSTANCIA DE ALMENDRALEJO.				
		Sección Civil y de Instrucción.	3	J	1 (C-VSM)	Partido judicial.
		Total.	3			
	3	TRIBUNAL DE INSTANCIA DE LLERENA.				
		Sección Civil y de Instrucción.	1	J	C-VSM	Partido judicial.
		Total.	1			
	4	TRIBUNAL DE INSTANCIA DE MÉRIDA.				
		Sección Civil y de Instrucción.	5	M	1 (C-VSM)	Partido judicial.
*		Sección de lo Mercantil.	1	M		(Artículo 269 LOPJ) partidos judiciales 1, 2,3, 8, 9, 10, 11, 12, 13 y 14.
		Sección de lo Penal.	2	M		Partidos judiciales 2, 4, 13 y 14.
		Sección de lo Contencioso-Administrativo.	2	M		Partidos judiciales 1, 2, 4, 9, 10, 11, 13 y 14.

		Total.	10			
	5	TRIBUNAL DE INSTANCIA DE BADAJOZ.				
		Sección Civil.	7	M		Partido judicial.
		Sección de Instrucción.	4	M		Partido judicial.
		Sección de Familia, Infancia y Capacidad.	1	M		Partido judicial.
		Sección de lo Mercantil.	1	M		Partidos judiciales 4, 5, 6 y 7.
		Sección de Violencia sobre la Mujer.	1	M		Partido judicial.
		Sección de lo Penal.	2	M		Partidos judiciales 3, 5, 6, 7, 8 y 12.
		Sección de Menores.	1	M		Provincial.
		Sección de Vigilancia Penitenciaria.	1	M		Provincial: Badajoz y Cáceres.
		Sección de lo Contencioso-Administrativo.	2	M		Partidos judiciales 3, 5, 6, 7, 8 y 12.
		Sección de lo Social.	5	M		Provincial.
		Total.	25			

	6	TRIBUNAL DE INSTANCIA DE OLIVENZA.				
		Sección Civil y de Instrucción.	1	J	C-VSM	Partido judicial.
		Total.	1			
	7	TRIBUNAL DE INSTANCIA DE ZAFRA.				
		Sección Civil y de Instrucción.	2	J	1 (C-VSM)	Partido judicial.
		Total.	2			
	8	TRIBUNAL DE INSTANCIA DE JEREZ DE LOS CABALLEROS.				
		Sección Civil y de Instrucción.	1	J	C-VSM	Partido judicial.
		Total.	1			
	9	TRIBUNAL DE INSTANCIA DE HERRERA DEL DUQUE.				
		Sección Civil y de Instrucción.	1	J	C-VSM	Partido judicial.
		Total.	1			
	10	TRIBUNAL DE INSTANCIA DE CASTUERA.				
		Sección Civil y de Instrucción.	2	J	1 (C-VSM)	Partido judicial.
		Total.	2			

	11	TRIBUNAL DE INSTANCIA DE DON BENITO.				
		Sección Civil y de Instrucción.	3	J	1 (C-VSM)	Partido judicial.
		Sección de lo Penal.	1	M		Partidos judiciales 1, 9, 10 y 11.
		Total.	4			
	12	TRIBUNAL DE INSTANCIA DE FREGENAL DE LA SIERRA.				
		Sección Civil y de Instrucción.	1	J	C-VSM	Partido judicial.
		Total.	1			
	13	TRIBUNAL DE INSTANCIA DE MONTIJO.				
		Sección Civil y de Instrucción.	2	J	1 (C-VSM)	Partido judicial.
		Total.	2			
	14	TRIBUNAL DE INSTANCIA DE VILLAFRANCA DE LOS BARROS.				
		Sección Civil y de Instrucción.	1	J	C-VSM	Partido judicial.
		Total.	1			
		Total provincial.	56			
CÁCERES						

	1	TRIBUNAL DE INSTANCIA DE CÁCERES.				
		Sección Civil.	5	M	1 (C-MER)	Partido judicial.
		Sección de Instrucción.	3	M		Partido judicial.
		Sección de Violencia sobre la Mujer.	1	M		Partidos judiciales 1, 2, 3, 4, 5, 6 y 7.
		Sección de lo Penal.	2	M		Partidos judiciales 1, 5, 6 y 7.
		Sección de Menores.	1	M		Provincial.
		Sección de lo Contencioso-Administrativo.	2	M		Provincial.
		Sección de lo Social.	2	M		Partidos judiciales 1, 2, 3, 5, 6 y 7.
		Total.	16			
	2	TRIBUNAL DE INSTANCIA DE CORIA.				
		Sección Civil y de Instrucción.	2	J		Partido judicial.
		Total.	2			
	3	TRIBUNAL DE INSTANCIA DE NAVALMORAL DE LA MATA.				

		Sección Civil y de Instrucción.	3	J		Partido judicial.
		Total.	3			
	4	TRIBUNAL DE INSTANCIA DE PLASENCIA.				
		Sección Civil y de Instrucción.	5	M		Partido judicial.
		Sección de lo Penal.	2	M		Partidos judiciales 2, 3 y 4.
*		Sección de lo Social.	1	M		(Artículo 269 LOPJ) partido judicial 4.
		Total.	8			
	5	TRIBUNAL DE INSTANCIA DE TRUJILLO.				
		Sección Civil y de Instrucción.	2	J		Partido judicial.
		Total.	2			
	6	TRIBUNAL DE INSTANCIA DE VALENCIA DE ALCÁNTARA.				
		Sección Civil y de Instrucción.	1	J		Partido judicial.
		Total.	1			
	7	TRIBUNAL DE INSTANCIA DE LOGROSÁN.				

		Sección Civil y de Instrucción.	1	J		Partido judicial.
		Total.	1			
		Total provincial.	33			
		Total Comunidad Autónoma.	89			

* Sede desplazada por acuerdo del CGPJ artículo 269 LOPJ.

Comunidad Autónoma de Galicia

Provincia	N.º partido	Sede	N.º plazas	Categoría	Compatibilidad/Especialización	Jurisdicción
A CORUÑA	1	TRIBUNAL DE INSTANCIA DE BETANZOS.				
		Sección Civil y de Instrucción.	4	J	1 (C-VSM)	Partido judicial.
		Total.	4			
	2	TRIBUNAL DE INSTANCIA DE SANTIAGO DE COMPOSTELA.				
		Sección Civil.	5	M		Partido judicial.
		Sección de Instrucción.	3	M	1 (C-VSM)	Partido judicial.

		Sección de Familia, Infancia y Capacidad.	1	M		Partido judicial.
		Sección de lo Penal.	2	M		Partidos judiciales 2, 10 y 13.
		Sección de lo Contencioso-Administrativo.	2	M		Partidos judiciales 2, 10 y 13.
		Sección de lo Social.	4	M		Partidos judiciales 2, 5, 10, 11, 12 y 13.
		Total.	17			
	3	TRIBUNAL DE INSTANCIA DE FERROL.				
		Sección Civil.	5	M		Partido judicial.
		Sección de Instrucción.	3	M	1 (C-VSM)	Partido judicial.
		Sección de Familia, Infancia y Capacidad.	1	M		Partido judicial.
		Sección de lo Penal.	2	M		Partidos judiciales 3 y 9.
		Sección de lo Contencioso-Administrativo.	1	M		Partidos judiciales 3 y 9.
		Sección de lo Social.	2	M		Partidos judiciales 3 y 9.
		Total.	14			

	4	TRIBUNAL DE INSTANCIA DE A CORUÑA.				
		Sección Civil.	13	M		Partido judicial.
		Sección de Instrucción.	8	M		Partido judicial.
		Sección de Familia, Infancia y Capacidad.	3	M		Partido judicial.
		Sección de lo Mercantil.	3	M		Provincial.
		Sección de Violencia sobre la Mujer.	1	M		Partido judicial.
		Sección de lo Penal.	6	M		Partidos judiciales 1, 4, 5, 6, 7, 8, 11, 12 y 14.
		Sección de Menores.	1	M		Provincial.
		Sección de Vigilancia Penitenciaria.	1	M		Provincial.
		Sección de lo Contencioso-Administrativo.	4	M		Partidos judiciales 1, 4, 5, 6, 7, 8, 11, 12 y 14.
		Sección de lo Social.	7	M		Partidos judiciales 1, 4, 6, 7, 8 y 14.
		Total.	47			

	5	TRIBUNAL DE INSTANCIA DE NOIA.				
		Sección Civil y de Instrucción.	2	J	1 (C-VSM)	Partido judicial.
		Total.	2			
	6	TRIBUNAL DE INSTANCIA DE CARBALLO.				
		Sección Civil y de Instrucción.	3	J	1 (C-VSM)	Partido judicial.
		Total.	3			
	7	TRIBUNAL DE INSTANCIA DE CORCUBIÓN.				
		Sección Civil y de Instrucción.	2	J	1 (C-VSM)	Partido judicial.
		Total.	2			
	8	TRIBUNAL DE INSTANCIA DE ARZÚA.				
		Sección Civil y de Instrucción.	1	J	C-VSM	Partido judicial.
		Total.	1			
	9	TRIBUNAL DE INSTANCIA DE ORTIGUEIRA.				
		Sección Civil y de Instrucción.	1	J	C-VSM	Partido judicial.
		Total.	1			

	10	TRIBUNAL DE INSTANCIA DE RIBEIRA.				
		Sección Civil y de Instrucción.	3	J	1 (C-VSM)	Partido judicial.
		Total.	3			
	11	TRIBUNAL DE INSTANCIA DE NEGREIRA.				
		Sección Civil y de Instrucción.	1	J	C-VSM	Partido judicial.
		Total.	1			
	12	TRIBUNAL DE INSTANCIA DE MUROS.				
		Sección Civil y de Instrucción.	1	J	C-VSM	Partido judicial.
		Total.	1			
	13	TRIBUNAL DE INSTANCIA DE PADRÓN.				
		Sección Civil y de Instrucción.	2	J	1 (C-VSM)	Partido judicial.
		Total.	2			
	14	TRIBUNAL DE INSTANCIA DE ORDES.				
		Sección Civil y de Instrucción.	2	J	1 (C-VSM)	Partido judicial.
		Total.	2			

		Total provincial.	100			
LUGO	1	TRIBUNAL DE INSTANCIA DE MONDOÑEDO.				
		Sección Civil y de Instrucción.	2	J	1 (C-VSM)	Partido judicial.
		Total.	2			
	2	TRIBUNAL DE INSTANCIA DE CHANTADA.				
		Sección Civil y de Instrucción.	1	J	C-VSM	Partido judicial.
		Total.	1			
	3	TRIBUNAL DE INSTANCIA DE LUGO.				
		Sección Civil.	5	M	1 (C-MER)	Partido judicial.
		Sección de Instrucción.	3	M	1 (C-VSM)	Partido judicial.
		Sección de Familia, Infancia y Capacidad.	1	M		Partido judicial.
		Sección de lo Penal.	2	M		Provincial.
		Sección de Menores.	1	M		Provincial.
		Sección de Vigilancia Penitenciaria.	1	M		A Coruña, Lugo, Ourense y Pontevedra.

		Sección de lo Contencioso-Administrativo.	2	M		Provincial.
		Sección de lo Social.	4	M		Provincial.
		Total.	19			
4		TRIBUNAL DE INSTANCIA DE VILALBA.				
		Sección Civil y de Instrucción.	2	J	1 (C-VSM)	Partido judicial.
		Total.	2			
5		TRIBUNAL DE INSTANCIA DE MONFORTE DE LEMOS.				
		Sección Civil y de Instrucción.	2	J	1 (C-VSM)	Partido judicial.
		Total.	2			
6		TRIBUNAL DE INSTANCIA DE VIVEIRO.				
		Sección Civil y de Instrucción.	2	J	1 (C-VSM)	Partido judicial.
		Total.	2			
7		TRIBUNAL DE INSTANCIA DE SARRIA.				
		Sección Civil y de Instrucción.	1	J	C-VSM	Partido judicial.
		Total.	1			

	8	TRIBUNAL DE INSTANCIA DE A FONSAGRADA.				
		Sección Civil y de Instrucción.	1	J	C-VSM	Partido judicial.
		Total.	1			
	9	TRIBUNAL DE INSTANCIA DE BECERREÁ.				
		Sección Civil y de Instrucción.	1	J	C-VSM	Partido judicial.
		Total.	1			
		Total provincial.	31			
OURENSE	1	TRIBUNAL DE INSTANCIA DE OURENSE.				
		Sección Civil.	6	M	1 (C-MER)	Partido judicial.
		Sección de Instrucción.	3	M	1 (C-VSM)	Partido judicial.
		Sección de Familia, Infancia y Capacidad.	1	M		Partido judicial.
		Sección de lo Penal.	2	M		Provincial.
		Sección de Menores.	1	M		Provincial.
		Sección de lo Contencioso-Administrativo.	2	M		Provincial.

		Sección de lo Social.	4	M		Provincial.
		Total.	19			
2		TRIBUNAL DE INSTANCIA DE RIBADAVIA.				
		Sección Civil y de Instrucción.	1	J	C-VSM	Partido judicial.
		Total.	1			
3		TRIBUNAL DE INSTANCIA DE XINZO DE LIMIA.				
		Sección Civil y de Instrucción.	1	J	C-VSM	Partido judicial.
		Total.	1			
4		TRIBUNAL DE INSTANCIA DE A POBRA DE TRIVES.				
		Sección Civil y de Instrucción.	1	J	C-VSM	Partido judicial.
		Total.	1			
5		TRIBUNAL DE INSTANCIA DE VERÍN.				
		Sección Civil y de Instrucción.	2	J	1 (C-VSM)	Partido judicial.
		Total.	2			
6		TRIBUNAL DE INSTANCIA DE				

		O BARCO DE VALDEORRAS.				
		Sección Civil y de Instrucción.	2	J	1 (C-VSM)	Partido judicial.
		Total.	2			
	7	TRIBUNAL DE INSTANCIA DE O CARBALLIÑO.				
		Sección Civil y de Instrucción.	2	J	1 (C-VSM)	Partido judicial.
		Total.	2			
	8	TRIBUNAL DE INSTANCIA DE BANDE.				
		Sección Civil y de Instrucción.	1	J	C-VSM	Partido judicial.
		Total.	1			
	9	TRIBUNAL DE INSTANCIA DE CELANOVA.				
		Sección Civil y de Instrucción.	1	J	C-VSM	Partido judicial.
		Total.	1			
		Total provincial.	30			
PONTEVEDRA	1	TRIBUNAL DE INSTANCIA DE PONTEAREAS.				
		Sección Civil y de Instrucción.	3	J	1 (C-VSM)	Partido judicial.
		Total.	3			

	2	TRIBUNAL DE INSTANCIA DE VILAGARCÍA DE AROUSA.				
		Sección Civil y de Instrucción.	3	J	1 (C-VSM)	Partido judicial.
		Total.	3			
	3	TRIBUNAL DE INSTANCIA DE VIGO.				
		Sección Civil.	13	M		Partido judicial.
		Sección de Instrucción.	8	M		Partido judicial.
		Sección de Familia, Infancia y Capacidad.	3	M		Partido judicial.
*		Sección de lo Mercantil.	1	M		(Artículo 269 LOPJ) partido judicial 3.
		Sección de Violencia sobre la Mujer.	1	M		Partido judicial.
		Sección de lo Penal.	3	M		Partidos judiciales 3 y 10.
		Sección de lo Contencioso-Administrativo.	2	M		Partidos judiciales 3 y 10.
		Sección de lo Social.	7	M		Partidos judiciales 1, 3, 6, 7, 10 y 11.
		Total.	38			

	4	TRIBUNAL DE INSTANCIA DE PONTEVEDRA.				
		Sección Civil.	4	M		Partido judicial.
		Sección de Instrucción.	3	M	1 (C-VSM)	Partido judicial.
		Sección de Familia, Infancia y Capacidad.	1	M		Partido judicial.
		Sección de lo Mercantil.	2	M		Partidos judiciales 1, 2, 4, 5, 6, 7, 8, 9, 10, 11, 12 y 13.
		Sección de lo Penal.	4	M		Partidos judiciales 1, 2, 4, 5, 6, 7, 8, 9, 11, 12 y 13.
		Sección de Menores.	1	M		Provincial.
		Sección de Vigilancia Penitenciaria.	1	M		A Coruña, Lugo, Ourense y Pontevedra.
		Sección de lo Contencioso-Administrativo.	3	M		Partidos judiciales 1, 2, 4, 5, 6, 7, 8, 9, 11, 12 y 13.
		Sección de lo Social.	4	M		Partidos judiciales 2, 4, 5, 8, 9, 12 y 13.
		Total.	23			

	5	TRIBUNAL DE INSTANCIA DE A ESTRADA.				
		Sección Civil y de Instrucción.	2	J	1 (C-VSM)	Partido judicial.
		Total.	2			
	6	TRIBUNAL DE INSTANCIA DE TUI.				
		Sección Civil y de Instrucción.	3	J	1 (C-VSM)	Partido judicial.
		Total.	3			
	7	TRIBUNAL DE INSTANCIA DE CANGAS.				
		Sección Civil y de Instrucción.	3	J	1 (C-VSM)	Partido judicial.
		Total.	3			
	8	TRIBUNAL DE INSTANCIA DE LALÍN.				
		Sección Civil y de Instrucción.	2	J	1 (C-VSM)	Partido judicial.
		Total.	2			
	9	TRIBUNAL DE INSTANCIA DE CAMBADOS.				
		Sección Civil y de Instrucción.	4	J	1 (C-VSM)	Partido judicial.
		Total.	4			

	10	TRIBUNAL DE INSTANCIA DE REDONDELA.				
		Sección Civil y de Instrucción.	2	J	1 (C-VSM)	Partido judicial.
		Total.	2			
	11	TRIBUNAL DE INSTANCIA DE O PORRIÑO.				
		Sección Civil y de Instrucción.	3	J	1 (C-VSM)	Partido judicial.
		Total.	3			
	12	TRIBUNAL DE INSTANCIA DE CALDAS DE REIS.				
		Sección Civil y de Instrucción.	2	J	1 (C-VSM)	Partido judicial.
		Total.	2			
	13	TRIBUNAL DE INSTANCIA DE MARÍN.				
		Sección Civil y de Instrucción.	2	J	1 (C-VSM)	Partido judicial.
		Total.	2			
		Total provincial.	90			
		Total Comunidad Autónoma.	251			

* Sede desplazada por acuerdo del CGPJ artículo 269 LOPJ.

Comunidad de Madrid

Provincia	N.º partido	Sede	N.º plazas	Categoría	Compatibilidad/ Especialización	Jurisdicción
MADRID						
	1	TRIBUNAL DE INSTANCIA DE TORRELAGUNA.				
		Sección Civil y de Instrucción.	2	J	1 (C-VSM)	Partido judicial.
		Total.	2			
	2	TRIBUNAL DE INSTANCIA DE TORREJÓN DE ARDOZ.				
		Sección Civil.	6	M		Partido judicial.
		Sección de Instrucción.	4	M		Partido judicial.
		Sección de Violencia sobre la Mujer.	1	M		Partido judicial.
		Total.	11			
	3	TRIBUNAL DE INSTANCIA DE NAVALCARNERO.				
		Sección Civil y de Instrucción.	8	M	1 (C-VSM)	Partido judicial.
		Total.	8			
	4	TRIBUNAL DE INSTANCIA DE				

		ALCALÁ DE HENARES.			
		Sección Civil.	5	M	Partido judicial.
		Sección de Instrucción.	6	M	Partido judicial.
		Sección de Familia, Infancia y Capacidad.	2	M	Partido judicial.
		Sección de Violencia sobre la Mujer.	1	M	Partido judicial.
		Sección de lo Penal.	6	M	Partidos judiciales 2, 4, 13 y 14.
		Sección de lo Social.	1	M	Partidos judiciales 2, 4, 13 y 14.
		Total.	21		
	5	TRIBUNAL DE INSTANCIA DE ALCOBENDAS.			
		Sección Civil.	6	M	Partido judicial.
		Sección de Instrucción.	4	M	Partido judicial.
		Sección de Familia, Infancia y Capacidad.	1	M	Partido judicial.
		Sección de Violencia sobre la Mujer.	1	M	Partido judicial.
		Total.	12		

	6	TRIBUNAL DE INSTANCIA DE MÓSTOLES.				
		Sección Civil.	7	M		Partido judicial.
		Sección de Instrucción.	6	M		Partido judicial.
		Sección de Familia, Infancia y Capacidad.	2	M		Partido judicial.
		Sección de Violencia sobre la Mujer.	1	M		Partido judicial.
		Sección de lo Penal.	6	M		Partidos judiciales 3, 6, 17 y 18.
		Sección de lo Social.	3	M		Partidos judiciales 3, 6, 17 y 18.
		Total.	25			
	7	TRIBUNAL DE INSTANCIA DE SAN LORENZO DE EL ESCORIAL.				
		Sección Civil y de Instrucción.	5	J	1 (C-VSM)	Partido judicial.
		Total.	5			
	8	TRIBUNAL DE INSTANCIA DE ARANJUEZ.				
		Sección Civil y de Instrucción.	4	J	1 (C-VSM)	Partido judicial.
		Total.	4			

	9	TRIBUNAL DE INSTANCIA DE LEGANÉS.				
		Sección Civil y de Instrucción.	8	M		Partido judicial.
		Sección de Violencia sobre la Mujer.	1	M		Partido judicial.
		Total.	9			
	10	TRIBUNAL DE INSTANCIA DE GETAFE.				
		Sección Civil y de Instrucción.	8	M		Partido judicial.
		Sección de Violencia sobre la Mujer.	1	M		Partido judicial.
		Sección de lo Penal.	5	M		Partidos judiciales 8, 9, 10, 16 y 20.
		Sección de lo Social.	1	M		Partidos judiciales 8, 9, 10, 16 y 20.
		Total.	15			
	11	TRIBUNAL DE INSTANCIA DE MADRID.				
		Presidencia de Tribunal de Instancia liberada de trabajo jurisdiccional (artículo 166.2 LOPJ).	1	M		Partido judicial.

		Sección Civil.	86	M		Partido judicial.
		Sección de Instrucción.	54	M		Partido judicial.
		Sección de Familia, Infancia y Capacidad.	19	M		Partido judicial.
		Sección de lo Mercantil.	19	M		Provincial.
		Sección de Violencia sobre la Mujer.	11	M		Partido judicial.
		Sección de lo Penal.	39	M		Partidos judiciales 1, 5, 7, 11, 12, 15, 19 y 21.
		Sección de Menores.	7	M		Provincial.
		Sección de Vigilancia Penitenciaria.	6	M		Provincial.
		Sección de lo Contencioso-Administrativo.	34	M		Provincial.
		Sección de lo Social.	51	M		Partidos judiciales 1, 5, 7, 11, 12, 15, 19 y 21.
		Total.	327			
	12	TRIBUNAL DE INSTANCIA DE MAJADAHONDA.				
		Sección Civil y de Instrucción.	8	M	1 (C-VSM)	Partido judicial.

		Total.	8			
	13	TRIBUNAL DE INSTANCIA DE COSLADA.				
		Sección Civil y de Instrucción.	6	M		Partido judicial.
		Sección de Violencia sobre la Mujer.	1	M		Partido judicial.
		Total.	7			
	14	TRIBUNAL DE INSTANCIA DE ARGANDA DEL REY.				
		Sección Civil y de Instrucción.	10	M		Partido judicial.
		Sección de Violencia sobre la Mujer.	1	M		Partido judicial.
		Total.	11			
	15	TRIBUNAL DE INSTANCIA DE COLLADO VILLALBA.				
		Sección Civil y de Instrucción.	8	M		Partido judicial.
		Sección de Violencia sobre la Mujer.	1	M		Partido judicial.
		Total.	9			
	16	TRIBUNAL DE INSTANCIA DE PARLA.				

		Sección Civil y de Instrucción.	7	M		Partido judicial.
		Sección de Violencia sobre la Mujer.	1	M		Partido judicial.
		Total.	8			
17		TRIBUNAL DE INSTANCIA DE ALCORCÓN.				
		Sección Civil y de Instrucción.	7	M		Partido judicial.
		Sección de Violencia sobre la Mujer.	1	M		Partido judicial.
		Total.	8			
18		TRIBUNAL DE INSTANCIA DE FUENLABRADA.				
		Sección Civil.	6	M		Partido judicial.
		Sección de Instrucción.	6	M		Partido judicial.
		Sección de Familia, Infancia y Capacidad.	1	M		Partido judicial.
		Sección de Violencia sobre la Mujer.	1	M		Partido judicial.
		Total.	14			
19		TRIBUNAL DE INSTANCIA DE COLMENAR VIEJO.				

		Sección Civil y de Instrucción.	6	M	1 (C-VSM)	Partido judicial.
		Total.	6			
	20	TRIBUNAL DE INSTANCIA DE VALDEMORO.				
		Sección Civil y de Instrucción.	8	M	1 (C-VSM)	Partido judicial.
		Total.	8			
	21	TRIBUNAL DE INSTANCIA DE POZUELO DE ALARCÓN.				
		Sección Civil y de Instrucción.	4	J	1 (C-VSM)	Partido judicial.
		Total.	4			
		Total provincial.	522			
		Total Comunidad Autónoma.	522			

Comunidad Autónoma de la Región de Murcia

Provincia	N.º partido	Sede	N.º plazas	Categoría	Compatibilidad/Especialización	Jurisdicción
MURCIA						
	1	TRIBUNAL DE INSTANCIA DE CARAVACA DE LA CRUZ.				
		Sección Civil y de Instrucción.	3	J	1 (C-VSM)	Partido judicial.

		Total.	3			
	2	TRIBUNAL DE INSTANCIA DE CARTAGENA.				
		Sección Civil.	5	M		Partido judicial.
		Sección de Instrucción.	5	M		Partido judicial.
		Sección de Familia, Infancia y Capacidad.	2	M		Partido judicial.
*		Sección de lo Mercantil.	1	M		(Artículo 269 LOPJ) partidos judiciales 2 y 11.
		Sección de Violencia sobre la Mujer.	1	M		Partido judicial.
		Sección de lo Penal.	3	M		Partidos judiciales 2 y 11.
		Sección de lo Contencioso-Administrativo.	1	M		Partidos judiciales 2 y 11.
		Sección de lo Social.	3	M		Partidos judiciales 2 y 11.
		Total.	21			
	3	TRIBUNAL DE INSTANCIA DE CIEZA.				
		Sección Civil y de Instrucción.	4	J	1 (C-VSM)	Partido judicial.

		Total.	4			
	4	TRIBUNAL DE INSTANCIA DE LORCA.				
		Sección Civil y de Instrucción.	8	M	1 (C-VSM)	Partido judicial.
		Sección de lo Penal.	2	M		Partidos judiciales 1, 4 y 9.
		Total.	10			
	5	TRIBUNAL DE INSTANCIA DE MULA.				
		Sección Civil y de Instrucción.	2	J	1 (C-VSM)	Partido judicial.
		Total.	2			
	6	TRIBUNAL DE INSTANCIA DE MURCIA.				
		Sección Civil.	15	M		Partido judicial.
		Sección de Instrucción.	9	M		Partido judicial.
		Sección de Familia, Infancia y Capacidad.	4	M		Partido judicial.
		Sección de lo Mercantil.	3	M		Partidos judiciales 1, 3, 4, 5, 6, 7, 8, 9 y 10.
		Sección de Violencia sobre la Mujer.	2	M		Partido judicial.

		Sección de lo Penal.	6	M		Partidos judiciales 3, 5, 6, 7, 8 y 10.
		Sección de Menores.	2	M		Provincial.
		Sección de Vigilancia Penitenciaria.	1	M		Provincial.
		Sección de lo Contencioso-Administrativo.	7	M		Partidos judiciales 1, 3, 4, 5, 6, 7, 8, 9 y 10.
		Sección de lo Social.	9	M		Partidos judiciales 1, 3, 4, 5, 6, 7, 8, 9 y 10.
		Total.	58			
	7	TRIBUNAL DE INSTANCIA DE YECLA.				
		Sección Civil y de Instrucción.	2	J	1 (C-VSM)	Partido judicial.
		Total.	2			
	8	TRIBUNAL DE INSTANCIA DE MOLINA DE SEGURA.				
		Sección Civil y de Instrucción.	7	M	1 (C-VSM)	Partido judicial.
		Total.	7			
	9	TRIBUNAL DE INSTANCIA DE TOTANA.				

		Sección Civil y de Instrucción.	4	J	1 (C-VSM)	Partido judicial.
		Total.	4			
	10	TRIBUNAL DE INSTANCIA DE JUMILLA.				
		Sección Civil y de Instrucción.	2	J	1 (C-VSM)	Partido judicial.
		Total.	2			
	11	TRIBUNAL DE INSTANCIA DE SAN JAVIER.				
		Sección Civil y de Instrucción.	7	M	1 (C-VSM)	Partido judicial.
		Total.	7			
		Total provincial.	120			
		Total Comunidad Autónoma.	120			

* Sede desplazada por acuerdo del CGPJ artículo 269 LOPJ.

Comunidad Foral de Navarra

Provincia	N.º partido	Sede	N.º plazas	Categoría	Compatibilidad/Especialización	Jurisdicción
NAVARRA						
	1	TRIBUNAL DE INSTANCIA DE ESTELLA-LIZARRA.				
		Sección Civil y de Instrucción.	2	J	1 (C-VSM)	Partido judicial.

		Total.	2			
2		TRIBUNAL DE INSTANCIA DE AOIZ/AGOITZ.				
		Sección Civil y de Instrucción.	2	J	1 (C-VSM)	Partido judicial.
		Total.	2			
3		TRIBUNAL DE INSTANCIA DE TUDELA.				
		Sección Civil y de Instrucción.	5	J	1 (C-VSM)	Partido judicial.
		Total.	5			
4		TRIBUNAL DE INSTANCIA DE PAMPLONA/IRUÑA.				
		Sección Civil.	7	M		Partido judicial.
		Sección de Instrucción.	5	M		Partido judicial.
		Sección de Familia, Infancia y Capacidad.	3	M		Partido judicial.
		Sección de lo Mercantil.	2	M		Provincial.
		Sección de Violencia sobre la Mujer.	2	M		Partidos judiciales 2 y 4.
		Sección de lo Penal.	5	M		Provincial.
		Sección de Menores.	1	M		Provincial.

		Sección de Vigilancia Penitenciaria.	1	M		Provincial.
		Sección de lo Contencioso-Administrativo.	3	M		Provincial.
		Sección de lo Social.	4	M		Provincial.
		Total.	33			
	5	TRIBUNAL DE INSTANCIA DE TAFALLA.				
		Sección Civil y de Instrucción.	2	J	1 (C-VSM)	Partido judicial.
		Total.	2			
		Total provincial.	44			
		Total Comunidad Autónoma.	44			

Comunidad Autónoma del País Vasco

Provincia	N.º partido	Sede	N.º plazas	Categoría	Compatibilidad/Especialización	Jurisdicción
ARABA/ÁLAVA						
	1	TRIBUNAL DE INSTANCIA DE AMURRIO.				
		Sección Civil y de Instrucción.	2	J	1 (C-VSM)	Partido judicial.
		Total.	2			
	2	TRIBUNAL DE INSTANCIA DE				

		VITORIA-GASTÉIZ.				
		Sección Civil.	7	M	1 (C-MERC)	Partido judicial.
		Sección de Instrucción.	4	M		Partido judicial.
		Sección de Familia, Infancia y Capacidad.	2	M		Partido judicial.
		Sección de Violencia sobre la Mujer.	1	M		Partido judicial.
		Sección de lo Penal.	2	M		Provincial.
		Sección de Menores.	1	M		Provincial.
		Sección de lo Contencioso-Administrativo.	4	M		Provincial.
		Sección de lo Social.	4	M		Provincial.
		Total.	25			
		Total provincial.	27			
GIPUZKOA						
	1	TRIBUNAL DE INSTANCIA DE TOLOSA.				
		Sección Civil y de Instrucción.	4	J	1 (C-VSM)	Partido judicial.
		Total.	4			

	2	TRIBUNAL DE INSTANCIA DE AZPEITIA.				
		Sección Civil y de Instrucción.	2	J	1 (C-VSM)	Partido judicial.
		Total.	2			
	3	TRIBUNAL DE INSTANCIA DE BERGARA.				
		Sección Civil y de Instrucción.	4	J	1 (C-VSM)	Partido judicial.
		Total.	4			
	4	TRIBUNAL DE INSTANCIA DE EIBAR.				
		Sección Civil y de Instrucción.	3	J	1 (C-VSM)	Partido judicial.
		Sección de lo Social.	1	M		Partidos judiciales 3 y 4.
		Total.	4			
	5	TRIBUNAL DE INSTANCIA DE DONOSTIA/SAN SEBASTIÁN.				
		Sección Civil.	6	M		Partido judicial.
		Sección de Instrucción.	6	M		Partido judicial.
		Sección de Familia, Infancia y Capacidad.	2	M		Partido judicial.

		Sección de lo Mercantil.	2	M		Provincial.
		Sección de Violencia sobre la Mujer.	1	M		Partido judicial.
		Sección de lo Penal.	5	M		Provincial.
		Sección de Menores.	1	M		Provincial.
		Sección de lo Contencioso-Administrativo.	3	M		Provincial.
		Sección de lo Social.	5	M		Partidos judiciales 1, 2, 5 y 6.
		Total.	31			
	6	TRIBUNAL DE INSTANCIA IRUN.				
		Sección Civil y de Instrucción.	5	J	1 (C-VSM)	Partido judicial.
		Total.	5			
		Total provincial.	50			
BIZKAIA						
	1	TRIBUNAL DE INSTANCIA DE DURANGO.				
		Sección Civil y de Instrucción.	4	J	1 (C-VSM)	Partido judicial.
		Total.	4			

	2	TRIBUNAL DE INSTANCIA DE BARAKALDO.				
		Sección Civil.	4	M		Partido judicial.
		Sección de Instrucción.	5	M		Partido judicial.
		Sección de Familia, Infancia y Capacidad.	2	M		Partido judicial.
		Sección de Violencia sobre la Mujer.	1	M		Partido judicial.
		Sección de lo Penal.	2	M		Partidos judiciales 2 y 5.
		Total.	14			
	3	TRIBUNAL DE INSTANCIA DE GERNIKA-LUMO.				
		Sección Civil y de Instrucción.	4	J	1 (C-VSM)	Partido judicial.
		Total.	4			
	5	TRIBUNAL DE INSTANCIA DE BILBAO.				
		Presidencia de Tribunal de Instancia liberada de trabajo jurisdiccional (artículo 166.2 LOPJ).	1	M		Partido judicial.

		Sección Civil.	13	M		Partido judicial.
		Sección de Instrucción.	11	M		Partido judicial.
		Sección de Familia, Infancia y Capacidad.	4	M		Partido judicial.
		Sección de lo Mercantil.	3	M		Provincial.
		Sección de Violencia sobre la Mujer.	2	M		Partido judicial.
		Sección de lo Penal.	7	M		Partidos judiciales 1, 3, 4 y 6.
		Sección de Menores.	2	M		Provincial.
		Sección de Vigilancia Penitenciaria.	1	M		Provincial.
		Sección de lo Contencioso-Administrativo.	5	M		Provincial.
		Sección de lo Social.	12	M		Provincial.
		Total.	61			
	5	TRIBUNAL DE INSTANCIA DE BALMASEDA.				
		Sección Civil y de Instrucción.	2	J	1 (C-VSM)	Partido judicial.
		Total.	2			

	6	TRIBUNAL DE INSTANCIA DE GETXO.				
		Sección Civil y de Instrucción.	6	M	1 (C-VSM)	Partido judicial.
		Total.	6			
		Total provincial.	91			
		Total Comunidad Autónoma.	168			

Comunidad Autónoma de La Rioja

Provincia	N.º partido	Sede	N.º plazas	Categoría	Compatibilidad/Especialización	Jurisdicción
LA RIOJA						
	1	TRIBUNAL DE INSTANCIA DE HARO.				
		Sección Civil y de Instrucción.	2	J	1 (C-VSM)	Partido judicial.
		Total.	2			
	2	TRIBUNAL DE INSTANCIA DE CALAHORRA.				
		Sección Civil y de Instrucción.	3	J	1 (C-VSM)	Partido judicial.
		Total.	3			
	3	TRIBUNAL DE INSTANCIA DE LOGROÑO.				

		Sección Civil.	6	M	1 (C-MER)	Partido judicial.
		Sección de Instrucción.	3	M		Partido judicial.
		Sección de Familia, Infancia y Capacidad.	1	M		Partido judicial.
		Sección de Violencia sobre la Mujer.	1	M		Partido judicial.
		Sección de lo Penal.	3	M	1 (C-VP)	Provincial.
		Sección de Menores.	1	M		Provincial.
		Sección de lo Contencioso-Administrativo.	2	M		Provincial.
		Sección de lo Social.	3	M		Provincial.
		Total.	21			
		Total provincial.	25			
		Total Comunidad Autónoma.	25			

Ciudad de Ceuta

Provincia	N.º partido	Sede	N.º plazas	Categoría	Compatibilidad/Especialización	Jurisdicción
CEUTA						

	12	TRIBUNAL DE INSTANCIA DE CEUTA.				
		Sección Civil y de Instrucción.	6	M	1 (C-VSM) 1 (C-MER)	Partido judicial.
		Sección de lo Penal.	2	M		Partido judicial 12.
		Sección de Menores.	1	M		Ciudad autónoma.
		Sección de Vigilancia Penitenciaria.	1	M		Ciudad autónoma.
		Sección de lo Contencioso-Administrativo.	2	M		Partido judicial 12.
		Sección de lo Social.	1	M		Partido judicial 12.
		Total.	13			
		Total provincial.	13			
		Total Ciudad Autónoma.	13			

Ciudad de Melilla

Provincia	N.º partido	Sede	N.º plazas	Categoría	Compatibilidad/Especialización	Jurisdicción
MELILLA						

	1	TRIBUNAL DE INSTANCIA DE MELILLA.	12			
		Sección Civil y de Instrucción.	5	M	1 (C-VSM) 1 (C-MER)	Partido judicial.
		Sección de lo Penal.	2	M	1 (C-VP)	Partido judicial 8.
		Sección de Menores.	1	M		Ciudad autónoma.
		Sección de lo Contencioso-Administrativo.	3	M		Partido judicial 8.
		Sección de lo Social.	1	M		Partido judicial 8.
		Total.	12			
		Total provincial.	12			
		Total Ciudad Autónoma.	12			

Total nacional: 3931.

Leyenda para indicación de las plazas donde existe compatibilización en el conocimiento de asuntos:

N.º de plazas (C-MER): plaza judicial de la sección civil o sección civil y de instrucción que compatibiliza el conocimiento de la materia mercantil.

N.º de plazas (C-VSM): plaza judicial de la sección de instrucción o sección civil y de instrucción que compatibiliza el conocimiento de los asuntos de violencia sobre la mujer (competencia civil y penal).

N.º de plazas (C-VP): plaza judicial de la sección de lo penal que compatibiliza el conocimiento de los asuntos de vigilancia penitenciaria.

Leyenda para indicación de las plazas donde existe especializacion para el conocimiento de asuntos:

N.º de plazas (E-FIC): plaza judicial de la sección civil o sección civil y de instrucción especializada en materia de familia, infancia y capacidad o en alguna de estas materias.

N.º de plazas (E-VSM): plaza judicial de la sección de instrucción o sección civil y de instrucción especializada en materia de violencia sobre la mujer.

N.º de plazas (E-VIA): plaza judicial de la sección de instrucción o sección civil y de instrucción que compatibiliza el conocimiento de los asuntos de violencia contra la infancia y la adolescencia (competencia civil y penal).

N.º de plazas (E-MER): plaza judicial de la sección civil especializada en materia mercantil.

ANEXO VII

Tribunal central de instancia

Provincia	N.º partido	Sede	N.º plazas	Categoría	Compatibilidad/Especialización	Jurisdicción
MADRID						
	11	TRIBUNAL CENTRAL DE INSTANCIA				
		Sección de Instrucción	6	M		Ámbito nacional
		Sección de lo Penal	1	M		Ámbito nacional
*		Sección de Menores	1	M	C-VP	Ámbito nacional
		Sección de lo Contencioso - Administrativo	12	M		Ámbito nacional
		Total.	20»			

* Atribución de competencias de Vigilancia Penitenciaria al Juzgado Central de Menores. Acuerdo de la Comisión Permanente del Consejo General del Poder Judicial de 29/05/2003.

Novena. Modificación de la Ley 3/1991, de 10 de enero, de Competencia Desleal

Los apartados 4 y 5 del artículo 37 de la Ley 3/1991, de 10 de enero, de Competencia Desleal, quedan modificados en los siguientes términos:

«4. La aplicación de estos códigos de conducta se encomendará a los sistemas de autorregulación, establecidos por organismos sin ánimo de lucro, que cuenten con dedicación exclusiva a actividades de autorregulación y exclusión expresa de intereses profesionales. Estos organismos de autorregulación se dotarán de órganos independientes de control para asegurar el cumplimiento eficaz de los compromisos asumidos por las empresas adheridas. Podrán incluir, entre otras, medidas colectivas de autocontrol previo de los contenidos publicitarios, y deberán establecer sistemas eficaces de resolución extrajudicial de reclamaciones que cumplan los requisitos establecidos en la normativa comunitaria y, como tales, sean notificados a la Comisión Europea, de conformidad con lo previsto en la Ley 7/2017, de 2 de noviembre, por la que se incorpora al ordenamiento jurídico español la Directiva 2013/11/UE, del Parlamento Europeo y del Consejo, de 21 de mayo de 2013, relativa a la resolución alternativa de litigios en materia de consumo, o cualquier disposición equivalente.

5. El recurso a los órganos de control de los códigos de conducta en ningún caso supondrá la renuncia a las acciones judiciales previstas en el artículo 32, pero con él se entenderá cumplido el requisito de procedibilidad exigido por el artículo 5 y la disposición adicional sexta de la Ley Orgánica de medidas en materia de eficiencia del Servicio Público de Justicia.»

Décima. Modificación de la Ley 1/1996, de 10 de enero, de asistencia jurídica gratuita

La Ley 1/1996, de 10 de enero, de asistencia jurídica gratuita, queda modificada como sigue:

Uno. Se modifica la letra h) del artículo 2, que pasa a tener la siguiente redacción:

«h) Con independencia de la existencia de recursos para litigar, se reconoce el derecho de asistencia jurídica gratuita, que se les prestará de inmediato, a las víctimas de violencia de género, de terrorismo y de trata de seres humanos en aquellos procesos que tengan vinculación, deriven o sean consecuencia de su condición de víctimas, así como a las personas con discapacidad necesitadas de especial protección cuando sean víctimas de delitos de homicidio, de lesiones de los artículos 149 y 150, en el delito de maltrato habitual previsto en el artículo 173.2, en los delitos contra la libertad, en los delitos contra la libertad sexual y en los delitos de trata de seres humanos. También se reconoce este derecho, con independencia de la existencia de recursos para litigar, a las mujeres y personas menores de edad que sean víctimas de los delitos contra la libertad sexual previstos en el título VIII del libro II del Código Penal, los delitos de mutilación genital femenina, matrimonio forzado y acoso con connotación sexual.

Este derecho asistirá también a los causahabientes en caso de fallecimiento de la víctima, siempre que no fueran partícipes en los hechos.

A los efectos de la concesión del beneficio de justicia gratuita, la condición de víctima se adquirirá cuando se formule denuncia o querella, o se inicie un procedimiento penal, por alguno de los delitos a que se refiere esta letra, y se mantendrá mientras permanezca en vigor el procedimiento penal o cuando, tras su finalización, se hubiere dictado sentencia condenatoria. El beneficio de justifica gratuita se perderá tras la firmeza de la sentencia absolutoria, o del sobreseimiento definitivo o provisional por no resultar acreditados los hechos delictivos, sin la obligación de abonar el coste de las prestaciones disfrutadas gratuitamente hasta ese momento.

En los distintos procesos que puedan iniciarse como consecuencia de la condición de víctima de los delitos a que se refiere esta letra y, en especial, en los de violencia de género, deberá ser el mismo abogado el que asista a aquella, siempre que con ello se garantice debidamente su derecho de defensa.»

Dos. Se añade un nuevo apartado 11 al artículo 6, con la siguiente redacción:

«11. La asistencia gratuita de profesional de la abogacía en cualquiera de los medios adecuados de solución de controversias permitidos por la ley que tenga por objeto dar cumplimiento al requisito de procedibilidad dispuesto en el artículo 5 de la Ley Orgánica de medidas en materia de eficiencia del Servicio Público de Justicia, cuando en el eventual proceso judicial la intervención de este profesional sea legalmente preceptiva o cuando, no siéndolo, la parte contraria actúe con él.»

Tres. Se modifica el apartado 1 del artículo 36, que queda redactado como sigue:

«1. Si en la resolución que ponga fin al proceso hubiera pronunciamiento sobre costas, a favor de quien obtuvo el reconocimiento del derecho a la asistencia jurídica gratuita o de quien lo tuviera legalmente reconocido, deberá la parte contraria abonar las costas causadas en la defensa y representación de aquella, debiendo ser abonadas directamente a las personas profesionales que se hayan designado para su representación y dirección jurídica, quienes estarán legitimadas para instar su tasación y que estarán obligadas a devolver las cantidades eventualmente percibidas con cargo a fondos públicos por su intervención en el proceso. A tales efectos, se comunicará por la Oficina judicial a los colegios profesionales correspondientes dicha circunstancia».

Undécima. Modificación de la Ley 50/1997, de 27 de noviembre, del Gobierno

La Ley 50/1997, de 27 de noviembre, del Gobierno, queda modificada como sigue:

Uno. Se modifica el apartado 2 del artículo 5, que queda redactado en los siguientes términos:

«2. A las reuniones del Consejo de Ministros podrán asistir los Secretarios de Estado y excepcionalmente otros altos cargos, cuando sean convocados para ello, sin perjuicio de lo dispuesto en los tratados internacionales válidamente celebrados por España».

Dos. Se modifica el apartado 2 del artículo 26, que queda redactado en los siguientes términos:

«2. Se sustanciará una consulta pública, a través del portal web del departamento competente, con carácter previo a la elaboración del texto, en la que se recabará opinión de los sujetos potencialmente afectados por la futura norma y de las organizaciones más representativas acerca de:

a) Los problemas que se pretenden solucionar con la nueva norma.

b) La necesidad y oportunidad de su aprobación.

c) Los objetivos de la norma.

d) Las posibles soluciones alternativas regulatorias y no regulatorias.

Podrá prescindirse del trámite de consulta pública previsto en este apartado cuando concurra cualquiera de las siguientes circunstancias:

a) Cuando se trate de normas presupuestarias u organizativas de la Administración General del Estado o de las organizaciones dependientes o vinculadas a éstas.

b) Cuando concurran razones graves de interés público que lo justifiquen.

c) Cuando la propuesta normativa no tenga un impacto significativo en la actividad económica.

d) Cuando la propuesta no imponga obligaciones relevantes a los destinatarios.

e) Cuando la propuesta regule aspectos parciales de una materia.

f) Cuando se acuerde la tramitación urgente de iniciativas normativas, en los términos previstos en el artículo 27.2.

La concurrencia de alguna o varias de estas razones, debidamente motivadas, se justificarán en la Memoria del Análisis de Impacto Normativo.

La consulta pública deberá realizarse de tal forma que todos los potenciales destinatarios de la norma tengan la posibilidad de emitir su opinión, para lo cual deberá proporcionarse un tiempo suficiente, que en ningún caso será inferior a quince días naturales».

Tres. Se añade una nueva disposición transitoria única con el contenido siguiente:

«Disposición transitoria única. Régimen aplicable a los procedimientos de elaboración de normas con rango de ley y reglamentos ya iniciados con carácter previo a la modificación del artículo 26.2 por la Ley Orgánica de medidas en materia de eficiencia del Servicio Público de Justicia.

No será necesaria la consulta pública en aquellos procedimientos de elaboración de normas con rango de ley y reglamentos ya iniciados a la entrada en vigor de la Ley Orgánica de medidas en materia de eficiencia del Servicio Público de Justicia, en los que concurra cualquiera de las circunstancias previstas en el artículo 26.2 de esta ley».

Duodécima. Modificación de la Ley 52/1997, de 27 de noviembre, de Asistencia Jurídica al Estado e Instituciones Públicas

El apartado 1 del artículo 7 de Ley 52/1997, de 27 de noviembre, de Asistencia Jurídica al Estado e Instituciones Públicas, queda redactado como sigue:

«1. Sin perjuicio de lo dispuesto en leyes especiales, para que el Abogado del Estado pueda válidamente desistir de acciones o recursos, apartarse de querellas, o allanarse a las pretensiones de la parte contraria, precisará autorización expresa de la Abogacía General del Estado-Dirección del Servicio Jurídico del Estado, que deberá previamente, en todo caso, recabar informe del Departamento, Organismo o entidad pública correspondiente.

La firma de acuerdos amistosos ante el Tribunal Europeo de Derechos Humanos corresponde al titular de la Abogacía General del Estado, con el visto bueno de los titulares del Ministerio de Justicia y del Ministerio de Asuntos Exteriores.»

Decimotercera. Modificación de la Ley 15/2003, de 26 de mayo, reguladora del régimen retributivo de las carreras judicial y fiscal

Se modifican los anexos II.2 y III de la Ley 15/2003, de 26 de mayo, reguladora del régimen retributivo de las carreras judicial y fiscal, que quedan redactados como sigue:

«ANEXO II.2

Complemento de destino de los miembros de la carrera judicial

	Cuantías mensuales en euros	
	Por el grupo de población	Por representación
Grupo 1		
Presidente de la Audiencia Nacional (no magistrado del Tribunal Supremo).	3.241,57	3.714,25
Presidente de Sala de la Audiencia Nacional (no magistrado del Tribunal Supremo).	3.241,57	2.105,70
Magistrado de la Audiencia Nacional.	3.178,02	2.071,95
Magistrados del Gabinete Técnico del Tribunal Supremo.	3.178,02	2.071,95
Presidente de Tribunal Superior de Justicia.	3.178,02	2.071,95
Presidentes de Sala y Magistrados del Tribunal Superior de Justicia.	3.178,02	2.071,95
Presidentes y Magistrados de Audiencia Provincial.	3.178,02	2.003,49
Jueces Centrales, Magistrados de los órganos unipersonales y Magistrados de los Tribunales de Instancia.	3.178,02	1.327,69

Grupo 2		
Presidente de Tribunal Superior de Justicia.	3.112,98	2.071,95
Presidentes de Sala y Magistrados del Tribunal Superior de Justicia.	2.714,50	2.071,95
Presidentes y Magistrados de Audiencia Provincial.	2.714,50	2.003,49
Magistrados de los órganos unipersonales y Magistrados de los Tribunales de Instancia.	2.714,50	1.327,69
Grupo 3		
Presidente de Tribunal Superior de Justicia.	3.050,72	2.071,95
Presidentes de Sala y Magistrados del Tribunal Superior de Justicia.	2.568,25	2.071,95
Presidentes y Magistrados de Audiencia Provincial.	2.568,25	2.003,49
Magistrados de los órganos unipersonales y Magistrados de los Tribunales de Instancia.	2.568,25	1.327,69
Grupo 4		
Presidentes y Magistrados de Audiencia Provincial.	2.256,29	2.003,49
Magistrados de los órganos unipersonales y Magistrados de los Tribunales de Instancia.	2.190,68	1.292,80
Grupo 5		
Jueces.	2.023,68	603,09

ANEXO III

Complemento específico de los miembros de la carrera judicial, por responsabilidad y penosidad

	Cuantías mensuales en euros	
	Por responsabilidad	Por penosidad
Presidente de la Audiencia Nacional (no magistrado del Tribunal Supremo).	2.269,56	–

Presidente de Sala de la Audiencia Nacional (no magistrado del Tribunal Supremo).	525,35	–
Presidente de Sala de Apelación de la Audiencia Nacional.	–	726,03
Presidente de Sección de la Audiencia Nacional.	140,18	–
Magistrados de Sala de Apelación de la Audiencia Nacional.	–	726,03
Magistrados de Sala de lo Penal de la Audiencia Nacional.	–	660,02
Presidente de Tribunal Superior de Justicia.	404,76	–
Presidente de Sala de Tribunal Superior de Justicia.	241,35	–
Presidente de Audiencia Provincial.	301,74	–
Presidente de Sección de Audiencia Provincial.	118,07	–
Jueces Centrales de Instrucción.	186,87	846,74
Jueces Centrales de lo Penal.	186,87	846,74
Jueces Centrales de Menores.	186,87	846,74
Jueces Centrales de Vigilancia Penitenciaria.	186,87	–
Jueces Centrales de lo Contencioso-Administrativo.	186,87	–
Pte. de Sección y Magistrado de Audiencia Provincial con ámbito de marca comunitaria y jurisdicción en todo el territorio nacional.	186,87	–
Magistrados de lo Mercantil con ámbito de marca comunitaria y jurisdicción en todo el territorio nacional.	186,87	–
Presidencia de Tribunal de Instancia con liberación conforme al artículo 166.2 de la Ley Orgánica 6/1985, de 1 de julio, del Poder Judicial.	326,98	357,74
Presidencia de Tribunal de Instancia, no liberado conforme al artículo 166.2 de la Ley Orgánica del Poder Judicial, con diez o más plazas judiciales.	505,81	–

Presidencia de Tribunal de Instancia, no liberado conforme al artículo 166.2 de la Ley Orgánica del Poder Judicial, con entre dos y nueve plazas judiciales.	326,94	–
Presidencia de Sección de Tribunal de Instancia.	118,07	
Decanos designados conforme al artículo 166.1 de la Ley Orgánica del Poder Judicial.	326,94	–
Decanos designados conforme al artículo 166.3 de la Ley Orgánica del Poder Judicial.	326,94	357,74»

Nota: Corrección de errores. (BOE n.º 10, de 11 de enero de 2025).

Decimocuarta. Modificación de la Ley 35/2006, de 28 de noviembre, del Impuesto sobre la Renta de las Personas Físicas y de modificación parcial de las leyes de los Impuestos sobre Sociedades, sobre la Renta de no Residentes y sobre el Patrimonio

La Ley 35/2006, de 28 de noviembre, del Impuesto sobre la Renta de las Personas Físicas y de modificación parcial de las leyes de los Impuestos sobre Sociedades, sobre la Renta de no Residentes y sobre el Patrimonio, queda modificada como sigue:

Uno. Se modifican las letras d), e) y k) del artículo 7, que quedan redactadas de la siguiente forma:

«d) Las indemnizaciones como consecuencia de responsabilidad civil por daños personales, en la cuantía legal o judicialmente reconocida.

Asimismo, las indemnizaciones como consecuencia de responsabilidad civil por daños físicos o psíquicos, satisfechos por la entidad aseguradora del causante del daño no previstas en el párrafo anterior, cuando deriven de un acuerdo de mediación o de cualquier otro medio adecuado de solución de controversias legalmente establecido, siempre que en la obtención del acuerdo por ese medio haya intervenido un tercero neutral y el acuerdo se haya elevado a escritura pública, hasta la cuantía que resulte de aplicar, para el daño sufrido, el sistema para la valoración de los daños y perjuicios causados a las personas en accidentes de circulación, incorporado como anexo en el texto refundido de la Ley sobre responsabilidad civil y seguro en la circulación de vehículos a motor, aprobado por el Real Decreto Legislativo 8/2004, de 29 de octubre.

Igualmente estarán exentas las indemnizaciones por daños personales derivadas de contratos de seguro de accidentes, salvo aquellos cuyas primas hubieran podido reducir la base imponible o ser consideradas gasto deducible por aplicación de la regla 1.ª del apartado 2 del artículo 30 de esta ley, hasta la cuantía que resulte de aplicar, para el daño sufrido, el sistema para la valoración de los daños y perjuicios causados a las personas en accidentes de circulación, incorporado como anexo en el texto refundido de la Ley sobre responsabilidad civil y seguro en la circulación de vehículos a motor, aprobado por el Real Decreto Legislativo 8/2004, de 29 de octubre.

e) Las indemnizaciones por despido o cese del trabajador, en la cuantía establecida con carácter obligatorio en el texto refundido de la Ley del Estatuto de los Trabajadores, aprobado por el Real Decreto Legislativo 2/2015, de 23 de octubre, en su normativa de desarrollo o, en su caso, en la normativa reguladora de la ejecución de sentencias, sin que pueda considerarse como tal la establecida en virtud de convenio, pacto o contrato.

Sin perjuicio de lo dispuesto en el párrafo anterior, en los supuestos de despidos colectivos realizados, o cuando se extinga el contrato en el supuesto de la letra c) del artículo 52 del mismo texto, siempre que, en ambos casos, se deban a causas económicas, técnicas, organizativas, de producción o por fuerza mayor, quedará exenta la parte de indemnización percibida que no supere los límites establecidos con carácter obligatorio en el mencionado Estatuto para el despido improcedente.

No tendrán la consideración de indemnizaciones establecidas en virtud de convenio, pacto o contrato, las acordadas en el acto de conciliación ante el Servicio administrativo al que se refiere el artículo 63 de la Ley 36/2011, de 10 de octubre, reguladora de la jurisdicción social.

El importe de la indemnización exenta a que se refiere esta letra tendrá como límite la cantidad de 180.000 euros.»

«k) Las anualidades por alimentos percibidas de los padres en virtud del convenio regulador a que se refiere el artículo 90 del Código Civil, o del convenio equivalente previsto en los ordenamientos de las Comunidades Autónomas, aprobado por la autoridad judicial o formalizado ante el letrado o letrada de la Administración de Justicia, o en escritura pública ante notario, con independencia de que dicho convenio derive o no de cualquier medio adecuado de solución de controversias legalmente previsto.

Igualmente estarán exentas las anualidades por alimentos percibidas de los padres en virtud de decisión judicial en supuestos distintos a los establecidos en el párrafo anterior.»

Dos. Se modifica el artículo 64, que queda redactado de la siguiente forma:

«Artículo 64. Especialidades aplicables en los supuestos de anualidades por alimentos a favor de los hijos.

Los contribuyentes que satisfagan las anualidades por alimentos a sus hijos previstas en la letra k) del artículo 7 sin derecho a la aplicación por estos últimos del mínimo por descendientes previsto en el artículo 58, cuando el importe de aquellas sea inferior a la base liquidable general, aplicarán la escala prevista en el número 1.º del apartado 1 del artículo 63 separadamente al importe de las anualidades por alimentos y al resto de la base liquidable general. La cuantía total resultante se minorará en el importe derivado de aplicar la escala prevista en el número 1.º del apartado 1 del artículo 63, a la parte de la base liquidable general correspondiente al mínimo personal y familiar incrementado en 1.980 euros anuales, sin que pueda resultar negativa como consecuencia de tal minoración.»

Tres. Se modifica el artículo 75, que queda redactado de la siguiente forma:

«Artículo 75. Especialidades aplicables en los supuestos de anualidades por alimentos a favor de los hijos.

Los contribuyentes que satisfagan las anualidades por alimentos a sus hijos previstas en la letra k) del artículo 7 sin derecho a la aplicación por estos últimos del mínimo por descendientes previsto en el artículo 58, cuando el importe de aquellas sea inferior a la base liquidable general, aplicarán la escala prevista en el número 1.º del apartado 1 del artículo anterior separadamente al importe de las anualidades por alimentos y al resto de la base liquidable general. La cuantía total resultante se minorará en el importe derivado de aplicar la escala prevista en el número 1.º del apartado 1 del artículo 74 a la parte de la base liquidable general correspondiente al mínimo personal y familiar que resulte de los incrementos o disminuciones a que se refiere el artículo 56.3, incrementado en 1.980 euros anuales, sin que pueda resultar negativa como consecuencia de tal minoración.»

Decimoquinta. Modificación de Ley 2/2007, de 15 de marzo, de sociedades profesionales

Se modifica el artículo 18 de la Ley 2/2007, de 15 de marzo, de sociedades profesionales, que queda redactado como sigue:

«Artículo 18. Cláusulas de resolución extrajudicial de conflictos.

El contrato social podrá establecer que las controversias derivadas del mismo que surjan entre los socios, entre socios y administradores, y entre cualesquiera de éstos y la sociedad, incluidas las relativas a separación, exclusión y determinación de la cuota de liquidación, sean sometidas a arbitraje o cualquier otro medio adecuado de solución de controversias, de acuerdo con las normas reguladoras de la institución».

Decimosexta. Modificación del texto refundido de la Ley General para la Defensa de los Consumidores y Usuarios y otras leyes complementarias, aprobado por Real Decreto Legislativo 1/2007, de 16 de noviembre

Se modifica el apartado 1 del artículo 19 del texto refundido de la Ley General para la Defensa de los Consumidores y Usuarios y otras leyes complementarias, aprobado por Real Decreto Legislativo 1/2007, de 16 de noviembre, que queda redactado como sigue:

«Artículo 19. Principio general y prácticas comerciales.

1. Los legítimos intereses económicos y sociales de los consumidores y usuarios deberán ser respetados en los términos establecidos en esta norma, aplicándose, además, lo previsto en las normas civiles y mercantiles, en las regulaciones sectoriales de ámbito estatal, así como en la normativa comunitaria y autonómica que resulten de aplicación. En particular, en los procedimientos en que se ejerciten acciones promovidas por consumidores y usuarios, cuando el empresario no contribuyera a una solución consensuada de una controversia que tuviera su base en una cláusula de idéntica significación que otra ya declarada nula por abusiva por la jurisprudencia del Tribunal Supremo, o por sentencia firme que constara inscrita en el Registro de Condiciones Generales de la Contratación, o por sentencia del Tribunal de Justicia de la Unión Europea resolviendo específicamente sobre la materia, el órgano judicial que condene a la restitución de cantidades al empresario impondrá de oficio una indemnización por mora que consistirá en el pago de un interés anual igual al del interés legal del dinero vigente en el momento en que se devengue, incrementado en el 50 por 100. Estos intereses se considerarán producidos por días. A los efectos de este párrafo se entiende que una cláusula tiene idéntica significación a otra cuando su contenido y efectos sean iguales, pese a la existencia de diferencias no sustanciales en la redacción de las mismas. No obstante, transcurridos dos años desde la condena a la restitución de cantidades, el interés anual no podrá ser inferior al 20 por 100.

Será término inicial del cómputo de dichos intereses la fecha del abono por los consumidores y usuarios de las cantidades que deban ser restituidas por el empresario. Será término final del cómputo de intereses el día de la total restitución de la cantidad debida por el empresario.

No habrá lugar a la indemnización por mora del empresario cuando la falta de restitución debida por el empresario a los consumidores y usuarios esté fundada en una causa justificada o que no le fuere imputable. En la determinación de la indemnización por mora del empresario no será de aplicación lo dispuesto en el artículo 1108 del Código Civil, ni lo preceptuado en el artículo 576 de la Ley 1/2000, de 22 de enero, de Enjuiciamiento Civil».

Decimoséptima. Modificación del texto refundido de la Ley de Sociedades de Capital, aprobado por el Real Decreto Legislativo 1/2010, de 2 de julio

Se modifica el apartado 3 del artículo 365 del texto refundido de la Ley de Sociedades de Capital, aprobado por el Real Decreto Legislativo 1/2010, de 2 de julio, que queda modificado como sigue:

«3. Los administradores no estarán obligados a convocar junta general para que adopte el acuerdo de disolución cuando hubieran solicitado en debida forma la declaración de concurso de la sociedad o comunicado al juzgado competente la existencia de negociaciones con los acreedores para alcanzar un plan de reestructuración del activo, del pasivo o de ambos. La convocatoria de la junta deberá realizarse en el plazo de dos meses desde que dejen de estar vigentes los efectos de esa comunicación.»

Decimoctava. Modificación de la Ley 20/2011, de 21 de julio, del Registro Civil

Se modifica la Ley 20/2011, de 21 de julio, del Registro Civil, en los siguientes términos:

Uno. Se modifica el artículo 58, que queda redactado como sigue:

«Artículo 58. Procedimiento de autorización matrimonial.

1. El matrimonio en forma civil se celebrará ante el o la Alcalde o Concejal en quien este delegue, letrado o letrada de la Administración de Justicia, notario o notaria, o personal funcionario diplomático o consular Encargado o Encargada del Registro Civil.

2. La celebración del matrimonio requerirá la previa tramitación o instrucción de un acta o expediente a instancia de los contrayentes para acreditar el cumplimiento de los requisitos de capacidad y la inexistencia de impedimentos o su dispensa, o cualquier otro obstáculo, de acuerdo con lo previsto en el Código Civil. La tramitación del acta competerá al notario del lugar del domicilio de cualquiera de los contrayentes. La instrucción del expediente corresponderá al letrado o letrada de la Administración de Justicia, o encargado o encargada del Registro Civil del domicilio de uno de los contrayentes.

3. El procedimiento finalizará con una resolución en la que se autorice o deniegue la celebración del matrimonio. La denegación deberá ser motivada y expresar, en su caso, con claridad la falta de capacidad o el impedimento en el que se funda la denegación.

4. Contra esta resolución cabe recurso ante el encargado o encargada del Registro Civil, cuya resolución se someterá al régimen de recursos ante la Dirección General de Seguridad Jurídica y Fe Pública previsto por esta ley.

5. El letrado o letrada de la Administración de Justicia, notario o notaria, o encargado o encargada del Registro Civil oirá a ambos contrayentes reservadamente y por separado para cerciorarse de su capacidad y de la inexistencia de cualquier impedimento. Asimismo, se podrán solicitar los informes y practicar las diligencias pertinentes, sean o no propuestas por los requirentes, para acreditar el estado, capacidad o domicilio de los contrayentes o cualesquiera otros extremos necesarios para apreciar la validez de su consentimiento y la veracidad del matrimonio.

El letrado o la letrada de la Administración de Justicia, notario o notaria, encargado encargada del Registro Civil o personal funcionario que tramite el acta o expediente, cuando sea necesario, podrá recabar de las Administraciones o entidades de iniciativa social de promoción y protección de los derechos de las personas con discapacidad, la provisión de apoyos humanos, técnicos y materiales que faciliten la emisión, interpretación y recepción del consentimiento del o los contrayentes. Solo en el caso excepcional de que alguno de los contrayentes presentare una condición de salud que, de modo evidente, categórico y sustancial, pueda impedirle prestar el consentimiento matrimonial pese a las medidas de apoyo, se recabará dictamen médico sobre su aptitud para prestar el consentimiento.

De la realización de todas estas actuaciones se dejará constancia en el acta o expediente, archivándose junto con los documentos previos a la inscripción de matrimonio.

Pasado un año desde la publicación de los anuncios o de las diligencias sustitutorias sin que se haya contraído el matrimonio, no podrá celebrarse este sin nueva publicación o diligencias.

6. Realizadas las anteriores diligencias, el letrado o letrada de la Administración de Justicia, notario o notaria, encargado o encargada del Registro Civil que haya intervenido finalizará el acta o dictará resolución haciendo constar la concurrencia o no en los contrayentes de los requisitos necesarios para contraer matrimonio, así como la determinación del régimen económico matrimonial que resulte aplicable y, en su caso, la vecindad civil de los contrayentes, entregando copia a estos. La actuación o resolución deberá ser motivada y expresar, en su caso, con claridad la falta de capacidad o el impedimento que concurra.

7. Si el juicio del letrado o letrada de la Administración de Justicia, notario o notaria, encargado o encargada del Registro Civil fuera desfavorable se procederá al cierre del acta o expediente y los interesados podrán recurrir ante la Dirección General de Seguridad Jurídica y Fe Pública, sometiéndose al régimen de recursos previsto por esta ley.

8. Resuelto favorablemente el expediente por el letrado o letrada de la Administración de Justicia, el matrimonio se podrá celebrar ante el mismo u otro letrado o letrada de la Administración de Justicia, Alcalde o Concejal en quien este delegue, a elección de los contrayentes. Si se hubiere tramitado por el encargado o la encargada del Registro Civil, el matrimonio deberá celebrarse ante el Alcalde o Concejal en quien este delegue, que designen los contrayentes. Finalmente, si fuera el notario quien hubiera extendido el acta matrimonial, los contrayentes podrán otorgar el consentimiento, a su elección, ante el mismo notario u otro distinto del que hubiera tramitado el acta previa, el Alcalde o Concejal en quien éste delegue. La prestación del consentimiento deberá realizarse en la forma prevista en el Código Civil.

El matrimonio celebrado ante Alcalde o Concejal en quien este delegue o ante el letrado o letrada de la Administración de Justicia se hará constar en acta; el que se celebre ante notario o notaria constará en escritura pública. En ambos casos deberá ser firmada, además de por aquel ante el que se celebra, por los contrayentes y dos testigos.

Extendida el acta o autorizada la escritura pública, se entregará a cada uno de los contrayentes copia acreditativa de la celebración del matrimonio y se remitirá por el autorizante, en el mismo día y por medios telemáticos, testimonio o copia autorizada electrónica del documento al Registro Civil para su inscripción, previa calificación del Encargado del Registro Civil.

9. La celebración del matrimonio fuera de España corresponderá al funcionario consular o diplomático encargado o encargada del Registro Civil en el extranjero. Si uno o los dos contrayentes residieran en el extranjero, la tramitación del expediente previo podrá corresponder al funcionario diplomático o consular encargado o encargada del registro civil competente en la demarcación consular donde residan. El

matrimonio así tramitado podrá celebrarse ante el mismo funcionario u otro distinto, o ante el Alcalde o Concejal en quien este delegue, a elección de los contrayentes.

10. Cuando el matrimonio se hubiere celebrado sin haberse tramitado el correspondiente expediente o acta previa, si éste fuera necesario, el letrado o letrada de la Administración de Justicia, notario o notaria, o el funcionario o funcionaria Encargado del Registro Civil que lo haya celebrado, antes de realizar las actuaciones que procedan para su inscripción, deberá comprobar si concurren los requisitos legales para su validez, mediante la tramitación del acta o expediente al que se refiere este artículo.

Si la celebración del matrimonio hubiera sido realizada ante autoridad o persona competente distinta de las indicadas en el párrafo anterior, el acta de aquella se remitirá al encargado o encargada del Registro Civil del lugar de celebración para que proceda a la comprobación de los requisitos de validez, mediante el expediente correspondiente. Efectuada esa comprobación, el encargado o la encargada del Registro Civil procederá a su inscripción.

11. Si los contrayentes hubieran manifestado su propósito de contraer matrimonio en el extranjero, con arreglo a la forma establecida por la ley del lugar de celebración o en forma religiosa y se exigiera la presentación de un certificado de capacidad matrimonial, lo expedirá el letrado o letrada de la Administración de Justicia, notario o notaria, encargado o encargada del Registro Civil o personal funcionario consular o diplomático del lugar del domicilio de cualquiera de los contrayentes, previo expediente instruido o acta que contenga el juicio del autorizante acreditativo de la capacidad matrimonial de los contrayentes».

Dos. Se modifica el apartado 2 de la disposición final segunda, que queda redactado como sigue:

«2. Las referencias que se encuentren en cualquier norma al juez, jueza, Alcalde, Alcaldesa o personal funcionario que haga sus veces competentes para autorizar el matrimonio civil, deben entenderse referidas al notario o notaria, encargado o encargada del Registro Civil o personal funcionario diplomático o consular encargado del Registro Civil, para acreditar el cumplimiento de los requisitos de capacidad y la inexistencia de impedimentos o su dispensa; y al Alcalde, Alcaldesa, Concejal o Concejala en quien éste delegue, encargado o encargada del Registro Civil, notario o notaria, o personal funcionario diplomático o consular encargado del Registro Civil, para la celebración ante ellos del matrimonio en forma civil».

Decimonovena. Modificación de la Ley 4/2012, de 6 de julio, de contratos de aprovechamiento por turno de bienes de uso turístico, de adquisición de productos vacaciones de larga duración, de reventa y de intercambio y normas tributarias

La Ley 4/2012, de 6 de julio, de contratos de aprovechamiento por turno de bienes de uso turístico, de adquisición de productos vacacionales de larga duración, de reventa y de intercambio y normas tributarias, queda modificada en los siguientes términos:

Uno. Se modifica el apartado 6 del artículo 23 que quedará redactado en los siguientes términos:

«6. Los derechos de aprovechamiento por turno de bienes inmuebles de uso turístico que se constituyan con carácter meramente obligacional quedarán sujetos a lo dispuesto en este Título, con las especificidades propias de su naturaleza jurídica. Podrán tener por objeto la utilización de un alojamiento aún no determinado pero siempre que sea determinable en cuanto a sus características y períodos de utilización a través de procedimientos de reserva u otros claramente indicados en el contrato. En este caso no podrán denominarse multipropiedad ni derecho real ni de cualquier otra manera que induzca al adquirente a entender que está adquiriendo la propiedad o un derecho real sobre el inmueble, debiendo expresarse que se ha contratado una modalidad de alcance meramente obligacional».

Dos. Se modifica el ordinal 3.º del apartado 1 del artículo 30, que quedará redactado en los siguientes términos:

«3.º Identificación del bien inmueble o bienes inmuebles mediante su referencia catastral, la descripción precisa del edificio o edificios, de su situación y del alojamiento determinado o determinable sobre el que recae el derecho, con referencia expresa a sus datos registrales y al turno que es objeto del contrato bien mediante la indicación de los días y horas en que se inicia y termina, o bien mediante el procedimiento de reserva u otros criterios para la determinación del mismo en cada momento de disfrute».

Tres. Se añade una disposición adicional primera, con el siguiente contenido:

«Disposición adicional primera. Contratos por los que se transmitan o comercialicen derechos regidos con arreglo a regímenes jurídicos preexistentes tanto a la Ley 42/1998, de 15 de diciembre, sobre derechos de aprovechamiento por turno de bienes inmuebles de uso turístico y normas tributarias, como a la presente ley.

Los contratos a través de los cuales se transmitan o comercialicen derechos regidos con arreglo a regímenes jurídicos preexistentes respecto de los que se hubiera otorgado e inscrito escritura de adaptación se regirán conforme a los términos que resulten del régimen inscrito o publicado en el Registro de la Propiedad o de su título constitutivo.

Dichos contratos pueden venir referidos a alojamientos o a períodos de tiempo determinados o determinables y se entenderán válidos sea cual fuere la duración declarada conforme a la inscripción o publicación de dicho régimen en el Registro de la Propiedad o conforme a su título constitutivo. En particular, en los contratos a través de los cuales se transmitan o comercialicen derechos regidos con arreglo a regímenes jurídicos preexistentes a la Ley 42/1998, de 15 de diciembre, sobre derechos de aprovechamiento por turno de bienes inmuebles de uso turístico y normas tributarias, la duración podrá ser indefinida o por un plazo cierto superior a cincuenta años».

Cuatro. Se añade una disposición adicional segunda, con el siguiente contenido:

«Disposición adicional segunda. Plazo para el ejercicio de acciones de invalidez de los contratos suscritos desde el 5 de enero de 1999 mediante los que se hayan transmitido o comercializado derechos regidos con arreglo a regímenes jurídicos preexistentes a la Ley 42/1998, de 15 de diciembre, sobre derechos de aprovechamiento por turno de bienes inmuebles de uso turístico y normas tributarias, y de los contratos mediante los que se hayan transmitido o comercializado derechos sujetos a la misma, cuando dichas acciones estén fundadas en el carácter determinable o flotante de los derechos adquiridos.

1. El plazo de prescripción para el ejercicio de cualesquiera acciones dirigidas a la declaración de invalidez de los contratos suscritos desde el 5 de enero de 1999 mediante los que se hayan transmitido o comercializado derechos regidos con arreglo a regímenes jurídicos preexistentes a la Ley 42/1998, de 15 de diciembre, cuando dichas acciones estén fundadas en la contravención de normas imperativas contenidas en dicha norma, será de cinco años a contar desde la entrada en vigor de esta disposición.

2. El plazo de prescripción al que se refiere el apartado anterior será también de aplicación al ejercicio de cualesquiera acciones que se dirijan a la declaración de invalidez de los contratos mediante los que se hayan transmitido o comercializado derechos sujetos a la Ley 42/1998 de 15 de diciembre, cuando dichas acciones estén fundadas en el carácter determinable o flotante de los derechos adquiridos.

3. La declaración de invalidez conllevará la devolución al adquirente o cesionario del precio de compra satisfecho, así como a la indemnización de los daños y perjuicios sufridos, en la medida en que estas cantidades excedan del coste asociado a cualquier uso que hubiera efectuado de los derechos y de las prestaciones de las que hubiera podido disfrutar en virtud del contrato, calculado atendiendo al valor de mercado en que se estime dicho uso.

4. Transcurrido el plazo de ejercicio de las acciones, se entenderán convalidados los contratos a los que se refiere la presente disposición, rigiéndose por los términos que resulten del régimen inscrito o publicado en el Registro de la Propiedad o del título constitutivo.»

Vigésima. Modificación de la Ley 5/2012, de 6 de julio, de mediación en asuntos civiles y mercantiles

La Ley 5/2012, de 6 de julio, de mediación en asuntos civiles y mercantiles, queda modificada como sigue:

Uno. Se modifica el artículo 1, que queda redactado como sigue:

«Artículo 1. Concepto.

Se entiende por mediación aquel medio adecuado de solución de controversias en que dos o más partes intentan voluntariamente, a través de un procedimiento estructurado, alcanzar por sí mismas un acuerdo con la intervención de un mediador.»

Dos. Se modifica el artículo 4, que queda redactado como sigue:

«Artículo 4. Efectos de la mediación sobre los plazos de prescripción y caducidad.

La solicitud de inicio de la mediación conforme al artículo 16 interrumpirá la prescripción o suspenderá la caducidad de acciones desde la fecha en la que conste la recepción de dicha solicitud por el mediador o el depósito ante la institución de mediación en su caso, reiniciándose o reanudándose respectivamente el cómputo de los plazos en el caso de que en el plazo de quince días naturales desde la fecha de la recepción de la solicitud por el mediador o institución mediadora no se hubiera intentado por estos la comunicación con la otra parte, así como en el caso de que en el plazo de quince días naturales desde la recepción de la propuesta por la parte requerida, o desde la fecha de intento de la comunicación si dicha recepción no se produce, no se mantenga la primera reunión dirigida a alcanzar un acuerdo o no se obtenga respuesta por escrito.

En caso de que se abra la mediación, la interrupción o la suspensión se prolongará hasta la fecha de la firma del acuerdo de mediación o, en su defecto, la firma del acta final, o cuando se produzca la terminación de la mediación por alguna de las causas previstas en esta ley».

Tres. Se modifican la rúbrica y el apartado 1 del artículo 6, que queda redactado como sigue:

«Artículo 6. Requisito de procedibilidad y libre disposición.

1. La mediación es uno de los medios adecuados de solución de controversias a los que las partes pueden acudir para intentar encontrar una solución extrajudicial a la controversia y cumplir con el requisito de procedibilidad previsto en el artículo 403.2 de la Ley 1/2000, de 7 de enero, de Enjuiciamiento Civil.

A efectos procesales, se entenderá cumplido este requisito con la celebración, al menos, de una sesión inicial ante el mediador, siempre que quede en ella constancia del objeto de la controversia y de los demás requisitos establecidos en el artículo 17. A dicha sesión habrán de asistir las partes, personalmente si se trata de personas físicas, y el representante legal o persona con facultad para transigir, si se trata de personas jurídicas.»

Cuatro. Se modifica el artículo 9, que queda redactado como sigue:

«Artículo 9. Confidencialidad.

1. El procedimiento de mediación y la documentación utilizada en el mismo es confidencial, salvo la información relativa a si las partes acudieron o no a mediación y al objeto de la controversia. La obligación de confidencialidad se extiende al mediador, que quedará protegido por el secreto profesional, a las instituciones de mediación y a las partes intervinientes de modo que no podrán revelar la información que hubieran podido obtener derivada del procedimiento.

2. La confidencialidad de la mediación y de su contenido impide que los mediadores o las personas que participen en el procedimiento de mediación estén obligados, en el ámbito de un procedimiento judicial o de un arbitraje, a declarar sobre la información y documentación derivada de dicho procedimiento de mediación o a aportar documentación relacionada con él, excepto:

a) Cuando todas las partes de manera expresa y por escrito se hayan dispensado recíprocamente o al mediador del deber de confidencialidad.

b) Cuando se esté tramitando la impugnación de la tasación de costas y su solicitud de exoneración o moderación según lo previsto en el artículo 245 de la Ley 1/2000, de 7 de enero, de Enjuiciamiento Civil, a esos únicos efectos y sin que pueda utilizarse para otros diferentes ni en procesos posteriores.

c) Cuando, mediante resolución judicial motivada, sea solicitada por los jueces del orden jurisdiccional penal.

d) Cuando sea necesario por razones imperiosas de orden público, en particular cuando así lo requiera la protección del interés superior del menor o la prevención de daños a la integridad física o psicológica de una persona.

Salvo en dichas excepciones, si se pretendiese por alguna de las partes la aportación de la información confidencial como prueba en un proceso judicial o un arbitraje no será admitida por aplicación de lo dispuesto en el artículo 183.3 de la Ley 1/2000, de 7 de enero, de Enjuiciamiento Civil.

3. La infracción del deber de confidencialidad generará responsabilidad en los términos previstos en el ordenamiento jurídico.»

Cinco. Se añade un nuevo apartado 4 al artículo 11, que queda redactado como sigue:

«4. Para actuar como mediador en los supuestos exigidos en el artículo 16.1 será necesaria la inscripción en el Registro de Mediadores e Instituciones de Mediación dependiente del Ministerio de Justicia o, en su caso, en los registros de mediadores habilitados por las Comunidades Autónomas.»

Seis. Se modifica el apartado 1 del artículo 13, que queda redactado como sigue:

«1. El mediador facilitará la comunicación entre las partes y velará por que dispongan de la información y el asesoramiento suficientes.

La asistencia de los abogados de las partes a cada una de las sesiones de mediación, de haber varias, será consensuada con las partes y el mediador y su inasistencia a alguna de ellas no invalidará el procedimiento de mediación cuando así se haya acordado.»

Siete. Se modifica el artículo 16, quedando con la siguiente redacción:

«Artículo 16. Solicitud de inicio.

1. El procedimiento de mediación podrá iniciarse:

a) De común acuerdo entre las partes. En este caso la solicitud incluirá la designación del mediador o la institución de mediación en la que llevarán a cabo la mediación, así como el acuerdo sobre el lugar en el que se desarrollarán las sesiones y la lengua o lenguas de las actuaciones.

b) Por una de las partes en cumplimiento de un pacto de sometimiento a mediación existente entre aquellas.

c) Por una de las partes antes del ejercicio de acciones judiciales y en cumplimiento del requisito de procedibilidad previsto en el artículo 403.2 de la Ley 1/2000, de 7 de enero, de Enjuiciamiento Civil.

d) Por derivación judicial o del letrado o la letrada de la Administración de Justicia, previa conformidad de las partes en los términos previstos en las leyes procesales.

2. La solicitud se formulará ante las instituciones de mediación o ante el mediador propuesto por una de las partes a las demás o ya designado por ellas.

3. Cuando de manera voluntaria se inicie una mediación estando en curso un proceso judicial, las partes de común acuerdo podrán solicitar su suspensión de conformidad con lo dispuesto en la legislación procesal.

En los casos en que se derive a mediación por el juez, jueza o tribunal o por el letrado o letrada de la Administración de Justicia durante el curso del proceso, las partes designarán un mediador o institución de mediación debidamente acreditados ante los registros de mediadores del Ministerio de Justicia o de las Comunidades Autónomas. Si no llegasen a un acuerdo en la designación en el plazo común de cinco días, se nombrará el que por turno corresponda de la lista de mediadores de cada especialidad que exista en el Servicio de medios adecuados de solución de controversias o ante los propios tribunales.

En todos los casos, la no aceptación por el mediador designado en primer lugar, salvo que sea justificada, se entenderá como renuncia automática a la designación efectuada, sin perjuicio de las responsabilidades disciplinarias en que pueda incurrir por razón de dicha negativa.»

Ocho. Se modifica el artículo 17, que queda redactado como sigue:

«Artículo 17. Sesión inicial.

1. Recibida la solicitud y salvo pacto en contrario de las partes, el mediador o la institución de mediación citará a las partes para la celebración de la sesión inicial. En caso de inasistencia injustificada de cualquiera de las partes a dicha sesión se entenderá que rehúsan la mediación solicitada y se tendrá por cumplido el requisito de procedibilidad. La información de qué parte o partes no asistieron a la sesión no será confidencial.

En esa sesión el mediador informará a las partes de las posibles causas que puedan afectar a su imparcialidad, de su profesión, formación y experiencia; así como de las características de la mediación, su coste, la organización del procedimiento y las consecuencias jurídicas del acuerdo que se pudiera alcanzar, y del plazo para firmar el acta de la sesión constitutiva.

Las partes habrán de manifestar durante la sesión el objeto de la controversia para que el intento de mediación pueda entenderse como suficiente para considerar cumplido el requisito de procedibilidad previo a la interposición de la demanda.

2. El mediador deberá expedir, a petición de cualquiera de las partes, un documento en el que deberá hacer constar:

a) La identidad del mediador, su cualificación, colegio profesional o institución a la que pertenece.

b) La identidad de las partes.

c) El objeto de la controversia.

d) La fecha de la sesión.

e) La declaración solemne de que las dos partes han intervenido de buena fe en el proceso, para que surta efectos ante la autoridad judicial correspondiente.

f) En su caso, la inasistencia de cualquiera de las partes.

La certificación por el mediador de la asistencia de las partes a esta sesión inicial, o el inicio del proceso de mediación de buena fe, aun cuando posteriormente se abandone por el desistimiento de cualquiera de las partes, satisface el requisito de procedibilidad del intento negociador previo a la interposición de la demanda.»

Nueve. Se modifica el artículo 19, que queda redactado como sigue:

«Artículo 19. Sesión constitutiva.

1. El procedimiento de mediación comenzará mediante una sesión constitutiva en la que las partes expresarán su deseo de desarrollar la mediación y dejarán constancia de los siguientes aspectos:

a) El programa de actuaciones y duración máxima prevista para el desarrollo del procedimiento, sin perjuicio de su posible modificación.

b) La información del coste de la mediación o las bases para su determinación, con indicación separada de los honorarios de la persona mediadora y de otros posibles gastos.

c) La declaración de aceptación voluntaria por las partes de la mediación y de que asumen las obligaciones de ella derivadas.

d) El lugar de celebración y la lengua del procedimiento.

2. De la sesión constitutiva se levantará un acta en la que consten estos aspectos, que será firmada tanto por las partes como por la persona o personas mediadoras. En otro caso, dicha acta declarará que la mediación se ha intentado sin efecto».

Diez. Se modifica el artículo 20, que queda redactado como sigue:

«Artículo 20. Duración del procedimiento.

1. La duración del procedimiento de mediación será lo más breve posible y sus actuaciones se concentrarán en el mínimo número de sesiones.

2. En los casos en que se opte por el intento de mediación como requisito de procedibilidad, la duración de la mediación no podrá exceder de tres meses desde la recepción de la solicitud por el mediador».

Once. Se modifica el segundo párrafo del apartado 1 y el apartado 4 del artículo 25, que quedan redactados como sigue:

«El acuerdo de mediación se presentará por cualquiera de las partes ante un notario acompañado de copia de las actas de la sesión constitutiva y final del procedimiento, sin que sea necesaria la presencia del mediador.»

«4. Cuando el acuerdo se hubiere alcanzado en una mediación desarrollada después de iniciar un proceso judicial, las partes podrán solicitar del tribunal su homologación de acuerdo con lo dispuesto en la Ley 1/2000, de 7 de enero, de Enjuiciamiento Civil».

Doce. Se modifica el apartado 2 de la disposición final octava, que queda redactado como sigue:

«2. Las Administraciones públicas competentes determinarán la duración y contenido mínimo del curso o cursos que con carácter previo habrán de realizar los mediadores para adquirir la formación necesaria para el desempeño de la mediación, así como la formación continua que deben recibir. Dicha formación incluirá, entre otras materias, sendos módulos de igualdad, de atención a las personas con discapacidad, de detección de violencia de género que tenga en cuenta la perspectiva de discapacidad, de perspectiva de género y de infancia y de diversidad sexual, de género y familiar para todos los mediadores que deseen actuar en el ámbito del Derecho de familia.

También deberá incluir formación en necesidades específicas de las personas con una edad de sesenta y cinco años o más que garantice su participación en el procedimiento de mediación en condiciones de igualdad.

El Gobierno podrá desarrollar reglamentariamente el alcance de la obligación de aseguramiento de la responsabilidad civil de los mediadores.»

Vigesimoprimera. Modificación de la Ley 14/2013, de 27 de septiembre, de apoyo a los emprendedores y su internacionalización

La Ley 14/2013, de 27 de septiembre, de apoyo a los emprendedores y su internacionalización, queda modificada como sigue:

Uno. Se dejan sin contenido los artículos 63, 64, 65, 66 y 67.

Dos. Se introduce una nueva disposición transitoria primera con la siguiente redacción:

«Disposición transitoria primera. Solicitudes presentadas con anterioridad a la entrada en vigor de la Ley Orgánica de medidas en materia de eficiencia del Servicio Público de Justicia.

Aquellos inversores o familiares de inversores que, con anterioridad a la fecha de entrada en vigor de esta disposición transitoria, hubieran presentado la correspondiente solicitud, podrán recibir el visado o autorización correspondiente conforme a la normativa vigente en la fecha de presentación de la solicitud.»

Tres. Se introduce una nueva disposición transitoria segunda con la siguiente redacción:

«Disposición transitoria segunda. Renovaciones de visados y autorizaciones para inversores por adquisición de bienes inmuebles.

Los visados y autorizaciones para inversores que tengan validez a la fecha de la entrada en vigor de esta disposición transitoria, conservarán dicha validez durante el tiempo para el que hubieran sido expedidos.

En el caso de presentarse solicitudes de renovación, se tramitarán y resolverán conforme a la normativa vigente en la fecha de concesión de la autorización inicial.»

Vigesimosegunda. Modificación de la Ley 4/2014 de 1 de abril, Básica de la Cámaras Oficiales de Comercio, Industria, Servicios y Navegación

Se modifica la Ley 4/2014, de 1 de abril, Básica de las Cámaras Oficiales de Comercio, Industria, Servicios y Navegación, en los siguientes términos:

Uno. Se modifica el párrafo segundo del apartado 3 del artículo 5, que queda redactado como sigue:

«También podrán desempeñar actividades de mediación, conciliación y otros medios adecuados de solución de controversias, así como de arbitraje mercantil, nacional e internacional, de conformidad con lo establecido en la legislación vigente.»

Dos. Se modifica la letra i) del apartado 1 del artículo 21, que queda redactada como sigue:

«i) Desempeñar funciones de mediación, conciliación y otros medios adecuados de solución de controversias, y arbitraje mercantil, nacional e internacional, de conformidad con lo establecido en la legislación vigente.»

Vigesimotercera. Modificación de la Ley 23/2014, de 20 de noviembre, de reconocimiento mutuo de resoluciones penales en la Unión Europea

La Ley 23/2014, de 20 de noviembre, de reconocimiento mutuo de resoluciones penales en la Unión Europea se modifica como sigue:

Uno. Se modifica el artículo 32, que queda redactado como sigue:

«Artículo 32. Motivos generales para la denegación del reconocimiento o la ejecución de las medidas solicitadas.

1. Las autoridades judiciales españolas no reconocerán ni ejecutarán las órdenes o resoluciones transmitidas en los supuestos regulados para cada instrumento de reconocimiento mutuo y, con carácter general, en los siguientes casos:

a) Cuando se haya dictado en España o en otro Estado distinto al de emisión una resolución firme, condenatoria o absolutoria, contra la misma persona y respecto de los mismos hechos, y su ejecución vulnerase el principio non bis in ídem en los términos previstos en las leyes y en los convenios y tratados internacionales en que España sea parte y aun cuando el condenado hubiera sido posteriormente indultado; siempre que, en caso de condena, la sanción haya sido ejecutada o esté en esos momentos en curso de ejecución o ya no pueda ejecutarse en virtud del Derecho del Estado de condena.

b) Cuando el formulario o el certificado que ha de acompañar a la solicitud de adopción de las medidas esté incompleto o sea manifiestamente incorrecto o no responda a la medida, o cuando falte el certificado, sin perjuicio de lo dispuesto en el artículo 19.

c) Cuando exista una inmunidad o un privilegio procesal que impida la ejecución de la resolución, o normas sobre la determinación y limitación de la responsabilidad penal en relación con la libertad de prensa y la libertad de expresión en otros medios de comunicación que imposibiliten a la autoridad competente española su ejecución.

d) Cuando se trate de la ejecución de las resoluciones de embargo y decomiso, en situaciones excepcionales, cuando existan motivos fundados para creer, sobre la base de pruebas concretas y objetivas, que la ejecución implicaría, en las circunstancias particulares del caso, la violación manifiesta de un derecho fundamental aplicable recogido en la Carta, en particular el derecho a la tutela judicial efectiva, a un juicio justo y a la defensa.

2. La autoridad judicial española también podrá denegar el reconocimiento y la ejecución de una resolución cuando ésta se haya impuesto por una infracción distinta de las reguladas en el apartado 1 del artículo 20 que no se encuentre tipificada en el Derecho español, o en el apartado 2 del mismo artículo cuando tampoco esté tipificada en España y se trate de una resolución por la que se imponen sanciones pecuniarias.

3. La autoridad judicial española podrá denegar el reconocimiento y la ejecución de una orden o resolución:

a) Cuando se refiera a hechos que el Derecho español considere cometidos en su totalidad o en una parte importante o fundamental en territorio español. En este supuesto se deberá deducir testimonio y remitirse al órgano judicial competente para el conocimiento del asunto.

b) Cuando la orden o resolución se refiera a hechos para cuyo enjuiciamiento sean competentes las autoridades españolas y, de haberse dictado la condena por un órgano jurisdiccional español, el delito o la sanción impuesta hubiese prescrito de conformidad con el Derecho español.

4. Las decisiones de denegación del reconocimiento o la ejecución de las medidas deberán adoptarse sin dilación y de forma motivada y se notificarán inmediatamente a las autoridades judiciales de emisión y al Ministerio Fiscal.

5. Los motivos de no reconocimiento o no ejecución enumerados en la letra b) del apartado 1 y en el apartado 3 a) de este artículo no serán de aplicación en relación con las medidas de embargo preventivo o de aseguramiento de pruebas.»

Dos. Se modifica el artículo 33, que queda redactado como sigue:

«Artículo 33. Resoluciones dictadas en ausencia del imputado.

1. La autoridad judicial española podrá denegar la ejecución de la orden o resolución que le hubiere sido transmitida cuando el imputado no haya comparecido en el juicio del que derive la resolución, a menos que en la misma conste, de acuerdo con los demás requisitos previstos en la legislación procesal del Estado de emisión, alguna de las circunstancias siguientes:

a) Que, con la suficiente antelación, el imputado fue citado en persona e informado de la fecha y el lugar previstos para el juicio del que se deriva esa resolución, o recibió dicha información oficial por otros medios que dejen constancia de su efectivo conocimiento y que, además, fue informado de que podría dictarse una resolución en caso de incomparecencia.

b) Que, teniendo conocimiento de la fecha y el lugar previstos para el juicio, el imputado designó abogado para su defensa en el juicio y fue efectivamente defendido por éste en el juicio celebrado.

c) Que, tras serle notificada la resolución y ser informado expresamente de su derecho a un nuevo juicio o a interponer un recurso con la posibilidad de que, en ese nuevo proceso, en el que tendría derecho a comparecer, se dictase una resolución contraria a la inicial, el imputado declaró expresamente que no impugnaba la resolución, o no solicitó la apertura de un nuevo juicio ni interpuso recurso dentro del plazo previsto para ello.

2. Este precepto no será de aplicación a las resoluciones que soliciten la realización de un embargo preventivo de bienes o un aseguramiento de pruebas, a la orden europea de investigación ni a las resoluciones por las que se imponen medidas alternativas a la prisión provisional.»

Tres. Se modifica el artículo 48, que queda redactado como sigue:

«Artículo 48. Denegación de la ejecución de una orden europea de detención y entrega.

1. La autoridad judicial de ejecución española denegará la ejecución de la orden europea de detención y entrega, además de en los supuestos preceptivos previstos en el artículo 32 y los potestativos previstos en el artículo 33, en los casos siguientes:

a) Cuando la persona reclamada haya sido indultada en España de la pena impuesta por los mismos hechos en que se funda la orden europea de detención y entrega y éste fuera perseguible por la jurisdicción española.

b) Cuando sobre la persona que fuere objeto de la orden europea de detención y entrega haya recaído en otro Estado miembro de la Unión Europea una resolución definitiva por los mismos hechos siempre que, en caso de condena, la sanción haya sido ejecutada o esté en esos momentos en curso de ejecución o ya no pueda ejecutarse en virtud del Derecho del Estado miembro de condena.

c) Cuando la persona que sea objeto de la orden europea de detención y entrega aún no pueda ser, por razón de su edad, considerada responsable penalmente de los hechos en que se base dicha orden, con arreglo al Derecho español.

2. La autoridad judicial de ejecución española podrá denegar la ejecución de la orden europea de detención y entrega en los casos siguientes:

a) Cuando la persona que fuere objeto de la orden europea de detención y entrega esté sometida a un procedimiento penal en España por el mismo hecho que haya motivado la orden europea de detención y entrega.

b) Cuando la orden europea de detención y entrega se haya dictado a efectos de ejecución de una pena o medida de seguridad privativa de libertad, siendo la persona reclamada de nacionalidad española, con residencia o que habite en España, salvo que consienta en cumplir la misma en el Estado de emisión. En otro caso, deberá cumplir la pena en España.

c) Cuando la orden europea de detención y entrega se refiera a hechos que se hayan cometido fuera del Estado emisor y el Derecho español no permita la persecución de dichas infracciones cuando se hayan cometido fuera de su territorio.

d) Cuando la persona objeto de la orden europea de detención y entrega haya sido juzgada definitivamente por los mismos hechos en un tercer Estado no miembro de la Unión Europea, siempre que, en caso de condena, la sanción haya sido ejecutada o esté en esos momentos en curso de ejecución o ya no pueda ejecutarse en virtud del Derecho del Estado de condena.

e) Cuando se haya acordado en España o bien no incoar acción penal por la infracción que sea objeto de la orden europea de detención y entrega, o bien concluirla, en virtud de alguno de los supuestos previstos en la Ley de Enjuiciamiento Criminal, o cuando sobre la persona buscada pese en un Estado miembro otra resolución definitiva por los mismos hechos que obstaculice el posterior ejercicio de diligencias penales.»

Cuatro. Se introducen dos nuevos apartados 5 y 6 en el artículo 60, con la siguiente redacción:

«5. El consentimiento o autorización, del Estado de ejecución, para la entrega, a otro Estado Miembro, a efectos del enjuiciamiento, condena o detención con vistas a la ejecución de una pena o de una medida de seguridad privativa de libertad, por toda infracción cometida antes de la entrega de una persona y que sea distinta de la que motivó dicha entrega al Estado emisor, podrá no ser necesario en los casos siguientes:

a) Cuando, habiendo tenido la oportunidad de salir del territorio del Estado español, la persona no lo haya hecho en un plazo de cuarenta y cinco días desde su puesta en libertad definitiva, o haya vuelto a dicho territorio después de haber salido del mismo.

b) Cuando la persona hubiere consentido en ser entregada a otro Estado miembro distinto del Estado miembro de ejecución en virtud de una orden de detención europea. El consentimiento se dará ante la autoridad judicial competente del Estado miembro emisor, y se levantará acta del mismo con arreglo al

Derecho interno de éste. El consentimiento se dará en condiciones que pongan de manifiesto que la persona lo ha hecho voluntariamente y con plena conciencia de las consecuencias que ello acarrea. Con este fin, la persona buscada tendrá derecho a la asistencia de un abogado.

c) Cuando la persona no se hubiese acogido al principio de especialidad, de conformidad con lo dispuesto en las letras b), c) del apartado 4, del presente artículo, y de los apartados 2, 3 y 4 del artículo 51.

d) Cuando la autoridad judicial de ejecución que hubiere entregado a la persona dé su consentimiento con arreglo al apartado 6.

6. El consentimiento o autorización, del Estado de ejecución, para la entrega a efectos del enjuiciamiento, condena o detención con vistas a la ejecución de una pena o de una medida de seguridad privativa de libertad, por toda infracción cometida antes de la entrega de una persona y que sea distinta de la que motivó dicha entrega al Estado emisor, a otro Estado Miembro, se recabará mediante solicitud de autorización que la autoridad judicial de emisión española presentará a la autoridad judicial de ejecución, de conformidad con lo dispuesto en el artículo 40, acompañada de la información mencionada en el artículo 36, y una traducción conforme a lo dispuesto en el apartado 3 del artículo 7.

En el supuesto de que España sea el Estado de ejecución, el Estado de emisión deberá solicitar la autorización a la que se refiere el apartado anterior.

Para resolver sobre la autorización se oirá al Ministerio Fiscal por el plazo de cinco días. Hecho lo cual, deberá ser designado abogado para la defensa de los intereses del reclamado, si no lo tuviera, y se le dará traslado para que pueda formular alegaciones en plazo de cinco días. El Juez Central de instrucción resolverá por auto motivado en el plazo de diez días, sin que la tramitación de la solicitud recibida pueda exceder del plazo de treinta días desde su recepción. Se concederá la autorización si se dieran las condiciones para ejecutar una orden europea de detención y entrega y no concurriera ninguna de las causas previstas para denegar la ejecución de ésta.

En aquellos supuestos contemplados en esta ley en los que se exijan garantías específicas, el Estado emisor deberá asegurarlas.»

Vigesimocuarta. Modificación de la Ley 15/2015, de 2 de julio, de la Jurisdicción Voluntaria

El apartado 1 del artículo 94 de la Ley 15/2015, de 2 de julio, de la Jurisdicción Voluntaria, queda modificado como sigue:

«1. Será competente para conocer de estos expedientes, cuya tramitación se ajustará a las normas comunes de esta ley, el Juzgado de Primera Instancia del último domicilio o, en su defecto, de la última residencia del causante y, si lo hubiere tenido en país extranjero, el del lugar de su último domicilio en España o donde estuviere la mayor parte de sus bienes, a elección del solicitante.

Cuando sea llamado a la herencia un menor o persona con medidas judiciales de apoyo de personas con discapacidad, será competente para su conocimiento el Juzgado de Primera Instancia del lugar en que estos residan.»

Vigesimoquinta. Modificación de la Ley 23/2015, de 21 de julio, Ordenadora del Sistema de Inspección de Trabajo y Seguridad Social

Se incluye una nueva disposición adicional undécima en la Ley 23/2015, de 21 de julio, Ordenadora del sistema de Inspección de Trabajo y Seguridad Social, con la siguiente redacción:

«Disposición adicional undécima. Régimen de incompatibilidades.

El personal funcionario previsto en el artículo 3 de esta ley, podrá realizar actividades de conciliación, mediación y arbitraje en huelgas y otros conflictos laborales ajenas a la función inspectora, en el ámbito de los sistemas autónomos de solución de conflictos laborales constituidos mediante los acuerdos interprofesionales o los convenios colectivos a los que se refiere el artículo 83 del Estatuto de los Trabajadores, de acuerdo con las normas reguladoras del funcionamiento de los mismos, así como funciones arbitrales previstas en el artículo 76 del texto refundido de la Ley del Estatuto de los Trabajadores, aprobado por Real Decreto Legislativo 2/2015, de 23 de octubre, siempre que estas actividades no tengan carácter permanente.

Dichas actividades quedan exceptuadas del régimen de incompatibilidades previsto en la Ley 53/1984, de 26 de diciembre, de incompatibilidades al servicio de las Administraciones públicas.»

Vigesimosexta. Modificación del texto refundido de la Ley del Estatuto de los Trabajadores, aprobado por el Real Decreto Legislativo 2/2015, de 23 de octubre

El texto refundido de la Ley del Estatuto de los Trabajadores, aprobado por el Real Decreto Legislativo 2/2015, de 23 de octubre, queda modificado como sigue:

Uno. Se modifica el artículo 50, que queda redactado como sigue:

«Artículo 50. Extinción por voluntad del trabajador.

1. Serán causas justas para que el trabajador pueda solicitar la extinción del contrato:

a) Las modificaciones sustanciales en las condiciones de trabajo llevadas a cabo sin respetar lo previsto en el artículo 41 y que redunden en menoscabo de la dignidad del trabajador.

b) La falta de pago o retrasos continuados en el abono del salario pactado.

Sin perjuicio de otros supuestos que por el juez, la jueza o el tribunal puedan considerarse causa justa a estos efectos, se entenderá que hay retraso cuando se supere en quince días la fecha fijada para el abono del salario, concurriendo la causa cuando se adeuden al trabajador o la trabajadora, en el período de un año, tres mensualidades completas de salario, aún no consecutivas, o cuando concurra retraso en el pago del salario durante seis meses, aún no consecutivos.

c) Cualquier otro incumplimiento grave de sus obligaciones por parte del empresario, salvo los supuestos de fuerza mayor, así como la negativa del mismo a reintegrar al trabajador o la trabajadora en sus anteriores condiciones de trabajo en los supuestos previstos en los artículos 40 y 41, cuando una sentencia judicial haya declarado los mismos injustificados.

2. En tales casos, el trabajador tendrá derecho a las indemnizaciones señaladas para el despido improcedente.»

Dos. Se modifica la letra b) del apartado 4 del artículo 53, que queda redactada en los siguientes términos:

«b) El de las trabajadoras embarazadas, desde la fecha de inicio del embarazo hasta el comienzo del periodo de suspensión a que se refiere la letra a); el de las personas trabajadoras que hayan solicitado uno de los permisos a los que se refieren los apartados 3.b), 4, 5 y 6 del artículo 37, o estén disfrutando de ellos, o hayan solicitado o estén disfrutando de las adaptaciones de jornada previstas en el artículo 34.8 o la excedencia prevista en el artículo 46.3; y el de las personas trabajadoras víctimas de violencia de género o de violencia sexual, por el ejercicio de su derecho a la tutela judicial efectiva o de los derechos reconocidos en esta ley para hacer efectiva su protección o su derecho a la asistencia social integral.»

Tres. Se modifica la letra b) del apartado 5 del artículo 55, que queda redactada en los siguientes términos:

«b) El de las trabajadoras embarazadas, desde la fecha de inicio del embarazo hasta el comienzo del periodo de suspensión a que se refiere la letra a); el de las personas trabajadoras que hayan solicitado uno de los permisos a los que se refieren los apartados 3.b), 4, 5 y 6 del artículo 37, o estén disfrutando de ellos, o hayan solicitado o estén disfrutando de las adaptaciones de jornada previstas en el artículo 34.8 o la excedencia prevista en el artículo 46.3; y el de las personas trabajadoras víctimas de violencia de género o de violencia sexual, por el ejercicio de su derecho a la tutela judicial efectiva o de los derechos reconocidos en esta ley para hacer efectiva su protección o su derecho a la asistencia social integral.»

Vigesimoséptima. Modificación de la Ley 7/2017, de 2 de noviembre, por la que se incorpora al ordenamiento jurídico español la Directiva 2013/11/UE, del Parlamento Europeo y del Consejo, de 21 de mayo de 2013, relativa a la resolución alternativa de litigios en materia de consumo

Se modifican los apartados 3 y 4 de la disposición adicional segunda de la Ley 7/2017, de 2 de noviembre, por la que se incorpora al ordenamiento jurídico español la Directiva 2013/11/UE, del Parlamento Europeo y del Consejo, de 21 de mayo de 2013, relativa a la resolución alternativa de litigios en materia de consumo, que quedan redactados como sigue:

«3. La entidad acreditada pondrá fin al procedimiento anterior mediante decisión motivada. Transcurrido el plazo previsto en el artículo 20 de esta Ley sin que se haya notificado la decisión, se entenderá que la decisión es desestimatoria de la reclamación formulada por el pasajero.

El pasajero podrá retirarse en cualquier momento del procedimiento si no está satisfecho con su funcionamiento o tramitación, debiendo ser informado por la entidad acreditada de este extremo al inicio del procedimiento.

La decisión adoptada por la entidad acreditada podrá ser impugnada por parte de la compañía aérea cuando considere que la misma no es conforme a Derecho. Puesto que la decisión de la entidad acreditada no será vinculante para el pasajero, en todo caso se entenderá sin perjuicio de las acciones civiles que el pasajero tenga frente a la compañía aérea.

La impugnación de la decisión, mediante la formulación de la correspondiente demanda por la compañía, habrá de efectuarse dentro de los dos meses siguientes a su notificación o, en caso de que se haya solicitado corrección o aclaración, desde la notificación de la respuesta a esta solicitud, o desde la expiración del plazo de diez días desde que esta se efectuó sin que se haya notificado respuesta expresa. La demanda se tramitará por los cauces del juicio verbal.

El pasajero y la entidad acreditada podrán no comparecer en el procedimiento judicial, entendiéndose que se remiten a la decisión de la entidad acreditada. En este procedimiento nunca se impondrán las costas al pasajero.

4. Sin perjuicio del derecho de la compañía aérea a impugnar la decisión de la entidad acreditada, transcurrido un mes desde que fuera emitida la decisión podrá solicitarse por el pasajero su ejecución ante el juzgado competente. A estos efectos, la decisión, debidamente certificada por la entidad acreditada, tendrá la consideración de título ejecutivo extrajudicial, de conformidad con lo dispuesto en el numeral 9.º del apartado 2 del artículo 517 de la Ley 1/2000, de 7 de enero, de Enjuiciamiento Civil.

En todo caso, la compañía aérea remitirá a la entidad acreditada justificante del cumplimiento de la decisión tan pronto como esta se produzca, indicando si ha impugnado la decisión ante el juzgado competente.»

Vigesimoctava. Modificación del texto refundido de la Ley Concursal aprobado por el Real Decreto Legislativo 1/2020, de 5 de mayo

El texto refundido de la Ley Concursal, aprobado por el Real Decreto Legislativo 1/2020, de 5 de mayo, queda modificado como sigue:

Uno. Se modifica la regla 2.ª del apartado 1 del artículo 86, que queda redactada como sigue:

«2.ª Regla de la limitación. La cantidad total máxima que la administración concursal puede percibir por su intervención en el concurso será la menor de entre la cantidad de un millón de euros un millón quinientos mil euros y la que resulte de multiplicar la valoración del activo del concursado por un cuatro por ciento.

El juez, oídas las partes, podrá aprobar de forma motivada una remuneración que supere el límite anterior, cuando debido a la complejidad del concurso, lo justifiquen los costes asumidos por la administración concursal, sin que en ningún caso se pueda exceder de cincuenta por ciento de dicho límite.»

Dos. Se modifica el apartado 5 del artículo 415, que quedan redactado como sigue:

«5. Cuando se presente a inscripción en los Registros de bienes, cualquier título relativo a un acto de enajenación de bienes y derechos de la masa activa realizado por la administración concursal durante la fase de liquidación, el registrador comprobará en el Registro público concursal si el juez ha fijado o no reglas especiales de la liquidación, y no solo podrá exigir a la administración concursal que acredite la existencia de tales reglas, si no constare referencia alguna a las mismas en la resolución judicial ni en el Registro Público concursal.»

Tres. Se modifican los apartados 4 y 5 del artículo 713, que quedan redactados como sigue:

«4. La retribución del administrador concursal se determinará de conformidad con la disposición legal o reglamentaria que lo regule y tendrá la consideración de crédito contra la masa. Si lo hubiera solicitado el deudor, el cobro se producirá tras la satisfacción de la totalidad de los créditos públicos calificados contra la masa.

5. El juez podrá nombrar administrador concursal, de oficio o a instancia de un único acreedor, cuando:

1.º El deudor haya provisto información insuficiente o inadecuada.

2.º El juez haya observado un comportamiento que genere dudas razonables sobre la conveniencia de que el deudor realice directamente las operaciones de liquidación.

3.º Concurran circunstancias objetivas que así lo aconsejen apreciadas por el juez en resolución motivada y no se hubiere solicitado su designación de conformidad con lo previsto en el apartado 1 de este artículo. En este supuesto, la retribución del administrador concursal correrá a cargo del deudor La designación del administrador concursal y su retribución se efectuará conforme a lo establecido en el capítulo II del título II del libro I de esta ley.»

Vigesimonovena. Modificación del Real Decreto-ley 6/2023, de 19 de diciembre, por el que se aprueban medidas urgentes para la ejecución del Plan de Recuperación, Transformación y Resiliencia en materia de servicio público de justicia, función pública, régimen local y mecenazgo

Se modifica el Real Decreto-ley 6/2023, de 19 de diciembre, por el que se aprueban medidas urgentes para la ejecución del Plan de Recuperación, Transformación y Resiliencia en materia de servicio público de justicia, función pública, régimen local y mecenazgo, en los siguientes términos:

Uno. Se modifica el apartado 3 del artículo 69, quedando redactado como sigue:

«3. El Registro de Datos de contacto electrónico con la Administración de Justicia dispondrá un sistema específico para la constancia registral de las circunstancias determinantes de la incapacidad para el ejercicio de la Abogacía, la Procura, o la profesión de Graduado Social, así como del plazo durante el que sean de aplicación.

Los Colegios de la Abogacía, Procura y Graduados Sociales están obligados comunicar estas circunstancias a la Administración de Justicia por medios electrónicos, en los términos que se determinen por normativa técnica.

El sistema será además interoperable con los Registros administrativos de apoyo a la Administración de Justicia.»

Dos. Se modifica el apartado 1 del artículo 72, quedando redactado como sigue:

«1. Los registros electrónicos se regirán, a efectos de cómputo de los plazos imputables tanto a los presentadores como a las oficinas judiciales, por la fecha y hora oficial de la sede judicial electrónica de acceso, que deberá contar con las medidas de seguridad necesarias para garantizar su integridad y figurar visibles. El inicio del cómputo de los plazos que hayan de cumplir los órganos judiciales, oficinas judiciales y oficinas fiscales vendrá determinado por la fecha y hora de presentación en el propio registro.»

Tres. Se modifica el apartado 2 del artículo 93, que queda redactado como sigue:

«2. Esta política de seguridad de la información será de aplicación a todos los sistemas de información y comunicaciones que prestan servicios a la Administración de Justicia, de manera única, y será aprobada por el Comité técnico estatal de la Administración judicial electrónica y publicada en el Punto de Acceso General de la Administración de Justicia y en las sedes judiciales electrónicas.»

Cuatro. Se modifica la disposición adicional sexta, que queda redactada como sigue:

«Disposición adicional sexta. Instrumentos de desarrollo normativo aprobados por el Comité técnico estatal de la Administración judicial electrónica.

Las guías de interoperabilidad y seguridad de las tecnologías de la información y las comunicaciones que sean aprobadas en el seno del Comité técnico estatal de la Administración judicial electrónica serán obligatorias para cada una de las instituciones y administraciones con competencias en materia de Justicia a través de sus instrumentos normativos, de conformidad con sus competencias.»

Trigésima. Estatuto de la tercera persona neutral

A propuesta del Ministerio de Justicia, el Gobierno remitirá a las Cortes Generales, en el plazo de un año desde la entrada en vigor de esta ley, un proyecto de ley que regule el estatuto de la tercera persona neutral interviniente en cualquiera de los medios adecuados de solución de controversias, incluyendo un régimen de incompatibilidades y de infracciones y sanciones para el caso de incumplimiento de las obligaciones y deberes establecidos en dicho estatuto, sin perjuicio de las competencias de las comunidades autónomas en esta materia.

El estatuto regulará la obligación de los terceros neutrales que intervengan en los medios adecuados de solución de controversias de remitir a los órganos competentes la información que se establezca sobre su actividad, a los únicos efectos de elaboración de una estadística de este sector, y con respeto a las normas sobre confidencialidad y protección de datos.

Las Administraciones con competencias en materia de Justicia acordarán la estructura y contenido de la información sobre la actividad de los terceros neutrales, así como la periodicidad y forma de remisión al Ministerio de Justicia por parte de los órganos autonómicos correspondientes.

Hasta que no se apruebe el estatuto de la tercera persona neutral se aplicará el estatuto personal del mediador previsto en la Ley 5/2012, de 6 de julio, de mediación en asuntos civiles y mercantiles, y las leyes dictadas por las comunidades autónomas en el ámbito de sus competencias.

Trigésima primera. Medios de solución de controversias cuando la Administración sea parte

El Gobierno debe elaborar y presentar a las Cortes Generales, en el plazo de dos años a partir de la entrada en vigor de la presente ley, un proyecto de ley que atienda, en el ámbito administrativo, a los medios de solución de controversias cuando una de las partes es la Administración. Esta iniciativa reconocerá las experiencias en mediación que, en los conflictos en que una de las partes es la Administración, se han desarrollado y se están desarrollando en las administraciones que cuentan con competencias en materia de Justicia.

Trigésima segunda. Estatuto General de los Procuradores de los Tribunales de España

El Gobierno, en el plazo de un año desde la entrada en vigor de esta ley, procederá a adaptar el Real Decreto 1281/2002, de 5 de diciembre, por el que se aprueba el Estatuto General de los Procuradores de los Tribunales de España a las previsiones recogidas en la presente norma.

Trigésima tercera. Magistrados y magistradas suplentes y juezas y jueces sustitutos

1. Con el fin de acabar con la temporalidad, aumentar el número de efectivos y fortalecer la Carreras judicial y fiscal, el Gobierno presentará a las Cortes Generales, en el plazo de tres meses desde la entrada en vigor de esta ley, un proyecto de ley orgánica para garantizar el cumplimiento de los estándares europeos fijados en la Directiva 1999/70/CE del Consejo, de 28 de junio de 1999, relativa al Acuerdo marco de la CES, la UNICE y el CEEP sobre el trabajo de duración determinada, conforme a la interpretación realizada por la jurisprudencia del Tribunal de Justicia de la Unión Europea.

2. Este proyecto de ley orgánica acomodará el régimen retributivo y de seguridad social de magistrados y magistradas suplentes y juezas y jueces sustitutos a los principios de independencia económica y protección durante el servicio activo y la jubilación, conforme a lo dispuesto en el artículo 402 de la Ley Orgánica 6/1985, de 1 de julio, del Poder Judicial.

Trigésima cuarta. Establecimiento reglamentario de la fecha de efectividad de la modificación parcial del anexo I de la Ley 38/1988, de 28 de diciembre, de Demarcación y de Planta Judicial

Dentro del año siguiente al de entrada en vigor de esta ley, se establecerá reglamentariamente la fecha de efectividad de la modificación parcial del anexo I de la Ley 38/1988, de 28 de diciembre, de Demarcación y de Planta Judicial, a fin de determinar el conocimiento por los órganos judiciales afectados por dicha modificación de los asuntos asignados y que se encontraran en tramitación hasta su conclusión, las relaciones de puestos de trabajo del personal al servicio de la Administración de Justicia, así como cualquier otro aspecto necesario para la correcta y plena eficacia de la modificación de la demarcación judicial acordada.

Trigésima quinta. Desarrollo reglamentario

El Gobierno, en el plazo de seis meses a partir de la entrada en vigor de esta ley, deberá aprobar las modificaciones reglamentarias necesarias para la efectiva implantación de los Tribunales de Instancia,

Oficinas Judiciales y Oficinas de Justicia en los municipios, en particular aquellas orientadas a facilitar el desarrollo del nuevo modelo organizativo y los procesos de acoplamiento de todo el personal.

Tales modificaciones se harán previa negociación colectiva, cuando afecten a las materias previstas en el artículo 37 del Texto Refundido del Estatuto Básico del Empleado Público, aprobado por Real Decreto Legislativo 5/2015, de 30 de octubre.

Trigésima sexta. Título competencial

El título I de esta ley se dicta al amparo de lo dispuesto en el artículo 149.1. 5.ª y 6.ª de la Constitución Española, que atribuye al Estado la competencia exclusiva sobre Administración de Justicia y legislación procesal.

Los capítulos I y II del título II se dictan al amparo de la competencia exclusiva del Estado que emana de los siguientes preceptos de la Constitución española: el artículo 149.1.5.ª, que atribuye al Estado la competencia exclusiva en materia de Administración de Justicia; el artículo 149.1.6.ª, que atribuye al Estado la competencia exclusiva en materia de legislación mercantil y legislación procesal, sin perjuicio de las necesarias especialidades que en este orden se deriven de las particularidades del derecho sustantivo de las Comunidades Autónomas; el artículo 149.1.8.ª, que determina que el Estado tiene competencia exclusiva en materia de legislación civil, sin perjuicio de la conservación, modificación y desarrollo por las Comunidades Autónomas de los derechos civiles, forales o especiales, allí donde existan; y el artículo 149.1.14.ª en materia de Hacienda general, respecto a la disposición final decimocuarta de la ley.

Trigésima séptima. Rango normativo

«Tienen carácter de ley ordinaria:

a) Los apartados ochenta y ocho, ochenta y nueve y ciento siete del artículo 1, que introducen, respectivamente, un nuevo capítulo IV y un nuevo capítulo V en el título I del libro V, así como una nueva sección 7.ª en el capítulo II del título V del libro VIII, compuesto por el artículo 620 bis, de la Ley Orgánica 6/1985, de 1 de julio, del Poder Judicial.

b) Los artículos 2 a 22 y 24, así como el apartado dos del artículo 23 que modifica el artículo 23.4 de la Ley Orgánica 5/2000, de 12 de enero, reguladora de la responsabilidad penal de los menores.

c) Las disposiciones adicionales segunda, tercera, cuarta, quinta, sexta, séptima y octava.

d) La disposición transitoria decimocuarta.

e) Las disposiciones finales, con excepción de la sexta, la trigésima quinta, la trigésima sexta, la trigésima séptima y la trigésima octava, que tienen carácter orgánico.»

Trigésima octava. Entrada en vigor

1. La presente ley entrará en vigor a los tres meses de su publicación en el Boletín oficial del Estado.

2. El título I; la disposición adicional primera; las disposiciones transitorias primera a octava, y la disposición final sexta de la presente ley entrarán en vigor a los veinte días de su publicación en el «Boletín Oficial del Estado».

3. La atribución de competencias en materia de violencia sexual a los Juzgados de Violencia sobre la Mujer, prevista en el apartado veintiocho del artículo 1, así como las modificaciones del artículo 14 de la Ley de Enjuiciamiento Criminal, del apartado uno del artículo veinte de la 50/1981, de 30 de diciembre, por la que se regula el Estatuto Orgánico del Ministerio Fiscal, y de la letra h) del artículo 2 de la Ley 1/1996, de 10 de enero, de Asistencia Jurídica Gratuita, entrarán en vigor a los nueve meses de su publicación en el «Boletín Oficial del Estado».